Duden

Luxemburger Standarddeutsch

Wörterbuch der deutschen Gegenwartssprache in Luxemburg

Von Heinz Sieburg

Dudenverlag
Berlin

Die **Duden-Sprachberatung** beantwortet Ihre Fragen
zu Rechtschreibung, Zeichensetzung, Grammatik u. Ä.
montags bis freitags zwischen 09:00 und 17:00 Uhr.
Aus Deutschland: **09001 870098** (1,99 € pro Minute aus dem Festnetz)
Aus Österreich: **0900 844144** (1,80 € pro Minute aus dem Festnetz)
Aus der Schweiz: **0900 383360** (3.13 CHF pro Minute aus dem Festnetz)
Die Tarife für Anrufe aus den Mobilfunknetzen können davon abweichen.
Den kostenlosen Newsletter der Duden-Sprachberatung können Sie
unter www.duden.de/newsletter abonnieren.

Bibliografische Information der Deutschen Nationalbibliothek
Die Deutsche Nationalbibliothek verzeichnet diese Publikation in der Deutschen Nationalbibliografie; detaillierte bibliografische Daten sind im Internet über http://dnb.dnb.de abrufbar.

D C B A
Bibliographisches Institut GmbH, Mecklenburgische Straße 53, 14197 Berlin

Autor Prof. Dr. Heinz Sieburg
Redaktion Luisa Cimander, Dr. Ilka Pescheck
Herstellung Alfred Trinnes
Umschlaggestaltung sauerhöfer design, Neustadt a. d. Weinstraße
Abbildung Innenteil (Karte) www.goruma.de
Satz L101 Mediengestaltung, Fürstenwalde
Druck und Bindung AZ Druck und Datentechnik GmbH,
Heisinger Straße 16, 87437 Kempten

Printed in Germany
ISBN 978-3-411-75680-3
Auch als E-Book erhältlich unter: ISBN 978-3-411-91429-6

www.duden.de

PEFC/04-31-2260

PEFC zertifiziert
Dieses Produkt stammt aus nachhaltig bewirtschafteten Wäldern und kontrollierten Quellen.

www.pefc.de

INHALT

1. Einleitung

Das vorliegende Wörterbuch stellt sich an die Seite der Duden-Wörterbücher *Österreichisches Deutsch* und *Schweizerhochdeutsch*. Ziel der Bände ist es, die jeweilige länderspezifische Ausprägung der deutschen Standardsprache zu dokumentieren und der Leserschaft damit ein Hilfsmittel bei sprachlichen Alltags- und Zweifelsfragen an die Hand zu geben. Dabei gelten folgende Prämissen: Grundlage für die lexikografische Erfassung der nationalen Varietäten, also der ländertypischen Sprachausformungen, ist die konkrete Alltagspraxis der jeweiligen Sprachgemeinschaft. Der daraus abgeleitete Ansatz ist ein deskriptiver. Es geht also in erster Linie um die Beschreibung konkreter Gebrauchsnormen (und nicht um die Vorgabe abstrakter Standards). Absicht der Wörterbücher ist nicht, die prinzipielle Einheitlichkeit des länderübergreifenden Sprachraums infrage zu stellen. Im Gegenteil gehört es zu den Zielen, Sprachbarrieren abzubauen und die Gefahr von Missverständnissen, die aufgrund abweichender Teilwortschätze bestehen, auszuräumen. Und es geht darum, den Variantenreichtum des deutschen Sprachraumes zu erschließen und die unterschiedlichen ländertypischen Ausprägungen als gleichberechtigte (Norm-)Varianten bewusst zu machen. Fachwissenschaftliche Basis hierfür ist das in der Varietätenlinguistik etablierte Konzept der Plurizentrizität (s. für eine Erläuterung des Konzepts das letzte Kapitel).

Für Luxemburg wird mit der vorliegenden Publikation Neuland betreten, wenngleich wichtige Vorarbeiten keineswegs verschwiegen werden sollen (dazu unten mehr). Zum ersten Mal liegt nun ein Wörterbuch vor, das das aktuelle landestypische Profil der deutschen Sprache im Großherzogtum methodisch gesichert abbildet. Dem Nachstehenden vorgreifend lässt sich sagen: Das erstmals in seiner Gesamtheit erkennbare Bild der spezifischen Ausprägung der deutschen Sprache in Luxemburg schafft die Voraussetzung dafür, diese als originäres Produkt der mehrsprachigen Gesellschaft des Landes wahrzunehmen. Denn im Luxemburger Standarddeutsch kommen die besonderen multilingualen und sprachhistorischen Bedingungen der Luxemburger Sprachgemeinschaft in nachvollziehbarer Weise zur Geltung.

Schon aus Gründen der geografischen Nachbarschaft und der dadurch bedingten vielfältigen Austauschbeziehungen werden im vorliegenden Wörterbuch vor allem Eigenheiten gegenüber der Ausprägung der deutschen Sprache in Deutschland (dem sog. deutschländischen Deutsch) in den Blick genommen. Darüber hinaus werden – auf Grundlage der Dudenbände zu Österreich und der Schweiz sowie des *Variantenwörterbuchs des Deutschen* (s. Literaturverzeichnis) – aber auch Parallelen zum österreichischen Deutsch und Schweizerhochdeutsch, und zusätzlich zum Deutsch in Ostbelgien (deutschsprachige

Gemeinschaft), Liechtenstein und Südtirol, verzeichnet. Das Wörterbuch fungiert insofern auch als Differenzwörterbuch. Wichtig ist zu betonen, dass es dabei nicht um eine Bewertung im Sinne von ‚richtig oder falsch' geht, sondern um das wertfreie Aufzeigen von Differenz. Es geht also um ein Nebeneinander, nicht um ein Gegeneinander.

Differenzen können etwa aus einer unterschiedlichen Nutzung von Wortbildungsmodellen resultieren. So finden sich in Luxemburg Wörter wie *Cafetier* (auch AUT, CH), *Gesundheitsberufler* oder *dieswöchig*. Diese sind zwar auch in Deutschland ohne Weiteres verständlich (weil wie *Hotelier* und *letztwöchig* gebildet), aber eben unüblich. Hingegen sind Wörter wie *Bongert*, *Kropemann* oder *Schobermesse* in Deutschland (wie auch in Österreich oder der Schweiz) nicht ohne Konsultierung von Hilfsmitteln (z. B. Wörterbüchern) verständlich. In nicht wenigen Fällen geht es auch ganz praktisch darum, sprachliche Missverständnisse zu minimieren, die daraus resultieren können, dass dieselben Wörter unterschiedliche länderspezifische Bedeutungen haben und als sog. ‚falsche Freunde' Fehldeutungen nach sich ziehen können. Beispiele hierfür sind *Staatsminister*, *Rendezvous* oder *dezent*.

1.1 Für wen ist das Wörterbuch gedacht?

Das Wörterbuch adressiert sich an alle innerhalb und außerhalb Luxemburgs, für die die deutsche Sprache Teil des Sprachalltags ist und die schon von daher sensibel sind für Fragen sprachlicher Differenzierung und Normierung. Besonderes Interesse kann wohl bei denjenigen vorausgesetzt werden, für die die deutsche Sprache zur beruflichen Praxis gehört. Dies betrifft die Bereiche Schule und Universität ebenso wie die Berufsfelder Journalismus, Kultur oder Verwaltung. Der vorliegende Band soll aber auch denjenigen Auskünfte geben, die sich aus landeskundlichen Gründen für die Sprach(en)situation in Luxemburg interessieren oder ein generelles fachwissenschaftliches Interesse an Mehrsprachigkeitsbeziehungen haben. Luxemburg (bzw. die Großregion) kann hier als Modellraum angesehen werden.

1.2 Zum Begriff ‚Luxemburger Standarddeutsch'

Das Wörterbuch versammelt den aktuellen Gebrauchswortschatz des Luxemburger Standarddeutsch, also der spezifischen Ausprägung der deutschen Standardsprache in Luxemburg. Luxemburger Standarddeutsch ist keine eigene Sprache, sondern eine eigenständige (und gleichberechtigte) Varietät der deutschen Standardsprache neben anderen. Unter Standardsprache wird in der Linguistik diejenige Sprachlage verstanden, welche folgende Merkmale erfüllt: Sie ist sozial neutral, d. h. für alle Bevölkerungsteile gültig, im Vergleich zu den Dialekten überregional und verfügt neben einem mündlichen auch über ein schriftliches Register. Die Begriffsform ‚Luxemburger Standarddeutsch', statt einfach ‚Luxemburger Deutsch', wird gewählt, um Verwechslungen mit dem Luxemburgischen (der Nationalsprache des Großherzogtums) vorzubeugen. Lange Zeit wurde nämlich das Luxemburgische als ‚Luxemburger Deutsch' (‚Lëtzebuerger Däitsch') bezeichnet. Aus ähnlichen Gründen verwendet man in der Schweiz die Begriffe ‚Schweizerhochdeutsch' oder ‚Schriftdeutsch'. Der Begriff ‚Schweizer Deutsch' würde hier u. U. zur Verwechslung mit der Bezeichnung ‚Schwyzerdütsch', dem verbreiteten Gebrauchsdialekt, führen.

1.3 Grundlagen und Umfang des Wörterbuchs

Grundlage des Wörterbuchs ist eine systematische Erfassung von Zeitungsquellen, ein in der Lexikografie gängiges Verfahren. Luxemburg gilt (nach wie vor) als ‚Zeitungsland', weil hier im Verhältnis zu seiner Größe eine bemerkenswert vielfältige Presselandschaft existiert. Grundlage des Quellenkorpus sind die drei größten (überwiegend) deutschsprachigen Tageszeitungen, nämlich das *Luxemburger Wort*, das *Luxemburger Tageblatt* sowie das *Lëtzebuerger Journal*. Diese wurden durch manuelle Exzerption der Printausgaben sowie durch systematische Nutzung der Suchoptionen der jeweiligen Online-Plattformen erschlossen. Erfassungszeitraum sind die Jahre zwischen 2008 und 2022. (Da das *Lëtzebuerger Journal* seit Anfang 2021 nicht mehr als Tageszeitung erscheint, verkürzt sich hier der Zeitraum entsprechend.)

Die Arbeit an einem Wörterbuch ist mehr als die Auswertung von Datenkorpora, also der Untersuchung bestimmter Quellensammlungen. Vielmehr bedarf es darüber hinaus einer kontinuierlichen Beobachtung des alltäglichen Sprachgebrauchs sowie der Steuerungsmechanismen und Wertungsstrukturen, die diesen beeinflussen. Grundlage für das vorliegende Wörterbuch waren daher nicht zuletzt jahrzehntelange teilnehmende Beobachtung sowie insbesondere die zahllosen, vor allem im Rahmen germanistischer Seminare erfolgten Diskussionen mit Studierenden der 2003 gegründeten Luxemburger Universität und deren Vorläuferinstitution, dem *Centre Universitaire de Luxembourg* (CUNLUX). Darüber hinaus waren die vielfältigen Rückmeldungen und kritischen Anregungen aus der Luxemburger Lehrerschaft, aber auch von fachwissenschaftlicher Seite im Rahmen von Tagungen oder Fachvorträgen im In- und Ausland unverzichtbar. Hinzuweisen ist hier außerdem auch auf wichtige wissenschaftliche Vorarbeiten, allen voran auf die beiden Auflagen des *Variantenwörterbuchs des Deutschen* von Ammon et al. (2004, 2015). Und auch wenn hier der Grundansatz ein völlig anderer war, ist die Dissertation von Doris Magenau (1964) für dieses Wörterbuch ebenso eine wertvolle Anregung gewesen (s. Literaturverzeichnis).

Erfasst wurden so insgesamt gut 1300 Belege (in Stichwortartikeln) sowie einige hundert zusätzliche Wortbildungsbeispiele. Bedingung für die Aufnahme der Artikelbelege war, dass die entsprechende Lexikoneinheit (Lemma) in mehreren der Korpuszeitungen auffindbar ist. Ausgeschlossen werden so Ad-hoc-Bildungen und idiomatische Sonderformen (‚sprachliche Eintagsfliegen'). Anspruch ist, eine allgemeine Gebrauchsnorm abzubilden, die einen regelbasierten Standard (Luxemburger Standarddeutsch) abbildet. Im Vergleich zum österreichischen Deutsch und zum Schweizerhochdeutsch ist die Belegdichte niedriger; sie ist aber umfangreich genug, um gut begründet von einer eigenständigen Varietät der deutschen Sprache in Luxemburg sprechen zu können.

Der Großteil der Belege entfällt auf Substantive (82 %), während Verben (7 %) und Adjektive (5 %) nur einen geringen Prozentanteil ausmachen. Rund 3 % des Belegmaterials bilden feste Fügungen wie *Notizen nehmen*, *soziale Kohäsion* oder *sanfte Mobilität*, knapp 2 % Abkürzungen wie *CFL* oder *CNS*. Der geringe Restanteil entfällt auf andere Wortarten. In zwei Fällen werden typografische Zeichen berücksichtigt (s. Einträge zu *Minute* und *Sekunde*).

Mit dem Wortschatz wird die zentrale und prägnanteste Ebene des Luxemburger Standarddeutsch erfasst. Besonderheiten zeigen sich darüber hinaus aber auch bezogen auf die Aussprache bestimmter Wörter. Dazu zählt etwa *Serie* (mit langem *i* am Wortauslaut), *Cafeteria* (mit Betonung auf dem zweiten, langen *e*), *Vers* (mit *w*-Anlaut), *Island* (mit kurzem *i*) oder *Diplomatie* (mit stimmlosem *s* statt *t*). Diese Differenzen gegenüber der Aussprache in Deutschland werden im Wörterbuch nicht systematisch erfasst. Dennoch erfolgen Angaben zur Aussprache, nämlich für eine Vielzahl aus dem Französischen oder Luxemburgischen entlehnter Wörter.

Normalerweise lässt sich an bestimmten Merkmalen der Aussprache und der Satzmelodie erkennen, woher jemand stammt. Das gilt für Österreich und die Schweiz (und genauso für bestimmte Regionen Deutschlands). Auch für Luxemburg zeigen sich charakteristische Muster im Bereich der Wort- und Satzbetonung (Prosodie), worauf im vorliegenden Band allerdings nicht näher eingegangen werden kann.

Ein Wörterbuch ist bis zu einem gewissen Grad immer eine sprachliche Momentaufnahme. Festgehalten wird ein *Status quo* des insgesamt dynamischen Systems Sprache. In der Perspektive des Sprachwandels fallen insbesondere Prozesse der Entlehnung, also der Eingliederung fremder Wortschatzelemente in den eigenen Lexikonbestand, in den Blick. Während in Deutschland derzeit das Englische als Gebersprache dominiert, ist in Luxemburg das Französische als Quelle für Entlehnungen (weiterhin) vorherrschend. Das Luxemburgische spielt hierbei nicht selten die Rolle einer Vermittlungsinstanz, trägt aber darüber hinaus auch ‚eigenständig' zum Wortschatz des Luxemburger Standarddeutsch bei (z. B. *Bongert, Aulebäcker, Kleeschen*). Das Wörterbuch trägt der inneren Sprachdynamik Rechnung, indem der Prozesscharakter entsprechender Belege markiert wird (s. Kap. 2.2). Bei all dem stellt sich als entscheidende Frage:

1.4 Was ist ein deutsches Wort?

Zweifellos sind Wörter wie *Büro* (< frz. *bureau*), *Streik* (< engl. *strike*), *Engel* (< lat. *angelus*) und *Kutsche* (< ung. *kocsi*) Wörter der deutschen Sprache. Deren Herkunft aus dem Französischen, Englischen, Lateinischen oder Ungarischen ist aufgrund unterschiedlicher Anpassungen in Schreibung und Lautung, aber auch wegen ihres ‚Alters' für Laien kaum noch erkennbar. Bei sog. Lehnbildungen, bei denen fremdsprachige Ausdrücke nachgeformt werden, ist der Lehnwortstatus noch weniger offensichtlich. Beispiele hierfür sind *Dampfmaschine* (< engl. *steam engine*) oder *Aufklärung* (< frz. *les Lumières*).

Ob ein Wort aus einer Gebersprache zum Wortschatz (Lexikon) einer Nehmersprache gehört, hängt von bestimmten Anpassungen ab. Bezogen auf das Deutsche als Nehmersprache sind hier insbesondere die Substantivgroßschreibung, die Artikelzuweisung, aber auch Angleichungen an das Flexionssystem (Kasus, Numerus, Tempus) zu beachten. Normalerweise laufen derartige Prozesse über längere Zeiträume ab, wobei Doppelformen und Gebrauchsunsicherheiten häufig als Signal für einen akuten Sprachwandel aufgefasst werden können. Beispiel hierfür ist etwa das derzeitige Nebeneinander von *Friseur* und *Frisör.* Ab wann eine neue Form in einem Wörterbuch als normgerecht akzeptiert wird, hängt wesentlich davon ab, wie stark sich diese als sprachüblich durchsetzt.

Die deutsche Sprache fungiert durchaus als Gebersprache, vor allem aber ist sie Nehmersprache. Gerade aufgrund ihres fortdauernden Integrationsvermögens, also ihrer Fähigkeit, den eigenen Wortschatz durch Eingliederung von Wörtern anderer Sprachen zu bereichern, hat sie sich über die Jahrhunderte zu einem leistungsfähigen und differenzierten Kommunikationssystem entwickeln können. Fragen und Forderungen nach Sprachreinheit, insbesondere solche mit chauvinistischen Untertönen, disqualifizieren sich vor diesem Hintergrund selbst. Auf einem anderen Blatt stehen dagegen Fragen der Angemessenheit von Entlehnungsprozessen, erst recht, wenn diese als sprachliches Imponiergehabe erscheinen oder mehr verschleiern als verdeutlichen wollen.

2. Luxemburger Standarddeutsch

Luxemburger Standarddeutsch ist das Ergebnis von gut nachvollziehbaren und zugleich regelgeleiteten sprachlichen Entwicklungen in Luxemburg. Diese resultieren hauptsächlich aus landesspezifischen Besonderheiten im Bereich der Lehnwortbildung. Hintergrund dafür ist die besondere Kontaktsituation zum Französischen und Luxemburgischen.

2.1 Französische Spracheinflüsse

Die Eigenständigkeit der deutschen Standardsprache in Luxemburg ist vor allem Folge jüngerer Entlehnungen aus dem Französischen und damit Resultat eines Sprachkontaktphänomens. Das ist leicht erklärbar aufgrund der tradierten und verfassungsmäßigen Luxemburger Mehrsprachigkeit und der damit verbundenen sprachlichen Alltagspraxis in unterschiedlichsten Relevanzbereichen (medial, schulisch, beruflich, administrativ etc.).

Zur angemessenen Einordnung sollte Folgendes berücksichtigt werden: Französischer Spracheinfluss ist ein konstitutives Element in allen deutschen Standardvarietäten, wobei als wichtigste Entlehnungsperiode die Barockzeit (17. Jh.) gilt. Die gegenwärtigen französisch geprägten Entlehnungsverhältnisse in Luxemburg unterscheiden sich insofern nicht prinzipiell von anderen deutschsprachigen Ländern. Der Unterschied ist allein ein gradueller und zeitlich versetzter. Vergleicht man, steht Luxemburg heute am nächsten zur ebenfalls mehrsprachigen (französischsprachigen) Schweiz. Größer hingegen ist der Abstand zu Österreich und Deutschland. Die im Luxemburger Standarddeutsch gebräuchlichen französischen Entlehnungen vom Lexikonbestand ausschließen zu wollen, widerspräche sowohl sprachhistorischen als auch innersystematischen Realitäten.

Die durch französischen Lehneinfluss bedingte besondere Prägung des Luxemburger Standarddeutsch lässt sich grob in folgende Kategorien unterteilen:

Größerer Lehnwortschatz

Der in allen deutschen Standardvarietäten bereits umfangreiche französische Lehnwortschatz ist im Luxemburger Standarddeutsch noch erweitert (wobei sich in etlichen Fällen Parallelen zu anderen Ländern, insbesondere zur Schweiz finden). Beispiele hierfür sind *Ajustement*, *Ambiance* (auch CH), *Appui*, *Avis*, *Benevolat*, *Brevet* (auch CH), *Brocante* (auch CH), *Buvette* (auch CH), *Circulaire*, *Confinement*, *Frontalier*, *Garagist* (auch BELG, CH), *Gendarmerie* (auch

AUT), *Homologe, intrusiv, konvivial, Logement, Maison relais, Mixität, Moniteur, Motion* (auch CH), *Navette, Passerelle* (auch CH), *performant, plafonieren* (auch CH), *pluriannuell, Porte ouverte, Promoteur, Proximität, Refraktär, relancieren, Rentrée, Revalorisierung, Salariat, Serenität, Stagiaire* (auch BELG, CH), *Taxe, Visibilität* etc.

Lehnbildungen

Von dem Lehnwortschatz sind die oben bereits erwähnten Lehnbildungen zu unterscheiden. Diese bleiben oft unbeachtet, weil deren Produkte (an der Oberfläche) nicht als Lehnwörter erkennbar sind. Prinzip ist hier die Nachformung von Wörtern der Ausgangssprache mit eigenem Sprachmaterial. In diesem Sinne ist *Wolkenkratzer* ein Lehnwort des Deutschen, weil dem engl. *sky scraper* ‚nachgebaut'.

Lehnbildungen sind ein wichtiger Bestandteil im Wortschatz des Luxemburger Standarddeutsch. Auch hier ist in der Regel Französisch die Gebersprache. Entsprechende Beispiele sind *Appellationsgericht* (frz. *cour d'appel*), *Ehrenwein* (frz. *vin d'honneur*), *Fahrradpiste* (frz. *piste cyclable*), *Gesundheitsreserve* (frz. *réserve sanitaire*), *Grünzone* (frz. *zone verte*), *Krisenzelle* (frz. *cellule de crise*), *Mobilitätsbörse* (frz. *bourse de mobilité*), *Naturverwaltung* (frz. *Administration de la nature et des forêts*). Typisch hierbei ist die Überführung der für romanische Sprachen charakteristischen analytischen Mehrwort-Konstruktionen in synthetische Einwort-Strukturen. Diese Regularität gilt allerdings nicht ausnahmslos, wie sich an folgenden Beispielen zeigen lässt: *sanfte Mobilität* (frz. *mobilité douce*), *soziale Kohäsion* (frz. *cohésion sociale*).

Bedeutungsunterschiede

Länderspezifische Bedeutungsunterschiede sind nicht selten und keineswegs auf Differenzen zwischen Luxemburg und Deutschland beschränkt. In Luxemburg ist vielfach die der französischen Gebersprache entsprechende (oft weitere) Bedeutung vorherrschend, während in Deutschland in vielen Fällen eine spezifischere Bedeutung überwiegt. So hat *Atelier* einen sehr weiten Bedeutungsumfang (im Sinne von ‚Werkstatt', ‚Workshop' etc.), während in Deutschland im Normalfall nur das *Künstleratelier* gemeint ist. Weitere Beispiele dieses Typs sind *Adoption, Agent, Annexe* (auch CH), *Appellation* (auch CH), *Campus, Chauffeur* (auch AUT, CH), *Chalet, Foyer, dezent, integral* (auch BELG, CH), *Intervention, Konsultation, Kollekte, Manifestation* (auch CH), *ordinär, Passagier, passieren, penibel, Professor* (auch AUT), *Promotion, promovieren, Rendezvous, sanitär* (auch STIR), *Semester, (sich) chiffrieren, Volontär* etc.

Demgegenüber stehen Fälle mit stärker spezifizierter Verwendungsweise. So wird *deponieren* in Luxemburg insbesondere bezogen auf die Einbringung von Gesetzesvorhaben im Parlament, während diese Bedeutungskomponente in Deutschland ungebräuchlich ist. Weitere Beispiel dieser Art sind *externalisieren*, *Generalist* (auch CH), *immatrikulieren* (auch CH, STIR), *Konformität*, *Opportunität*, *Ordonnanz*, *tranchieren*.

Formale Unterschiede

In formal-grammatischer Hinsicht zeigen sich Besonderheiten in unterschiedlichen Bereichen. So bei einigen Verben in Hinsicht auf deren transitive Verwendungsweise (mit einem Akkusativobjekt als Ergänzung). Beispiele hierfür sind *avancieren* (im Sinne von ‚jmd. befördern, voranbringen') oder *logieren* (für ‚jmd. einquartieren, unterbringen'): *Die Wissenschaftlerin avancierte die Theorie* oder *Die Gastgeber logierten die Besucher im Hotel* sind im Luxemburger Standarddeutsch regelkonform. Einige Verben werden (dem Beispiel der frz. Gebersprache folgend) in Luxemburg reflexiv verwendet: *sich adressieren an*, *sich basieren auf*, *sich inspirieren an*, *sich installieren*. Unterschiede gegenüber Deutschland zeigen sich auch in der Verwendung bestimmter Ableitungsformen. Bedingt durch die französischen Ausgangsformen sind (ähnlich wie in der Schweiz) Ableitungen auf *-ion* gegenüber solchen auf *-ierung* insgesamt häufiger. Beispiele hierfür sind *Evakuation*, *Präzision*, *Programmation* (auch CH), *Renovation* (auch CH), *Reservation* (auch CH).

Häufigkeitsunterschiede

Bei etlichen Wörtern, vielfach bei Entlehnungen aus dem Französischen, zeigen sich deutliche Unterschiede in der Gebrauchshäufigkeit. Höherfrequent als in Deutschland sind beispielsweise *Anrainer* (auch AUT), *Budget* (auch AUT, CH), *Departement*, *Dossier* (auch BELG, CH), *Reglement* (auch CH), *sanitär* (auch STIR), *visibel* etc.

Wortbildungsproduktivität

Das Deutsche gilt als ‚Wortbildungssprache' par exellence. Die Kombination von mehreren Wörtern zu einem komplexen Wort (Zusammensetzung) ist typisch für den deutschen Wortschatz. Dies gilt grundsätzlich auch für das Luxemburger Standarddeutsch. Zahlreiche Wortbildungsprodukte belegen auch hier die Eigenständigkeit der deutschen Sprache in Luxemburg. Häufig sind dabei Hybridbildungen (Zusammensetzungen aus einem entlehnten und nicht entlehnten Wort) anzutreffen. Beispiele hierfür sind: *Ämterkumul*, *Alters-Décharge*, *Barragespiel*, *Budgetrede*, *Buschauffeur*, *Konformitätsbescheinigung*, *Proporzwahl* (auch AUT, CH), *Schreibatelier*, *Schulrentrée*, *Sommerkolonie*, *Taxenerhöhung*, *Tierasyl*.

Einige Lehnwörter zeigen eine besonders ausgeprägte Wortbildungsproduktivität. Dazu zählt z. B. das Wort *Budget*, für das in Deutschland meist *Haushalt* oder *Finanz-* verwendet wird. In Luxemburg lässt sich hier eine umfangreiche Wortfamilie (Gruppe von Wörtern mit identischem Wortstamm) nachweisen: *Budgetdisziplin, budgetpolitisch, Budgetkonsolidierung, Budgetminister, Budgetprozedur, Budgetsanierung* etc. In der Gegenüberstellung von *Budgetminister* (Luxemburg) und *Finanzminister* (Deutschland) ein ‚besser oder schlechter' erkennen zu wollen, verbietet sich. Das Beispiel macht noch einmal deutlich: Beide Formen sind korrekte Wörter der deutschen Sprache.

2.2 Integration französischer Entlehnungen

Prozesse der Entlehnung sind an bestimmte Anpassungen an die Nehmersprache gebunden. Hier zeigen sich mit Blick auf das Luxemburger Standarddeutsch einige Besonderheiten (neben eher erwartbaren Ausprägungen). Darunter fallen, bezogen auf die Hauptgebersprache Französisch, die folgenden Punkte:

Substantivgroßschreibung

Wie in fast allen anderen Sprachen werden Substantive auch im Französischen in der Regel kleingeschrieben. Die Großschreibung französischer Substantive ist damit eigentlich ein eindeutiges Merkmal für die Integration in den deutschen Wortschatz. Bezogen auf die Sprachverhältnisse in Luxemburg ist hier allerdings ein Vorbehalt zu machen, denn auch die luxemburgische Orthografie sieht eine generelle Substantivgroßschreibung vor. Da zudem oftmals nicht zu klären ist, ob eine Entlehnung direkt aus dem Französischen oder nur indirekt, vermittelt über das Luxemburgische, erfolgt, ist die Großschreibung allein noch kein in allen Fällen verlässliches Integrationssignal in den deutschen Wortschatz.

Artikel (Genuszuweisung)

Alle Substantive der deutschen Sprache benötigen einen (bestimmten) Artikel (*der, die, das*), der das grammatische Geschlecht (Genus) angibt. Die Frage der Artikelzuweisung ist komplex und notwendigerweise spekulativ. Allgemeine Regeln gibt es hier nicht. In manchen Fällen richtet sich das Genus nach dem französischen Ausgangswort (Beispiel: ***die*** *Gare* < frz. ***la*** *gare*, ***die*** *Fanfare* < frz. ***la*** *fanfare*). Wahrscheinlich ist in anderen Fällen die Angleichung an das Geschlecht eines gleichbedeutenden deutschen Wortes (Beispiel: ***der*** *Parking* wegen ***der*** *Parkplatz*). Allerdings sind die Uneindeutigkeiten in diesem Bereich groß. Bezogen auf das Beispiel *Parking* findet sich als Nebenform etwa auch ***das*** *Parking*. ***Die*** *Fanfare* könnte andererseits nicht allein über den französischen Artikel ***la***, sondern auch über ***die*** *Blaskapelle* hergeleitet werden. Vor diesem Hintergrund dürfen Unsicherheiten im Sprachgebrauch nicht überraschen.

Ausdruck dafür ist ein Nebeneinander unterschiedlicher Artikel. Wo derlei Genusdivergenzen auftreten, werden diese im Wörterbuch verzeichnet:

Avis [aˈviː], der/das
Chalet [ˈʃaleː], der/das
Interim, der/das

Es ist darauf hinzuweisen, dass die Dinge hier offensichtlich teilweise noch im Fluss sind. Gleichzeitig ist zu vermerken, dass derlei Schwankungen im Artikelgebrauch auch außerhalb des Luxemburger Standarddeutsch vorkommen, so etwa bei *der/das Joghurt* oder *der/die Paprika.*

Genitiv- und Pluralendungen

Ein weiteres Moment der Entlehnung ist die Integration in das deutsche Flexionssystem (meist Wortendungen). Entsprechend verzeichnet sind im Wörterbuch Angaben zur Bildung des Genitivs im Singular und des Nominativs im Plural:

Fahrradpiste, die; -, -n

Auch hier sind in manchen Fällen konkurrierende Flexionsendungen gebräuchlich:

Funiculaire [funikyˈlɛːʀ], der; -/-s, -s/-n

Aussprache

Die Aussprache französischer Lehnwörter ist (nicht anders als in Deutschland) teilweise variabel. Das gilt insbesondere für Substantive mit der Endung *-ment.* Als Normvariante tritt hier regelmäßig die dem Französischen entsprechende nasalierte Aussprache [-mɑ̃] neben die Integrationsform [-mɛnt], wobei letztere auch für das Luxemburgische gilt. Die Aussprache wird in Lautschrift in eckigen Klammern angegeben. Beispiel hierfür sind etwa:

Logement [loʒəˈmɛnt / loʒəˈmɑ̃]
Reglement [ʀeːgləˈmɛnt / ʀegləˈmɑ̃]

Verbendungen

Auch bei Verben erfolgt die Integration in Form von Anpassungen an das deutsche Flexionssystem. Im hier verzeichneten Wortschatz sind die zahlreichen *-ieren*-Verben hervorzuheben. Die Form *-ieren* ist hier eindeutig Merkmal für die vollzogene Integration in die deutsche Sprache, weil sowohl das Französische als auch das Luxemburgische abweichende Formen aufweisen. Beispiele hierfür sind *sich adressieren an* (frz. *s'adresser à*, lux. *sech adresséieren un*) oder *bradieren* (frz. *brader*, lux. *bradéieren*). Alle *-ieren*-Verben werden regelmäßig (schwach) flektiert, d. h., sie bilden die Vergangenheitsformen mittels angehängtem *-t* (Beispiel: *relancieren, er/sie/es relancierte, hat relanciert*). Aufgrund dieser Einheitlichkeit wird im Wörterbuch auf die jeweilige grammatische Bestimmung bei den Einzelverben verzichtet.

Graphemvariation

Auch auf Ebene der Rechtschreibung lassen sich Integrationsmerkmale erkennen. So wird in etlichen Fällen die *c*-Schreibung des Französischen und Luxemburgischen im Deutschen durch *k*-Schreibung ersetzt, etwa bei *Konsultation* vs. frz. *consultation*, lux. *Consultatioun* oder *Karriere* vs. frz. *carrière*, lux. *Carrière*.

Anführungszeichen

Aufmerksamkeit verdienen Wörter, die teilweise ohne, aber teilweise auch mit Anführungszeichen geschrieben werden. Dies kann als Hinweis auf noch nicht abgeschlossene Integrationsprozesse gedeutet werden. Im Wörterbuch wird das jeweils verzeichnet, und zwar durch den Klammerzusatz „(teilweise mit Anführung)". Dass diese Wörter überhaupt ins Wörterbuch aufgenommen wurden, resultiert aus der generellen Dynamik in Richtung Vollintegration (also Schreibung ohne Anführung). Beispielhaft zeigen lässt sich das an dem Wort *Chamber*. Wurde dieses noch vor etwa zehn Jahren häufiger auch mit Anführung geschrieben, ist diese Schreibung inzwischen selten.

2.3 Luxemburgische Spracheinflüsse

Der französische Spracheinfluss ist insgesamt vorherrschend. Vermittelt wird dieser allerdings vielfach über das Luxemburgische, das seinerseits zahlreiche Wörter des Französischen integriert hat. Die exakte Differenzierung der Entlehnungsprozesse und die Abgrenzung der beiden potenziellen Gebersprachen ist oft nicht möglich. In bestimmten Fällen sind die Befunde allerdings klarer. So ist das (frequente) *Chamber* (‚Parlament') zwar mittelbar auf frz. *chambre* zurückführbar, sowohl die Schreibung als insbesondere die Aussprache ([ˈʃɑ̃ːmbɐ]) weisen hier aber auf eine Entlehnung aus dem Luxemburgischen hin. Ähnlich gelagert ist das Beispiel *Adjunkt*, wohl auch *Braderie*, *Kavalkade* und *Zenter*.

Direkte Entlehnung aus dem Luxemburgischen zeigen Beispiele wie *Aulebäcker*, *Bering*, *Bongert*, *Éimaischen*, *Fouer*, *Halbfasten* (lux. *Halleffaaschten*), *Hämmelsmarsch*, *Houseker*, *Kropemann*, *Pechert*, *Traulicht* (lux. *Trauliicht*) etc.

Auch hier lassen sich unterschiedliche Ebenen bzw. Abstufungen der Integration beobachten. Dies gilt für die Artikelzuweisung, die Genitiv- und Pluralmarkierung, insbesondere aber in orthografischer oder lautlicher (phonetischer) Hinsicht. In einigen Fällen ist es gerechtfertigt, sowohl das luxemburgische Ausgangswort als auch dessen eingedeutschte Form als Elemente des Luxemburger Standarddeutsch zu bestimmen, was zu (einigen) Dubletten führt wie *Bannhidder* und *Bannhüter*, *Buergbrennen* und *Burgbrennen*, *Schueberfouer* und *Schobermesse*.

Dass bestimmte Luxemburgismen als Lehnwörter im Deutschen integriert sind, lässt sich auch im Vergleich mit französischsprachigen Pressetexten nachweisen, wo diese als (reine) Zitatwörter fungieren, z. B.:

Herzstück der ambulanten Versorgung ist die bei der ***Kannerklinik*** *im CHL zentralisierte „Maison médicale pédiatrique", an deren Diensten sich alle Kinderärzte des Landes beteiligen.* (JO 23.12.2015)

A mon avis, il n'est pas suffisant que le pays ne dispose que d'une seule ***„Kannerklinik"*** *dans la capitale.* (JO 15.03.2017)

Genauso wie man im Wörterbuch *Österreichisches Deutsch* Wörter wie *Hofburg* und *Prater*, im Band *Schweizerhochdeutsch REGA* oder *Goldvrenelie* und etwa im *Rechtschreibduden* Einträge wie *ADAC* und *Neuschwanstein* findet, genauso sind auch im vorliegenden Wörterbuch einige landestypische Einträge verzeichnet. Hierzu zählen Bezeichnungen für Regionen (*Éislek/Ösling*, *Minette*), markante Plätze oder nationale Denkmäler (*Knuedler*, *Gëlle Fra*), Organisationen und Institutionen (*CFL*, *Mudam*, *Springprozession*) oder typische Umschreibungen (*Eselstadt*, *Pattonstadt*). Auch Belege wie *Sonnesfro* oder *Krautmarkt* lassen sich hier subsummieren. Deutlich frequenter sind luxemburgtypische Termini allerdings aus dem Bereich Verwaltung und Staatsorganisation. Diese werden unten gesondert dargestellt.

Hinzuweisen ist schließlich auf einige markante Eigenheiten im Bereich der Verben, die ebenfalls als Wirkung des Luxemburgischen anzusehen sind. Beispiele hierfür sind *aufrichten*, *begreifen*, *drehen*, *einreihen*, *rennen*, *stimmen*, *wissen (ist gewusst)*, *zurückbehalten*. So bedeutet *begreifen* in Luxemburg zusätzlich auch ‚umfassen, beinhalten' oder *stimmen* (wie in der Schweiz) auch ‚durch Abstimmung beschließen, verabschieden'.

2.4 Erweiterung von Wortbildungsmodellen

Zur Typologie des Luxemburger Standarddeutsch gehört auch eine teilweise stärkere Nutzung bestimmter Wortbildungsmodelle. Es finden sich im deutschländischen Deutsch beispielsweise Wortbildungen (Ableitungen) wie *Hotelier* und *Kneipier*, in Luxemburg (wie auch in Österreich und der Schweiz) zusätzlich auch *Ambulancier*, *Cafetier*. Ähnlich liegt der Fall bei *Gesundheitsberufler* und *Pflegeberufler*, die so in Deutschland nicht üblich sind (im Gegensatz zu *Freiberufler*). Auch Wörter wie *Chorist*, *Garagist*, *panikieren* oder *Reklamant* sind Beispiele dafür.

3. Wortschatzbereiche

Die im Wörterbuch verzeichneten Belege beziehen sich auf praktisch alle Lebensbereiche. Die nachfolgende Auflistung soll einen Eindruck davon vermitteln. Vollständigkeit ist hierbei nicht angestrebt. Dennoch zeigen sich Kernbereiche, in denen die Menge der Luxemburger Varianten besonders umfangreich ist. Das ist vor allem der Fall bei Wörtern, die sich auf die spezifischen institutionellen und administrativen Strukturen des Luxemburger Staates, seiner Gemeinden, Organe, Verfahrensabläufe etc. beziehen. Wörter wie *Kanton, Majorzgemeinde, Privatbeamter* oder *Informateur* sind im Wortschatz des deutschländischen Deutsch unbekannt, weil es dort die entsprechenden Strukturen und Positionen nicht gibt. Bei anderen ergeben sich die Unterschiede eher auf der Bezeichnungsebene (Ausdrucksseite) für inhaltlich identische Gegebenheiten (Beispiele: *Fraktionspräsidentin* vs. *Fraktionsvorsitzende/-chefin, Nationalkongress* vs. *Bundesparteitag*). Mitunter sind die Unterschiede gering (Beispiel: *Aktualitätsstunde* vs. *aktuelle Stunde*).

3.1 Wortschatz Administration und Regierung

Zum administrativen Wortschatz (im weiteren Sinne) sind folgende Unterbereiche und Beispiele zu zählen:

Staat und Parlament: *Abgeordnetenkammer, Aktualitätsstunde, Chamberkommission, Deputierte, Ehrenstaatsminister, Einberufungsschreiben, Gesamtstaat, Hohe Körperschaft, Informateur, Kammerbüro, Kammersession, Motion, Nationalwahl, Nordabgeordnete, Präsidentenkonferenz, Rapporteur, Staatsrat, stimmen*

Parteien: *absolute Majorität, Bezirkskongress, elektoral, Fraktionspräsidentin, Gambiakoalition, Gambia-Partei, Landeskongress, Majoritätspartei, Nationalbüro, Nationalkongress, Parteikarte, Parteipräsident, Politmonitor*

Kommunen und Verwaltung: *erstgewählt, Einnehmer, Familienkommission, Fusionsgemeinderat, Gemeindemutter, Kanton, Komplementarwahl, Majorzwahlsystem, Nordgemeinde, Oppositionsrat, Proporzgemeinde, Schöffin*

Hof und Adel: *Familienpakt, Flügeladjutant, erbgroßherzoglich, Großherzog, Großherzogtum, Hofmarschallin, Hofmarschallamt, Kammerherr, Nationaldynastie*

Polizei, Ordnungskräfte und Gerichtswesen: *Assisenhof, Bannhüter, Berufungshof, Depenalisierung, Ehrbarkeit, Eilgericht, Feldhüter, formelle Opposition, Gemeindeagent, Gemeindesyndikat, Gendarmerie, Generaladvokat, Gref-*

fier, Instruktionsphase, Kassationsgericht, Körperdurchsuchung, Maître, Nationaler Justizrat, Passagearrest, Pechert, Proximitätskommissariat, Rekursverfahren, Substitut, Tribunal, Untersuchungsgeheimnis

3.2 Wortschatz Berufs- und Alltagspraxis

Auch diesem Sachbereich ist ein umfangreicher Wortbestand zuzurechnen. Dazu zählen:

Berufspraxis und Lebensführung: *Benevolat, Braderie, Cafetier, Care-Arbeit, Deontologiekodex, detachieren, drittes Alter, Einheitsregime, Expat, Favoritismus, Grenzgänger, Homologe, Interimsarbeiter, Volontär*

Produktion und Wirtschaft: *Aktivitätszone, Bipartite-Abkommen, Handwerkerföderation, Herbst-Quadripartite, Implantierung, Industriezone, Kollektivvertrag, Patronat, Salariat, Staatsbeamtengewerkschaft, Syndikat, Telearbeit*

Transport und Verkehr: *Anrainerparken, Automobilistin, Buschauffeur, Contournement, Fahrradparking, Fahrradpiste, Gratistransport, Hochkapazitätsbus, Immatrikulation, Konformitätszertifikat, Mobilitätsministerium, Navette, Parkvignette, Peripheriebahnhof, Punkteführerschein, sanfte Mobilität, Tram, Umsteigeplatz, Velofahrer, Verkehrsgarten, Zirkulation*

Bauen und Wohnen: *Abwasserkollektor, Annexe, Baukonduktor, Baulichkeit, Bauperimeter, Bautenkommission, Bautenschöffin, Bering, bezugsbereit, Kaffeezimmer, Logement, Lotissement, Privatpromoteur, Servitude*

Finanzen: *Aktionariat, Akzisenerhöhung, Beki, Budgetdebatte, Budgetministerium, Indextranche, Inklusionseinkommen, Luxemburger Franken, Taxenerhöhung*

Kirche und Religion: *Aumonier, Consolatrix afflictorum, Echternacher Springprozession, Kirchenfabrik, Kirchenfonds, Kirchenrat, Kultus, Kultusdiener, Kultusminister, Muttergottesoktave, Oktavprediger*

3.3 Wortschatz Schule, Sport und Freizeit

Hier subsummiert sind Wörter aus dem Bereich des Bildungswesens, aber auch der Freizeit unter Einschluss des Brauchtums. Dazu zählen:

Schule und Bildungswesen: *Kompetenzzentrum, Chargé, Crèche, Fondamental, Dissertation, Garderie, Grundschulzyklus, Klassensaal, Masterthese, Lehrersyndikat, Lyzeum, Maison relais, Orientierungsprozedur, Primärschule, Rentreé, Schulcampus, Schulrestaurant, Semester, Studentenbörse, Zyklus*

Sport: *Barragespiel, Benjamins, BGL Ligue, Cadets, Championat, Chrono, COSL, Cyclocross, Ehrendivision, Elitesportlerin, Espoir, Forfaitsieg, Kalenderkommission, Kompetitionssport, Leader, Ludiques-Mädchen, Nationalstadion, Poussins, Selektion, Zweitdivisionär*

Freizeit: *Fanfare, Ferienkolonie, Fitnessparcours, Schreibatelier, Spezialurlaub, Spielstand, Vakanz, Vereinsentente*

Speisen und Kulinarik: *Ausschank, Buvette, Brasserie, Crémant, Ehrenwein, Epicerie*

Brauchtum und Tradition: *Aulebäcker, Brezelsonntag, Buergbrennen, Éimaischen, Halbfastensonntag, Hämmelsmarsch, Houseker, Kavalkade, Kleeschen, Kropemann, Péckvillchen, Schobermesse, Traulichtwochen*

3.4 Wortschatz Gesundheit und Prozedurales

Hierunter gefasst sind Wortschatzbereiche, die sich auf das Gesundheits- und Notfallwesen beziehen. Abgesondert davon sind Beispiele für Wörter, die während der Coronapandemie entstanden oder besonders frequent verwendet wurden. Angegliedert ist eine Gruppe von Wörtern (meist Verben), die unterschiedlichste Handlungsweisen ausdrücken.

Gesundheit und Notfälle: *Ambulancier, CNS, Drittzahlerprinzip, Eilfahrt, Generalist, Gesundheitsberufler, Gesundheitsdirektion, Gesundheitskasse, Gesundheitsreserve, Feuerwehrkaserne, First Responder, hospitalisieren, Hygieneaufsicht, Interventionszentrum, Kannerklinik, Krisenzelle, Löschhelikopter, Maternité, nationales Gesundheitslaboratorium, Nationallaboratorium, Nomenklaturkommission, Ordonnanz, Pathologie, Pflegeberufler, SAMU, Spital, Südspidol, Umweltambulanz, Zivilhospiz*

Coronapandemie: *Autotest, Barrieregeste, Confinement, Covid Check, Covid-19-Konsultationszentrum, hospitalisieren, in Isolation setzen, Kontakt-Tracing, Krisenzelle, sanitäre Krise, sanitäre Schutzmaßnahmen, Schutzgeste, Telekonsultation, vakzinieren, Vulnerabilität*

Funktionsweisen und Prozedurales: *Audit, autorisieren, die Rede geht von, Homologation, informatisieren, intrusiv, klassieren, Kollekte, Konsultierung, manifestieren, minimisieren, Naturalisierung, Notizen nehmen, pacsen, panikieren, plafonieren, programmieren, promovieren, revalorisieren, sich installieren, totalisieren, tranchieren, umklassieren, valorisieren, zirkulieren*

4. Aufbau der Artikel

Die jeweiligen Artikel des Wörterbuchs sind prinzipiell in vier unterschiedliche Felder gegliedert:

4.1 Stichwortfeld

Das Stichwortfeld enthält die folgenden nacheinander stehenden Angaben:

Stichwort (Lemma): Das jeweilige Stichwort (Lemma) ist halbfett in blau gedruckt. Bei unterschiedlichen Schreibungen stehen diese durch Schrägstrich getrennt nebeneinander, z. B.:

Detachement/Détachement

Feste Wortfügungen sind grundsätzlich nach dem in ihnen enthaltenen Substantiv sortiert. An entsprechender Stelle wird darauf mittels Pfeil verwiesen, z. B.:

sanfte Mobilität ↑ Mobilität, sanfte
die Rede geht von/vom ↑ Rede, die ... geht von/vom

Maskulinen Personenbezeichnungen folgen feminine Formen, z. B.:

Fraktionspräsident Fraktionspräsidentin
Homologe Homologin

Bei Partizipialbildungen erfolgt die Beidbenennung mittels Artikeldopplung, z. B.:

Erstgewählte, der/die
Nordabgeordnete, der/die

Aussprache: Die Betonung wird beim Stichwort durch Unterstrich (Länge) bzw. Unterpunkt (Kürze) markiert, z. B.:

plafonieren
Nachtfoyer

Schreibungen in Lautschrift folgen dem Stichwort in eckigen Klammern. Die dort enthaltene Betonungs- und Längenangabe ersetzt die entsprechende Markierung beim Stichwort. Die Lautschreibung folgt dem IPA (Internationales Phonetisches Alphabet). Bei variierender Aussprache stehen die Varianten durch Schrägstrich getrennt nebeneinander oder werden durch geklammerte Längenmarkierung angegeben, z. B.:

Reclassement [ʀeːklasˈmɛnt / ʀəklasˈmɑ̃]
Regime [ʀeˈʒi(ː)m]

Angaben zur Grammatik: Bei Substantiven erfolgen, jeweils getrennt durch Kommas, Angaben zum Genus (Artikel) sowie zur Flexion im Genitiv Singular und im Nominativ Plural, z. B.:

Eilgericht, das; -[e]s, -e
Majọrzgemeinde, die; -, -n

Bei Personenbezeichnungen (Beidbenennung) wird entsprechend verfahren, z. B.:

Gemeindeagent Gemeindeagentin, der; -en, -en bzw. die; -, -nen

Divergenzen beim Genus und bei der Flexion werden durch Schrägstrich getrennt angegeben, ebenso Besonderheiten beim Numerus, z. B.:

Funiculaire [funikyˈlɛːʀ], der; -/-s, -s/-n
Majọrzsystem, das; -s, nur Singular
Sọlden nur Plural
Moniteur Moniteurin [moniˈtœːʀ -in], der; -s, -s/-e bzw. die; -, -nen

Angaben zum Sprachgebrauch in anderen (deutschsprachigen) Ländern: Identische Verwendungsweisen in Österreich [AUT] und/oder der Schweiz [CH], in (Ost-)Belgien [BELG], Liechtenstein [LIE], Norditalien/Südtirol [STIR] werden nach Doppelpunkt angegeben, z. B.:

Spital, das; -s, Spitäler: [auch AUT, CH]
Exekutivvorstand, der; -[e]s, -vorstände: [auch CH]
Kịrchenfabrik, die; -, -en: [auch BELG]
Gemeindesekretär Gemeindesekretärin, der; -s, -e bzw. die; -, -nen: [auch AUT, BELG, LIE]
Studienbörse, die; -, -n: [auch STIR]

4.2 Bedeutungsfeld

Das Bedeutungsfeld verzeichnet zunächst Angaben zur Bedeutung eines Wortes. Nur in selbsterklärenden Fällen wird darauf verzichtet. Darüber hinaus finden sich (in relevanten Fällen) Hinweise auf abweichende Verwendung oder Wortformen in Deutschland (D) sowie Frequenzangaben, Alternativformen, den Integrationsstatus [„(teilweise mit Anführung)"] etc. Bei Lehnwörtern wird zusätzlich die Herkunft in Spitzwinkelklammern angegeben. Gebersprache ist, wie oben beschrieben, meist Französisch, oft allerdings über die Vermittlungsinstanz des Luxemburgischen. Häufig wird daher auch die entsprechende Luxemburger Wortform vermerkt. (Dass hinter der französischen Wortherkunft oft eine lateinische steht, muss nicht eigens vermerkt werden.)

Bedeutungsangaben: Bedeutungsangaben erfolgen entweder durch Paraphrase (**Kollektivurlaub,** der; -[e]s, -e: gesetzlich vorgeschriebene Urlaubszeit des Baugewerbes <frz. *congé collective*>), durch Synonyme (**memorabel:** denkwürdig, unvergesslich <frz. *mémorable*, lux. *memorabel*>), in passenden Fällen zusätzlich mit Hinweis auf die in Deutschland gebräuchliche Form (**Krisenzelle,** die; -, -n: Krisenstab (D) <frz. *cellule de crise*>). In bestimmten Fällen erfolgen die Bedeutungsangaben allein mittelbar über entsprechende Verweise (**Konformitätsbescheinigung,** die; -, -en: Nachweis der ↑Konformität, ↑Konformitätszertifikat).

Darüber hinaus wird auf den Bedeutungsumfang verwiesen, und zwar relativ zur Verwendung in Deutschland (z. B. durch „allgemeiner als in D"). Auch das unterstreicht die Funktion als Differenzwörterbuch, z. B.:

Konsultation, die; -, -en: allgemeiner als in D für Anfrage, Beteiligung, Sprechstunde (beim Arzt) u. dgl.

Weitere Spezifikationen sind hier möglich, z. B.:

Recherche [ʀəˈʃɛʀʃ(ə)], die; -, -n: allgemeiner als in D, auch auf den Bereich der wissenschaftlichen Forschung bezogen: <frz. *recherche*, lux. *Recherche*>

Transport, der; -[e]s, -e: deutlich allgemeiner als in D, insbesondere für Personenbeförderung, Personenverkehr, häufig in Zusammensetzungen und der festen Verbindung ↑‚öffentlicher Transport' <frz. *transport*, lux. *Transport*>

In anderen (evidenten) Fällen wird auf eine explizite Gegenüberstellung zum Gebrauch in Deutschland verzichtet, z. B.:

Pathologie, die; -, -n: auch allgemein für Krankheit, Krankheitsbild <frz. *pathologie*, lux. *Pathologie*>

Verwendungsangaben: Verwendungsangaben beziehen sich insbesondere auf die Vorkommenshäufigkeit (Frequenz) von Belegen. Überlappungen mit Angaben zum Bedeutungsumfang sind hier naturgemäß möglich, da ein größerer Allgemeinheitsgrad eine höhere Vorkommenshäufigkeit bedingen kann (aber nicht muss). Frequenzen werden als Tendenzen angegeben: *eher selten für/neben, üblicher als ... für/neben*. Statistische Exaktheit ist hier nicht möglich, z. B.:

Ambiance [ãːmˈbi̯ãːs], die; -, -n: eher selten für Stimmung, Atmosphäre (teilweise mit Anführung) <frz. *ambiance*, lux. *Ambiance*>

Autotest, der; -s, -s: eher selten neben Selbsttest (D) <frz. *autotest*>

edukativ: üblicher als in D für ‚die (Schul-)Pädagogik, Erziehung betreffend' <frz. *éducatif*, lux. *edukativ*>

Demission: die; -, -en: üblicher als in D neben Rücktritt <frz. *démission*, lux. *Demissioun*>

Auch hier sind weitere Spezifikationen, etwa in Hinblick auf Wortbildungsformen, möglich, z. B.:

Majoritä̲t, die, -, -en: üblicher als in D neben Mehrheit, Regierungspartei(en), häufig in Zusammensetzungen <frz. *majorité*, lux. *Majoritéit*>

4.3 Kontextfeld

Dem Bedeutungsfeld folgt, getrennt durch Doppelpunkt, das Kontextfeld. Hier werden jeweils zwei konkrete Kontextbeispiele, meist in Satzform, seltener als Überschrift, aus unterschiedlichen Tageszeitungen platziert. Der Nachweis erfolgt mittels Kürzel: JO (Lëtzebuerger Journal), LW (Luxemburger Wort), TB (Luxemburger Tageblatt). Zusätzlich erfolgt die Datumsangabe. Die Reihenfolge der Kontextbeispiele entspricht der absteigenden chronologischen Sortierung. Die Kontextbelege werden zur leichteren Orientierung mittels Fettdruck hervorgehoben.

Die Kontextbeispiele erfüllen einen wichtigen Zweck. Sie unterstreichen (und präzisieren) die Bedeutungsangaben und vermitteln darüber hinaus Einblicke in die grammatische Struktur bzw. die syntaktische Einbindung der Belege, z. B.:

Der europäische Gerichtshof äußerte sich auch zu den Protesten: „Die ***Manifestation*** *ist ohne Zwischenfälle abgelaufen."* (LW 23./24.10.2021); *Die Rede ist von den Ausschreitungen rund um die* ***Manifestation*** *„March for Freedom" vom 4. Juni 2014 in Luxemburg/Kirchberg.* (JO 07.04.2017)

Durch einen ausdifferenzierten Verweisungsapparat lassen sich zudem Rückschlüsse auf die vernetzte Gesamtstruktur des Luxemburger Standarddeutsch ziehen, z. B.:

Die Organisation ist allerdings nicht ohne die nötigen Genehmigungen der regionalen ***Autoritäten*** *möglich.* (LW 31.01.2021); *Am 25. November 2017 taufte ↑ Erbgroßherzog Guillaume im Beisein von ↑ Ehrenstaatsminister Jacques Santer und vielen deutschen* ***Autoritäten*** *die neue Solarfähre und wünschte dem Transportmittel* (↑ Transport) *gute Fahrt.* (TB 11.04.2018)

Ein Gerichtsprozess gegen einen mutmaßlichen Vergewaltiger muss wegen eines Formfehlers vor der ↑ Kriminalkammer am ***Bezirksgericht*** *Luxemburg neu aufgerollt werden.* (JO 16.10.2017); *Das ↑ Tribunal des* ***Bezirksgerichts*** *Luxemburg beschäftigt 78 Richter* (TB, Überschrift, 17.09.2008)

4.4 Wortbildungsfeld

Hier werden in den passenden Fällen Wortbildungsbeispiele aufgelistet, darunter (mit Verweispfeil) auch die als Lemma verzeichneten. In der Regel erfolgt hier eine Beschränkung auf maximal vier Beispiele. Vollständigkeit ist hier also nicht angestrebt. Es lassen sich aus diesem Feld zusätzliche Rückschlüsse auf den Bedeutungsumfang, die Frequenz und insbesondere die Wortbildungsproduktivität ziehen, z. B.:

(Kavalkade): ♦ Kavalkadenplatz, Kavalkadetradition, Kinderkavalkade, ↑ Nachtkavalkade
(Oktave): ♦ ↑ Muttergottesoktave, ↑ Oktavpredigt, ↑ Oktavepredigerin, Online-Oktave
(Tripartite): ♦ Krisentripartite, Stahltripartite, Tripartiteabkommen, Videotripartite

4.5 Verweissystem und Infokästen

Verweissystem: Strukturiert wird das Wörterbuch auch über ein umfangreiches Verweissystem mittels entsprechender Pfeilsymbole, insbesondere bei den Kontextbeispielen. So lässt sich zum einen leicht erkennen, welche weiteren zum jeweiligen Lemma passenden Formen verzeichnet sind. Zum anderen wird dadurch eine Art Netzstruktur erzeugt, die Rückschlüsse auf die Verwendungshäufigkeit der im Wörterbuch verzeichneten Stichwörter zulässt.
Infokästen: Ein weiteres gliederndes Strukturelement sind Infokästen. Diese heben besonders markante Wörter bzw. Wortfamilien hervor und vermitteln unterschiedliche Zusatzinformationen. Im Einzelnen sind Infokästen zu den folgenden Stichwörtern zu finden: *Atelier, Budget, Chamber, Dossier, Kommission, Kongress, Minister, national, National-, Prozedur, Reglement, Schöffe, Struktur, Transport.*

5. Wirkungen und Herausforderungen – Bildungssektor und Bevölkerung

Für den Schulunterricht wie auch für die universitäre Lehre ist die länderspezifische Variation der Wortschätze sowohl Herausforderung als auch Gewinn. Das gilt, mehr oder weniger ausgeprägt, für alle sieben europäischen Länder mit Deutsch als offizieller Sprache und somit auch für Luxemburg. Zunächst ist nochmals festzuhalten, dass die innere Einheit der deutschen Sprache durch die Thematisierung der unterschiedlichen landestypischen Ausprägungen nicht infrage gestellt werden soll. Differenzen werden als Unterscheidungsmerkmale verstanden, nicht als Trennungsmerkmale. Betroffen ist ohnehin nur ein vergleichsweise kleiner Ausschnitt des Gesamtwortschatzes.

Die hier beobachtbaren Besonderheiten wechselseitig zur Kenntnis zu nehmen und ein Interesse für die unterschiedlichen (sprach-)historischen und mentalitätsgeschichtlichen Gegebenheiten der eigenen und benachbarten Sprachgemeinschaften zu entwickeln, entspricht wohl eher einem modernen europäischen Geist als ein Sich-Abschotten und Beharren auf vermeintlichen Besitzständen und Vorrangigkeitsansprüchen. Die sprachlichen (varietätenlinguistischen) Realitäten zu ignorieren, ist weder ein annehmbares wissenschaftliches Konzept noch eine angemessene Methode für den Schulunterricht. Bezogen auf die Situation in Deutschland bedingt das ein Abrücken von der veralteten (monozentrischen) Vorstellung, allein über eine verbindliche Sprachnorm zu verfügen. Für die anderen Länder mit Deutsch als Amtssprache verbindet sich damit ein Stück weit auch ein emanzipatorischer Ansatz. Österreich ist hier bereits weiter fortgeschritten als die Schweiz und Luxemburg, wo ein entsprechendes Bewusstsein für die legitime Eigenständigkeit der deutschen Standardsprache noch wenig ausgeprägt ist. Das Konzept der Plurizentrizität bietet aber ein wissenschaftlich tragfähiges Fundament für eine fortschreitende Entwicklung im Sinne wechselseitiger sprachlicher Toleranz und Akzeptanz. Im Zentrum steht hierbei der Differenzgedanke, nicht eine Defizitauffassung.

In Hinsicht auf die Situation im luxemburgischen Bildungssektor (zumal an den Schulen) sind die Verhältnisse besonders komplex, weil hier auch die Mehrsprachigkeitssituation des Landes angemessen abzubilden und zu befördern ist. Bezogen auf die deutsche Sprache wird in aller Regel nach der deutschländischen (Außen-)Norm unterrichtet. Aus unterschiedlichen Gründen ist das ebenso sinnvoll wie ergänzungsbedürftig. Es kann nicht darum gehen, die deutschländischen Varianten schlicht durch die luxemburgischen zu ersetzen, sondern Ziel sollte sein, zu einer reflektierten Gegenüberstellung und Gleichbewertung zu gelangen.

So wird das Verb *rennen* in Luxemburg auch im Sinne von ‚schnell fahren, rasen, stoßen gegen' gebraucht, etwa im Satz:

Damals war ein 31-jähriger Mann gegen 19.00 mit seinem Motorrad in ein Auto gerannt und kam beim Unfall ums Leben. (JO 11.11.2014)

Eine gemeinsame deutschsprachige Grundlage ist daran erkennbar, dass es auch im deutschländischen Deutsch *Rennwagen, Autorennen* etc. heißt, die spezifische Verwendung des Verbs in Luxemburg demnach auch von daher stimmig ist. Es ist auch nicht erkennbar, was sprachlogisch gegen das in Luxemburg gebräuchliche Verb *einreihen* (in den Verkehr) vorgebracht werden könnte, auch wenn in Deutschland stattdessen *einfädeln* üblicher ist. Derlei Überlegungen und Gegenüberstellungen könnten etwa im Rahmen des Deutschunterrichts systematisch eingesetzt werden, um eine vertiefte Sprachreflexion zu befördern. Es kann angenommen werden, dass die wertschätzende Einbeziehung der Luxemburger Varianten das Interesse der Luxemburger Schülerschaft befördert.

Nicht zu übersehen ist zudem der Mehrwert der Luxemburger Varianten in Hinsicht auf die Möglichkeiten stilistischer Variation, wenn etwa *Autofahrer* neben *Automobilist* gestellt wird, *Homologe* neben *Fachkollege* oder *Parking* neben *Parkplatz.* Beispiele dieser Art sind zahlreich und zeigen die Bereicherung der Ausdrückmöglichkeiten. Auch im ausgewerteten Pressekorpus wird dieser Vorteil vielfach genutzt, z. B.:

Begonnen hat er seine Beamtenkarriere unter dem damaligen ***Finanzminister*** *Jacques Santer (CSV) und* ***Budgetminister*** *Jacques Poos (LSAP).* (TB 31.01.2020)

Regierung steht weiterhin zum ***Contournement*** */ Déi-Lénk-Abgeordneter David Wagner stellt* ***Umgehungsstraße*** *von Niederkerschen wegen neuer Messdaten infrage.* (LW 10.10.2019)

Die Summen der ***Studienbeihilfen*** *sind in der Tat beeindruckend und wachsen jährlich – inzwischen sind es rund 100 Millionen Euro allein in Form von* ***Börsen****.* (JO 19.09.2013)

Natürlich sind derlei Synonymien der deutschen Sprache (wie auch anderen) auch sonst nicht fremd. Ein Vergleich mit den Wortpaaren *Samstag* und *Sonnabend, Tischler* und *Schreiner, Rotkohl* und *Blaukraut* oder *Krawatte* und *Schlips* macht das deutlich. Der Unterschied ist, dass das Set an Variationsmöglichkeiten in Luxemburg noch umfangreicher ist. Es wäre wenig sinnvoll, dieses Potenzial brach liegen zu lassen. Sicher gilt auch hier: *Variatio delectat* („Abwechslung macht Freude")!

Natürlich ist nicht zu bestreiten, dass die erweiterte Akzeptanz einer Luxemburger Norm der deutschen Sprache einer umfassenden Diskussion über das Für und Wider bedarf. Gefragt sind hier die Schulen und die sonstigen Bildungsträger und -verantwortlichen. Auch an die Universität Luxemburg hätte sich der Anspruch zu richten, hier die wissenschaftliche Expertise weiter auszubauen und zur Verfügung zu stellen. Da sich, abgesehen von den Bildungsinstitutionen, auch in der Luxemburger Bevölkerung seit Langem eine vitale und kritische Debattenkultur in Bezug auf Sprachfragen etabliert hat, kann hier eine angeregte Auseinandersetzung mit einem für die Selbstverortung und Identitätsbestimmung relevanten Thema sicher erwartet werden.

6. Deutsch im mehrsprachigen Luxemburg

Luxemburg ist das Land mit dem höchsten Ausländeranteil in Europa. Dieser beträgt knapp 50 %. Der boomende Arbeitsmarkt wird zudem durch eine hohe Zahl an Grenzgängern (über 200 000) aus den angrenzenden Ländern bedient; rund die Hälfte aus Frankreich, jeweils rund ein Viertel aus Belgien und Deutschland. Schon aufgrund der sprachgeografischen Lage zwischen den frankofonen und germanofonen Regionen Europas ist die Mehrsprachigkeit des Landes vorgezeichnet. Gemäß der Sprachgesetzgebung von 1984 haben drei Sprachen einen amtlichen Status, nämlich Luxemburgisch, das auch als Nationalsprache fungiert, Französisch (mit der Funktion als Gesetzessprache) und Deutsch.

Luxemburgisch hat sich ab dem 19. Jahrhundert auf Basis des Moselfränkischen zu einer eigenständigen Standardsprache entwickelt. Wenn (in der Außenwahrnehmung) bisweilen Luxemburgisch auch heute noch als Dialekt betrachtet wird, so ist diese Annahme aus mindestens drei Gründen linguistisch nicht haltbar:

1. Luxemburgisch ist eine Schriftsprache (Dialekte sind rein mündliche Idiome),
2. Luxemburgisch hat eine feste Normenkodifikation (Dialekte haben das nicht) und
3. Luxemburgisch ist eine Nationalsprache (Dialekte sind das nicht).

Nicht zuletzt aus Gründen der Stärkung der sozialen Kohäsion wird Luxemburgisch politisch stark gefördert, insbesondere auch im vorschulischen Bereich. Sprachtypologisch ist Luxemburgisch eng verwandt mit der deutschen Sprache.

Französisch hat einen besonderen Status als Gesetzessprache. Zudem ist es die insgesamt vorherrschende Sprache auf dem Arbeitsmarkt. Das gilt insbesondere auch für die Bereiche der Gastronomie (und hier vor allem in Luxemburg-Stadt). Das führt dazu, dass Luxemburg von außen oft als einsprachiges (französischsprachiges) Land wahrgenommen wird.

Neben Französisch (und Latein) ist Deutsch seit dem Mittelalter fester Bestandteil der Luxemburger Sprach- und damit auch Sozial- und Kulturgeschichte, was sich durch entsprechendes Schriftgut (Urkunden, Frühdrucke, Dichtungen) über die Jahrhunderte nachverfolgen lässt. Nicht uninteressant ist in diesem Zusammenhang wohl der Hinweis darauf, dass erste schriftliche Zeugnisse in deutscher Sprache aus Luxemburg, namentlich dem dortigen Kloster Echternach, stammen (Griffelglossen im Maihinger Evangeliar, um 730).

Deutsch ist in Luxemburg Alphabetisierungssprache in den Schulen und Unterrichtssprache in unterschiedlichen Fächern. Im Sprachalltag dient es insbesondere als Mediensprache (Fernsehen), aber auch als Literatur- und Wissenschaftssprache. Markant ist seine Funktion als Pressesprache. Auch insofern war naheliegend, diese als Grundlage für das vorliegende Wörterbuch zu nutzen.

Aufgrund der historischen Verankerung der deutschen Sprache in Luxemburg, der Verwendung als Mediensprache, ihrer Funktion als Schulsprache und nicht zuletzt wegen ihres amtlichen Status ist es nicht verwunderlich, dass Deutsch auch in Luxemburg eine eigene nationale Varietät, das Luxemburger Standarddeutsch, herausgebildet hat. Ebenso wenig überraschend kann sein, dass sich aufgrund der Nähe zum Französischen und Luxemburgischen ein entsprechender Niederschlag im Wortschatz zeigt und das Luxemburger Standarddeutsch so die besondere Sprachsituation des Großherzogtums abbildet. Differenzen gegenüber anderen Standardausprägungen begründen keinen Mangel, sondern sind Ausdruck des länderübergreifenden Variantenreichtums des Deutschen. Da die deutsche Sprache sprachgeschichtlich von Beginn an polyzentrisch ausgerichtet war, schreibt sich hier ein über viele Jahrhunderte andauernder (natürlicher) Zustand fort.

7. Zum Konzept der Plurizentrizität

Theoretische Basis des Wörterbuches ist das varietätenlinguistische Konzept der Plurizentrizität. Demgemäß zählt Deutsch, wie viele andere Sprachen, zu den plurizentrischen Sprachen. Konstitutives Merkmal dieser Sprachen ist es, dass sie in zwei oder mehr Staaten den Status einer offiziellen Verwaltungs- oder Staatssprache haben und sich dadurch eine gewisse Eigenständigkeit entwickelt hat. Deutsch ist heute Staats- oder Verwaltungssprache in sieben Ländern Europas und bildet dort aufgrund unterschiedlichster sprachinterner und -externer Faktoren, mehr oder weniger ausgeprägt, selbstständige nationale Varietäten, vor allem ablesbar an unterschiedlichen Teilwortschätzen. Abhängig davon, ob die sprachlichen Besonderheiten eines Landes (meist in Wörterbüchern) kodifiziert sind, lassen sich Voll- und Halbzentren unterscheiden. Als Vollzentren gelten (bislang) Deutschland (deutschländisches Deutsch), Österreich (österreichisches Deutsch) und die Schweiz (schweizerisches Deutsch). Luxemburg gilt demgegenüber (noch) als Halbzentrum, ähnlich wie Liechtenstein (liechtensteinisches Deutsch), Belgien (ostbelgisches Deutsch) und Südtirol/Italien (Südtiroler Deutsch).

Das Plurizentrizitätskonzept setzt die prinzipielle Gleichrangigkeit der nationalen Varietäten voraus und wendet sich somit strikt gegen die überholte monozentrische Sichtweise, die noch zwischen einem mononormativen und damit im Sinne des Standards allein gültigen ‚Binnendeutsch' (Deutsch aus Deutschland) und einem davon abweichenden ‚Randdeutsch' unterschied. Kerngehalt der plurizentrisch orientierten Varietätenlinguistik ist: „Die plurizentrische Auffassung von der deutschen Sprache bedeutet, dass sprachliche Besonderheiten nationaler Zentren nicht als Abweichungen von einer übergreifenden deutschen Standardsprache gelten, sondern als gleichberechtigt nebeneinander bestehende standardsprachliche Ausprägungen des Deutschen" (Ammon et al. 2016: XLI). Mit diesem Konzept verbunden ist zugleich die Auffassung, dass der wechselseitige Respekt gegenüber den sprachlichen Besonderheiten des anderen und die Abwehr einseitiger Ansprüche auf Höherbewertung oder Alleingültigkeit zu einem vertrauensbildenden Umgang der betroffenen Länder beitragen können und so dem Ziel der zunehmenden europäischen Verständigung dienlich sind.

8. Literatur in Auswahl

Ulrich Ammon: Die deutsche Sprache in Deutschland, Österreich und der Schweiz. Das Problem der nationalen Varianten. Berlin, New York 1995.

Ulrich Ammon: Sprache – Nation und die Plurinationalität des Deutschen. In: Nation und Sprache. Die Diskussion ihres Verhältnisses in Geschichte und Gegenwart. Hg. v. Andreas Gardt. Berlin, New York 2000, S. 509–524.

Ulrich Ammon, Hans Bickel, Jakob Ebner (Hg.): Variantenwörterbuch des Deutschen. Die Standardsprache in Österreich, der Schweiz und Deutschland sowie in Liechtenstein, Luxemburg, Ostbelgien und Südtirol. Berlin 2004.

Ulrich Ammon, Hans Bickel, Alexandra R. Lenz (Hg.): Variantenwörterbuch des Deutschen. Die Standardsprache in Österreich, der Schweiz, Deutschland, Liechtenstein, Luxemburg, Ostbelgien und Südtirol sowie Rumänien, Namibia und Mennonitensiedlungen. 2., völlig neu bearbeitete und erweiterte Auflage. Berlin, Boston 2015.

Dudenverlag: Österreichisches Deutsch. Wörterbuch der Gegenwartssprache in Österreich. Von Jakob Ebner. 5., völlig überarbeitete und erweiterte Auflage. Berlin 2019.

Dudenverlag: Schweizerhochdeutsch. Wörterbuch der Standardsprache in der deutschen Schweiz. Hg. vom Schweizerischen Verein für die deutsche Sprache. Berlin 2018.

Christa Dürscheid: Variatio delectat? Die Plurizentrizität des Deutschen als Unterrichtsgegenstand. In: Deutsch unterrichten zwischen DaF, DaZ und DaM. Hg. von Monika Calüna, Barbara Etterich (Sondernummer Rundbrief AkdAF). Stallikon 2009, S. 59–69.

Fernand Fehlen: „Letzebourger Deutsch". Aus der Vorgeschichte der Luxemburger Sprache (1815–1830). In: Du Luxembourg à l'Europe. Hommage à Gilbert Trausch à l'occasion de son 80e anniversaire. Luxemburg 2011, S. 571–591.

Peter Gilles, Sebastian Seela, Heinz Sieburg, Melanie Wagner: Sprachen und Identitäten. In: Doing Identity in Luxemburg. Subjektive Aneignungen – institutionelle Zuschreibungen – sozio-kulturelle Milieus. Hg. v. IPSE (Identités, Politiques, Sociétés, Espaces). Bielefeld 2010, S. 63–104.

Sara Hägi: Nationale Varietäten im Unterricht Deutsch als Fremdsprache. Frankfurt/Main u. a. 2006.

Sonja N. Hensel: Welches Deutsch sollen wir lehren? Über den Umgang mit einer plurizentrischen Sprache im DaF-Unterricht. In: Zielsprache Deutsch 31 (2000), S. 233–263.

Romain Hilgert: Zeitungen in Luxemburg. 1704–2004. Hg v. Service information et Presse du gouvernement luxembourgeois. O. O. 2004.

Achim Küpper, Heinz Sieburg: Luxemburg unter dem Dach der Plurizentrik: Migration und Mehrsprachigkeit – Schul- und Bildungswesen – Lexikon Luxemburger Standarddeutsch. In: Weitergedacht. Das DACH-Prinzip in der Praxis. Hg. v. Naomi Shafer, Annegret Middeke, Sara Hägi-Mead, Hannes Schweiger. Göttingen 2020, S. 113–125.

Doris Magenau: Die Besonderheiten der deutschen Schriftsprache in Luxemburg und in den deutschsprachigen Teilen Belgiens. Mannheim 1964.

Rudolf Muhr: Plurizentrische Sprachen Europas – Ein Überblick. In: Vielsprachiges Europa. Zur Situation der regionalen Sprachen von der iberischen Halbinsel bis zum Kaukasus. Hg. v. Eva Gugenberger, Mechthild Blumberg. Frankfurt/Main u. a. 2003, S. 191–233.

Sabrina Sattler: Curriculum und Mehrsprachigkeit. Planung und Gestaltung sprachlicher Identität in Luxemburg. Bielefeld 2022.

Fabienne Scheer: Deutsch in Luxemburg. Positionen, Funktionen und Bewertungen der deutschen Sprache. Tübingen 2017.

Heinz Sieburg: Die Stellung der deutschen Sprache in Luxemburg. In: Vielfalt der Sprachen – Varianz der Perspektiven: Zur Geschichte und Gegenwart der Luxemburger Mehrsprachigkeit. Hg. v. dems. Bielefeld 2013, S. 81–106.

Heinz Sieburg: ‚Luxemburger Standarddeutsch'? Hintergründe und Perspektiven. In: Heinz Sieburg, Hans-Joachim Solms (Hg.): Das Deutsche als plurizentrische Sprache. Ansprüche – Ergebnisse – Perspektiven. Zeitschrift für deutsche Philologie. Sonderheft zum Band 136. Berlin 2017, S. 125–144.

Heinz Sieburg: Ebenen der Sprachstandardisierung. In: Literatur und Mehrsprachigkeit. Ein Handbuch. Hg. v. Till Dembeck, Rolf Parr unter Mitarbeit von Thomas Küpper. Tübingen 2017, S. 69–76.

Heinz Sieburg: ‚Luxemburger Standarddeutsch'. On the future of the German language in Luxembourg. In: Pluricentric Languages and Non-Dominant Varieties Worldwide: New Pluricentric Languages – Old Problems. Hg. v. Rudolf Muhr, Benjamin Meisnitzer. Berlin, Wien u. a. 2018, S. 263–282.

Heinz Sieburg: Zur Bildung der Rechtsterminologie im Luxemburger Standarddeutsch. In: Schriftenreihe der Deutschsprachigen Gemeinschaft 13. Eupen 2019, S. 77–89.

Heinz Sieburg: Luxemburger Standarddeutsch – Kodifizierung, Sprachbewusstsein und Unterrichtspraxis. In: Germanistik – eine interkulturelle Wissenschaft? Hg. v. Nicole Colin, Rolf Parr, Catherine Teissier, Joachim Umlauf. Heidelberg 2020, S. 157–166.

Heinz Sieburg: Luxemburger Standarddeutsch. Perspektiven und Herausforderungen für den Luxemburger Bildungssektor. In: d'Buch. Wéi vill Flexibilitéit? La communauté scolaire et les savoirs à l'Athénée de Luxembourg. Bd. 1, Année scolaire 2020 bis 2021. Luxemburg 2021, S. 26–35.

Hans Joachim Solms: Zur historischen Ausdifferenzierung der Luxemburger Polyglossie – die Polarität Lëtzebuergesch/Deutsch. In: Das Deutsche als plurizentrische Sprache. Ansprüche – Ergebnisse – Perspektiven. Hg. v. Heinz Sieburg, dems. Zeitschrift für deutsche Philologie. Sonderheft zum Band 136. Berlin 2017, S. 107–123.

Melanie Wagner: Luxemburg – ein Halbzentrum? Deutsch an Gymnasien in Luxemburg. In: Das Deutsche als plurizentrische Sprache. Ansprüche – Ergebnisse – Perspektiven. Hg. v. Heinz Sieburg, Hans-Joachim Solms. Zeitschrift für deutsche Philologie. Sonderheft zum Band 136. Berlin 2017, S. 145–167.

9. Abkürzungsverzeichnis

9.1 Allgemeine Abkürzungen

AUT	Austria (Österreich)
BELG	Belgien (deutschsprachige Gemeinschaft)
CH	Schweiz
D	Deutschland
IPA	Internationales Phonetisches Alphabet
JO	Lëtzebuerger Journal
LIE	Liechtenstein
LW	Luxemburger Wort
STIR	Südtirol
TB	Tageblatt Lëtzebuerg

9.2 Spezifische Abkürzungen aus den Kontextbeispielen

Die folgende Auflistung soll das Verständnis der Kontextbeispiele erleichtern. Aufgelistet werden Abkürzungen, sofern sie nicht als (international) bekannt vorausgesetzt werden können (z.B. Pkw, RTL, UNO), als Stichwort im Wörterbuch erscheinen (z.B. CFL, CGFP, OLGB) oder bereits in allen betreffenden Kontextbeispielen aufgelöst werden (z.B. CCSIR, LTSP).

ACEL	Association des cercles d'étudiants luxembourgeois
ALAC	Agence luxembourgeoise d'action culturelle
AVL	Autobus de la Ville Luxembourg
CEBA	Cercle d'études sur la bataille des Ardennes
CHEM	Centre Hospitalier Emile Mayrisch
CHL	Centre Hospitalier de Luxembourg
CSSF	Commission de surveillance du secteur financier
EDF	Électricité de France
FGIL	Fédération Générale des Instituteurs Luxembourgeois
FLA	Fédération Luxembourgeoise d'Athlétisme
FLAM	Fédération Luxembourgeoise des Arts Martiaux
FLNS	Fédération Luxembourgeoise de Natation et de Sauvetage
FNCTTL	Fédération Nationale des Cheminots, Travailleurs du Transport, Fonctionnaires et Employés Luxembourgeois
ITM	Inspection du travail et des mines

LFR	Lëtzebuerger Flüchtlingsrot
LIST	Luxembourg Institute of Science and Technology
LNS	Laboratoire national de santé
LTPES	Lycée technique pour professions éducatives et sociales
ONC	Office National de Conciliation
PC	Piste cyclable
PDAT	Portail de l'aménagement du territoire
S.A.	Société anonyme
SCAS	Service central d'assistance sociale
SES	Syndicat des Eaux du Sud
SNCH	Société Nationale de Certification et d'Homologation
SNHBM	Société nationale des habitations à bon marché
TICE	Transport Intercommunal dans le Canton d'Esch-sur-Alzette
UEL	Union des entreprises luxembourgeoises

Aa

Abfallreglement, das; -[e]s, -e/-s: Abfallverordnung, ↑ Infokasten Reglement: *Abstimmen tat der Gemeinderat indes über technische Anpassungen des **Abfallreglements**, die aufgrund der gesetzlichen Bestimmungen notwendig geworden waren, sowie eine Halbierung der Tarife für die Reinigung der Mülltonnen (jetzt: 3,75 Euro pro Mülltonne, 7,50 Euro pro Müllbehälter).* (JO 05.05.2014); *Die Gemeinden müssen bis zum 1. April 2014 ihre kommunalen **Abfallreglemente** dem Abfallwirtschaftsgesetz anpassen.* (LW 28.06.2013)

Abgeordnetenkammer, die; -, -n: [auch STIR] üblicher als in D für Parlament, ↑ Chamber, ↑ Krautmarkt, ↑ Kammer <frz. *Chambre des députés*>: *Damit können vorübergehend ↑ reglementarische Maßnahmen ohne Zustimmung der **Abgeordnetenkammer** getroffen werden.* (TB 18.03.2020); *Dieser Passus wurde in den Entwurf der neuen Verfassung übernommen, der im März im Vorfeld des ↑ konsultativen Referendums auf der Internetseite der **Abgeordnetenkammer** veröffentlicht wurde.* (LW 16.04.2015)

abrichten: abbauen, abschlagen <lux. *ofriichten*> vgl. ↑ aufrichten: *Am Dienstag nach der ↑ Emaischen wird alles wieder **abgerichtet**.* (LW 16.04.2022); *Nicht nur hätte der Verein die Pulte und Stühle sowie die Perkussionsinstrumente für jede Probe wieder auf- und **abrichten** müssen, sondern man hätte sich von der Gemeinde auch Extra-Genehmigungen ausstellen lassen müssen.* (TB 08.06.2020)

Abschlusskonto, das; -s, -konten: Gewinn- und Verlustrechnung am Ende eines (Geschäfts-)Jahres, ↑ Abschlussrechnung: *↑ Demissionen und Neuzugänge in verschiedenen beratenden ↑ Kommissionen, kleinere ↑ Subsidien sowie eine Reihe von **Abschlusskonten** bildeten das Restprogramm der Tagesordnung.* (TB 02.02.2020); *Auf dem heutigen Programm steht auch die Abstimmung über die **Abschlusskonten** des ↑ Budgets 2012, die wegen der politischen Gemengelage im vergangenen Jahr nicht gutgeheißen werden konnten.* (JO 22.04.2014)

absolute Majorität ↑ Majorität, absolute

Abteistadt, die; -, nur Singular: umschreibend für die Stadt Echternach: *Vom Dom bis in die **Abteistadt*** (LW, Überschrift, 19.07.2019); *Sein besonderer Willkommensgruß galt dem Bürgermeister der **Abteistadt**, Yves Wengler, sowie dem ↑ Minister für Mittelstand und Tourismus, Lex Delles* (↑ DP). (TB 21.03.2019)
♦ Abteistädtchen

Abwasserkollektor, der; -s, -en: (Sammelrohr-)Leitung für Abwasser, auch Abwasserkanal, Kanalisationskollektor, ↑ Kollektor: *Der neue **Abwasserkollektor** wird insgesamt 6,15 Kilometer lang und zwei Meter dick.* (LW 16.07.2017); *Tief unter der Stadt Luxemburg wird ein 6,15 Kilometer langer und zwei Meter dicker **Abwasserkollektor** verlegt, der es nach Fertigstellung ermöglichen soll, das Wasser über ein Jahr früher in der Beggener Kläranlage zu behandeln.* (JO 20.03.2015)

Abwassersyndikat, das; -[e]s, -e: (inter)kommunaler Zweckverband Abwasser, ↑ Syndikat: *Bei der Planungsorganisation für die Kulturhauptstadt „Esch 2022", beim Bussyndikat* (↑ Syndikat) *TICE und beim **Abwassersyndikat** Sivec wurden die sozialistischen Vorsitzenden allesamt von CSV-Mandatsträgern* (↑ CSV) *abgelöst.* (LW 15.03.2018); *Aktuell wird an gleicher Stelle vom **Abwassersyndikat** Siden an einem großen „Bassin d'orage" mit einer Pumpstation im Auftrag der beiden Gemeinden Erpeldingen und Ettelbrück gebaut.* (TB 20.02.2018)

Achse, die; -, -n: Richtlinie, Ausrichtung, (Bus-, Flug-)Verbindung: *Neue **Achse***

von China nach Luxemburg: Uni-top fliegt dreimal die Woche Fracht zum Findel (TB, Überschrift, 18.01.2019); *Der ↑ Nationale Antibiotika-Plan beruht auf fünf* ***Achsen:*** *↑ Gouvernance, Prävention, Erziehung und Kommunikation, Behandlung und Diagnostik sowie Überwachung und Forschung.* (LW 06.03.2018) ♦ ↑ Hauptachsen

ACḶ, der; -, nur Singular = *Automobile Club du Grand-Duché de Luxembourg,* Luxemburger Automobilclub: *Hochwasserwarnung / Nach vermehrtem Regen:* ***ACL*** *meldet überflutete Straßen in Luxemburg* (TB, Überschrift, 04.01.2022); *In Tunnels komme die räumliche Enge als zusätzliche Gefahr dazu, wie der Automobilclub (****ACL****) am Mittwoch in einer Mitteilung schreibt.* (LW 01.12.2021)

adaptieren (sich … an): häufig auch reflexiv für angleichen <frz. *s'adapter à,* lux. *sech adaptéieren un*>: *Sie muss* ***an*** *den reellen Wert der Immobilien* ***adaptiert*** *werden.* (LW 31.10./01.11.2020); *Die Post gibt vor,* ***sich*** *bei Letzterem* ***an*** *die neuen Lebensgewohnheiten der Kunden* ***adaptieren*** *zu wollen.* (TB 05.02.2014)

Adaptierung, die; -, -en: allgemeiner als in D für Anpassung, Angleichung, Gleichstellung: *Bei jenen, die bereits in einem Beruf integriert sind und sich mit einer Behinderung konfrontiert sehen, geht es seitens der Inklusionsassistenz um eine bestmögliche* ***Adaptierung.*** (JO 19.07.2017); *Hier sei eine* ***Adaptierung*** *des Kindergeldes und der ↑ Studentenbörsen äußerst wichtig.* (TB 03.04.2015) ♦ Adaptierungsarbeiten

Adạpto: kostenloser On-demand-Tür-zu-Tür-Busservice für Personen mit eingeschränkter Mobilität: *Neue Petitionen / Immobilienmarkt, Burkaverbot,* ***Adapto,*** *Rauchverbot und Polizeikarrieren* (↑ Karriere) (TB, Überschrift, 11.11.2020); *Die Abgeordneten der Ausschüsse für Mobilität und Petition sind sich einig, die Regierung war nicht auf die Reform des Behindertentransportdienstes* (↑ Transport) ***Adapto*** *vorbereitet.* (LW 05.03.2020) ♦ Adapto-Berechtigung, ↑ Adapto-Bus, Adapto-Fahrdienst, Adapto-Karte (↑ Karte)

ADEM/Adem [ˈadɛm], die; -, nur Singular = *Agence pour le développement de l'emploi,* Luxemburger Arbeitsagentur: *„Dafür müssen wir die* ***Adem*** *weiter stärken, und die Leute müssen mitmachen",* *skizzierte Schmit.* (LW 21.01.2018); *16 366 Personen im August bei der* ***ADEM*** *gemeldet – Arbeitslosenrate bleibt bei 6,4 Prozent* (JO, Überschrift, 23.09.2016) ♦ ADEM-Agentur, Adem-Direktorin, ADEM-Pressesprecherin, ADEM-Reform

Ädịle, der; -n, -n: eher selten für Amtsträger <lat. *aediles*>: *Der ↑ Schöffenrat der ↑ Majorzgemeinde mit ihren rund 2 000 Einwohnern hatte nach der ↑ Demission von ↑ Rat Marc Adamy (wegen Umzugs in eine andere Gemeinde) entschieden, mit acht* ***Ädilen*** *weiterzuarbeiten.* (TB 06.08.2021); *Zum Lachen oder zum Weinen mag es so manchem* ***Ädilen*** *oder Kandidaten am Sonntag in den acht ↑ Majorzgemeinden im Zentrum des Landes gewesen sein.* (LW 09.10.2017)

Adjunkt Adjunktin [atˈjuŋt …in], der; -s/-en, -en bzw. die; -, nen: eher selten für Stellvertretung (einer Führungskraft) <frz. *adjoint*>: *Martin Thill, Sekretär* ***Adjunkt*** *der Staatsanwaltschaft, Luxemburg-Glacis* (TB, Aufzählung, 19.06.2019); *Einer, der den jungen* ***Adjunkten*** *der ersten Mudam-Direktorin* (↑ Mudam)*, Enrico Lunghi, von Anfang an nicht riechen mochte, war Henri Grethen, liberaler Exponent der Parteipolitik.* (LW 19.12.2016) ♦ Kantonalregionalinspektoradjunkt, Polizeiadjunkt

Adjutạntchef Adjudạntchefin, der; -s, -s bzw. die; -, -nen: Unteroffiziersrang der Luxemburger Armee <frz. *Adjudant-chef*>: *Nein, die Armee suche nicht nach Lieferanten, sondern nach neuen*

Rekruten, erklärt ***Adjutant-Chef*** *Angibault von der Rekrutierungsstelle Cirfa.* (TB 18.10.2021); ↑ *Adjutant-Major Luc Derneden und* ***Adjutant-Chef*** *Mike van de Berg: Auf der Place du Souvenir der Militärkaserne am Diekircher Herrenberg sind die Namen auf einem Denkmal verewigt.* (LW 15.02.2021)

Adjutantmajor Adjutantmajorin, der; -s, -e bzw. die; -, -nen: Unteroffiziersrang der Luxemburger Armee <frz. *Adjudant-major*>: *„Er ist Gold wert, ist intelligent und denkt mit", wird Randazzo später über den* ***Adjutant-Major*** *sagen.* (TB 20./21.02.2021); ***Adjutant-Major*** *Luc Derneden und* ↑ *Adjutant-Chef Mike van de Berg: Auf der Place du Souvenir der Militärkaserne am Diekircher Herrenberg sind die Namen auf einem Denkmal verewigt.* (LW 15.02.2021)

Administrateur Administrateurin, der; -s, -e bzw. die; -, -nen: Vorstandsmitglied, Führungskraft <frz. *administrateur*>: *Jetzt ist es raus, ich bin Kandidat, will* ***Administrateur*** *bei ArcelorMittal sein.* (TB 14.01.2020); *Michel Reckinger ist* ↑ *Präsident der Handwerksvereinigung und* ***Administrateur*** *des traditionsreichen Installationsunternehmens Reckinger.* (JO 19.07.2016)

Administration, die; -, -en: üblicher als in D für Verwaltung: *Wegen der Änderungen am Staatsbeamtenstatut* (↑ Staatsbeamte, ↑ Statut) *im Zuge der Einführung des Zeitsparkontos mussten etliche* ***Administrationen*** *umdisponieren – unter anderem auch die Polizei.* (TB 28.02.2019); *Aber auch die Interaktion mit der* ***Administration*** *kann dadurch wesentlich erleichtert werden, wodurch zahlreiche Vorgänge verkürzt werden können.* (JO 09.04.2014) ♦ Stadtadministration, Vorgängeradministration

administrativ: allgemeiner als in D für die ↑ Administration betreffend: *Dabei konnten die Planer die von Luxairport erworbenen Räumlichkeiten nutzen, um mehrere Klassenzimmer,* ***administrative*** *Büros, einen Informatikraum mit hundert Arbeitsplätzen, ein* ↑ *Schulrestaurant und ein großes Auditorium für 200 Personen einzurichten.* (TB 27.04.2021); *Darunter ein Doppelwohnturm am Standort des früheren* ***administrativen*** *Arbed-Gebäudes, auch noch Hadir-Turm genannt.* (LW 19.12.2017)

adoptieren: auch auf Haustiere bezogen: *Wenn jemand eine Katze* ***adoptieren*** *will, fragen wir immer, ob die Katze nach draußen darf.* (JO 08.08.2019); *Ganz so einfach wie man sich das vorstellt, ist es nicht, einen Hund aus dem* ↑ *Tierasyl zu* ***adoptieren.*** (LW 05.12.2015)

Adoption, die; -, -en: auch auf Haustiere bezogen: *Während des Lockdowns meldete sich ein Interessent zwecks* ***Adoption*** *eines Hundes.* (TB 07.01.2021); *Wer einer Katze aus dem* ↑ *Tierasyl in Gasperich ein neues Zuhause gibt, kann sicher sein, dass das Tier zum Zeitpunkt der* ***Adoption*** *bereits die nötigen Impfungen hat und gechippt ist.* (LW 08.02.2019) ♦ Adoptionstaxe (↑ Taxe), Adoptionsvertrag, Katzenadoption

ADR/adr, die; -, nur Singular = *Alternativ Demokratesch Reformpartei*, dt.: Alternative Demokratische Reformpartei: *Was die* ***ADR*** *bereits Anfang des Monats bei ihrem Parteitag in einer Resolution festhielt, bekräftigt die Oppositionspartei gestern bei ihrer parlamentarischen Bilanz.* (LW 24./25.07.2021); *Bilanz vor der Sommerpause / Die* ***ADR*** *fordert ein Referendum zur Verfassung* (TB, Überschrift, 24.07.2021) ♦ ADR-Abgeordnete, ADR-Antrag, adr-Deputierter (↑ Deputierte), ADR-Parlamentarier

adressieren, sich an: auch reflexiv <frz. *s'adresser à*, lux. *sech adresséieren un*>: *Diese Geschichte* ***adressiert sich an*** *Kinder im Alter zwischen vier und acht Jahren.* (LW 02.10.2021); *Und in gewisser Hinsicht* ***adressiert sich*** *das UNHCR auch* ***an*** *Luxemburg, wenn* *gefordert wird, „Flüchtlingskinder in die nationalen Bildungssysteme zu integrieren".* (JO 29.08.2019)

Advokat Advokatin, der; -en, -en bzw. die; -, -nen: [auch CH] neben (Rechts-)Anwalt, (Rechts-)Anwältin <frz. *avocat*, lux. *Affekot*>: *Dass hier, wie neulich in Deutschland, eine Person ohne Beistand von einem **Advokaten** das Verfassungsgericht mit der Frage nach der geschlechtlichen Einordnung von Personen im Zivilstandsregister befassen könnte, ist in Luxemburg nicht möglich.* (TB 12.12.2017); *Immer mehr steige zudem der Druck auf die **Advokaten**, sich in Firmen zusammenzuschließen.* (LW 15.03.2012) ♦ Advokatur, ↑ Generaladvokatin

Affäre, die; -, -n: üblich auch für Sache, Angelegenheit, Rechtsfall <frz. *affaire*, lux. *Affär*>: *Nach einer bemerkenswerten „Cui bono"-Replik des Verteidigers von Alden S. wurde die **Affäre** von den Richtern in Beratung genommen.* (TB 21.11.2019); *Der CSV-Politiker* (↑ CSV) *wiederholte erneut, dass es ihm darum ging, dafür zu sorgen, dass Mittel frei werden, um auch andere **Affären** weiter zu treiben.* (JO 07.06.2013) ♦ Zivilaffäre

Agent Agentin, der; -en, -en bzw. die; -, -nen: (behördlicher, polizeilicher) Funktionsträger <frz. *agent*, lux. *Agent*>: *Die **Agenten** des Bildungsministeriums könnten allerdings die langen Wartezeiten vor den ↑ Laboratorien bestätigen.* (TB 31.10./01.11.2020); *Die hauptstädtischen **Agenten** der „Zone bleue" verteilten an ↑ jenem Abend kleine Pralinenschachteln, auf denen das Monogramm des neuen Staatschefs abgebildet war.* (LW 07.10.2020) ♦ Gemeindeagent, ↑ kommunaler Agent, Hilfsagent, Sicherheitsagent

Agent, kommunaler; Agentin, kommunale, der; -en -en, -en -en bzw. die; -en -, -en -nen: Person mit kommunaler Ordnungsbefugnis (meist im Plural) <frz. *agent communal*>: *Das neue Gesetz verleiht den **kommunalen Agenten** das Recht, Verstöße gegen das kommunale ↑ Polizeireglement mit Bußgeldern (amendes administratives) zu ahnden.* (LW 30.11.2017); *Themen waren die Territorialreform der Polizei, die Erweiterung der Kompetenzen für die **kommunalen** Ordnungshüter, sprich **Agenten**, in den Gemeinden und die Verstärkung juristischer Instrumente für die so genannte ↑ administrative Polizei, die im Gegensatz zur Kriminalpolizei für alles zuständig ist, was die öffentliche Ordnung und den Schutz von Personen und Gütern anbelangt.* (JO 21.03.2016)

Agrarbudget, das; -s, -s: Agrarhaushalt, ↑ Infokasten Budget: *Insgesamt beträgt das **Agrarbudget** rund 387 Milliarden Euro.* (TB 24.10.2020); *Neben dem hohen Preisdruck, auf den sie keinen Einfluss haben, bereiten ihnen die Kürzungen im **Agrarbudget** Sorgen.* (LW 19.11.2014)

Agrarcenter ↑ Argarzenter

Agrarzenter/Agrarcenter, das; -/-s, -: zentrale Futtermittelfabrik, Siloanlage, ↑ Agrozenter, ↑ Zenter: *Baubeginn des neuen **Agrarzenters*** (TB, Überschrift, 13.02.2016); *Es war vielen Luxemburgern ein Dorn im Auge, dass der genossenschaftliche Traditionsbetrieb „De Verband" sein neues **Agrarcenter** auf der deutschen Moselseite errichtet hat.* (JO 24.04.2014)

Agrocenter ↑ Agrozenter

Agrozenter/Agrocenter, das; -/-s, -: zentrale Futtermittelfabrik, Siloanlage, ↑ Agrarzenter, ↑ Zenter: *Das **Agrozenter** und die Schönheit* (LW, Überschrift, 23./24.05.2020); *Schwere Bedingungen, gute Qualität: Traditionelle Erntebilanz-Konferenz im **Agrocenter*** (JO, Überschrift, 12.09.2017)

Ajustement [aʒustˈmɛnt/aʒystəˈmɑ̃], der; -s, -s: Anpassung, Angleichung <frz. *ajustement*>: *Beim jährlichen **Ajustement** an die Lohnentwicklung müssten dann ausgebliebene Anpassungen rückwirkend durchgeführt werden.*

(LW 01.05.2015); *Es seien allerdings keine guten Zeiten für Beitragserhöhungen, man könnte aber das Pensionsalter nach hinten drücken und einen sozialen* ***Ajustement****, gestaffelt je nach Rentenhöhe, direkt einführen.* (JO 05.12.2012) ♦ Ajustement-Regelung, Renten-Ajustement

Akt, der; -[e]s, -e: [auch AUT] üblicher als in D für notarielle Urkunde, (Kauf-)Vertrag, juristisches Dokument: *Einhellig unterzeichnet wurde der notarielle* ***Akt*** *zum Ankauf eines Hauses samt ↑ Bering im Bréimeschterpad in Bourscheid.* (LW 07.03.2018); *„Ja, viele der Anträge, die uns derzeit erreichen, laufen nicht über einen notariellen* ***Akt****, sondern über einen ‚contrat sous seing privé'" (bei der Enregistrement-Verwaltung registrierter Privatvertrag zwischen Promotor und Hauskäufer), bestätigt Claude Steffes, Chef des Steuerbüros 12 in Luxemburg, auf Anfrage gegenüber dem Tageblatt.* (TB 30.12.2014) ♦ Kaufakt, ↑ Verkaufsakt

Akte, die; -, -n: allgemeiner als in D: *Die* ***Akte****, in der die Vorwürfe festgehalten wurden, sei „sehr ernst", zitiert Politico den Mitarbeiter.* (TB 23./24.01.2021); *Persönliche Daten zur Gesundheit sind hochsensibel, deshalb muss es jedem Bürger möglich sein, darüber zu bestimmen, was in die* ***Akte*** *hinein soll und was nicht.* (LW 31.10./01.11.2020) ♦ elektronische Patientenakte, Sterbeakte

Akteur Akteurin, der; -s, -e bzw. die; -, -nen: üblicher als in D für Beteiligte(r), Handelnde(r) <frz. *acteur*, lux. *Acteur*>: *Auch was die Leistungen der öffentlichen* ***Akteure*** *im medizinischen Bereich angeht, sind die Menschen zufrieden.* (TB 15.12.2017); *Da beim HB Esch mit Mario Jelinic bereits ein weiterer* ***Akteur*** *mit einem Kreuzbandriss längere Zeit fehlt, muss man sich beim ↑ Fusionsverein wohl nach einer neuen ausländischen Verstärkung umsehen.* (LW 26.09.2017) ♦ E-Commerce-Akteure, Kulturakteure

Aktionariat, das; -[e]s, -e: [auch CH] Aktionärsgemeinschaft, in D fachsprachlich und selten <frz. *actionnariat*>: *„Es handelt sich hierbei um einige spezifische Anforderungen, aber auch um generelle Anforderungen in Bezug auf die zentrale Verwaltungsstelle, das* ***Aktionariat*** *und das Management", so die CSSF.* (LW 05.02.2022); *Die Kunden vertrauten Raiffeisen, obwohl der Staat nicht im* ***Aktionariat*** *vertreten war.* (TB 31.10./01.11.2020)

Aktivität, die; -, -en: üblich als Sammelbegriff für (organisierte) Veranstaltungen wie Austellungen, Chorauftritte oder Freizeitcamps (meist im Plural) <frz. *activité*, lux. *Aktivitéit*>: *Sieben Sitzungen dienten im vergangenen Jahr zur Vorbereitung der* ***Aktivitäten****.* (TB 20.3.2018); *Wir haben einige klassische aber auch neue Orte,* ***Aktivitäten*** *und mehr für Sie zusammengestellt.* (JO 07.08.2017) ♦ Aktivitätenbericht, Kinderaktivitäten, Jugendaktivitäten, Sommeraktivitäten

Aktivitätszone, die; -, -n: Gewerbegebiet (D) <frz. *zone d'activités*> ↑ Industriezone: *Man muss wissen, dass in der* ***Aktivitätszone*** *derzeit 1300 Menschen arbeiten.* (LW, Weihnachten 2017); *So regte sie unter anderem die Schaffung von neuen* ***Aktivitätszonen*** *an.* (TB 17.11.2016) ♦ Industrie- und Aktivitätszone

Aktualitätsstunde, die; -, -n: aktuelle Stunde (D) im Parlament <lux. *Aktualitéitsstonn*>: *Sagte nicht der damalige Innenminister Jean-Marie Halsdorf am 4. Dezember 2012 während einer* ***Aktualitätsstunde*** *zur Polizeireform im Parlament: „Wann een eng Reform mécht – an ech hunn dat bewisen, an ech beweisen et och nach weider an der Reform vun der ‚Administration des services de secours' – da mécht ee se net géint d'Leit, mä mat de Leit."* (TB 18.08.2016); *Die ↑ CSV hat ihrerseits am Mittwochmorgen einen Antrag für eine* ***Aktualitätsstunde*** *im*

Parlamentsplenum zu den Konsequenzen des „Brexit" auf den hiesigen Finanzplatz gestellt. (JO 29.06.2016)

Akzisen [akˈtsiːzən], nur Plural: indirekte Verbrauchssteuern, Abgaben <frz. *accises*, lux. *Accisen*>: *Hinzu kommt, dass Belgien eine Erhöhung der eigenen autonomen* ***Akzisen*** *vorgenommen hat.* (LW 25.11.2017); *Was nun die Entwicklung der Einnahmen anbelangt, so seien die direkten Steuern leicht angestiegen, ↑ derweil die* ***Akzisen*** *aber unter dem erwarteten Resultat liegen würden.* (JO 15.05.2015) ♦ ↑ Akzisenerhöhung, Akzisensteuersatz, Alkoholakzisen, ↑ Zoll- und Akzisenverwaltung

Akzisenerhöhung, die; -, -en: Erhöhung der ↑ Akzisen: *Benzin und Diesel: Regierung hält an* ***Akzisenerhöhung*** *fest* (LW, Überschrift, 14.01.2020); *Empörung über* ***Akzisenerhöhung*** *ist größtenteils unberechtigt* (TB, Überschrift, 20.12.2019)

Alleinerzieher Alleinerzieherin, der; -s, - bzw. die; -, -nen (meist Plural): neben Alleinerziehende(r) (D): *Mittlerweile haben bis zu 58,7 Prozent der* ***Alleinerzieher*** *und* ***Alleinerzieherinnen*** *finanzielle Schwierigkeiten!* (LW 27.10.2021); *Auch* ***Alleinerzieher****, Behinderte und Bezieher der Mindestsicherung gehören zu den Opfern.* (TB 22.10.2018)

Allgemeinturnen, das; -s, nur Singular: Turnen als Breitensport: *Die Pokalhalbfinals waren im Februar 2020 die letzten Wettbewerbe im* ***Allgemeinturnen*** *– das im Gegensatz zum Kunstturnen mit einem eigenen Regelwerk für eine breitere Masse an Aktiven ausgerichtet ist – in Luxemburg gewesen.* (LW 12.07.2021); ***Allgemeinturnen****: Das Pokalfinale steht* (TB, Überschrift, 28.01.2020)

Alter, drittes/Drittes, das; -n -s, nur Singular: Seniorenalter (teilweise mit Anführung) <frz. *troisième âge*, lux. *drëtt Alter*>: *Gleiches galt für die ↑ Kommissionen des* ***dritten Alters*** *mit vier Kandidaten und die Kultur mit sieben Bewerbern.* (LW 03./04.02.2018); *Auch in Sachen* ***„Drittes Alter"*** *sei Umdenken angesagt.* (JO 28.09.2017)

Altersdécharge [deˈʃaʁʒ], die; -, -n: Altersfreistellung, Reduzierung des Lehrumfangs, insbesondere bei Lehrkräften (teilweise mit Anführung): *Eine Lösung will das Ministerium auch bezüglich des Streitobjekts* ***„Alters-Décharge"*** *gefunden haben.* (JO 16.07.2015); *Obwohl die ↑ Lehrbeauftragten mehr Unterrichtsstunden absolvieren müssen als die anderen Lehrer, würden sie nicht die gleichen Privilegien (z. B.* ***Altersdécharge****) genießen wie die ↑ Staatsbeamten.* (LW 16.06.2015)

Ambiance [ˈãbjãːs], die; -, nur Singular: [auch CH] eher selten für Stimmung, Atmosphäre (teilweise mit Anführung) <frz. *ambiance*, lux. *Ambiance*>: *Wegen der vorherrschenden* ***„Ambiance"*** *würde die Hauptstadt heute aufgesucht, nicht mehr ausschließlich um einzukaufen, meinte Bürgermeisterin Lydie Polfer gestern beim „City Breakfast" und erinnerte daran, dass heute um 16.00 die Kampagne „My Urban Piano" am „Place d'Armes" gestartet wird.* (JO 31.05.2017); *Glücklicherweise blieb der Dickhäuter ruhig und genoss die* ***Ambiance****, so kam es zu keinem Zwischenfall.* (TB 26.07.2014)

Ambulancier [ãbulãsˈjeː/ambulansˈjeː], der; -s, -s: eher selten für Einsatzkraft im Rettungsdienst, Krankenwagenfahrer (teilweise mit Anführung) <frz. *ambulancier*>: *Am Morgen vor dem Start hatten sich insgesamt 2 409 Läufer eingeschrieben (Kinder- und Business-Lauf inklusive), doch berichteten die* ***„Ambulanciers"****, dass doch recht viele aufgeben mussten wegen der schwülen Temperaturen.* (TB 28.09.2014); *Außer den* ***Ambulanciers*** *gibt's jetzt nicht mehr viele Soldaten hier.* (LW 12.08.2014)

Ambulanz, die; -, -en: [auch AUT, CH] Rettungswagen (D), Krankenwagen (D) <frz. *ambulance*>: *Die* ***Ambu-***

lanz brachte das Opfer ins ↑ Spital. (TB 23.11.2017); *Die* ***Ambulanzen*** *der Berufsfeuerwehr der Stadt Luxemburg waren in der Silvesternacht 39 Mal im Einsatz.* (JO 13.01.2016) ♦ Ambulanzendienst

Amicale [amiˈkal], die; -, -n: Förderkreis, Freunde und Förderer (oft verbunden mit Eigennamen) <frz. *amicale*, lux. *Amicale*>: *Die Feierlichkeiten begannen mit einer Gedenkminute beim ↑ Monument am Ortseingang, wo die* ***Amicale*** *der Reserveoffiziere zum Gedenken an die damaligen Ereignisse Kerzen anzündeten.* (LW 22.12.2017); *Die Erinnerungsfeier, die traditionsgemäß Luxemburger, Deutsche und Franzosen zusammenbringt, wurde von der* ***Amicale*** *Hinzert organisiert.* (JO 21.09.2015) ♦ Amicale-Vizepräsident

Ämterkumul, der; -/-s, nur Singuar: neben Ämterhäufung (D) ↑ Kumul: *Besprochen wurde auch die Frage des* ***Ämterkumuls*** *Bürgermeister und Abgeordneter.* (TB 08.11.2014); *Wie es heißt, sollen sich besonders die Jusos – der Vermeidung des* ***Ämterkumuls*** *wegen – für Codello ausgesprochen haben, da ihre Ex-Vorsitzende Taina Bofferding am letzten Donnerstag schon ins Parlament nachgerutscht ist.* (JO 08.12.2013)

ändern: [auch CH] häufig auch nicht reflexiv: *Die Fahrtrichtung der Rue Franz Liszt in Gasperich* ***hat geändert*** (LW, Überschrift, 21.03.2018); *Die Vorgehensweise* ***hat*** *leicht* ***geändert****, das Resultat ist jedoch das Gleiche, schreibt die Polizei in einer offiziellen Mitteilung.* (JO 01.10.2017)

Animation, die; -, -en: [auch BELG, CH] Unterhaltung, Vorführung <frz. *animation*>: *Die Musik bringt nicht nur dem ↑ Musikanten und seinem Umfeld Freude, die HMD ist auch für die Stadt Düdelingen und seine Einwohner ein fester Bestandteil der Kultur und bei vielen Anlässen eine willkommene* ***Animation.*** (TB 21.06.2018); *An den Wochenenden (von freitags bis sonntags) werden auf einer eigens errichteten, überdachten Szene 40 verschiedene* ***Animationen*** *angeboten, vom Majoretten-Auftritt über Konzerte bis hin zu Partys.* (JO 17.11.2017) ♦ Animationsstand, Straßenanimation

Anklage, (öffentliche), die; -, -n: neben Staatsanwaltschaft (D): *Drei Straftaten wirft die* ***Anklage*** *dem heute 20-jährigen Teddy F. vor, der selbst von sich behauptet hat, er sei nicht so recht an Arbeit interessiert.* (JO 22.03.2018); *Die* ***öffentliche Anklage*** *hatte sechs Monate Haft auf Bewährung und ein Fahrverbot von drei Jahren gefordert.* (TB 23.03.2018)

anlegen, sich: anstellen, vorgehen, verfahren <lux. *sech uleeën*>: *Denn das „Heute würde ich es anders machen" kann auch gelesen werden als ein „Heute würde ich* ***mich*** *cleverer beim Plagiieren* ***anlegen****".* (LW 29.10.2021); *Wie sie* ***sich anlegen****, kann nur vermutet werden.* (LW 07.09.2018)

Annexe [aˈnɛks], die; -, -n: Anbau, Nebengebäude <frz. *annexe*, lux. *Annex*>: *Wir werden eine* ***Annexe*** *bauen, für die es bereits ein „avant projet sommaire" gibt.* (TB 31.12.2018); *In einer zweiten Phase soll das gesamte Schloss-Areal neu gestaltet werden, die Wirtschaftsgebäude eine neue Fassade erhalten und die Holztore der* ***Annexen*** *erneuert werden.* (LW 20.03.2018) ♦ Annexgebäude, Annexschule

Anrainer Anrainerin, der; -s, - bzw. die; -, -nen: [auch AUT] üblicher als in D neben Anlieger, Anwohner, Nachbar: ***Anrainer*** *bemerkten am Donnerstag gegen 17 Uhr einen Kellereinbruch in der Avenue Victor Hugo.* (LW 09./10.01.2021); *„Deshalb bleibe ich lieber drinnen", bedauert die* ***Anrainerin.*** (TB 27.02.2020) ♦ Anrainerfamilie, ↑ Anrainergemeinde, ↑ Anrainerparken

Anrainergemeinde, die; -, -n: Nachbargemeinde (D) ↑ Anrainer: *Wie alle* ***Anrainergemeinden*** *der Hauptstadt*

dürfte das Verkehrsproblem in Strassen akut sein. (JO 03.10.2017); *Denn im Ernstfall seien nicht nur die* ***Anrainergemeinden*** *von den Auswirkungen betroffen.* (LW 08.03.2015)

Ạnrainerparken, das; -s, nur Singular: Anwohnerparken (D): *Düdelingen führt flächendeckendes* ***Anrainerparken*** *ein* (LW, Überschrift, 18.07.2021); *„Hier wird laut über* ***Anrainerparken*** *nachgedacht", so Henkel abschließend.* (TB 04.02.2012)

Antẹnne, die; -, -n: Ausläufer, Zweigstelle, Vorposten (teilweise mit Anführung) <frz. *antenne*>: *Diese beiden* ***Antennen*** *der ↑ Tram werden später über zwei neue Straßen, den Boulevard de Merl und den Boulevard de Cessange, miteinander verbunden.* (LW 22.10.2020); *Das Karrierenetzwerk, das in Deutschland, der Schweiz und Österreich existiert, will an diesem Abend sehen, ob es auch Interessentinnen in Luxemburg gibt, um hier eine* ***Antenne*** *aufzubauen.* (JO 23.11.2016)

Ạntrag auf internationalen Schutz, der; -s, Anträge: üblich neben Asylantrag (D), Anfrage auf internationalen Schutz ↑ Asylanfrage: *Die allermeisten dieser Menschen hatten erfolglos in Luxemburg einen* ***Antrag auf internationalen Schutz*** *gestellt.* (TB 11.02.2020); *Im vergangenen Monat wurden formell 175* ***Anträge auf internationalen Schutz*** *bei den luxemburgischen Behörden eingereicht.* (JO 16.02.2018)

Appẹll, in … gehen: Berufung bei Gericht <frz. *appel*, lux. *Appell*>: *RFF* ***ging*** *zunächst nicht* ***in Appell*** *gegen das Urteil.* (TB 21./22.11.2020); *Gemeinderat* ***geht*** *nicht* ***in Appell*** (TB, Überschrift, 17.06.2013) ♦ Appellgericht, ↑ Appellationsgericht, ↑ Appellationshof, Appellprozess

Appẹll machen, einen: appellieren: *„Wir sind besorgt, weil die ↑ Telekonsultation ihre Grenzen hat, und* ***machen einen Appell****, dass die Leute sich an den Arzt wenden", betonte Steichen.* (LW 02./03.05.2020); *Greivelding, 37 Jahre lang in der Exekutive des Landesverbands und seit 2009 an ihrer Spitze,* ***machte einen Appell*** *an die Regierung, die Luxemburger Ratspräsidentschaft in der zweiten Jahreshälfte zu nutzen, diesen Angriff abzuwehren.* (JO 01.02.2015)

Appellationsgericht, das; -[e]s, -e: [auch CH] auch Appellgericht, ↑ Appellationshof, ↑ Appell, ↑ Berufungsgericht, ↑ Berufungsgerichtshof, ↑ Berufungshof <frz. *Cour d'appel*>: *Die Richter des* ***Appellationsgerichts*** *begründeten ihr Urteil damit, dass die in erster Instanz ↑ zurückbehaltene Freiheitsberaubung als zwingendes Element der Vergewaltigung nicht separat zu ahnden sei.* (LW 15.02.2017); *In der ersten Verhandlung am* ***Appellationsgericht*** *wollte die ↑ Präsidentin Lotty Prüssen die Gründe wissen, warum die beiden Frauen in Berufung gehen.* (JO 13.01.2016)

Appellationshof, der; -[e]s, nur Singular: auch Appellgericht, ↑ Appellationsgericht, ↑ Berufungsgericht, ↑ Berufungsgerichtshof, ↑ Berufungshof <frz. *Cour d'appel*>: *So lautet das Urteil, das der* ***Appellationshof*** *Luxemburg am Dienstag im Verfahren gegen den Ex-Polizeischuldirektor Jacques K. verhängt hat.* (JO 11.07.2017); *Die Richter des* ***Appellationshofes*** *bestätigten am Mittwoch das Urteil aus erster Instanz.* (TB 26.02.2015)

Applikation, die; -, -en: üblich neben Kurzform App: *Rund 23 000 Mal wurde die* ***Applikation*** *bislang heruntergeladen.* (LW 24./25.07.2021); *„Ja, da wird eine neue* ***Applikation*** *↑ lanciert."* (TB 27.05.2021) ♦ Android-Applikationen, Covid-Check-Applikation, Tageblatt-Applikation

applizieren, (sich): allgemeiner als in D (auch) für anwenden, verbinden <frz. *appliquer*, lux. *applizéieren*>: *Den Vorschlag, das elterliche Sorgerecht* *aus dem Reformpaket herauszulösen, wehrte sie jedoch ab, mit dem Argument, das gemeinsame Sorgerecht werde bereits heute auch ohne gesetzliche Basis von den Gerichten* ***appliziert****.* (LW 18.10.2016); *Im Gegenteil werde es sogar schwieriger für E-Commerce-Akteure* (↑ Akteur) *zu ermitteln, welche Mehrwertsteuer* ***sich*** *für den jeweiligen Kunden* ***appliziert****.* (JO 08.01.2015)

Approbation, die; -, -en: Billigung, Zustimmung <frz. *approbation*, lux. *Approbatioun*>: *Auch nach der Abstimmung im Parlament muss noch die* ***Approbation*** *der Regierung eingeholt und eine Entscheidung der Nominierungsinstanz vorliegen – und es darf nichts geschehen, das einer Ernennung einzelner Personen im Wege steht.* (LW 17.03.2017); *Danach* ↑ *stimmten die* ↑ *Räte mehrere* ***Approbationen*** *mit Privatpersonen.* (TB 28.02.2017)

Appui [aˈpɥiː], der; -s, nur Singular: Förderunterricht (teilweise mit Anführung) <frz. *appui*, lux. *Appui*>: *Es würden nicht genug* ***„Appui"****-Stunden angeboten.* (TB 05.06.2021); *In ihrer Not und um nach außen den Schein zu wahren, dass alles in Ordnung sei, haben die Schulen Klassen zusammengelegt und den* ***Appui*** *gestrichen.* (LW 21.09.2017) ♦ „Appui"-Kurse, „Appui"-Stunden

Ar, das; -s, -: [auch AUT] Flächenmaß von 100 m² (in D veraltet): *Einstimmig wurde der Ankauf eines 25,47* ***Ar*** *großen Geländes in der Rue Geischleid in Schrondweiler für 382 000 Euro von den* ↑ *Räten beschlossen.* (LW, Weihnachten 2017); *Die Parzellen sind im Schnitt 30,32* ***Ar*** *groß.* (JO 30.01.2015) ♦ Arpreise

Artist Artistin, der; -en, -en bzw. die; -, -nen: allgemein für Künstler (in D nur für Akrobat) <frz. *artiste*, lux. *Artist*>: *An fünf Stationen – in unmittelbarer Nähe zu kleineren Wehren – werden ausgewählte* ***Artisten*** *eine Art offene Bühne schaffen.* (LW 19.03.2020); *Eine Idee, die auch die Luxemburger* ***Artisten*** *mit beiden Händen unterschreiben.* (TB 02.07.2016) ♦ Multimediaartisten

Arbeitnehmerkammer, die; -, -n: (gesetzliche) Arbeitnehmervertretung, ↑ Kammer, ↑ CSL <frz. *chambre des salariés*>: *Daneben wird von der* ***Arbeitnehmerkammer*** *angeregt, das öffentliche Angebot an Sozialwohnungen stark auszubauen.* (TB 27.02.2020); *Laut einer Studie der* ***Arbeitnehmerkammer*** *sind 46,2 Prozent der Alleinstehenden mit Kindern von Armutsrisiko betroffen und das sogar nach Zahlung von Sozialleistungen.* (LW 22.08.2019)

arbiträr: allgemeiner als in D für willkürlich, beliebig <frz. *arbitraire*>: *Doch sind alle Regeln immer* ***arbiträr****.* (TB 31.10./01.11.2020); *Wie* ***arbiträr*** *teilweise in das Gesundheitssystem investiert wird, verdeutlicht Schneider mit einem konkreten Beispiel aus seinem Krankenhaus.* (LW 18.09.2019)

Armeeminister Armeeministerin, der; -s, - bzw. die; -, -nen: neben Verteidigungsminister(in) (D) ↑ Infokasten Minister: *Den Kaufpreis für das Flugzeug bezifferte* ***Armeeminister*** *François Bausch kürzlich mit 197,3 Millionen Euro.* (LW 30.04.2019); ***Armeeminister*** *Etienne Schneider sprach seinerseits über die Herausforderungen einer modernen Armee.* (TB 21.06.2018) ♦ Armeeministerium

Armeeministerium, das; -s, -ministerien: neben Verteidigungsministerium (D): *Die politische Verantwortung für das* ***Armeeministerium****, die* ↑ *Déi Gréng mit der Regierungsbildung im Herbst 2018 übernommen haben, stehe nicht im Widerspruch zum grünen Selbstverständnis, betont Djuna Bernard.* (LW 05.02.2020); *Heck übernimmt Ende des Jahres die Direktion Verteidigung im* ***Armeeministerium****.* (TB 22.12.2015)

arrangieren: recht sein, zupasskommen <frz. *arranger*, lux. *arrangéieren*>: *Sowieso hätten die Ermittler in ihren*

Akten nur das zu Papier gebracht, was sie ***arrangieren*** *würde.* (LW 16./17.01. 2021); *„Abbruch der Verhandlungen würde Erdogan* ***arrangieren****“* (TB, Überschrift, 16.11.2016)

Assisenhof, der; -[e]s, -höfe: Schwurgericht (in Luxemburg 1987 abgeschafft) <frz. *cour d'assises*>: *Der öffentliche Kläger schlußfolgert auf Raubmord und überläßt dem* ***Assisenhof*** *die Beantwortung der Frage, ob Bernardy mit Vorbedacht gehandelt habe.* (LW 14.10.2015); *Im März 2003 gelang ihm die Flucht, er ging jedoch den französischen Behörden ins Netz und wurde vor dem* ***Assisenhof*** *in Nancy zu 15 Jahren Haft verurteilt.* (TB 15.01.2013)

Asyl, das; -s, -e: auch als Kurzform für ↑ Tierasyl: *Perle kam ins* ***Asyl****, weil ihr Besitzer krank wurde.* (LW 18.12.2020); *Um den Tieren unnötigen Stress zu ersparen, kommen Tierärzte zu ihnen ins* ***Asyl****.* (TB 05.03.2020)

Asylanfrage, die; -, -n: neben Asylantrag (D) ↑ Antrag auf internationalen Schutz: *Während im Vergleich mehr Arbeitsmigranten ins ↑ Großherzogtum kamen, gingen die* ***Asylanfragen*** *weiter zurück.* (TB 20.09.2019); *Es handelt sich hierbei um eine so genannte ↑ Erstaufnahmestruktur für Flüchtlinge, die hier bis zu 48 Stunden bleiben sollen, bevor sie dann ihre* ***Asyl-Anfrage*** *ausgehändigt bekommen und in eine andere, von den ↑ Autoritäten zur Verfügung gestellte ↑ Struktur übersiedeln.* (JO 16.02.2015)

Asylprozedur, die; -, -en: Asylverfahren (D) ↑ Infokasten Prozedur: *Sie sollen die* ***Asylprozeduren*** *missbraucht und eine kriminelle Vereinigung gebildet haben – so die ↑ Anklage.* (LW 20.12.2019); *Außerdem sollen Menschen mit besonderen Bedürfnissen gleich zu Beginn der* ***Asylprozedur*** *identifiziert und anschließend betreut werden.* (JO 10.12.2015)

Atelier, das; -s, -s: weites Bedeutungsspektrum im Sinne von Werkstatt, Herstellungsort, Bastelkurs, Workshop (dagegen in D nur für Künstlerwerkstatt), hochproduktiv in festen und unfesten Zusammensetzungen <frz. *atelier*, lux. *Atelier*>: *Der Hauptgewinn ist die Teilnahme an einem* ***Atelier*** *des Zeichners Antoine Grimée.* (TB 14.03.2018); *Während das* ***Atelier*** *für Kinder bereits genug Teilnehmer hat, gibt es noch freie Plätze für Jugendliche.* (JO 04.10.2017) ♦ Back- und Bastelatelier, Bewegungsatelier, Busatelier, „Facepainting“-Atelier, Freiluftatelier (↑ Freiluft), Funkatelier, ↑ Gemeindeatelier, Kochatelier, Kollektivatelier, Kreativatelier, Lehmatelier, Lokomotivenatelier, Mehrzweckatelier, Restaurierungsatelier, Schmuckatelier, ↑ Schreibatelier, Siebdruckatelier, Spiel- und Malatelier, Sportatelier, Tagesatelier, Topfatelier, Wollfärbeatelier, Woll- und Honigatelier, ↑ Zentralatelier

Atomzentrale, die; -, -n: neben Atomkraftwerk (D), Kernkraftwerk (D) ↑ Zentrale: *Historiker Sacha Pulli hat die Geschichte der* ***Atomzentrale*** *in Remerschen von 1973 bis 1979 nachgezeichnet und im Buch „Das gescheiterte Jahrhundertprojekt“ zusammengefasst.* (TB 16.10.2020); *Im Juni 1978, also genau vor 40 Jahren, wurde das ambitiöse Projekt einer* ***Atomzentrale*** *am heut beschaulichen Baggerweiherrevier in Remerschen von der damaligen rotblauen Luxemburger Regierung ad acta gelegt.* (JO 02.07.2018)

Audit, das; -s, -s: allgemeiner und üblicher als in D für Untersuchung, Überprüfung, Anhörung: ↑ *Schlussendlich entschied sich Felix Braz dazu, ein* ***Audit*** *durchführen zu lassen, dies gemeinsam mit Marie-Claude Boulanger, die zum*

1. Mai 2016 die Leitung des SCAS übernahm. (LW 24./25.03.2018); *Die Regierung werde sich dort zum **Audit** über die luxemburgische Homologationsstelle* (↑ Homologation) *SNCH äußern, ihren Standpunkt ausführlich erläutern und über das weitere Vorgehen informieren, hieß es.* (JO 03.02.2017) ♦ Auditbericht, ↑ Auditor, CSV-Audit (↑ CSV), Sicherheitsaudit

Audition, die; -, -en: Vorsprechen, Vorsingen, Vorspielen am Theater <frz. *audition*>: *Vor allem fehlen größere Räume für Ensembles sowie Kammermusik und **Auditionen**.* (TB 28.01.2020); *Durch seine Verbindungen kann er Alex jedoch eine neue **Audition** verschaffen.* (JO 24.07.2018)

Auditor Auditorin, der; -s, -en bzw. die; -, -nen: Person, die ein ↑ Audit durchführt: *So hielten die **Auditoren** fest, dass nur bei 35 Prozent der Fußgängerüberwege keine Konflikte zwischen Autofahrern und Fußgängern absehbar waren.* (LW 03.02.2021); *Anhand dieses Kataloges werden die Energie- und Klimaschutzaktivitäten der Gemeinden von externen **Auditoren** überprüft und bewertet.* (JO 15.10.2015) ♦ Finanzauditorin

auf: auch für nach (in Verbindung mit einem Zielort) <lux. *op*>: *Der Personenflugverkehr **auf** Findel wurde eingestellt, aber der Frachtflugverkehr läuft weiter.* (LW 25.03.2020); *Wir werden **auf** Belval ziehen.* (TB 20.12.2019) ♦ auf ↑ „Knuedler", auf ↑ Krautmarkt, auf Kirchberg

auf dem Terrain ↑ Terrain, auf dem

Auffangparkplatz, der; -[e]s, -plätze: auch P&R-Parkplatz (D), Auffangparking (↑ Parking): *Dies bedingt auch, dass ebenda **Auffangparkplätze** entstehen.* (LW 13.12.2017); *Und es sei nicht nur die Schiene, sondern das gesamte ↑ multimodale Konzept mit **Auffangparkplätzen** etc.* (TB 27.06.2016)

Auflage, die; -, -n: allgemeiner als in D neben Ausgabe: *Die Mitarbeiter der hauptstädtischen Dienststelle für Feste und Märkte denken nämlich jetzt schon über die Organisation der nächsten **Auflage** nach.* (LW 06.01.2018); *Und so fand an diesem Wochenende die bereits zweite **Auflage** des „International Street Food Festival" in Schifflingen statt.* (JO 11.06.2017) ♦ Wiederauflage

aufrichten: allgemeiner als in D für aufbauen, aufstellen, errichten <lux. *opriichten*> vgl. ↑ abrichten: *Bei der Zugangstreppe zum Parkhaus, gegenüber dem Haupteingang, stöberte ein Mann in den Büchern des dort **aufgerichteten** Bücherschranks.* (TB 26.07.2018); *Unter einem (fast) wolkenlosen Himmel konnten ↑ nationale und internationale Kunstschaffende gestern Morgen ihre Stände im hauptstädtischen Viertel Grund **aufrichten**.* (JO 04.05.2014)

Aulebäcker Aulebäckerin [ˈaʊləbɛkɐ …ʀin], der; -s, - bzw. die; -, -nen: Angehörige(r) der (ehemaligen) Töpfergilde, vgl. ↑ Éimaischen <lux. *Aulebäcker*>: *Éimaischen-Absage* (↑ Éimaischen) */ Jedes Stück ein Unikat: Interview mit **Aulebäcker** Georges Geiben* (TB, Überschrift, 13.03.2021); ***Aulebäcker**, Tonfiguren und der Osterhase* (LW, Überschrift, 03.04.2018)

Aumonier/Aumônier [omonˈjeː], der; -s, -s: (Armee-)Seelsorger (teilweise mit Anführung): *Seit einigen Jahren funktioniere zwar ein solcher Dienst, die Armeeangehörigen gingen dennoch lieber zum **„Aumonier"**, um Hilfe zu suchen.* (TB 04.03.2015); *Pierre W., ein im Kirchenvolk beliebter Kaplan in Grevenmacher – und ein von den Jungen gefürchteter **Aumonier** am dortigen Internat.* (LW 10.10.2020) ♦ Armeeaumonier, Aumonierie, Nationalaumonerie

Ausschank, der; -s, -schänken/-schenken: [auch AUT]: *Dies ist auch der Grund, wieso die Renovierung der beiden bestehenden Hallen und des **Ausschanks** nun nach hinten verschoben wurden.* (LW 14./15.03.2020); *Zusätzliche Kostenfaktoren sind: die von*

der Polizei gewünschte Installierung des Visupol-Systems aus Sicherheitsgründen, die Anlage des WIFI-Netzes, die Beleuchtung der Fassade, 14 statt sechs ***Ausschenken****, Klapp- statt festen Stühlen und die Anlage eines Businessclubs für 500 Personen (zum Preis von 600 000 Euro).* (JO 09.07.2019) ♦ Kaffee- und Schokoladenausschank

Austerität, die; -, nur Singular: üblicher als in D für (unangemessen) strenge Sparmaßnahmen bzw. Sparpolitik: ↑ *Bipartite zwischen Regierung und Gewerkschaften / Keine* ***Austerität****, aber auch keine Steuerreform* (TB, Überschrift, 22.09.2021); *Entgegengesetzte Ansichten vertraten* ↑ *Patronat und Gewerkschaften in einem anderen Punkt: Der UEL-Präsident* (↑ Präsident) *sagte, in Luxemburg sei noch nie* ***Austerität*** *betrieben worden, was er unter anderem auf ein schneller als andere Ausgaben wachsendes Sozialbudget zurückführte.* (JO 01.02.2017) ♦ Austeritätsgeschwätz, Austeritätskurs, ↑ Austeritätsmaßnahme, ↑ Austeritätspolitik

Austeritätsmaßnahme, die; -, -n: ↑ Austerität: *„Wir haben immer wieder gegen den politischen Zweckpessimismus und weitreichende* ***Austeritätsmaßnahmen*** *gekämpft", sagt nun die* ↑ *Staatsbeamtengewerkschaft* ↑ *CGFP in einer Pressemitteilung.* (LW 27.09.2016); *Vielmehr brauche sie „den Schulterschluss mit den Kräften, die sich anschicken, ihr wegen der unsozialen* ***Austeritätsmaßnahmen*** *den langen, zermürbenden Kampf anzusagen, in dem sie schließlich unterliegen wird".* (JO 20.11.2014)

Austeritätspolitik, die; -, nur Singular: ↑ Austerität: *Der soziale Besitzstand sei unter wachsenden Druck geraten und besonders seit Ausbruch der Krise 2008 habe die salariatsfeindliche* (↑ Salariat) *Politik die Qualität einer regelrechten* ***Austeritätspolitik*** *bekommen.* (TB 07./08.12.2019); *Centano machte die* ***Austeritätspolitik*** *für eine dreijährige Rezession vor seinem Amtsantritt verantwortlich.* (JO 30.11.2017) ♦ Austeritätspolitiker

Automobilist Automobilistin, der; -en, -en bzw. die; -, -nen: [auch CH] neben Autofahrer(in) (D): ***Automobilisten*** *wird geraten, die Strecke nach Möglichkeit zu umfahren.* (LW 20.10.2017); ***Automobilistin*** *leicht verletzt* (TB, Überschrift, 06.06.2010)

Autonomie, die; -, -n: auch für Reichweite, Akkuleistung <frz. *autonomie*>: *Die Räder, die eine maximale Geschwindigkeit von 25 km/h erreichen können, verfügen über eine Ladestation für Handys und haben eine* ***Autonomie*** *von 30 bis 40 Kilometern.* (LW 21.03.2018); *Wir bieten auch kleinere Lösungen an, beispielsweise tragbare Boxen fürs Handy mit 20 Stunden* ***Autonomie*** *oder flache Lautsprecher für die Küche oder den Pool.* (JO 18.04.2016) ♦ E-Autonomie, Stromautonomie, ↑ Autonomisierung

Autonomisierung, die; -, nur Singular: allgemeiner als in D für ‚Verselbstständigung': *In diesem Zusammenhang möchte ich die Wichtigkeit der Gleichstellung der Geschlechter und der* ***Autonomisierung*** *der Frauen hervorheben, die zwingend notwendig ist, um eine wirklich nachhaltige Entwicklung der Gesellschaft zu erreichen.* (LW 04./05.09.2021); *Ein Tüftler, Millionär, Unternehmer, Visionär ... Intern wird in den Labors von Tesla, Audi, Google und vielen anderen an der* ***Autonomisierung*** *von Autos gearbeitet.* (TB 12.08.2016)

Autorenresidenz, die; -, -en: Veranstaltung im Beisein von Autoren: *Wer schon immer wissen wollte, wie Schriftsteller so arbeiten, der ist bei der ersten* ***Autorenresidenz*** *der Walfer Bicherdeeg richtig.* (LW 17.11.2017); *Auf diese* ***Autorenresidenz*** *ist man beim TNL besonders stolz: „Die* ***Autorenresidenz*** *gibt es seit zwölf Jahren, es ist eine richtige Institution, viele bekannte luxemburgische Autoren haben diesen*

Weg beschritten", erläutert Theaterdirektor Frank Hoffmann. (JO 27.01.2017) ♦ Jugendbuchautorenresidenz, Kinder- und Jugendbuchautorenresidenz

autorisieren: üblicher als in D für genehmigen <frz. *autoriser*, lux. *autoriséieren*>: ***Autorisiert** wurde der Bau von 57 Einfamilienhäusern und 103 Mehrfamilienhäusern, alles in allem 1 161 Wohneinheiten.* (LW 21.01.2021); *Im März 2013 hatte Greenpeace zusammen mit ↑ Anrainern aus Sanem und Redange (F) Einspruch gegen die Entscheidung der Gemeinde Sanem eingelegt, die umstrittene Stromleitung zu **autorisieren**.* (TB 22.04.2014)

Autorisierung, die; -, -en: üblicher als in D für Genehmigung: *Sie wissen jetzt, dass sie die **Autorisierung** beim Wirtschaftsministerium beantragen müssen, und welche Bedingungen sie erfüllen müssen, um eine solche **Autorisierung** zu erhalten.* (TB 15.01.2021); *Die **Autorisierung** für den Luxemburger Markt wird in den kommenden Tagen erwartet.* (LW 15.03.2012)

Autorität, die; -, -en (meist Plural): üblicher als in D für Amtsperson, Entscheidungsinstanz, Behörde <frz. *autorité*, lux. *Autoritéit*>: *Die Organisation ist allerdings nicht ohne die nötigen Genehmigungen der regionalen **Autoritäten** möglich.* (LW 31.01.2021); *Am 25. November 2017 taufte ↑ Erbgroßherzog Guillaume im Beisein von ↑ Ehrenstaatsminister Jacques Santer und vielen deutschen **Autoritäten** die neue Solarfähre und wünschte dem Transportmittel* (↑ Transport) *gute Fahrt.* (TB 11.04.2018) ♦ Gemeindeautoritäten

Autostopper Autostopperin, der; -s, - bzw. die; -, -nen: [auch AUT, CH] neben Anhalter (D), Tramper (D): *Die Polizei warnt in dem Zusammenhang keine **Autostopper** mitzunehmen.* (TB 18.12.2014); *Zuvor hatte er sich bereits in der Mitte der Fahrbahn als **Autostopper** versucht und an einer roten Ampel andere Verkehrsteilnehmer belästigt.* (LW 16.03.2012)

Autotest, der; -s, -s: eher selten neben Selbsttest (D) <frz. *autotest*>: *„Wir bestehen auf solchen **Autotests** nicht etwa, um die Leute zu peinigen, sondern um rechtzeitig Betroffene zu ermitteln, die sich mit dem Virus infiziert haben."* (TB 05.06.2021); *Man darf nur zu viert am Tisch sitzen und man muss negativ getestet sein – ob PCR-Test, zertifizierter Schnelltest oder **Autotest**, den man vor Ort macht, ist egal.* (LW 15./16.05.2021) ♦ Autoteststation, HIV-Autotest

avancieren: auch transitiv für befördern, voranbringen <frz. *avancer*, lux. *avancéieren*>: *Leibniz – ich verbitte mir abgedroschene Butterkekswitze – **avancierte** die Theorie, dass Gott nur die beste aller möglichen Welten für uns wollen kann.* (JO 25.07.2016); *Ziel sei es, zehn Meter pro Tag zu **avancieren**.* (LW 23.02.2016)

Avenue, die; -, -s/-n: üblich vor allem bei Straßennamen <frz. *avenue*, lux. *Avenue*>: *Die ersten Bäume in der hauptstädtischen **Avenue** de la Liberté mussten weichen, um für die Vorbereitungsarbeiten am nächsten Abschnitt der ↑ Tram Platz zu machen.* (TB 30.10.2020); *In der **Avenue** de Luxembourg in Bascharage in Richtung Kreisverkehr Biff ereignete sich am Sonntagabend ein Verkehrsunfall.* (JO 11.12.2017) ♦ Prachtavenuen

Avis [aˈviː], der/das; -, -[...s]/-en: Meinung, Bekanntmachung, Stellungnahme (z. T. mit Anführung) <frz. *avis*, lux. *Avis*>: *Er soll nun einen **Avis** zu allen Gesetzen abgeben, die die luxemburgische Sprache betreffen.* (TB 16.11.2017); *Auch die Vertreter im Comité Mixte von Cargolux haben zu der weiteren ↑ Delokalisierung der Flugzeuge ein negatives **Avis** eingereicht.* (JO 20.02.2015)

B*b*

Bambinis [bamˈbiːniːs], nur Plural <ital. *Bambini*>: Altersklasse beim Kindersport: *„Während es vor 15 Jahren noch die Ausnahme war, ist es mittlerweile zur Normalität geworden, dass bei den **Bambinis** Mädchen mitspielen."* (TB 28.11.2018); *Insgesamt 292 Mannschaften jagten – aufgeteilt in die fünf Alterskategorien **Bambinis**, ↑ Pupilles, ↑ Poussins, ↑ Minimes und ↑ Scolaires – dem runden Leder nach.* (LW 12.06.2017) ♦ Bambinimannschaft, Bambinitore

Bancoma̲t/Bankoma̲t, der; -s/-en, -en: [auch CH, STIR] neben Geldautomat (D), Bankautomat (D), vgl. ↑ Postomat: *verschiedenen Betroffenen wird zwar eine Karte ausgehändigt, jedoch wurde diese in vielen Fällen nur für die Nutzung an einem **Bankomaten** freigeschaltet.* (TB 25.03.2020); *Lassen Sie sich beim Geldabheben am **Bancomat** am besten nicht ansprechen.* (JO 13.08.2017) ♦ Bancomatbetrüger, Bancomatkarte, Bancomatkunde, Bancomat- und V-Pay-Karte

Bạnn, der; -s, Bänn: Flurbereich, Gemarkung, vor allem in Flurnamen <lux. *Bann*>: *Die Pächter hielten ihm ihrerseits vor, mitunter gerade dann über den **Bann** zu fahren, wenn sie sich auf Ansitz befänden.* (LW 02./03.05. 2020); *Ein großer Teil des **Banns** blieb aber unberührt* (JO, Bildunterschrift, 30.01.2015) ♦ ↑ Bannhidder, ↑ Bannhüter, Bannwächter, Fousbann

Bạnnhidder, der; -s, -: kommunaler Ordnungshüter, auch ↑ Bannhüter, ↑ Feldhüter, Flurhüter <lux. *Bannhidder*, vgl. frz. *Garde-champêtre*>: *Gleichzeitig sind sie gegen eine Abschaffung des „garde champêtre" (**Bannhidder**).* (TB 18.01.2022); *Seit dem Jahr 2000 haben 34 Gemeinden in Luxemburg einen **Bannhidder** eingestellt, insgesamt gibt es deren mittlerweile 85.* (LW 15.07.2021)

Bạnnhüter Bạnnhüterin, der; -s, - bzw. die; -, -nen: kommunale(r) Ordnungshüter(in), auch ↑ Bannhidder, Bannwächter, ↑ Feldhüter, Flurhüter <lux. *Bannhidder*, vgl. frz. *Garde-champêtre*>: *↑ Schöffe Camille Scheuren verneinte die Frage, brachte allerdings die Idee ins Spiel, zusammen mit anderen Gemeinden eventuell einen **Bannhüter** einzustellen.* (LW 05.04.2018); *Als **Bannhüter** unterstützt er den Förster bei Aufgaben des Naturschutzes im Wald.* (TB 27.06.2011)

Barragespiel [baˈʀaːʒ(ə)ʃpiːl], das; -[e]s, -e: Relegationsspiel (D), Ausscheidungsspiel, auch Barragematch <frz. *match de barrage*>: *Wie schon im **Barragespiel** um den Platz in der ↑ BGL Ligue hat sich auch eine Klasse tiefer der Aufstiegsanwärter durchgesetzt.* (LW 26.05.2017); *In der ↑ Ehrenpromotion kommen noch CS Oberkorn und Sporting Steinfort für das **Barragespiel** in Frage.* (TB 20.05.2010)

Barri̲egeste, die; -, -n (meist im Plural): Verhaltensmaßregeln im Zusammenhang der Covid-19-Pandemie, auch ↑ Schutzgeste <frz. *gestes barrières*>: *Wobei es gleich rote Karten gibt, wenn die **Barrieregesten** nicht eingehalten werden.* (JO 10.05.2020); *Das entspricht den allgemeinen **Barrieregesten**, die noch immer gelten.* (LW 08.05.2020) ♦ Coronabarrieregesten

basi̲eren, sich … auf: häufig auch reflexiv <frz. *se baser sur*, lux. *sech baséieren op*>: *„Darauf **basieren wir uns**", so Bertemes.* (TB 25.03.2020); *Die BCL **basiert sich** dabei **auf** die Zahlen der volkswirtschaftlichen Gesamtrechnung („comptes nationaux").* (LW 20.01.2017)

Bassi̲n, das; -s, -s: eher selten für Flussniederung, Tal, (Landschafts-) Becken: *„Ihr habt eine gute Wahl getroffen, Luxemburg ist ein Land, in dem wir stolz sind auf Esch und sein umlie-*

*gendes **Bassin**.*" (JO 10.11.2017); *Das Wasser kommt vom Canal de l'Ourcq, der durch das **Bassin** fließt, dann zum malerischen Canal Saint-Martin wird und sich schließlich in die Seine ergießt.* (TB 06.07.2017) ♦ Minette-Bassin (↑ Minette), Mosel-Bassin

Baudienst, der; -[e]s, -e: Abteilung der CIGL (*Centre d'Initiative et de Gestion Local*), kommunaler Dienst (mit gemeinnütziger Ausrichtung zur beruflichen Wiedereingliederung) zum Zweck der Unterstützung älterer Hilfsbedürftiger, mithilfe Instandsetzungsarbeiten bei öffentlichen Anlagen u. dgl.: *Die ↑ DP konnte zudem anhand von mehreren E-Mails und Fotos belegen, dass die Pläne für die beiden Häuser von einem Lehrling aus dem Differdinger **Baudienst** ausgemessen und gezeichnet wurden.* (TB 20.09.2020); *Der **Baudienst** der Stadt Esch/Alzette bestätigt zudem auf Nachfrage, dass eine „Reihe" von Einwohnern, insbesondere in den Vierteln Lallingen und Wobrecken, über ähnliche Schäden an ihren Häusern berichteten.* (LW 29.11.2019)

Bauernzentrale, die; -, nur Singular: Berufsorganisation der Bauern, Winzer und Gärtner Luxemburgs <frz. *Centrale Paysanne*, lux. *Baueren-zentral*> ↑ Zentrale: *Landwirtschaftskammer und Baueren-Allianz zeigten sich gestern bestürzt über den Tod von Marco Gaasch, seit 1988 ↑ Präsident der Landwirtschaftskammer und zweiter Vizepräsident der **Bauernzentrale**.* (JO 23.11.2018); *Mit außerordentlicher Vehemenz protestiert die **Bauernzentrale** (Centrale Paysanne) zunächst gegen den Tenor eines Berichtes vom 18. Mai, in dem es wohl vornehmlich um Bauschuttdeponien ging.* (JO 29.05.2015)

Baukonduktor Baukonduktorin, der; -s, -en bzw. die; -, -nen: eher selten für Bauleiter(in) (D) <frz. *conducteur*>: *Ende 1870 wurden die Pläne sowie der Kostenvoranschlag über knapp 14 500 ↑ Franken des **Baukonduktors** Emile Demander aus Diekirch schließlich genehmigt.* (LW 09.06.2021); *Die nach dem **Baukonduktor** Schuster benannte „Schusterlinie" bestand im Wesentlichen aus Stahlpforten an schweren Betonblöcken, die den Vormarsch erschweren sollten.* (TB 12.04.2018)

Baulichkeit, die; -, -en (meist Plural): eher selten neben ↑ Gebäulichkeit: *Im alten Gebäude war Cargolux ebenfalls Mieter, so dass es nun am Eigentümer liegt, was mit den **Baulichkeiten** geschieht.* (LW 05.08.2020); *Die ↑ CSV versuche „die Schwächen der Koalition auszunutzen und will beim Datenschutz oder den **Baulichkeiten** des ehemaligen Differdinger Bürgermeisters nicht mehr lockerlassen*". (JO 12.10.2019)

Bauperimeter, der; -s, -: Bebauungszone, ↑ Perimeter: *Was mir in Sachen Stadtentwicklung noch am Herzen liegt, ist dass der **Bauperimeter** nicht erweitert wird.* (LW 11.11.2017); *Mehrere ↑ Reklamanten hatten auch bei ihm einen Interessenkonflikt moniert, da das Gelände hinter seinem Haus aus dem **Bauperimeter** herausgenommen wurde.* (TB 16.10.2013)

Bauplatz, der; -es, -plätze: üblicher als in D neben Baugrundstück, Baustelle: *Daneben blieben noch aber noch knapp 60 **Bauplätze** für Einfamilienhäuser, die zum Verkauf ausgeschrieben waren.* (LW 07.10.2020); *35 **Bauplätze** aus ↑ großherzoglicher Hand* (TB, Überschrift, 01.09.2008)

Baupromotor/Baupromoteur Baupromotorin/Baupromoteurin, der; -s, -en bzw. die; -, -nen: Bauträger(in) (D) ↑ Promoteur/Promotor: *„Es war ein Fehler der Immobilienagentur, diese Preise existieren nicht", so die Reaktion des **Baupromotors** auf den Artikel im „Luxemburger Wort".* (LW 28.07.2017); *Zuletzt war Miltgen wegen einer Vereinbarung zwischen dem Fonds und einem*

Baupromotor *in die Schlagzeilen geraten.* (TB 10.03.2015)

Bautenkommission, die; -, -en: (beratendes) Gemeindegremium bei Bauvorhaben, ↑ Gemeindekommission, ↑ Infokasten Kommission: *Einige Einwohner hatten behauptet, dass unter Belling manche Genehmigungen erteilt worden seien, obwohl die* ***Bautenkommission*** *sich gegen die Verwirklichung der Projekte ausgesprochen habe.* (LW 05.07.2017); *Eine Unterstützung kann durch die* ***Bautenkommission*** *erfolgen, wenn es denn eine gibt.* (JO 25.02.2016)

Bautenminister Bautenministerin, der; -s, - bzw. die; -, nen: Bauminister(in) (D) ↑ Infokasten Minister: *Unser ↑ Schöffenrat erreichte damals bei* ***Bautenminister*** *Robert Goebbels, dass auf der Biff eine Unterführung für die A13 gebaut wurde.* (TB 06.10.2017); *Unter dem strengen Blick von Unterrichtsministerin Mady Delvaux-Stehres enterte* ***Bautenminister*** *Claude Wiseler den Bagger einfach selbst* (JO, Bildunterschrift, 23.09.2013) ♦ CSV-Bautenminister (↑ CSV), LSAP-Bautenminister (↑ LSAP), Transport- und Bautenminister (↑ Transport)

Bautenministerium, das; -s, -ministerien: Bauministerium (D): *Das neue ↑ Lyzeum soll nach den Angaben des* ***Bautenministeriums*** *eine Fläche von ungefähr 31 000 Quadratmetern beherbergen.* (LW 01.02.2022); *Es bestehe aber die Möglichkeit, später ein drittes Gebäude neben den beiden bestehenden hochzuziehen, so das* ***Bautenministerium****.* (TB 11.08.2020)

Bautenreglement, das; -[e]s, -e/-s: Bauordnung, ↑ Infokasten Reglement: *Dann gibt es noch das sogenannte „règlement sur les bâtisses, les voies publiques et les sites", auch* ***Bautenreglement*** *genannt.* (TB 11.12.2017); *Zukunftsvision braucht Bebauungsplan und neues* ***Bautenreglement*** (JO, Zwischenüberschrift, 18.09.2017)

Bautenschöffe Bautenschöffin, der; -n, -n bzw. die; -, -nen: ↑ Infokasten Schöffe: *Dabei handele es sich nach Aussagen des* ***Bautenschöffen*** *Martin Kox allerdings nur um eine Genehmigung für die Asbestsanierung.* (TB 15./16.02.2020); *Im Mai 2019 hatten Lydie Polfer und* ***Bautenschöffe*** *Serge Wilmes den Start eines europaweiten Ideenwettbewerbs für Stadtplaner verkündet.* (JO 21.01.2020)

begreifen: auch für umfassen, beinhalten: <vgl. frz. *embrasser*>: *Die touristische Region „Guttland"* (↑ Gutland) ***begreift*** *den Westen und das Zentrum des Landes.* (JO 05.08.2019); *Die neue Rehaklinik wird 154 Betten* ***begreifen****, davon 52 für Langzeitpatienten.* (TB 14.05.2016)

beglückwünschen für: neben ‚beglückwünschen zu' (D): *Roberto Traversini („déi gréng")* ***beglückwünschte*** *Innenminister Dan Kersch* ***für*** *den Durchbruch in dem ↑ Dossier.* (TB 06.12.2016); *Auch er* ***beglückwünschte*** *Lehrer und Schüler* ***für*** *ihre interessanten Projekte, die übrigens diese Woche in der Eingangshalle des „Forum Geesseknäppchen" zu sehen sind.* (JO 28.02.2016)

bei Gelegenheit der/des ↑ Gelegenheit, bei … der/des

Beki [ˈbɛki], der; -/-s, -/-s: Lokalwährung (des Handels) im ↑ Kanton Redingen: *So wird in diesem Jahr sogar der digitale* ***Beki*** *eingeführt, ein Anlass, der für die Verantwortlichen des* ***Beki****-Verwaltungsvereins „De Kär" Grund genug war, die vierte Serie* ***Beki****-Scheine drucken zu lassen.* (LW 26./27.02.2022); *Durchschnittlich waren während der letzten zwei Jahren rund 170 000* ***Beki*** *im Umlauf.* (TB 15.09.2020) ♦ Beki-Noten, Beki-Scheine, Beki-Verwaltungsverein, Beki-Währung

Benevolat/Bénévolat [benevoˈlaːt], das; -s, nur Singular: Freiwilligendienst, Ehrenamt (D) (teilweise mit Anführung) <frz. *bénévolat*, lux. *Benevolat*>:

*„Das ist kein ‚**Benevolat**', aber auch nicht bezahlt."* (TB 04.03.2021); *Respekt für das **Benevolat*** (LW, Überschrift, 10.06.2020)

Benjamins/Benjamines [bɛ̃ʒaˈmɛ̃s/...ins], nur Plural: Alterskategorie beim Kindersport: *Bei den Männern stand zum Schluss ein erster Platz von Colin Hartz Marques in der Kategorie der **Benjamins** und ein fünfter Rang unter 17 Mannschaften im Jugendteamwettbewerb „Men Gym Youth Cup" fest.* (TB 12.12.2017); *Die seit einigen Jahren übliche „Taktik" der FLA, die Läufe der **Benjamins** und ↑ Ludiques, männlich und weiblich, direkt vor den beiden Haupttrennen zu ↑ programmieren, in der Hoffnung, dass die Eltern und Verwandten der Jüngsten, die stets recht zahlreich präsent sind, sich auch die Seniorinnen und die Senioren ansehen, ging nicht auf.* (LW 15.03.2012)

Berichterstatter Berichterstatterin, der; -s, - bzw. die; -, -nen: Funktion im Gesetzgebungsverfahren, ↑ Budgetberichterstatter, ↑ Rapporteur: *Joëlle Elvinger von der ↑ DP wird aller Voraussicht nach **Berichterstatterin** für das ↑ Budget-Gesetz 2018.* (LW 16.09.2017); *Henri Kox **Berichterstatter*** (TB, Überschrift, 05.09.2015) ♦ ↑ Budgetberichterstatter, Haushaltsberichterstatterin

Bering, der; -s, -e: umliegende Fläche, Umkreis: *Laut der Mierscher Geschichtsfrënn wurde allerdings schon im Jahr 1232 im Kaufakt des **Berings** eine „turris" (lat.), also ein Turm, erwähnt.* (LW 23./24.01.2021); *Ergänzt wird das mittelalterliche Treiben durch Meister der Zünfte, Händler, Krämer und Künstler, die im **Bering** des Schlosses ihre Arbeiten vorführen und verkaufen.* (JO 21.07.2014) ♦ Sicherheitsbering

-berufler -beruflerin, der; -s, - bzw. die; -, -nen: Zweitglied bei Berufsbezeichnungen, in Luxemburg produktiver als in D: ↑ Gesundheitsberufler, ↑ Pflegeberufler

Berufskammer, die; -, -n: (gewählte) Interessenvertretung unterschiedlicher Berufssparten, unterteilt in Arbeitgeber- und Arbeitnehmerkammern ↑ Kammer <frz. *chambre de metier*>: *Ob **Berufskammern**, ↑ Staatsrat oder Verbände aus der Zivilgesellschaft – oftmals enthalten die seitenlangen Dokumente neben kritischen Bemerkungen zur haushaltspolitischen Ausrichtung auch konstruktive Vorschläge, wie dieses oder jenes Politikfeld beackert werden kann.* (LW 08.01.2022); *Durch dieses Gesetzesprojekt werde es in Zukunft möglich sein, in mehr als einer **Berufskammer** zu wählen.* (TB 22.10.2021)

Berufungsgericht, das; -[e]s, nur Singular: ↑ Berufungsgerichtshof, ↑ Berufungshof, ↑ Appellationshof, Appellgericht, ↑ Appellationsgericht, ↑ Appellationsgerichtshof: *Die ↑ Revisionskammer („Cour de cassation") beginnt dann mit Beratungen über Einsprüche gegen Urteile eines **Berufungsgerichts** vom März 2017 im sogenannten „LuxLeaks"-Prozess.* (TB 23.11.2017); *Die ↑ Ratskammer des **Berufungsgerichtes** bestätigte am vergangenen Freitag die Entscheidung, die die ↑ Ratskammer des ↑ Bezirksgerichtes Luxemburg am 4. Juli getroffen hatte.* (JO 19.07.2016) ♦ ↑ Berufungsgerichtshof

Berufungsgerichtshof, der; -[e]s, nur Singular: ↑ Berufungsgericht, ↑ Berufungshof, ↑ Appellationshof, Appellgericht, ↑ Appellationsgericht, ↑ Appellationsgerichtshof: *Der seit Oktober 2015 suspendierte, im Januar 2017 vom **Berufungsgerichtshof** seines Amtes enthobene und in den Ruhestand geschickte 47-jährige Richter wurde beschuldigt, eine sogenannte Treuhandschafts-Maßnahme („Curatelle") gegen eine Frau aufgehoben zu haben, mit der er seit Juni 2012 eine intime Beziehung unterhielt.* (TB 11.07.2017); *Im Januar 2017 wurde er schließlich durch den **Berufungsgerichtshof** seines Amtes ent-*

hoben und in den Ruhestand geschickt. (LW 19.06.2017)

Berufungshof, der; -[e]s, nur Singlar: neben ↑ Berufungsgericht, ↑ Berufungsgerichtshof, ↑ Appellationshof, Appellgericht, ↑ Appellationsgericht, ↑ Appellationsgerichtshof: *Auch die Richter des* ***Berufungshofs*** *sollen sich noch in diesem Kalenderjahr mit einem Mordprozess befassen.* (LW 14.09.2020); *Der* ***Berufungshof*** *Luxemburg hat am Dienstag das Urteil im Brudermord-Prozess aus erster Instanz bestätigt.* (JO 12.12.2017)

Besserverdiener Besserverdienerin, der; -s, - bzw. die; -, -nen (meist Plural): üblicher als in D neben Besserverdienende (D): *Geringverdiener werde die Steuer härter treffen, während* ***Besserverdiener*** *sie gut verkraften können.* (TB 12.12.2019); *Die Probleme des Landes bleiben demgemäß vielschichtig und tiefgreifend, insbesondere für all jene, die entweder alleinstehend oder alleinerziehend sind, nicht unbedingt zu den* ***Besserverdienern*** *gehören oder einen Migrationshintergrund haben.* (JO 15.04.2019)

Betreibung, die; -, -en: ‚das Betreiben' (D): *Die besagte staatliche Zulassung (Agrément) vergibt das Familienministerium, das damit dafür verantwortlich ist, dass nicht nur die ↑ Struktur gesetzeskonform ist, sondern auch die* ***Betreibung*** *und die angebotenen Pflegeleistungen.* (LW 27./28.05.2021); *„Zum einen ist der Park sehr auflagen- und personalintensiv, zum anderen ist die* ***Betreibung*** *aber auch mit Sicherheit keine kommunale ↑ Mission", meint der Bürgermeister.* (LW 12.07.2020)

Betreuungsstruktur, die; -, -en: Betreuungseinrichtung (D) ↑ Infokasten Struktur: *Auch die Erzieher in den* ***Betreuungsstrukturen,*** *selbst wenn sie sich noch so anstrengen, könnten kein Ersatz für elterliche Erziehung und Fürsorge sein.* (LW 08.01.2018); *Die Entscheidung, ob ein Kind zu Hause betreut oder in einer* ***Betreuungsstruktur*** *untergebracht wird, hängt von zahlreichen individuellen Faktoren ab und muss Privatsache sein.* (JO 30.06.2016)
♦ Bildungs- und Betreuungsstruktur, Kinderbetreuungsstruktur, Notfallbetreuungsstruktur

Bezirksgericht, das; -[e]s, -e: [auch AUT, CH] Ebene des Luxemburger Gerichtswesens, u. a. zuständig für Zivil- und Handelssachen mit höherem Streitwert <vgl. frz. *Tribunal d'arrondissement*>: *Ein Gerichtsprozess gegen einen mutmaßlichen Vergewaltiger muss wegen eines Formfehlers vor der ↑ Kriminalkammer am* ***Bezirksgericht*** *Luxemburg neu aufgerollt werden.* (JO 16.10.2017); *Das ↑ Tribunal des* ***Bezirksgerichts*** *Luxemburg beschäftigt 78 Richter* (TB, Überschrift, 17.09.2008)

Bezirkskongress, der; -es, -e: Bezirksparteitag, ↑ Parteikongress, ↑ Kongress: *Laut einer neuen Regelung werden im Falle von mehreren Kandidaturen für einen ↑ Posten außerordentliche* ***Bezirkskongresse*** *organisiert.* (LW 09.01.2019); *Auch sei es nicht am ↑ Nationalrat, sondern am ↑ Nationalkongress, eine neue Parteispitze zu wählen, und dieser finde im Januar statt, ↑ derweil im Dezember aber schon die* ***Bezirkskongresse*** *angesagt sind.* (TB 17.10.2018)
♦ CSV-Bezirkskongress (↑ CSV), LSAP-Bezirkskongress (↑ LSAP), Zentrumsbezirkskongress

bezugsbereit: [auch CH] neben bezugsfertig (D): *Bis Ende dieses Jahres sollen die Gleise und Weichen liegen und die Gebäude* ***bezugsbereit*** *sein.* (LW 16.11.2016); *Die ersten Facebook-Wohnungen werden im Jahr 2016* ***bezugsbereit*** *sein.* (TB 9.10.2013)

BGL Ligue, [beːʒeːˈɛl liːk] die; -, nur Singular: höchste Spielklasse im Fußball (benannt nach dem Hauptsponsor Banque Générale du Luxembourg): ***BGL Ligue:*** *Die Escher Jeunesse und ihr* *multifunktionaler „Bombentransfer“* (TB, Überschrift, 10.11.2018); *Das Spitzenspiel des 24. Spieltages in der **BGL Ligue** wird aller Voraussicht nach in einen 3:0-Forfaitsieg* (↑ Forfaitsieg) *von Fola umgewandelt werden.* (LW 11.05.2015)

bidirektional: zweiseitig befahrbar, in beiderlei Richtung: *Ab dem ↑ Rond-Point Schuman ist bekanntlich ein **bidirektionaler** Radweg entlang der Allée Scheffer und der Rue Jean-Pierre Probst über die Place de l'Etoile in die Avenue Emile Reuter bis zum Park geplant.* (JO 14.03.2018); *Parallel zu der ↑ Tramstrecke soll demnach bis Ende 2019 auch in der ↑ Avenue de la Liberté eine **bidirektionale** ↑ Fahrradpiste entstehen.* (LW 12.09.2017)

Bierger-Center ['biːɐ̯zɐ'tsɛntɐ], das; -/-s, -: Bürgerzentrum (teilweise mit Anführung) <lux. *Bierger-Center*>: *Neuigkeiten gab es beim ersten City Breakfast des Jahres gleich schon aus dem **„Biergercenter“**.* (TB 22.01.2020); ***Bierger-Center**: Wartezeiten einsehen* (LW, Überschrift, 18./19.01.2020)

Bipartite ['biːpartit], die; -, -n: Zweierverhandlungen Luxemburger Sozialpartner: *Zwei **Bipartiten** statt einer ↑ Tripartite* (TB, Überschrift, 28.03.2014); *Mit den Sozialpartnern will Juncker sich jedenfalls in den nächsten Wochen und Monaten weiter beraten, ob dies nun im Rahmen einer **Bipartite** oder aber wieder einer Dreierrunde stattfindet.* (JO 03.04.2013) ♦ ↑ Bipartiteabkommen, Bipartitebesetzung, Bipartitegespräch, Bipartiteverhandlung

Bipartiteabkommen, das; -s, -: ↑ Bipartite: *Seit 2014, als die Regierung im **Bipartite-Abkommen** mit den Gewerkschaften versprach, bis Mitte 2015 eine Lösung zu finden, wie Langzeitkranke ihren Arbeitsvertrag behalten können, wird diskutiert.* (LW 23.04.2018); *Dann kündigte ↑ Staatsminister Xavier Bettel gestern auch noch an, dass sich Regierung und Sozialpartner am 3. Februar in Tripartite-Besetzung* (↑ Tripartite) *treffen, um über die beiden **Bipartite-Abkommen** zu diskutieren und die weitere Agenda festzulegen.* (JO 16.01.2015)

Bijouterie [biʒut(ɛ)'ʀiː], die; -, -n: [auch CH] Juwelier, Juweliergeschäft, meist in Verbindung mit Eigennamen <frz. *bijouterie*, lux. *Bijouterie*>: *Die **Bijouterie** List hat ein letztes Mal geöffnet* (LW, Bildunterschrift, 22.12.2016); *Mit dem entwendeten Fahrzeug begaben sich die Täter zur **Bijouterie**.* (TB 10.09.2014)

Billetterie [bijɛt'ʀi], die; -, -n: Verkaufstelle bzw. -portal zum Erwerb von Eintrittskarten (teilweise mit Anführung) <frz. *billetterie*, lux. *Billetterie*>: *Wer glaubt, dass in Zeiten des Internets die Telefone in der **Billetterie** schweigen, der hat sich kräftig geirrt.* (TB 25.06.2015); *Karten für den Abend am 25. Februar 2015 gibt es schon jetzt über die **Billetterie**.* (LW 07.05.2014)

Bodenrecht, das; -[e]s, nur Singular: Staatsbürgerschaftsrecht auf der Grundlage des Geburtsortes <vgl. frz. *droit du sol*>: *Vom 1. April bis zum 31. Dezember des vergangenen Jahres haben 1 014 Einwohner, die volljährig wurden, automatisch die luxemburgische Nationalität über das **Bodenrecht** erhalten.* (TB 03.01.2018); *Der Gesetzentwurf, der die obligatorische Aufenthaltsdauer im Land vor der ↑ Naturalisierung verkürzt, die Sprachtests vereinfacht, für hier geborene Kinder ein **Bodenrecht** mit gewissen Einschränkungen einführt, und ebenfalls den Zugang zur Nationalität für Ausländer ermöglicht, die einen Luxemburger heiraten, birgt ohne Zweifel mittelfristig ein Potenzial, die Integration zu fördern.* (JO 13.10.2015) ♦ Bodenrechtsregelung

Bongert ['boŋɐt], der; -s, -en: neben Streuobstwiese (D) (teilweise mit Anführung) <lux. *Bongert*>: *Rettet den **Bongert**: Obstkultur in seiner Vielfalt*

muss erhalten bleiben (JO, Überschrift, 08.09.2018); *Hier liegt der Akzent bei der Erhaltung der **Bongerten**.* (LW, Weihnachten 2017) ♦ Bongertarbeit, Bongertenbestand, Bongertenmenü, Obstsortenbongerten

Börse, die; -, -n: neben Studienbeihilfe (D), Stipendium <vgl. frz. *bourse*>: *Auch die Anzahl der Kinder im Haushalt des Antragstellers wird bei der Berechnung der **Börse** berücksichtigt.* (TB 10.07.2014); *Die Summen der Studienbeihilfen sind in der Tat beeindruckend und wachsen jährlich – inzwischen sind es rund 100 Millionen Euro allein in Form von **Börsen**.* (JO 19.09.2013) ♦ Börsensystem, ↑ Mobilitätsbörse, ↑ Studentenbörse, ↑ Studienbörse

Boulevard, der; -s, -s: üblich vor allem bei Straßennamen <frz. *boulevard*>: *Beide **Boulevards** sollen mit richtigen Radwegen ausgestattet und langfristig an das Tramnetz* (↑ Tram) *angebunden werden.* (LW 17./18.10.2020); *Es tut sich was am **Boulevard** Roosevelt* (JO, Zwischenüberschrift, 22.08.2019)

Braderie [bʀadeˈʀiː], die; -, -n: verbilligter Straßenverkauf <frz. *braderie*, lux. *Braderie*>: *Luxemburg / **Braderie** 2021: Ein Volksfest mit neuen Kulissen* (TB, Überschrift, 26.08.2021); *Auf der **Braderie**, dem größten kommerziellen Event des Jahres in der Hauptstadt, findet man auch dieses Jahr von allem etwas: von der Gastronomie über Bekleidung und Schuhe bis hin zu Gadgets von verschiedenen Vereinigungen und politischen Parteien.* (JO 31.08.2016) ♦ Braderiebesucher, Braderietreiben, Braderiewochenende, Sommerbraderie

bradieren [bʀaˈdiːʀən]: verschleudern, verramschen, entwerten, vgl. ↑ Braderie <frz. *brader*, lux. *bradéieren*>: ***Bradiert** der Bildungsminister den Lehrerberuf?* (LW, Überschrift, 06.10.2014); *Einige Hotels **bradieren** ihre Zimmer regelrecht.* (TB 02.08.2010)

Brandsektion, die; -, nur Singular: Polizeiabteilung (Brandermittlung) ↑ Sektion: *Laut Polizeibericht kann Brandstiftung nicht ausgeschlossen werden, daher wurde die Spurensicherung und die **Brandsektion** der Kriminalpolizei von der Staatsanwaltschaft mit der Untersuchung beauftragt.* (LW 12.08.2019); *Die **Brandsektion** der Polizei ermittelt.* (TB 30.09.2018)

Brasserie [bʀasəˈʀiː], die; -, -n: (Bier-) Gaststätte <frz. *brasserie*, lux. *Brasserie*>: *Kegelsportler freuen sich über neue **Brasserie*** (TB, Überschrift, 16.01.2018); *Dafür wird es im Obergeschoss künftig einen Duty-Free-Shop der Gesellschaft Aelia und die **Brasserie** „LUX Brewery Lounge" geben.* (LW 07.06.2017) ♦ Abteibrasserie, Brasserierestaurant, Frauenbrasserie

Brevet [bʀœˈveː], der; -/-s, -s: [auch CH] neben Diplom, Zeugnis (teilweise in Anführung) <frz. *brevet*, lux. *Brevet*>: *Ich wollte weitermachen und habe mein **Brevet** erhalten.* (JO 28.08.2016); *Die Voraussetzung, um solche Ferienaktionen zu leiten, ist der Besitz des „**Brevet** B".* (TB 15.08.2016)

Brezelsonntag, der; -s, -e: Traditionssonntag während der Fastenzeit mit typischem Brezelgebäck ↑ Halbfastensonntag, ↑ Halbfasten <lux. *Bretzelsonndeg*>: *„Am Bretzelsonndeg, dem **Brezelsonntag**, schenkt der Mann seiner Herzdame gemäß der Tradition das berühmte Gebäck."* (TB 14.03.2021); *Der vierte Fastensonntag trägt verschiedene Namen: Laetare (nach dem lateinischen Introitus: Freue dich, Jerusalem); ↑ Halbfasten, Halleffaaschten, mi-carême als Halbzeit der Fastenzeit; und eben auch **Bretzelsonntag**, ja, warum, fragt Mireille Sigal.* (LW 10.03.2018)

Brigadier, der; -s, -e/-s: neben Polizeiwachtmeister: *Auch **Brigadiere** hätten freie Wochenenden verdient, meinte Banchieri.* (LW 16.03.2016); *Die Erfassungsstelle für Verkehrsverstöße trägt die offizi-*

*elle Bezeichnung „Centre de constatation et de sanction des infractions routières“ (CCSIR) und ist mit sechs Polizeiinspektoren und drei Polizeiwachtmeistern (**Brigadier**) besetzt.* (JO 26.02.2016)
♦ Brigadierslaufbahn, Ex-Brigadier, Polizeibrigadier

Brocante [bʀɔˈkɑ̃t], die; -, -n: [auch CH] neben Trödelmarkt (D) (teilweise mit Anführung) <frz. *brocante*>: *In Dommelingen steht jeweils sonntags eine **Brocante** mit Schätzen aus vergangenen Zeiten auf dem Programm, die Pfadfindergruppe Les Aigles ist am 21. November beim Roude Pëtz präsent.* (LW 03.11.2020); *Trödeln und bummeln an einem besonderen Ort: Die „**Brocante**“ in Rodemack hat Kultstatus* (TB, Überschrift, 02.09.2019)

brutalisieren: jmd. auf brutale Weise behandeln <frz. *brutaliser*, lux. *brutaliséieren*>: *Dies während hierzulande friedfertige Demonstranten etwa mit belgischen Wasserwerfern **brutalisiert** würden.* (LW 10.12.2021); *Immer noch werden viel zu viele Frauen **brutalisiert**, gemobbt, geschlagen, vergewaltigt.* (TB 28.11.2018)

Budget, das; -s, -s: [auch AUT, CH] deutlich üblicher als in D für ‚Haushalt‘ und Zusammensetzungen mit Finanz- (vgl. ↑ Budgetminister vs. Finanzminister in D), hohe Wortbildungsproduktivität <frz. *budget*, lux. *Budget*>: *Dennoch würde das **Budget** eindeutig die grüne Handschrift tragen.* (LW 12.10.2016); *Die neue Methode des „Screening“ soll indes erst beim ↑ nächstjährigen **Budget** zum Einsatz kommen.* (JO 27.02.2014)
♦ Budgetablehnung, ↑ Budgetaufstellung, ↑ Budgetberichterstatter, ↑ Budgetdebatte, ↑ Budgetdisziplin, Budgetdoppeljahr, ↑ Budgetentwurf, ↑ Budgetgesetz, ↑ Budgetkonsolidierung, Budgetkonsolidierungsbemühung, Budgetkonsolidierungsprozess, Budgetkontrollkommission (↑ Kommission), Budgetlinie, ↑ Budgetminister, ↑ Budgetplan, ↑ Budgetplanung, ↑ Budgetpolitik, ↑ budgetpolitisch, ↑ Budgetposten, Budgetpräsentation, ↑ Budgetproblem, ↑ Budgetprozedur (↑ Prozedur), Budgetrapporteur (↑ Rapporteur), ↑ Budgetrede, ↑ Budgetsanierung, Budgetsanierungsmaßnahme, ↑ Budgetvorlage, ↑ Budgetziel, ↑ Kulturbudget, ↑ Sozialbudget, Staatsbudget, Übergangsbudget

Budgetaufstellung, die; -, -en: Haushaltsaufstellung (D) ↑ Infokasten Budget: *Die Etappen der **Budgetaufstellung*** (LW, Überschrift, 20.12.2016); *Dazu dürften auch die Änderungen in der **Budgetaufstellung** zählen.* (TB 04.10.2014)

Budgetberichterstatter Budgetberichterstatterin, der; -s, - bzw. die; -, -nen: Funktion im Haushaltsgesetzgebungsverfahren, ↑ Berichterstatter, ↑ Rapporteur, ↑ Infokasten Budget: *Die ↑ Mission des **Budgetberichterstatters** besteht neben einer reinen Finanzanalyse auch aus einer sehr persönlichen Komponente.* (TB 14.12.2021); ***Budgetberichterstatterin** ist dieses Jahr die DP-Abgeordnete* (↑ DP) *Joëlle Elvinger.* (JO 11.10.2017)

Budgetdebatte, die; -, -n: Haushaltsdebatte (D) ↑ Infokasten Budget: *Im Dezember vergangenen Jahres habe Finanzminister Pierre Gramegna anlässlich der **Budgetdebatten** noch stolz verkündet, die Regierung müsse für 2016 keine Staatsanleihen auflegen, da die Schuldenspirale im Griff sei.* (LW 26.01.2017); *Opposition beklagt bei **Budgetdebatte** Verfall öffentlicher Einrichtungen* (JO, Überschrift, 04.01.2013)

Budgetdisziplin, die; -, nur Singular: Haushaltsdisziplin (D) ↑ Infokasten Budget: *„Wachstum und **Budgetdis-***

ziplin müssen Hand in Hand gehen", *so der Minister.* (LW 06.02.2013); *Der französische Sozialist habe zwar auf die Notwendigkeit der* ***Budgetdisziplin*** *hingewiesen, gleichzeitig jedoch betont, dass Wachstum allein mit ↑ Austerität nicht möglich sei.* (TB 06.02.2012)

Budgetentwurf, der; -s, -würfe: [auch AUT, CH] Haushaltsentwurf (D) ↑ Infokasten Budget: *Außerdem ist aus dem* ***Budgetentwurf*** *der Jahre 2018 bis 2021 (siehe Tabelle) nicht zu schließen, dass die Regierung eine Politik betreibt, die auf die Einnahmen des Tanktourismus verzichtet – im Gegenteil.* (LW 25.11.2017); *Die Regierung in Rom hatte in der vergangenen Woche einen aktualisierten* ***Budgetentwurf*** *für 2017 nach Brüssel gesendet.* (TB 24.10.2016)

Budgetgesetz, das; -es, -e: Haushaltsgesetz, ↑ Infokasten Budget: *↑ Berichterstatter über das diesjährige* ***Budgetgesetz*** *ist bekanntlich LSAP-Parteipräsident* (↑ LSAP, ↑ Parteipräsident) *Claude Haagen.* (TB 13.10.2016); *Eigentlich werde an zwei* ***Budgetgesetzen*** *gleichzeitig gearbeitet: Das für 2014 und das für 2015.* (JO 16.01.2014)

Budgetkonsolidierung, die; -, -en: Haushaltskonsolidierung (D) ↑ Infokasten Budget: *Die Richtung der* ***Budgetkonsolidierung*** *stimme zwar, die Defizite beim ↑ Zentralstaat müssten allerdings schneller abgebaut werden.* (JO 19.11.2015); *Oberstes Ziel sind derzeit lediglich* ***Budgetkonsolidierung****, Einsparungen und Strukturreformen.* (TB 07.07.2015)

Budgetminister Budgetministerin, der; -s, - bzw. die; -, -nen: neben Finanzminister (D) ↑ Infokasten Budget, ↑ Infokasten Minister: *„Es ist ein Symbol für Frieden, Freiheit und Stabilität", sagt etwa Luc Frieden* (↑ CSV), *der damals als* ***Budgetminister*** *dafür zuständig war, die Einführung des Euro als Bargeld in Luxemburg zu organisieren.* (LW 02.01.2022); *Begonnen hat er seine Beamtenkarriere unter dem damaligen Finanzminister Jacques Santer* (↑ CSV) *und* ***Budgetminister*** *Jacques Poos* (↑ LSAP). (TB 31.01.2020) ♦ Ex-Budgetminister, Finanz- und Budgetminister, Tresor- und Budgetminister

Budgetplan, der; -s, -pläne: Haushaltsplan (D) ↑ Infokasten Budget: *Hinter den Kulissen gibt es dem Vernehmen nach intensive Gespräche, um Paris zu einem revidierten* ***Budgetplan*** *zu bewegen.* (TB 13.10.2014); *Luxemburg ist auch verpflichtet, der Europäischen Kommission bis zum 15. Oktober einen voraussichtlichen* ***Budgetplan*** *für 2014 vorzulegen.* (JO 04.10.2013) ♦ ↑ Budgetplanung

Budgetplanung, die; -, -en: Haushaltspanung (D) ↑ Infokasten Budget: *Die* ***Budgetplanung*** *der Regierung entspricht nicht den Vorstellungen der Handwerkskammer.* (LW 14.11.2017); *Halbjahresbilanz der Staatsfinanzen: Entwicklung entspricht* ***Budgetplanung*** (JO, Überschrift, 19.07.2013)

Budgetpolitik, die; -, nur Singular: Haushaltspolitik, ↑ Infokasten Budget: ***Budgetpolitik*** *trägt Früchte* (LW, Überschrift, 05.10.2017); *Oder eine Beraterfirma im Rahmen einer seit vielen Jahren von vielen Warten aus geforderten neuen* ***Budgetpolitik*** *mit der Analyse einer Problematik zu betrauen.* (JO 09.03.2014)

budgetpolitisch: haushaltspolitisch (D) ↑ Infokasten Budget: *Doch auch ohne eine punktgenaue Umsetzung des „Zukunftspak" bleibt die Regierung vorerst* ***budgetpolitisch*** *in der Spur.* (LW 11.02.2016); *Regierung geht am nächsten Wochenende in budgetpolitische Klausur* (JO, Überschrift, 03.01.2014)

Budgetposten, der; -s, -: Haushaltsposten (D) ↑ Infokasten Budget: *Trotz gedrückter Finanzlage sollen die entsprechenden* ***Budgetposten*** *zumindest stabilisiert werden, während das bestehende*

Instrumentarium konsequent an die Bedürfnisse der Unternehmen angepasst werden soll. (JO 25.04.2017); *Sämtliche* ***Budgetposten*** *seien überprüft worden.* (TB 25.09.2014)

Budgetproblem, das; -s, -e: Haushaltsproblem (D) ↑ Infokasten Budget: *Ohne die Arbeitslosigkeit hätten wir kein* ***Budgetproblem****, so Juncker.* (LW 08.05.2012); ***Budgetprobleme*** *des Staates nicht mit Rentenproblematik vermischen* (TB, Überschrift, 04.12.2009)

Budgetprozedur, die; -, -en: Haushaltsverfahren ↑ Infokasten Budget, ↑ Infokasten Prozedur: *Am nächsten Wochenende wird die Regierung sich auf einer Klausur auf Schloss Senningen ausgiebig mit dem Haushaltsentwurf 2014 und der neuen* ***Budgetprozedur*** *befassen, die Finanzminister Pierre Gramegna (↑ DP) zuletzt als „kopernikanische Revolution" bezeichnet hatte.* (JO 02.01.2014); *Die Diskussionen zwischen Parlament und Regierung über notwendige Änderungen an der* ***Budgetprozedur*** *sind zwar erst angelaufen, klar scheint aber schon jetzt, dass die großen Budgetlinien* (↑ Budget) *künftig schon vor dem „Etat de la nation" im April/Mai feststehen müssen.* (TB 27.11.2010)

Budgetrede, die; -, -n: [auch AUT] Haushaltsrede (D) ↑ Infokasten Budget: *Seine „voraussichtlich letzte* ***Budgetrede****" habe er nicht im Namen der ↑ LSAP, sondern in seinem eigenen Namen gehalten, meinte José Piscitelli.* (LW 16.12.2016); *Das findet auch CSV-Fraktionsobmann* (↑ CSV) *Marc Spautz, der dafür in seiner* ***Budgetrede*** *sogar einen waschechten Kardinal und dessen Leitspruch „Voir, juger, agir" bemühen musste, um solcherart eine konsequentere ↑ Budgetsanierung zu rechtfertigen.* (JO 16.12.2012)

Budgetsanierung, die; -, -en: Haushaltssanierung (D) ↑ Infokasten Budget: *Madrid und Lissabon wird nahegelegt, zusätzliche Sparmaßnahmen zur* ***Budgetsanierung*** *zu ergreifen.* (TB 18.05.2016); *Also soll das ↑ Patronat nun für die* ***Budgetsanierung*** *aufkommen.* (LW 15.03.2012) ♦ Budgetsanierungsmaßnahme

Budgetvorlage, die; -, -n: Haushaltsvorlage (D) ↑ Infokasten Budget: *Die* ***Budgetvorlage*** *zaubert den Verantwortlichen der Handwerkskammer aber auch ein zufriedenes Lächeln ins Gesicht, zumindest ansatzweise.* (LW 14.11.2017); *Der* ***Budgetvorlage*** *liegen Wachstumserwartungen von 3,4 Prozent für das Jahr 2016 und 3,7 Prozent für 2015 vor.* (TB 15.10.2015)

Budgetziel, das; -[e]s, -e: Haushaltsziel (D) ↑ Infokasten Budget: *Von den einstigen hehren* ***Budgetzielen*** *der Regierung bleibt also nicht mehr viel übrig.* (LW 28.01.2017); *Die Schritte sollen aber nur in die Tat umgesetzt werden, falls das Krisenland* ***Budgetziele*** *nicht erreicht.* (JO 09.05.2016)

Buergbrennen [ˈbuːɐ̯ɕbʀɛnən], das; -s, nur Singular: Luxemburger (auch in Ostbelgien und dem angrenzenden deutschen Grenzgebiet praktizierter) Fastenbrauch, bei dem ‚zur Austreibung des Winters' ein Brandhaufen (↑ Burg) entzündet wird (teilweise mit Anführung) ↑ Burgbrennen <lux. *Buergbrennen*>: *Die „sauberen" Bäume, die nicht gefärbt oder mit Kunstschnee angesprüht sind, werden separat eingesammelt und kommen später auf den Komposthaufen oder dienen als Brennmaterial beim jährlichen* ***Buergbrennen****.* (LW 06.01.2018); *Auch dieses Jahr wurde der Tradition, am Wochenende nach Fasching den Winter beim* ***„Buergbrennen"*** *zu vertreiben, nachgegangen.* (JO 14.02.2016)

Buff [byf], der; -s, -s: Halstuch, Schlauchtuch, Rundschal (auch zur Verwendung als Mund-Nase-Schutzmaske), benannt nach der gleichnamigen Produktionsfirma: *Auch sollte der* ***Buff*** *mindestens in doppelter Faltung*

getragen werden. (TB 25.12.2020); *Von sogenannten Community-Masken, also selbst genähten Produkten, über **Buffs** und Schals bis hin zu medizinischen Masken ist alles erlaubt.* (TB 16./17.01.2020) ♦ Buffschal

Burg, die; -, -en: Brandhaufen beim Bu(e)rgbrennen <lux. *Buerg*>: *Im Zentrum jeder **Burg** steht der mächtige Baum, mal als Kreuz, mal als kreative Holzkonstruktion.* (LW 29.02./01.03.2020); *In vielen Luxemburger Gemeinden brennen an diesem Wochenende die **Burgen**.* (TB 28.02.2020) ♦ ↑ Burgbrennen

Burgbrennen, das; -s, -: Luxemburger (auch in Ostbelgien und dem angrenzenden deutschen Grenzgebiet praktizierter) Fastenbrauch, bei dem ‚zur Austreibung des Winters' ein Brandhaufen (↑ Burg) entzündet wird. ↑ Buergbrennen: *Lediglich das traditionelle **Burgbrennen** im Februar sowie das Viezfest* (↑ Viez) *in einem den Umständen angepasten Rahmen konnten durchgeführt werden.* (LW 04.03.2021); *Am Wochenende fand das traditionelle **Burgbrennen** statt* (JO, Überschrift, 18.02.2018)

Bürgerkonsultation, die; -, -en: Bürgerbefragung, Bürgerbeteiligung in einem Genehmigungsverfahren ↑ Konsultation: *Die hat sich ihrerseits auf eine EU-weite **Bürgerkonsultation** berufen, bei der rund 80 % der Antworten gegen das Umstellen der Uhren waren.* (TB 27.03.2020); *So waren **Bürgerkonsultationen** schon für 2017 vorgesehen.* (JO 16.10.2019)

Büro, das; -s, -s: allgemeiner als in D als Zweitglied in Zusammensetzungen zur Bezeichnung von Organisations-, Verwaltungs- oder Dienstleistungseinheiten, Ausschuss, Gremium: *Goeres ist bereits seit vielen Jahren im Technischen **Büro** des ↑ COSL aktiv.* (LW 21.03.2022); *Die Post hat beschlossen, 12 weitere **Büros** zu schließen.* (TB 20.03.2020) ♦ ↑ Exekutivbüro, ↑ Exportbüro, ↑ Kammerbüro, ↑ Postbüro

Buschauffeur Buschauffeurin, der; -s, -e bzw. die; -, -nen: neben Busfahrer(in) (D) ↑ Chauffeur: *Denn ob Pilot, Zugführer, Tramfahrer* (↑ Tram) *oder **Buschauffeur**: Berufe im Transportbereich* (↑ Transport) *rufen bei den Jüngsten eine große Faszination hervor.* (LW 19.12.2017); *Auch der **Buschauffeur** war unter den Verletzten.* (TB 10.02.2016)

Bushäuser, nur Plural: eher selten neben Bushäuschen (D): *Zu den von Jean Tonnars* (↑ LSAP) *angeprangerten Ausgleichszahlungen der Gemeinde für Betreiber der Parkhäuser und den von den Menschen nicht gewollten **Bushäusern** verwies Mischo auf Verträge, die noch von der LSAP-„déi Gréng"-Koalition* (↑ LSAP, ↑ déi Gréng) *abgeschlossen wurden.* (TB 19./20.12.2020); *In Lallingen haben Unbekannte in der Nacht von Halloween **Bushäuser** zerschlagen.* (LW 13.12.2020)

Buspassagier Buspassagierin, der; -s, -e bzw. die; -, -nen: Fahrgast (D), Busreisende (D) ↑ Passagier: *An der Rocade müssen die **Buspassagiere** nun umsteigen.* (LW 21.01.2021); *Von den **Buspassagieren** wurde niemand verletzt.* (TB 05.09.2019)

Busquai, der; -s, -s: Bushaltestelle (D), Busteig (D) ↑ Bussteg, ↑ Quai: *Damit die Schulbusse den Verkehr nicht unnötig behindern, werden auf den Parkplatz „A Kack" vor dem ↑ Lyzeum mehrere **Busquais** gebaut.* (TB 14.07.2020); *Sein Einjähriges feierte somit allerdings auch der unfertige **Busquai** direkt vor dem Einkaufszentrum – ein provisorisches Containerkonstrukt, an dem sich bislang nichts weiter tut …* (LW 03.06.2020)

Bussteg, der; -[e]s, -e: Bushaltestelle (D), Busteig (D) ↑ Busquai: *Bis zur ↑ Rentrée im September sollen nun dort **Busstege** gebaut werden.*

(LW 10.06.2020); *Die Buslinien 2, 4, 18, 21, 31 und CN1, die sich zurzeit noch am* ***Bussteg*** *1 befinden, werden nach Bussteg 9 verlegt.* (TB 31.05.2017)

Buvette [ˈbyvɛt], die; -, -n: [auch CH] (mobiler) Essens- und Getränkekiosk (teilweise mit Anführung) <frz. *buvette,* lux. *Buvette*>: *Und letztlich gibt man sich im ↑ Budget auch erste Mittel für die Planung eines Ausbaus des Schulkomplexes in Tandel sowie den Bau einer neuen* ***Buvette*** *samt Unterstand am Fußballfeld in Bastendorf.* (LW 18./19.01.2020); *Richtig im Geschehen steht man beim Werk der Luxemburgerin Isabella Matern, welche mit der interaktiven Installation „alpha" die Besucher im Ratskeller der Cercle Cité mit denen in der* ***Buvette*** *der Rotondes verbindet.* (JO 28.06.2017)

Bypass, der; -es, Bypässe: allgemeiner als in D auch für Umgehungsstraße, Ausweichstrecke: *Sie sollen gefällt werden, da sie dem* ***Bypass*** *im Wege stehen.* (LW 20.11.2019); *Es wurde bereits ein* ***Bypass*** *erstellt, der das Flüsschen bei starken Regenfällen entlastet.* (TB 23.02.2018) ♦ Bypassarm, Bypass-Spur, Bypasstunnel, Nord-Süd-Bypass

Cc

Cadets/Cadettes [ˈkadɛt/…ts], nur Plural: Alterskategorie beim Sport (teilweise mit Anführung): *Im Idealfall können die Spieler dann bei den ↑ Scolaires oder **Cadets** entscheiden, ob sie weiterhin 3 x 3 spielen möchten, oder sich doch für Fünf gegen Fünf entscheiden.* (LW 22.09.2017); *Am Samstag kamen u. a. die ↑ Scolaires Mädchen und die **Cadets** zum Einsatz.* (LW 21.05.2017) ♦ Cadets-Jungen

Caddie [ˈkɛdiː], der; -s, -s: eher selten neben Einkaufswagen (D), nach frz. Herstellernamen <frz. *caddie*, lux. *Caddie*>: *Eine ältere Dame kam gerade mit ihrem **Caddie** von den Einkäufen zurück.* (LW 25./26.04.2020); *Mit dem **Caddie** in den Supermarkt, bekannte Lebensmittel bekannter Anbieter reingepackt.* (TB 14.03.2012)

Cafetier [kafeˈti̯eː], der; -s, -s: [auch AUT, CH] Betreiber eines Cafés: *Dass die ↑ Springprozession für die Echternacher Geschäftswelt einen warmen Segen bedeutet, davon können **Cafetiers** wie Marc Wohl ein Lied singen.* (TB 12.06.2019); *Die ↑ Minettemetropole appelliert an die Verantwortung der **Cafetiers*** (JO, Überschrift, 07.01.2014)

Cạmping, der; -s, -s: Campingplatz (D) <frz. *camping*, lux. *Camping*>: *Von Mitte Juli bis Mitte August waren demnach viele der Luxemburger **Campings**, wie bereits im Vorjahr, ausgebucht.* (LW 06.09.2017); *Der Eigentümer des **Campings** informierte die Beamten, dass er den Fahrer kurz zuvor noch nach Holzem gefahren hat.* (TB 22.10.2016) ♦ Campingbetreiber, Campingbetriebe, Campingwesen, Gemeindecamping

Cạmpus, der; -, -se/-: auch für Schulareal, ↑ Schulcampus: *Da die Schulklassen jeweils in zwei Gruppen aufgeteilt werden, werden von den 800 Schülern, die die beiden **Campusse** besuchen, ↑ nur mehr 400 täglich vor Ort sein.* (LW 25./26.04.2020); *Seit über einem Jahr schon gehen 873 Grundschüler auf dem neuen **Campus** in Gasperich zur Schule.* (TB 07.05.2020)

Ca̲re-Arbeit [kɛːɐ̯…], die; -, -en: üblicher als in D für Sorgearbeit: *Es ist das, was Luxemburgs streikende Frauen **Care-Arbeit** nennen.* (TB 07.03.2020); *Überall wo Menschen zusammenleben, fällt **Care-Arbeit** an.* (JO 27.02.2020)

CFḶ, die; -, nur Singular = *Société Nationale des Chemins de Fer Luxembourgeois*, Luxemburger Eisenbahngesellschaft, häufig auch in Zusammensetzungen: *Die Störung könnte laut **CFL** noch bis gegen 22 Uhr andauern.* (LW 24.02.2020); *Die **CFL** stellte am 7. Oktober 2011 Strafanzeige.* (JO 23.01.2017) ♦ CFL-Bahnhof, CFL-Fahrplan, CFL-Hotline, CFL-Minister (↑ Minister)

CGDIS [ˈseːʒeːdis/seːʒeːdeːiːˈɛs], das; -, nur Singular *Corps grand-ducal d'incendie et de secours*, auch ‚nationales ↑ Rettungskorps', Luxemburger Feuerwehr- und Rettungsdienst, häufig auch in Zusammensetzungen: *Der Generaldirektor des **CGDIS** präzisierte, dass diese ↑ Helikopter wirklich nur ein Teil der Löschkette sind.* (JO 30.07.2019); *Die ↑ Feuerwehrkaserne wird 2021 ins neue **CGDIS** umziehen und das Recyclingzentrum samt ↑ Hygienedienst soll in Zukunft gleich neben dem Friedhof von Merl ein neues Zuhause bekommen.* (TB 21.06.2018) ♦ CGDIS-Einheit, CGDIS-Gesetz, CGDIS-Pressesprecherin, CGDIS-Retter

CGFP [seːʒeːɛfˈpeː], die; -, nur Singular = *Confédération Générale de la Fonction Publique* ↑ Staatsbeamtengewerkschaft: *Staatsangestellte / **CGFP** und Regierung unterschreiben neuen Tarifvertrag* (TB, Überschrift, 04.03.2021); *Von der ↑ Tripartite, die Anfang nächsten Jahres stattfinden soll, erwartet sich die **CGFP** in erster Linie,* *dass die Regierung einen Kassensturz präsentiert.* (LW 22.10.2020) ♦ CGFP-Nationalpräsident (↑ Nationalpräsident), CGFP-Präsident (↑ Präsident), CGFP-Syndikat (↑ Syndikat)

Chalet [ˈʃaleː], der/das; -s, -s: allgemeiner als in D für Bude, Hütte u. dgl.: *Erneuert wird demnächst die Beleuchtung des **Chalets**, der als Clublokal sowie Indoor-Trainingshalle ↑ funktioniert und dementsprechend gut ausgeleuchtet sein muss.* (TB 26.03.2018); *Das Ganze fand beim **Chalet** des Vereins statt.* (JO 08.01.2017) ♦ chaletartig, ↑ Ferienchalet, ↑ Holzchalet, Scoutenchalet (↑ Scout)

Chamber [ˈʃɑ̃ːmbɐ], die; -, nur Singular: Luxemburger Parlament, charakteristisches lux. Lehnwort, häufig (auch) in festen Zusammensetzungen (Anführung zunehmend selten) <lux. *Chamber*, frz. *chambre*> ↑ Abgeordnetenkammer, ↑ Kammer: *Da raufen sich in Esch und Luxemburg die Parteien zusammen, die in der **Chamber** die Oppositions- bzw. Regierungsbank drücken.* (TB 26.10.2017); ***Chamber** gibt Weg frei* (JO, Überschrift, 21.01.2015) ♦ Abgeordnetenchamber, Chamberausschuss, Chamberbilanz, ↑ Chamberbüro, ↑ Chamberdebatte, Chamberfrage, Chamberhaus, Chamber-Justiz-Kommission (↑ Kommission), Chamberkammer, Chamberkandidat, ↑ Chamberkommission, „Chamber-Leaks", Chambermandat, Chambernachrückaktion, Chamberneuling, ↑ Chamberpräsident, Chamberprogramm, ↑ Chamberreglement, Chambersessel, Chambersitzung, Chamber-TV, ↑ Chamberwahlen, Chamberwahlkampf, Chamberwahlkandidat, Ex-Chamber-Chefin, Kammerchambernachmittag, Krautmarktschamber (↑ Krautmarkt)

Chamberbüro, das; -s, nur Singular: Parlamentsgremium, eher selten neben ↑ Kammerbüro, ↑ Infokasten Chamber, ↑ Büro: ***Chamberbüro** und ↑ Präsidentenkonferenz sollen am Freitag Vorschläge dazu unterbreiten.* (TB 11.02.2021); *Der Deal sorgt in der Medienwelt für Aufregung, weil der „Journal" anderen Onlinemedien gegenüber bevorteilt wird – und in der Politik, weil weder die ↑ Präsidentenkonferenz noch das **Chamberbüro** in die Entscheidung eingebunden waren.* (LW 01.02.2021)

Chamberdebatte, die; -, -n: Parlamentsdebatte, ↑ Infokasten Chamber: *In der anschließenden **Chamberdebatte** über den Rifkin-Prozess lieferten sich ↑ Transportminister François Bausch und Schneider daraufhin heftige Wortgefechte.* (LW 25.01.2018); *Damit das Tempolimit Thema einer **Chamberdebatte** wird, müssen es nach 42 Tagen insgesamt zumindest 4 500 sein.* (TB 18.09.2017)

Chamberkommission, die; -, -en: Parlamentsausschuss, ↑ Infokasten Chamber, ↑ Infokasten Kommission: *Wie knapp zehn Tage später in der **Chamberkommission** hervorgehoben wird, war wohl eine besondere Dynamik in der Gruppe der sechs beteiligten Minderjährigen Auslöser für die Randale in der ↑ Unisec.* (LW 22.03.2022); *Eine Erklärung des Ministers in der zuständigen **Chamberkommission** forderte am Sonntag auch der Abgeordnete und Stadtschöffe* (↑ Schöffe) *Laurent Mosar* (↑ CSV). (TB 10.01.2022)

Chamberpräsident Chamberpräsidentin, der; -en, -en bzw. die; -, -nen: Parlamentspräsident, ↑ Infokasten Chamber, ↑ Präsident: *Premierminister Xavier Bettel und **Chamberpräsident** Mars Di Bartolomeo bedankten sich bei Anne Brasseur für ihre langjährige politische Arbeit für Luxemburg und im Rahmen des Europarats.* (LW 16.01.2018); *Auch die Petitionshearings tragen zu einem* *besseren Verständnis der politischen Arbeit bei, betont der* ***Chamberpräsident****.* (TB 06.10.2017)

Chamberreglement, das; -[e]s, -e/-s: Parlamentsordnung, ↑ Infokasten Chamber, ↑ Infokasten Reglement: *Es werden einige Punkte aus dem* ***Chamberreglement*** *übernommen, die bisher nicht in der Verfassung standen.* (TB 04.06.2021); *Wir hätten, wie gesagt, die Doppelspitze am liebsten im* ***Chamberreglement*** *verankert, aber BLAU-Rot-Grün hat sich vehement dagegen verwehrt.* (LW, Pfingsten 2021)

Chamberwahl, die; -, -en: Parlamentswahlen, ↑ Legislativwahl, ↑ Nationalwahl, ↑ Infokasten Chamber: *„Wien soll ech wielen?" – Wie Sie sich bis zu den* ***Chamberwahlen*** *entscheiden können* (TB, Überschrift, 27.09.2018); *In unserer Serie „Kandidatengespräche" werden bis zu den* ***Chamberwahlen*** *an dieser Stelle in regelmäßigen Abständen Anwärter Rede und Antwort stehen.* (JO 08.10.2018) ♦ Chamberwahlkandidatin

Chapeau (!) [ʃaˈpoː]: üblicher als in D als Beifallsbekundung ‚Hut ab!', ‚Respekt!': *Sie wollen keine Vorzeigebauten in Beton, sondern Atmosphäre.* ***Chapeau!*** (TB 30.09.2017); ***Chapeau*** *für diesen Mut!* (LW 26.09.2017)

Championat, das; -s, -e/-s: neben Meisterschaft (D): *„In Sachen Geld jedenfalls bewegt sich die Luxemburger Meisterschaft, wie übrigens die allermeisten* ***Championate*** *in Europa, auf dünnem Eis."* (LW 23.05.2017); *Insgesamt war es eines der schnellsten* ***Championats*** *der letzten Jahre, wobei die Kluft von den etablierte Schwimmern zum Rest der FLNS-Meute mitunter frappant war.* (TB 14.12.2015) ♦ Futsalchampionat, Hallenchampionat, Mountainbike-Championat

Chargé [ʃaʀˈʒeː], der; -s, -s: Kurzform für Chargé de cours, auch Lehrbeauftragte(r) (D) (teilweise mit Anführung) <frz. *chargé*, lux. *Chargé*>: *Langjährige Forderung erfüllt / Abkommen wertet Karrieren der* ***„Chargés"*** *im Musikunterricht auf* (TB, Überschrift, 22.07.2021); *Um den Lehrermangel zu bekämpfen, werden künftig Bachelor-Absolventen rekrutiert, die ein Jahr als* ***Chargé*** *arbeiten und nach bestandener Fortbildung Zugang zum ↑ Concours erhalten.* (LW 13.03.2018)

Chargy-Station [ˈtʃadʒi...], die; -, -en: Ladestation für E-Autos, auch Ladesäule (D): *Dazu stehen 80 Stellplätze zur Verfügung, darunter vier* ***Chargy-Stationen****, vier Supercharger und vier Parkplätze für Personen mit eingeschränkter Mobilität.* (LW 01.12.2021); ***Chargy-Stationen*** *gehören übrigens auch dazu.* (JO 03.10.2019) ♦ Chargy-Ladestation

Chauffeur Chauffeurin, der; -s, -e bzw. die; -, -nen: [auch AUT, BELG, CH] allgemeiner als in D, insbesondere auch auf Taxis, Busse und Lkws bezogen: *Unter den Angeklagten sei auch der 25-jährige* ***Chauffeur*** *des Todes-Lkws.* (LW 12.10.2016); *Schüler rettet Bus nach Kollaps des* ***Chauffeurs*** (TB, Überschrift, 10.04.2012) ♦ ↑ Buschauffeur, ↑ Taxichauffeurin, Uber-Chauffeurin

Chèques-Repas [ʃɛks ʀəˈpa], nur Plural (teilweise mit Anführung): Essensgutschein für Angestellte: *Laut Rollinger beträgt das Geschäft mit den* ***Chèques-Repas*** *zwischen 130 bis 140 Millionen Euro pro Jahr, davon würden rund 60 Millionen Euro nicht in die Kassen der Gastronomen fließen.* (LW 15./16.05.2021); *Protest gegen „falschen" Gebrauch der* ***Chèques-Repas*** (LW, Überschrift, 14.05.2021)

chiffrieren, (sich): beziffern, abschätzen <frz. *chiffrer*, lux. *chiffréieren*>: *Daher könne man noch nicht genau* ***chiffrieren****, was denn nun wirklich auf den „kleinen Mann" zukommen wird.* (LW 29.02./01.03.2020); *Die Ausgeschlossenen* ***chiffrieren*** *sich auf* *ungefähr 20 Prozent der Bevölkerung.* (JO 24.06.2019)

Chorale [koˈʀal], die; -, -en: Gesangverein, Chor, Kirchenchor, häufig als Namensbestandteil (teilweise mit Anführung) <frz. *chorale*, lux. *Chorale*>: *Dieser wurde von der* ***Chorale*** *Sainte-Cécile aus Hellingen gesanglich verschönert.* (LW 17./18.08.2019); *Das Fest begann mit einem feierlichen Hochamt in der Pfarrkirche, gesungen von der „**Chorale**“ von Weiler-la-Tour/Hassel.* (JO 15.08.2017)

Chorịst Chorịstin, der; -en, -en bzw. die; -, -nen: Mitglied eines Chores: *Auch gab er dabei seinen beiden stimmgewaltigen* ***Choristinnen*** *die Möglichkeit, nach vorne zu kommen und sich für ihre Bravour bejubeln zu lassen.* (TB 13.12.2016); *Diese symbolisieren die 550* ***Choristen****, die bei der Uraufführung mitgewirkt haben.* (JO 23.12.2013) ♦ Neuchorist

Chrono [ˈkʀoːnoː], das; -s, -s: eher selten für Wettkampfzeit: *Das* ***Chrono*** *der 23-Jährigen blieb bei 55'46* (↑ ' Minute) *stehen, sie war also langsamer als in Atlanta.* (TB 22.05.2021); *Weltweit wird er mit dem* ***Chrono*** *an Position 20 geführt!* (LW 07.08.2021)

Circulaire [siʀkyˈlɛːʀ], die/der; -/s, -s: neben Rundschreiben (D) (teilweise mit Anführung) <frz. *circulaire*, lux. *Circulaire*>: *In einer ↑ Motion hatten Wilmes und Mosar von der Regierung verlangt, dass die* ***Circulaire*** *zurückgezogen werde; der Antrag war mit den Stimmen der Mehrheit abgelehnt worden.* (LW 05./06.09.2020); *Jeder Einwohner hat ein Anrecht auf fünf solcher Masken, wie es in einem „**Circulaire**“ der Innenministerin Taina Bofferding* (↑ LSAP) *heißt.* (TB 16.04.2020)

CNS [seːɛnˈɛs], die; -, nur Singular = *Caisse nationale de santé,* ↑ Gesundheitskasse, Luxemburger Krankenkasse: *Wie die ↑ Nationale Gesundheitskasse (**CNS**) mitteilt, wurden im Vorjahr knapp 769 000 Atteste wegen krankheits- oder unfallbedingter Arbeitsunfähigkeit ausgestellt, ein Plus von 15,6 Prozent im Vergleich mit 2017.* (LW 08.08.2019); *↑ Direktionskomitee der* ***CNS*** *segnet einstimmig den Haushalt 2015 ab* (JO, Überschrift, 13.12.2014) ♦ CNS-Ausgaben, CNS-Präsident (↑ Präsident), CNS-Statuten (↑ Statut), CNS-Verwaltung

Comité mịxte/Mịxte, das; - -, -s -s: gemischt besetztes Gremium (teilweise mit Anführung): *Von 1987 bis 1994 ist er Sekretär des „**Comité mixte**“.* (TB 05.07.2019); *Auch die Personaldelegation und das* ***Comité Mixte*** *seien weder informiert noch konsultiert worden.* (LW 26.10.2016)

Cọmmodo-Antrag ↑ Kommodo-Antrag

Cọmmodo-Ịncommodo ↑ Kommodo-Inkommodo

Cọmmodo-Incommodo-Genehmigung ↑ Kommodo-Inkommodo-Genehmigung

Cọmmodo-Ịncommodo-Prozedur ↑ Kommodo-Inkommodo-Prozedur

Concours [kɔ̃ːˈkuːʀ], der; -s: Auswahlverfahren, Wettbewerb (teilweise mit Anführung) <frz. *concours*, lux. *Concours*>: *312 Musikschüler haben im vergangenen Schuljahr ihren „**Concours**“ bestanden.* (TB 13.12.2021); *Die regulär ausgebildeten Lehrer werden über den* ***Concours*** *rekrutiert, der Anfang Juli stattfindet.* (LW 05.06.2019) ♦ „Examenconcours“, „Klimaconcours“, Plakatconcours

Confinement [konfinəˈmɛnt/kɔ̃ːfinəˈmɑ̃], das/der; -s, -s: eher selten neben Ausgangssperre (D) (teilweise mit Anführung) <frz. *confinement*, lux. *Confinement*>: *Es ist möglich, dauerhaft ohne* ***Confinement*** *zu leben, wenn die Sicherheitsregeln eingehalten werden.* (LW 01.11.2020); *Das* ***Confinement*** *war für mich eine sehr arbeitsintensive Zeit, sowohl das Parlament als auch die Gemeindeverwaltung waren mit einer Situation konfrontiert, die schwer ein-*

zuschätzen war, aber schnelles Handeln erforderte. (JO 01.09.2020) ♦ Confinement-Alltag, ↑ Déconfinement, Mini-Confinement, „Post-Confinement"-Ära

Consolatrix Affictorum, die; - -, nur Singular: Luxemburger Muttergottesstatue ‚Trösterin der Betrübten' (abgek. Consolatrix): *„Et wier méi flott, wann een dobäi wier", bedauert der Septimaner, der seinen Laptop inmitten von Darstellungen der* ***Consolatrix Afflictorum*** *aufgestellt hat.* (LW 13.05.2020); *Seit 1678 pilgern die Luxemburger zum Gnadenbild der „Trösterin der Betrübten" (****Consolatrix Afflictorum****) in die Kathedrale von Luxemburg.* (TB 13.05.2012) ♦ Consolatrixkult, Consolatrixstatue

Contact-Tracer / Contact Tracer, Contact-Tracerin / Contact Tracerin, der; - -s, - - bzw. die; - -, - -nen: Person, zuständig für (coronabedingte) Kontaktnachverfolgung ↑ Contact Tracing, ↑ Tracer: *Eine Maskenpflicht würde letztlich auch die* ***Contact Tracer*** *entlasten, die derzeit heillos überfordert sind.* (LW 08.12.2021)

Contact Tracing / Contact-Tracing, das; -s, -s: Kontaktnachverfolgung (D) im Rahmen der Covid-19-Pandemie ↑ Tracing: *Wie steht es um das* ***Contact Tracing****?* (TB 19./20.09.2020) ♦ Contact-Tracing-Einheit, Contact-Tracing-Team

Containerstruktur, die; -, -en: Containerdorf, Containersiedlung ↑ Infokasten Struktur: *Die* ***Containerstruktur*** *im Industrielook, die heute Pavillon genannt wird, wurde 2013 vom Staat für die Belange des LTPS (Lycée technique des professions de santé) errichtet.* (TB 23.10.2016); *Die Regierung wird in der Nähe des P&R eine* ***Containerstruktur*** *zur Aufnahme von 300 Asylsuchenden bauen.* (TB 15.12.2015)

Contournement [konturnəˈmɛnt/ kɔ̃:turnəˈmɑ̃], der; -s, -s: neben Umgehungsstraße (D) (teilweise mit Anführung) <frz. *contournement*, lux. *Contournement*>: ↑ *Derweil scheint eines der Hauptargumente für den Bau des* ***Contournements****, nämlich die überhöhte Stickoxid-Konzentration in der Käerjenger* ↑ *Avenue de Luxembourg, inzwischen hinfällig.* (JO 16.04.2018); *Alternativen zum* ***Contournement*** *Bascharage* (TB, Überschrift, 15.05.2017)

Copas/COPAS [ˈko:pa:s], die; -, nur Singular = *Confédération des organismes prestataires d'aides et de soins*, Dachverband der Luxemburger Pflegedienstleistenden: *Für die guten Ideen, wie den Stufenplan zur Regelung der Besuche je nach Infektionslage in den Häusern, wartete sie auf die* ***Copas****.* (LW 21.01.2021); ***COPAS*** *kritisiert Reform der Pflegeversicherung* (TB, Überschrift, 31.03.2017)

COSL [tse:o:ɛsˈɛl], der/das; -, nur Singular = *Comité olympique et sportif luxembourgeois*, Luxemburger Olympisches Komitee: *„Der Begriff* ↑ *Elitesportler gilt für Athleten, deren sportliche Qualifikation vom* ***COSL*** *anerkannt wird."* (LW 21.03.2022); *Erstmals seit über 80 Jahren schickt das* ***COSL*** *dabei mehr als einen Sportler zu den Winterspielen.* (TB 20.01.2022)

Covid-Check/CovidCheck, der; -, -s: Luxemburger Kontrollverfahren im Rahmen der Covid-19-Pandemie: *Das System des* ***Covid-Check*** *habe sich bewährt, auch wenn es einige Ausrutscher gegeben habe, Stichwort Nationalfeiertag: „Wir waren uns des Risikos bewusst."* (LW 09.07.2021); *Editorial / In den Diskotheken wird wieder gefeiert, ohne Maske, ohne Abstand, dank* ***Covid-Check****.* (TB 22.06.2021) ♦ CovidCheck-App, Covid-Check-Kriterien, Covid-Check-Veranstaltung, CovidCheck-Zertifikat

Covid-19-Konsultationszentrum, das; -s, -zentren: Covid-19-Testzentrum (D), -Teststation (D) ↑ Konsultation: *Wochenbilanz /* ***Covid-19-Konsultationszentren*** *in Luxemburg und Esch werden ab 16. Mai die Türen schließen*

(TB, Überschrift, 13.05.2021); ***COVID-19-Konsultationszentren*** *sollen schließen.* (LW 05.05.2021)

Crassier [kʀas'i̯eː], der; -s, -s: eher selten neben Abraumhalde (D), Schlack(en)halde (teilweise mit Anführung) <frz. *crassier*>: *Eine der Maßnahmen ist es, den* ***Crassier*** *mit einer Lehmschicht zu überziehen.* (LW 23.04.2021); *Ursprünglich war dieses Gebiet eine von mehreren Schlackhalden (****Crassiers****) der früheren Arbed.* (TB 02.07.2015)

Crèche [kʀɛʃ], die; -, -s: Kinderkrippe (D), Kinderhort (D) <frz. *crèche*, lux. *Crèche*>: *Ab Mitte Juli kehrt in den* ***Crèches*** *wieder mehr Normalität ein.* (LW 03.07.2020); *Tageseltern leisten immerhin eine genauso gute Arbeit wie eine ↑ Maison Relais oder eine* ***Crèche.*** (JO 22.01.2019) ♦ „Crèche"-Kind, „Mini-Crèche", Nacht-Crèche

Crémant [kʀeː'mãː], der; -s, -s: Sekt (D) <frz. *crémant*, lux. *Cremant*>: *Im Mittelpunkt des beliebten Treffs stehen hauptsächlich Qualitätsweine und* ***Crémants*** *des Jahrgangs 2017.* (JO 04.04.2018); *Die „Domaines Vinsmoselle" wurden beim „Concours des crémants de France et du Luxembourg" in Chambéry (Savoie) mit zehn Medaillen für ihre* ***Crémants*** *Poll-Fabaire ausgezeichnet.* (TB 27.04.2017) ♦ Crémant-Absatz, Crémant-Freunde, Crémant- und Champagnerkorken

Croix-Rouge/Croix-rouge [kʀwa'ʀuːʒ], die/der; -, nur Singular: neben ↑ Rotes Kreuz (D) (teilweise mit Anführung) <frz. *Croix-rouge*>: *Nach Colpach können mittlerweile in das Reha-Gebäude des* ***Croix-Rouge*** *Patienten aus den Krankenhäusern einziehen, die nur noch unter stationärer Beobachtung stehen.* (LW 23.03.2020); *Die Täterberatungsstelle „Riicht Eraus" der* ***Croix-rouge*** *war 2016 mit insgesamt 453 ↑ Dossiers befasst, wovon 256 Fälle weggewiesene Täter betrafen.* (JO 21.06.2017)

crọssmedial: medienübergreifend: *RTL verfolgt europaweit die Schaffung* ***crossmedialer*** *↑ nationaler Champions auf Länderebene – etwa durch Verkäufe oder Fusionen.* (TB 06./07.11.2021); *Die Seiten der verschiedenen Ressorts werden hier gemeinsam koordiniert, und die verschiedenen Plattformen werden über den Newsdesk auch* ***crossmedial****, also über die zur Verfügung stehenden Kanäle, abgestimmt und bedient.* (LW 10.06.2013)

CSḶ, die; -, nur Singular = *chambre des salaries*, Luxemburger Arbeitnehmervertretung, ↑ Arbeitnehmerkammer: *Caritas und* ***CSL*** *in Sorge / Inflation setzt vor allem Geringverdienern zu* (LW, Überschrift, 15.02.2022); *Corona-Krise / Schecks für Einwohner und ↑ Grenzgänger:* ***CSL*** *fordert Stärkung der Kaufkraft* (TB, Überschrift, 14.05.2020) ♦ CSL-Direktor, CSL-Katalog, CSL-Präsidentin (↑ Präsident)

CSV̲, die; -, nur Singular = *Chrëschtlech Sozial Vollekspartei*, dt.: Christlich-Soziale Volkspartei: *Die* ***CSV*** *hat einen Gesetzesvorschlag eingereicht, um den Steuerfreibetrag beim Immobilienkauf – den sogenannten „Bëllegen Akt" – von 20 000 auf 50 000 Euro zu erhöhen.* (LW 17.02.2020); ***CSV*** *im Wahlkampfmodus* (JO, Überschrift, 09.07.2018) ♦ CSV-Fraktionspräsident (↑ Fraktionspräsident), CSV-Kammerfraktion (↑ Kammer), CSV-Parteipräsident (↑ Parteipräsident), Nord-CSV (↑ Nord-)

Cụpfinale, das; -s, -finals: [auch AUT] neben Pokalfinale (D), Endspiel: *Wolfsburg erstmals seit 1995 im* ***Cupfinale*** (TB, Überschrift, 24.04.2015); *Auch die Vorbereitung auf das* ***Cupfinale*** *wurde leicht beeinträchtigt, da Kintziger, Jänisch und Siebenaler in diesen letzten Mai-Tagen ein gewisses Augenmerk auf ihre Examens-Arbeiten richten mussten.* (LW 15.03.2012)

Cyclo- ['sikloː]: üblich als Bestimmungswort in Zusammensetzungen wie ↑ Cyclocross, ↑ Cyclotourist, Cyclotourismus

Cyclocross, der; -, nur Singular: Crossradsport, ↑ Cyclo: *Der 33-jährige ehemalige belgische Meister der ↑ Débutants und Junioren hat gute Erinnerungen an Luxemburg, konnte er sich doch bereits 2008 und 2015 beim internationalen **Cyclocross** in Contern durchsetzen.* (LW 20./21.01.2018); *„Dann habe ich noch vier Weltpokale im **Cyclocross** auf dem Programm, bevor dann die Weltmeisterschaft in Hoogerheide in den Niederlanden ansteht."* (JO 08.12.2013) ♦ Cyclocrossfahrerin, Cyclocrossrennen, Cyclocrosstrainer, Cyclocrossweltcup

Cyclotourist Cyclotouristin, der; -en, -en bzw. die; -, -nen: eher selten neben Fahrradtourist(in) (D) ↑ Cyclo <frz. *cyclotourist*>: ***Cyclotouristen** der „Hirondelle" radelten 56 616 km* (TB, Überschrift, 15.03.2018); *So soll unter anderem Luxemburg als Zielort für sportlich aktive Touristen sowie für **Cyclo-Touristen** beworben werden.* (JO 12.02.2017) ♦ Cyclotouristenrallye, Cyclotourismus

Dd

deblockieren: üblicher als in D: <frz. *débloquer*, lux. *deblockéieren*>: *Interkulturelle Mediatoren kommen auch in Gemeinden zum Einsatz, werden aber auch für Spezialaufgaben eingesetzt, etwa um politische ↑ Dossiers zu* ***deblockieren****.* (JO 16.06.2020); *So wie er das auch bereits in der Vergangenheit in ähnlichen Situationen getan habe, um die Verhandlungen zu* ***deblockieren****.* (TB 05.05.2010)

Débutants/Débutantes [deby'tɑ̃s/…ɑ̃ts], nur Plural: Alterskategorie im Sport (teilweise mit Anführung) <frz. *débutant*, lux. *Debutant*>: *Der 33-jährige ehemalige belgische Meister der* ***Débutants*** *und Junioren hat gute Erinnerungen an Luxemburg, konnte er sich doch bereits 2008 und 2015 beim internationalen ↑ Cyclocross in Contern durchsetzen.* (LW 20./21.01.2018); *Bei den* ***„Débutants"*** *gewinnt Michel Ries vor Tristan Parrotto und Ken Conter.* (JO 29.06.2014)
♦ Débutants-Rennen

debütieren: allgemeiner als in D, auch mit unpersönlichem Subjekt <frz. *débuter*>: *Die Transporter Master (l.) und Trafic* ***debütierten*** *1980* (LW, Bildunterschrift, 02.10.2020); *Der soll bald als rein elektrisch angetriebenes Modell* ***debütieren****, für die anderen Sportler ist Hybridtechnik in Vorbereitung.* (TB 17.04.2018)

Déconfinement [de:konfinə'mɛnt/ de:kɔ̃:finə'mɑ̃], der; -/-s, -s: Lockerungen bezogen auf Covid-19-Schutzmaßnahmen (teilweise mit Anführung) <frz. *déconfinement*, lux. *Deconfinement*>: *Da jedoch in immer mehr europäischen Staaten – selbst im Corona-Krisenland Italien – wieder Gottesdienste stattfinden, steigt der Druck auf die Regierung, bald auch erste Schritte eines religiösen* ***Déconfinement*** *zuzulassen.* (LW 23./24.05.2020); *Wegen der sinkenden Nachfrage während des Lockdowns sind auch die Preise eingebrochen, die sich erst mit Beginn des* ***„Déconfinement"*** *wieder stabilisierten.* (TB 17.08.2020)

definitiv: [auch AUT, CH] üblicher als in D für endgültig <frz. *définitif*, lux. *definitiv*>: *Die Schwachstellen konnten offensichtlich* ***definitiv*** *behoben werden.* (LW 30.12.2017); *Übrigens habe ich bei meiner letzten Reise meinen* ***definitiven*** *Antrag für die Luxemburger Nationalität gestellt und warte ungeduldig auf die Zusage.* (JO 05.12.2012)

déi Lénk / Déi Lénk [dɜɪ leŋk]: Luxemburger Partei ‚die Linken' (teilweise mit Anführung): *↑ „Crassier" in Differdingen /* ***Déi Lénk****: „Die Umweltbehörde spielt russisches Roulette mit unserem Trinkwasser"* (TB, Überschrift, 24.02.2021); *Im Frühling des Gemeindewahljahrs stehen auch nicht weniger als drei ↑ Nationalkongresse von Parlamentsparteien – ↑ CSV, ↑ LSAP und* ***„déi Lénk"*** *– auf dem Programm.* (JO 24.03.2017)

déi gréng / Déi Gréng [dɜɪ ɡʀeŋ]: Luxemburger Partei ‚Die Grünen' (teilweise mit Anführung): *Auf dem Weg zur Klimaneutralität /* ***„déi gréng"*** *machen Vorschläge für die Stadt von morgen* (TB, Überschrift, 08.11.2021); *Nicht weniger als 40 formelle ↑ Oppositionen erhebt der ↑ Staatsrat in seinem Gutachten zum Kulturerbegesetz, das Kulturministerin Sam Tanson (****Déi Gréng****) vor einem Jahr im Parlament ↑ deponierte.* (LW 02.10.2020)

delikat: üblicher als in D für empfindlich, heikel, behutsam <frz. *délicat*, lux. *delikat*>: *Immer häufiger auftretende extreme Wetterphänomene, Dürren, Fluten, die Millionen in die Flucht treiben, aber auch die Zerstörung* ***delikater*** *Gleichgewichte in Ökosystemen, die verschwinden werden.* (JO 27.07.2019); *Mamer vor* ***delikater*** *Aufgabe* (TB, Überschrift, 20.11.2013)

Delokalisierung, die; -, -en: räumliche Verschiebung, Abwanderung <vgl. frz.

délocalisation>: Wie im Stahlbereich erhalten auch Zementhersteller einige Zertifikate kostenlos – um eine ***Delokalisierung*** *der Industrie zu vermeiden.* (TB 10.07.2020); *Auch die Vertreter im ↑ Comité Mixte von Cargolux haben zu der weiteren* ***Delokalisierung*** *der Flugzeuge ein negatives ↑ Avis eingereicht.* (JO 20.02.2015)

deklassieren: aus einer Klassifikation herausnehmen, herabstufen, vgl. ↑ klassieren, ↑ Klassierung: *↑ Klassiert,* ***deklassiert****, Abriss* (TB, Überschrift, 25.01.2016); *„Da werden Parzellen* ***deklassiert****, die ganz klar nicht überschwemmungsgefährdet sind."* (TB 16.12.2011)

Dekonventionierung, die; -, -en: Aufhebung einer ↑ Konventionierung, insbesondere im Gesundheitswesen: *„Das Gesundheitssystem erlaubt uns nicht mehr, den Patienten die beste Medizin anzubieten", sagen die Ärzte und diskutieren am Mittwoch die* ***Dekonventionierung****.* (LW 15.05.2018); *Ein Gegenvorschlag des damaligen Gesundheitsministers Carlo Wagner* (↑ DP) *an die Ärzteschaft, die eine* ***Dekonventionierung*** *der Arztstarife gefordert hatten.* (TB 01.10.2013)

Demission, die; -, -en: üblicher als in D neben Rücktritt <frz. *démission*, lux. *Demissioun*>: *Aus diesem Grund muss der derzeitige Gemeinderat in seiner Sitzung an diesem Montag zuerst Seilers* ***Demission*** *als Feuerwehrkommandant genehmigen.* (LW 30.10.2017); *„Sie wollten sich nicht dem Staat unterordnen und wählten den öffentlichen Weg einer kollektiven* ***Demission****", so die Analyse, „ein Unterfangen, das dem Prinzip der verbrannten Erde nahekommt ..."* (JO 01.05.2014) ♦ ↑ demissionieren, Demissionierung, Demissionsgesuche, Demissionsschreiben

demissionieren: [auch CH] üblicher als in D für zurücktreten, ↑ Demission <frz. *démissionner*, lux. *demissionéieren*>: *Er* ***demissionierte*** *sowohl aus dem ↑ Schöffen- als auch aus dem Gemeinderat.* (TB 12.03.2020); *„Ich* ***demissionierte*** *aus rein privaten Gründen."* (JO 29.04.2013)

Deontologie, die; -, -n: Verhaltenskodex (in Unternehmen), Arbeitsethik <vgl. frz. *déontologie*>: *Im Schreiben wird zudem erklärt, dass diese Artikel jegliche journalistische* ***Deontologie*** *vermissen ließen.* (LW 21.12.2017); *Expeditionen auf eigene Faust sind nicht möglich, es handelt sich um eine Wissenschaft mit einer konkreten* ***Deontologie****, wie die „Convention de La Valette", die auch Luxemburg ebenfalls unterzeichnet hat.* (JO 14.02.2013) ♦ Deontologiefragenkomplex, ↑ Deontologiekodex, Deontologieregeln

Deontologiekodex, der; -es, -kodizes: Verhaltenskodex, ↑ Deontologie <vgl. frz. *Code de déontologie*>: *Anschließend hat das ↑ Ethikkomitee über mögliche Unvereinbarkeiten befunden und sich dabei am* ***Deontologiekodex*** *der Regierung orientiert.* (LW 15.01.2018); *Presseausweis und* ***Deontologiekodex*** *für 30 Berufsjournalisten* (TB, Überschrift, 27.01.2010)

deontologisch, die ↑ Deontologie betreffend: *Diese Arbeit soll weiterhin im Einklang mit den* ***deontologischen*** *Regeln des Presserates stehen und der Pluralität der Luxemburger Gesellschaft gerecht werden.* (LW 22.09.2017); *Wir, in der „Journal"-Politredaktion, wissen unsererseits jetzt schon, was die einen und anderen werden, haben uns aber aus* ***deontologischen*** *Gründen dazu entschlossen, unser Wissen für uns zu behalten.* (JO 27.01.2013)

Depenalisierung, die; -, -en: Entkriminalisierung <frz. *dépénalisation*>: *In nächster Zeit will sie nicht nur eine breite Debatte im Parlament über die* ***Depenalisierung*** *des Cannabiskonsums in die Wege leiten, sondern auch auf die Gefahren der legalen Suchtmittel Alkohol* *und Tabak hinweisen.* (LW 11.05.2015); *Die Frage der* ***Depenalisierung*** *des Schwangerschaftsabbruchs war spätestens Anfang der 1970er Jahre zum Politikum in Westeuropa geworden.* (TB 01./02.07.2017)

Dependẹnz [depɛnˈdɛnts/depɑ̃ˈdɑ̃s], die; -, -en: üblicher als in D für Zweigstelle, Niederlassung, Nebengebäude: *Bedauern tut er aber heute, dass er 1977 den Abriss des „Löschenhaus" – einer* ***Dependenz*** *der Abtei aus dem 17./18. Jh. – nicht verhindern konnte.* (LW 27.05.2016); *Besonders erschwerend ist die Brandstiftung mit Todesfolge an bewohnten Gebäuden und deren* ***Dependenzen.*** (TB 22.10.2015)

deponieren: eine Gesetzesvorlage (oder Anfrage) einbringen <frz. *déposer*, lux. *deponéieren*>: *Am Montag hat die Regierung den Gesetzentwurf 7634 mit neuen Restriktionen zur Eindämmung von Covid-19 im Parlament* ***deponiert.*** (TB 21.07.2020); *Mitglied der ↑ CSV ist hingegen Gilles Roth, der vorgestern einen Gesetzesvorschlag im Abgeordnetenhaus* ***deponierte****, um den Voyeurismus in Zukunft unter Strafe zu stellen.* (JO 13.02.2019)

Dẹputé-maire [ˈdepytemɛʀ], der; -, -s: neben Bürgermeister (D) bzw. Abgeordnete (D) (teilweise mit Anführung) <frz. *député-maire*, lux. *Député-maire*>: *Bis 2014 steht der* ***Député-maire*** *an der Spitze seiner Heimatgemeinde.* (LW 18./19.01.2020); *Der Mondorfer* ***Député-maire*** *Lex Delles und der DP-Abgeordnete* (↑ DP) *und Erste ↑ Schöffe der Gemeinde Junglinster, Gilles Baum, sollen die ↑ DP im Bezirk Osten für die kommende Parlamentswahl anführen.* (JO 27.04.2018)

Deputierte, der/die; -n, -n: Abgeordnete(r), Parlamentarier(in): *Bettel antwortete den* ***Deputierten:*** *„Wenn unsere Grenzen ↑ schließen, dann ersticken wir."* (LW 18.03.2020); ***Deputierte****, sagt Nein zur Indexabänderung!* (↑ Index) (TB, Überschrift, 11.01.2012) ♦ Bundestagsdeputierter, „Déi Lénk"-Deputierte (↑ Déi Lénk), EU-Deputierte, LSAP-Deputierte (↑ LSAP)

derweil: deutlich üblicher als in D: ***Derweil*** *in Venedig unersetzbare Kunstschätze vom Meereswasser überschwemmt großen Schaden erleiden und die Kunstbiennale eiligst ihre Tore schließt, feiert Schanghai sein erstes bedeutendes Kunstmuseum der zeitgenössischen Art.* (TB 21.11.2019); *Der Mann wurde von den Sanitätern aus der ↑ Minettemetropole ins ↑ Spital gebracht,* ***derweil*** *die Feuerwehr die Unfallstelle absicherte und räumte.* (LW 28.11.2017)

designieren: auch transitiv für ‚jmd. bestimmen, ernennen, benennen' <frz. *désigner*>: *Im ↑ Fondamental soll der Klassenlehrer die Schüler* ***designieren*** *und für die Kurse anmelden.* (LW 11./12.07.2020); *Die Staats- und Regierungschefs, die die Kommissare indes* ***designieren****, wären gut beraten, in Absprache mit Juncker die fähigsten Leute zu schicken und dem neuen Kommissionspräsidenten freie Hand bei der Organisation der Ressorts zu lassen.* (JO 18.07.2014)

Detachement/Détachement [detaʃˈmɛnt/detaʃˈmɑ̃], das; -s, -s: [auch CH] Abordnung, Entsendung (teilweise mit Anführung) <frz. *détachement*>: *Nachdem auch das* ***Detachement*** *der Polizei vor der Ehrentribüne vorbeimarschiert war – inklusive Hundestaffel.* (JO 21.06.2018); *An oberster Stelle steht die Forderung, die befristeten* ***„Détachements"*** *rückgängig zu machen.* (TB 03.10.2017) ♦ Ehrendetachement

detachieren [detaˈʃiːʀən]: neben versetzen (D), abstellen (D) (teilweise mit Anführung) <frz. *détacher*, lux. *detachéieren*>: *Ohne die vielen ↑ Grenzgänger, ohne die Bau- und Handwerksbetriebe aus der Großregion, ohne die Zehntausenden Facharbeiter, die zeitweilig nach Luxemburg* ***detachiert*** *werden*

(2020 waren es 140 000), würde doch im ↑ Großherzogtum nichts mehr laufen. (TB 15.10.2021); *„Praktisch besteht die Einheit aber nur aus drei Polizisten. Alle anderen sind anderweitig* ***detachiert****."* (LW 17.06.2015) ♦ ↑ Detachierung

Detachierung, die; -, -en: neben Versetzung (D): *Gestern hat der Wirtschaftsminister übrigens die* ***Detachierung*** *von André Kemmer aus der Kripo ins Wirtschaftsministerium beendet.* (JO 10.05.2016); *Derzeit sei dies der Fall, wenn gleich nach der Eröffnung eines Verfahrens eine* ***Detachierung*** *erfolge.* (LW 15.03.2014)

detektieren: allgemeiner als in D für aufspüren, orten <frz. *détecter*, lux. *detektéieren*>: *Und deswegen werden viele Infizierte* ***detektiert****, sodass die Todesrate gering erscheint.* (LW 04./05.2020); *Das soll sich künftig ändern: Man will sich regelmäßig treffen und direkt* ***detektieren****, wenn sich Probleme stellen.* (JO 21.07.2015)

dezent: anständig, annehmbar <frz. *décent*, lux. *dezent*>: *Die Studie des ↑ Statec zum Referenzeinkommen geht von 1 900 Euro netto (2016) aus, um in Luxemburg ein „****dezentes****, aber bescheidenes" Leben führen zu können.* (TB 09.01.2018); *In einer vom digitalen Umbruch und wachsender Globalisierung geprägten Welt sei die Solidarwirtschaft ein wichtiger Weg, um mit den sozialen Auswirkungen dieser Entwicklungen klarzukommen und für* ***dezente*** *Arbeitsbedingungen zu sorgen, sagte gestern morgen bei einer Pressekonferenz Vic van Vuuren, der Direktor der Unternehmensabteilung der ILO.* (JO 25.09.2017)

die Rede geht von/vom ↑ Rede, die ... geht von/vom

dieswöchig: im Laufe dieser Woche: *Allerdings lernt man in der* ***dieswöchigen*** *Ausgabe wieder einiges dazu.* (JO 31.08.2017); *Das deutsche Nachrichtenmagazin „Spiegel" widmet sich in seiner* ***dieswöchigen*** *Ausgabe wieder einmal Luxemburg.* (TB 15.08.2016)

Direktionskomitee, das; -s, -s: Leitungsgremium, Aufsichtsrat, Verwaltungsrat ↑ Komitee: *Dass elf der zwölf Mitglieder des früheren* ***Direktionskomitees*** *jetzt im Aufsichtsrat sitzen, damit hat der Syvicol-Vertreter kein Problem.* (LW 02.07.2017); *Seit dem Abgang des vorigen Direktors, wurde die staatliche Einrichtung von einem* ***Direktionskomitee*** *geleitet, das sich aus den Abteilungsleitern des ↑ Laboratoriums zusammensetzt.* (TB 29.02.2016) ♦ Cargolux-Direktionskomitee, CNS-Direktionskomitee (↑ CNS), FSHCL-Direktionskomitee

Direktionsposten, der; -s, -: Leitungsposition, ↑ Posten: *Gesetzesprojekt / Meisch zieht bei Liberalisierung von* ***Direktionsposten*** *an Schulen die Notbremse* (TB, Überschrift, 17.11.2020); *Nationalbibliothek:* ***Direktionsposten*** *erneut ausgeschrieben* (LW, Überschrift, 31.01.2020)

Dispens [dis'pɛns], die; -, -en: allgemeiner als in D für Freistellung, Befreiung <frz. *dispense*, lux. *Dispens*>: *Andernfalls wäre im Fall einer Abstimmung in der ↑ Chamber die* ***Dispens*** *vom zweiten Votum durch den ↑ Staatsrat nicht gegeben und eine zweite Abstimmung durch das Parlament nötig, mit einer Frist von drei Monaten.* (LW 27.01.2016); *Bis 2009 stiegen die* ***Dispensen****, also die Freistellungen von der Arbeit bei vollem Lohnausgleich im Fall einer Schwangerschaft auf 39 Prozent aller Schwangerschaften an.* (JO 05.03.2013)

Dissertation, die; -, -en: auch für schriftliche Erörterung, Aufsatz, Schülerarbeit (in D nur Doktorarbeit): *Zudem sei das Museum auch eine dankbare Inspirationsquelle für Polizeibeamte, die eine* ***Dissertation*** *für ihre Promotionsexamen* (↑ Promotion) *vorbereiten.* (LW 22.11.2021); *Da sie aber lieber zeichne, als* ***Dissertationen*** *zu schrei-*

ben, hätte sie sich gegen ein Geschichtsstudium entschieden. (JO 21.06.2017) ♦ Schülerdissertation

Distriktkommissar Distriktkommissarin, der; -s, -e bzw. die; -, -nen: Position innerhalb der (über)kommunalen Verwaltung <frz. *commissaire de district*>: *Den* ***Distriktkommissaren*** *obliege es, die öffentliche Ordnung, die Sicherheit, die Ruhe und die öffentliche Hygiene zu gewährleisten, sagt er.* (TB 21.08.2015); *Die Erklärung wird dann mit eventuellen Anmerkungen dem* ***Distriktkommissar*** *weitergeleitet, der sie den Gemeinden mit der Bitte übergibt, die Auszahlungen vorzunehmen.* (JO 04.08.2013) ♦ Distriktkommissariat

Disziplinarrat, der; -[e]s, -räte: Gremium für Disziplinarangelegenheiten <frz. *Conseil de discipline*>: *Auch müsste die Zusammensetzung des* ***Disziplinarrates*** *an die Zusammensetzung des „****Disziplinarrates*** *der Staatsfunktionäre" angepasst werden, damit auch hier eine neutrale Bewertung der Vorgänge gegeben sei.* (JO 27.10.2017); *Kieffer kritisiert auch die drastische Zunahme der* ***Disziplinarräte****, die einberufen werden, sobald es Probleme mit einem Schüler gibt.* (TB 18.10.2017)

Division, die; -, -en: Liga, Spielklasse beim Sport (Fußball), auch allgemein für Abteilung: *Seit 2016 arbeitet er im Bildungsministerium und leitet dort eine* ***Division*** *innerhalb des Service de Coordination de la Recherche et de l'innovation pédagogiques et technologiques (SCRIPT).* (LW 31.03.2018); *Bekanntlich qualifiziert sich auch der Gewinner aus der vierten und letzten* ***Division*** *noch für die Europameisterschaft 2020.* (LW 03.11.2017) ♦ ↑ Nationaldivision, ↑ Zweitdivisionär

Divisionschef Divisionschefin, der; -s, -s bzw. die; -, -nen: (auch zivile) Leitungsfunktion: *„Die Überlebenschancen schwinden", erklärt Alain Di Genova,* ***Divisionschef*** *des Rettungswesens in Luxemburg.* (13.01.2022); *1200 Baustellen koordiniere seine Behörde im Land pro Jahr, sagt der* ***Divisionschef*** *für den Betrieb der Autobahnen, „da bleibt nicht viel Spielraum".* (TB 12.09.2015)

Dossier [doˈsi̯eː], das; -s, -s: [auch BELG, CH] deutlich allgemeiner (und üblicher) als in D für Angelegenheit, (Rechts-)Sache, Bearbeitungsfall; vielfältige Zusammensetzungen, aber vergleichsweise wenig ausgeprägte Tendenz zu festen Verbindungen (in D eher selten und fachsprachlich) <frz. *dossier*, lux. *Dossier*>: *Trotzdem sind bereits jetzt bei einigen* ***Dossiers*** *Annäherungstendenzen zu beobachten.* (LW 09./10.11.2019); *5558* ***Dossiers*** *wurden im vergangenen Jahr in den „Offices sociaux" des Roten Kreuzes behandelt.* (JO 21.06.2017) ♦ Ausweisungsdossier, „Bommeleeër"-Dossier, Ermittlungsdossier, Fusionsdossier, Genehmigungsdossier, Gesamtdossier, Justizdossier, „Kirchendossier"

Dotationsfonds, der; -, -: Zuschussfonds <frz. *Fonds de dotation*>: *Während das teuerste Projekt in der Geschichte der Gemeinde – der Bau eines neuen Schulhauses in Wasserbillig – weitergeht und bezahlt werden muss, gehen auf der anderen Seite die Einnahmen aus dem staatlichen* ***Dotationsfonds*** *und der Gewerbesteuer pandemiebedingt um 3,8 Millionen Euro zurück.* (LW 18.12.2020); *Allein die Zuwendungen aus dem kommunalen* ***Dotationsfonds****, die Haupteinnahmequelle, gehen von ursprünglich vorgesehenen 17,9 Millionen Euro auf 15,2 Millionen Euro zurück.* (TB 14.12.2020)

Douane [dwan], die; -, -s: eher selten neben Zoll (D), Zollverwaltung (D) (teilweise mit Anführung) <frz. *douane*, lux. *Douane*>: *Insgesamt seien*

*50 Beamte der **Douane** an den Kontrollen beteiligt gewesen.* (LW, Pfingsten 2020); *Die **Douane** gehört zur Weltspitze* (TB, Überschrift, 05.07.2016) ♦ Douanesgewerkschaft, Douaneopposition

DP [ˈde:pe:], die; -, nur Singular = *Demokratesch Partei*, dt.: Demokratische Partei: *Schon im ↑ Politmonitor konnten Politiker der **DP** und ↑ LSAP in den Umfragewerten punkten.* (TB 30.06.2021); *Am nächsten Wochenende wird die Regierung sich auf einer Klausur auf Schloss Senningen ausgiebig mit dem Haushaltsentwurf 2014 und der neuen ↑ Budgetprozedur befassen, die Finanzminister Pierre Gramegna (**DP**) zuletzt als „kopernikanische Revolution" bezeichnet hatte.* (JO 02.01.2014) ♦ DP-Mandatarin (↑ Mandatar), DP-Militant (↑ Militant), DP-Nationalkongress (↑ Nationalkongress), DP-Nordabgeordnete (↑ Nordabgeordnete)

drehen, häufig auch nicht reflexiv für agieren, laufen, funktionieren: *„Das Virus **dreht** relativ schnell und virulent und wir erwarten, dass die Zahlen noch weiter steigen."* (LW 27.10.2021); *„Diese Koalition **dreht** nicht mehr."* (JO 08.09.2017)

3G-Regime, das/der; -s, -s: 3G-Regelung (D) ↑ Regime: *Beim Wechsel zum **3G-Regime** empfiehlt er beispielsweise, dass auch Personen, die einen zertifizierten Test vorweisen, ihren Ausweis vorzeigen müssen, so wie dies auch für Geimpfte beim ↑ CovidCheck gilt.* (LW 09.02.2022); *Am Freitag wurden die ersten Lockerungen angekündigt – mit u. a. einer Rückkehr zum allgemeinen **3G-Regime**.* (TB 05.02.2022)

drittes Alter ↑ Alter, drittes

Drittgewählte, der/die; -n, -n: Person, die in einer ↑ Majorzgemeinde bei Kommunalwahlen die drittmeisten Stimmen erhält: *Claude Clemes, der 2017 **Drittgewählter** hinter Nancy Kemp-Arendt bei der ↑ CSV war, bestätigte dem LW am Freitagabend, dass er den ↑ Schöffenposten übernehmen werde.* (LW 20.12.2019); *Eigentlich war ich die **Drittgewählte**, aber Jean Orlando wollte den Posten nicht übernehmen.* (JO 24.01.2014)

Drittzahler, der; -s, -: Position im ärztlichen Abrechnungssystem, vgl. ↑ Tiers payant: *Als weitere Maßnahmen zur Bekämpfung der Armut nannte Hahn u. a. den kostenlosen öffentlichen Verkehr ab März, die geplante Verallgemeinerung des **Drittzahlers** bei medizinischen Dienstleistungen, Verbesserungen bei der Kinderbetreuung.* (TB 04.02.2020); *Ein anderes ↑ Dossier in diesem Jahr ist die Verallgemeinerung der Regelung des sozialen **Drittzahlers*** (↑ Tiers payant). (JO 30.01.2018)

Drittzahlerprinzip, das; -s, nur Singular: Methode im ärztlichen Abrechnungssystem, direkte Abrechnung zwischen Arzt und Krankenkasse, ↑ Drittzahlersystem, ↑ Tiers payant: *Diese Phase soll den Prozess in Richtung Verallgemeinerung des **Drittzahlerprinzips** einleiten („tiers payant" ehemals, heute „paiement immédiat direct", PID).* (TB 20.10.2021); *Bei der Debatte um die Verallgemeinerung des **Drittzahlerprinzips*** (↑ Tiers payant) *auf alle Arztrechnungen ging es um die Grundprinzipien des Gesundheitssystems* (LW, Überschrift, 14.03.2018)

Drittzahlersystem, das; -s, nur Singular: Methode im ärztlichen Abrechnungssystem, direkte Abrechnung zwischen Arzt und Krankenkasse, auch ↑ Drittzahlerprinzip, ↑ Tiers payant: *Im Bereich soziale Sicherheit soll sich am Rentensystem nichts ändern und die Leistungen der Krankenversicherung sollen verbessert werden sowie das **Drittzahlersystem** (tiers payant) verallgemeinert werden.* (LW 08.02.2019); *↑ Patienten-Vertretung schreibt Brief an Bettel, um **Drittzahlersystem** einzufordern* (TB, Überschrift, 22.11.2018)

Ee

Edition, die; -, -en: eher selten neben ↑ Auflage (außerhalb des Verlagswesens): *40.* ***Edition*** *der Diekircher ↑ Kavalkade steigt am 3. März in der ↑ Esel-Stadt.* (JO 12.02.2019); *Die Länge der Strecke entspricht dabei in etwa jenen der vorherigen* ***Editionen****.* (TB 09.04.2018)

Editorial, der; -s, -s: neben Leitartikel (D) <frz. *éditorial*, lux. *Editorial*>: ***Editorial*** */ Kinder sind keine Schutzschilde* (TB, Aufzählung, 18.01.2022); *Ganz richtig erkennt der Journalist in seinem* ***Editorial****, dass der Staat mit gutem Beispiel vorangehen müsste und in öffentlichen Kantinen konsequent auf lokale und biologische Produkte setzen sollte.* (LW 03.01.2022)

Editorialist Editorialistin, der; -en, -en bzw. die; -, -nen: Verfasser(in) eines ↑ Editorials, Leitartikler: ***Editorialist*** *Robert Schneider nimmt eine Rede von Außenminister Jean Asselborn zum Thema Menschenrechte zum Anlass, um auf die Doppelmoral der EU hinzuweisen.* (TB 12.12.2017); ***Editorialist*** *Gaston Carré analysiert die Auswirkungen der UN-Resolution 2334, mit der die UN den israelischen Siedlungsbau auf palästinensischen Territorien verdammt.* (LW 06.01.2017) ♦ „Land"-Editorialist, „Tageblatt"-Editorialistin

edukativ: üblicher als in D für ‚die (Schul-)Pädagogik, Erziehung betreffend' <frz. *éducatif*, lux. *edukativ*>: *Dafür bräuchte es speziell geschultes Personal aus dem* ***edukativen*** *beziehungsweise dem Gesundheitsbereich.* (LW 03.07.2020); *Die Kosten hierfür teilen sich Familienministerium und Gemeinde, ↑ derweil sich der SNJ um die Ausbildung des* ***edukativen*** *Personals in den Jugendhäusern mit dem Label „Proufsall" kümmert.* (JO 16.10.2013)

Ehrbarkeit, die; -, nur Singular: rechtliche Unbelastetheit <vgl. frz. *honorabilité*>: *In dem konkreten Fall ging es unter anderem um die Überprüfung der* ***Ehrbarkeit****.* (LW 06./07.02.2021); *Zugang zu Datenbanken der Justiz / ↑ Prozeduren zur Prüfung der* ***Ehrbarkeit*** *sollen transparenter werden* (TB, Überschrift, 12.11.2020)

Ehrenpromotion, die; -, nur Singular: zweithöchste Spielklasse im Luxemburger Fußball: <lux. *Éierepromotioun*>: *In Torlaune zeigte sich hingegen Differdingen, das Norden 02 aus der* ***Ehrenpromotion*** *fast zweistellig abfertigte.* (LW 29.10.2017); *Durch einen 2:0-Erfolg im Barragematch gegen den ↑ Erstdivisionär Minerva Lintgen hat Grevenmacher im Nachsitzen den Klassenerhalt in der* ***Ehrenpromotion*** *geschafft.* (LW 27.05.2017) ♦ Ehrenpromotionär, Ehrenpromotionsluft

Ehrenstaatsminister Ehrenstaatsministerin, der; -s, - bzw. die; -, -nen: ↑ Staatsminister honoris causa ↑ Infokasten Minister: *Die ↑ CSV hat allen Grund, stolz auf* ***Ehrenstaatsminister*** *Jacques Santer zu sein, der an diesem Donnerstag seinen 80. Geburtstag feierte.* (JO 18.05.2017); *„Ein Politiker, der Divergenzen zu überbrücken weiß", so sein politischer Ziehvater,* ***Ehrenstaatsminister*** *Pierre Werner, über seinen Schützling Santer.* (LW 18.05.2017) ♦ CSV-Ehrenstaatsminister (↑ CSV)

Ehrenwein, der; -[e]s, -e: [auch CH] bei Festveranstaltungen servierte Getränke (vor allem Wein) <frz. *vin d'honneur*>: *Mit dem obligatorischen Durchtrennen des Trikolorebandes und einem anschließenden* ***Ehrenwein*** *wurde die neue Tourist-Info festlich eingeweiht.* (TB 09.07.2019); *Gegen 11 Uhr beginnen die Feierlichkeiten samt* ***Ehrenwein*** *im Kulturzentrum.* (LW 30.11.2016)

Eildienst, der; -[e]s, -e: im Notfalleinsatz von Polizei und Rettungsdiensten: *Die Beamten nahmen im* ***Eildienst*** *die Verfolgung des Fahrers auf, welcher seine Fahrt jedoch zunächst fortsetzte.*

(LW 09.10.2021); *Darüber hinaus sind die Polizei, der Zoll und die Feuerwehr dazu berechtigt, diese Spur zu nutzen; dies jedoch nur im **Eildienst**.* (LW 10.10.2016)

Eilfahrt, die; -, -en: Einsatzfahrt von Polizei und Rettungsdiensten: *Die Berufsfeuerwehr der Hauptstadt erinnert daran, dass **Eilfahrten** immer eine Stresssituation sind.* (TB 26.09.2017); *Ungewöhnlicher Unfall: Ein Tanklöschfahrzeug stürzte bei einer **Eilfahrt** in einer engen Kurve um.* (LW 23.09.2013)

Eilgericht, das; -[e]s, -e: Schnellverfahren, einstweilige Verfügung (D) <frz. *référé*>: *Die Kläger werden vor dem **Eilgericht** (Référé) sowie vor dem Verwaltungsgericht von den drei Gewerkschaften unterstützt.* (LW 12.11.2021); *Und 92 Mal hat das Eilgericht einen Entscheid gefällt.* (TB 27.04.2018)

Éimaischen/Eemaischen [ˈɜɪmɑɪsjən], die; -, nur Singular: ‚Emmausfest', traditioneller (vor allem in der Ortschaft Hospelt stattfindender) Luxemburger Markt am Ostermontag <lux. *Éimaischen*>: *Die **Éimaischen** wusste auch in diesem Jahr Groß und Klein zu begeistern.* (LW 02.04.2018); *Der Ursprung der **Éimaischen** als Töpfermarkt geht auf das 19. Jahrhundert zurück, da der Ostermontag der Feiertag der Töpfergilde war.* (JO 30.03.2018) ♦ Éimaischen-Vereinigung

Einbahn, die; -, -en: neben Einbahnstraße (D): *Die Route de Roost in Bissen wird zur **Einbahn** und die Besucher können auf beiden Seiten der Straße parken.* (LW 14.01.2022); *Oft bleiben politische Aussagen plakativ, was nicht einmal ein Vorwurf an die Politik sein sollte; vielmehr scheint es, als würden sich führende Politiker genormt ausdrücken, um ihre Präsenz in den Medien abzusichern, um gut „rüber"zukommen, so, als würden sich die Politik und die Presse ↑ schlussendlich auf einer Ebene treffen, die für kritische Beobachter manchmal wie eine **Einbahn** anmutet und viele tiefgründige Fragen offenlässt.* (JO 07.12.2012) ♦ Einbahnregelung, Einbahnsystem

Einberufungsschreiben, das; -s, -: Wahlaufforderung, Wahlbenachrichtigung <lux. *Convocatioun*, frz. *convocation*>: *Bei der Wahl selber spielt natürlich die Farbe des **Einberufungsschreibens** keinerlei Rolle mehr.* (TB 05.10.2017); *Wer sein **Einberufungsschreiben** demnach noch nicht erhalten hat, muss sich bei seiner Kommune informieren, in welches Wahlbüro er sich am Sonntag begeben muss.* (LW 04.10.2017)

einen Appel machen ↑ Appel machen, einen

Einheitsregime, das/der; -s, nur Singular: Statut zur Rechtsangleichung innerhalb der Arbeitnehmerschaft <vgl. frz. *Statut unique*> ↑ Einheitsstatut, ↑ Regime: *Bevor das **Einheitsregime** („statut unique") bei den Pensionskassen eingeführt wurde, vergab die Pensionskasse der Privatbeamten Hypothekenkredite zu vergünstigten Zinssätzen.* (TB 30.07.2014); *Des Weiteren dürfe auch nichts am **Einheitsregime**, der zum 1. Januar 1999 eingeführt wurde, geändert werden.* (LW 15.03.2012)

Einheitsstatut, das; -s, nur Singular: Statut zur Rechtsangleichung innerhalb der Arbeitnehmerschaft <frz. *Statut unique*> ↑ Einheitsregime, ↑ Statut: *Die „Jahrhundertreform" des **Einheitsstatuts**, wie Jean-Claude Juncker sie später nannte, beinhaltete die Gleichstellung von Arbeitern und ↑ Privatbeamten.* (LW 03.07.2020); *Anfang 2009 wurde das **Einheitsstatut** eingeführt.* (TB 16.02.2010)

Einnehmer Einnehmerin, der; -s, - bzw. die; -, -nen: Kommunalbeamte(r) der Finanzverwaltung ↑ Gemeindeeinnehmer <vgl. frz. *receveur communal*>: *Lediglich der **Einnehmer** des Altenheims, den die Gemeinde stellt, bleibt zu gleichbleibenden Bedingungen bei der*

Gemeinde beschäftigt. (LW 19.12.2021); *Im Dezember 2017 wurde ein Redakteursposten ausgeschrieben, auch im Hinblick als Ersatz für den baldigen Eintritt in den Ruhestand des* ***Einnehmers*** *und/oder Sekretärs.* (TB 31.05.2018) ♦ Einnehmerbüro, ↑ Gemeindeeinnehmer

einreihen: neben einfädeln (D) im Straßenverkehr: *Vor der Auffahrt Flaxweiler auf der A1 wollte sich am Dienstag kurz vor 16.00 ein Lastwagenfahrer nach einem Überholmanöver wieder auf der rechten Spur* ***einreihen.*** (JO 18.04.2017); *Nach mehreren hundert Metern wollte der Fahrer sich wieder im Stau* ***einreihen****, woraufhin die Beamten ihn stoppen und kontrollieren konnten.* (LW 18.02.2017)

Einsatzzentrum, das; -s, -zentren: Zentrale im Luxemburger Rettungsdienst, ↑ Rettungszentrum: *Die Zufahrten zum ↑ Gemeindeatelier und zum* ***Einsatzzentrum*** *sowie zum Restaurant und zur Gaststätte sind zu jeder Zeit gewährleistet.* (LW 12./13.10.2019); *Neben der Grundschule wurden ein Fußballplatz, ein neues* ***Einsatzzentrum*** *der Feuerwehr, die ↑ „Maison relais" und zu guter Letzt das Sport- und Kulturzentrum gebaut.* (TB 11.07.2018)

eintragen (in den Haushalt): neben einstellen (D): *Um die ↑ Maison relais zu bezahlen, die im Januar in Betrieb genommen werden soll, wurden in den Haushalt 2018 noch einmal 700 000 Euro* ***eingetragen.*** (LW, Weihnachten 2017); *Eine Ausgabe, die sich auf 325 000 Euro beläuft und die bereits im Mehrjahresplan der Gemeinde* ***eingetragen*** *ist.* (JO 19.09.2014)

Einwohnergleichwert, der; -[e]s, -e: kommunalplanerischer Umrechnungsfaktor: *So wird die Gesamtkapazität von 100 000* ***Einwohnergleichwerten*** *auf 130 000 angehoben, zugleich werden die Einträge in die Sauer deutlich reduziert.* (LW 06.01.2018); *Die neue Anlage wird 9 000* ***Einwohnergleichwerte*** *(EGW) verarbeiten können, gegenüber der Gesamtkapazität der drei Altanlagen von 3 700 EGW.* (JO 06.07.2017)

Éislek [ˈɜɪslek], das; -, nur Singular: Region im Norden Luxemburgs, ↑ Ösling <lux. *Éislek*>: *Vor allem das* ***Éislek*** *profitiert von den Gutscheinen, von denen bis jetzt über 40 Prozent in dieser Region eingelöst wurden.* (LW 29./30.08.2020); ***Éislek*** *– eine atemberaubende Region!* (TB, Überschrift, 17.06.2019)

elektoral: die Wahlen betreffend <franz. *électoral*>: *Eine* ***elektorale*** *Katastrophe, ein Super-GAU für die Demokratie!* (TB 05.10.2017); *Die Monate bis zu den Wahlen seien sogar äußerst problematisch, „wenn jede Regierungspartei aus* ***elektoralen*** *Gründen nur noch ihre Klientel bedient und nicht abgesprochene Vorschläge auf den Tisch legt".* (LW 04.12.2017) ♦ vorelektoral

Elektrowagen, der; -s, -: neben Elektroauto (D), E-Auto (D): *Den Kaufvertrag für die* ***Elektrowagen*** *des Konzerns soll man bald nur noch online abschließen können.* (TB 02.03.2019); *Für einen besseren Kundenservice soll unter anderem eine neue Rezeption, sowie die vielen Parkplätze, samt einigen Aufladestationen für* ***Elektrowagen****, beitragen.* (JO 05.05.2017)

Elitesport, der; -s, nur Singular: Leistungssport, Profisport: *Sie hinterfragte kritisch, warum dem* ***Elitesport*** *mehr Rechte eingeräumt würden als beispielsweise dem gesundheitserhaltenden Seniorensport.* (LW 02.03.2021); *Die Corona-Maßnahmen erlauben vorerst bis zum 15. Januar nur* ***Elitesport*** *– sollten diese Maßnahmen verlängert werden, würde das Rennen der Juniorinnen abgesagt werden.* (TB 02.01.2021) ♦ COSL-Elitesport-Kader (↑ COSL), Elite- und Espoirfahrerin (↑ Espoir), ↑ Elitesportler, Elite- und Schulsport

Elitesportler Elitesportlerin, der; -s, - bzw. die; -, -nen: (offiziell anerkannte(r)) Leistungssportler(in): *„Der Begriff **Elitesportler** gilt für Athleten, deren sportliche Qualifikation vom ↑ COSL anerkannt wird."* (LW 21.03.2022); *Trotzdem konnte die **Elitesportlerin** der Ausnahmesituation auch Positives abgewinnen: „Ich hatte in den vergangenen Wochen einfach mehr Zeit für Fitnesstraining", blickt Warling zurück.* (TB 17.06.2020)

Empfangsgebäude, das; -s, -: Gebäude im Eingangsbereich: *Der neu eingerichtete Spielplatz auf dem Foto erstrahlt in der Sonne, die Touristen sitzen entspannt auf der Restaurantterrasse vor dem **Empfangsgebäude**.* (LW 14.01.2022); *Das alte **Empfangsgebäude** mit den Umkleidekabinen wurde abgerissen und durch ein neues ersetzt.* (TB 04.07.2016)

Empfangsstruktur, die; -, -en: Empfangseinrichtung, Unterbringungseinrichtung, ↑ Infokasten Struktur: *Diese können die **Empfangsstruktur** der Wanteraktioun (WAK) in Findel nicht besuchen.* (LW 18./19.04.2020); *Gestern Nachmittag weilte sie in Düdelingen, um der **Empfangsstruktur** für „Demandeurs de protection internationale" (DPI) einen Besuch abzustatten.* (JO 13.09.2016)

Energieminister Energieministerin, der; -s, - bzw. die; -, -nen: ↑ Infokasten Minister: *Interview / **Energieminister** Claude Turmes: „Elektromobilität ist heute in Luxemburg verankert."* (TB, Überschrift, 17.09.2021); *Mit einem scharfen Protestschreiben wenden ↑ Nachhaltigkeitsministerin Carole Dieschbourg und **Energieminister** Claude Turmes sich wegen der geplanten Laufzeitverlängerung der ↑ Atomzentrale von Cattenom an den Direktor der französischen Nuklearbehörde, Olivier Gupta.* (LW 19.11.2019)

Energieministerium, das; -s, -ministerien: üblicher als in D: *Immer wieder meldet das **Energieministerium**, dass die Fahrt zur Zapfsäule teurer wird – ein Umstand, der vorwiegend die Menschen trifft, die finanziell sowieso schon Probleme haben.* (TB 17.02.2022); *Nach dem Ausbau des öffentlichen Netzes von Ladestationen Chargy* (↑ Chargy-Station) *setzt das **Energieministerium** nun auf die Förderung privater Stationen.* (LW 22.09.2020)

Enregistrement [ɑ̃ʀəʒistʀəˈmɛnt/ ɑ̃ʀəʒistʀəˈmɑ̃], der/das; -s, nur Singular: Registraturbehörde <vgl. frz. *Administration de l'Enregistrement, des Domaines et de la ↑ TVA*> (teilweise mit Anführung), auch Einregistrierung: *Der im Volksmund genannte **„Enregistrement"** wird künftig korrekt „Administration de l'Enregistrement, des Domaines et de la ↑ TVA" heißen.* (JO 13.12.2017); *Das **Enregistrement** erhält 2018 20 zusätzliche Mitarbeiter.* (LW 11.10.2017) ♦ Enregistrementkosten, Enregistrementverwaltung, Steuer- und Enregistrementverwaltung

Enteignungsprozedur, die; -, -en: Enteignungsverfahren (D) ↑ Infokasten Prozedur: *Dann kam jedoch eine langwierige **Enteignungsprozedur** dazwischen.* (TB 27.02.2020); *In diesem Kontext müsse dem Staat die **Enteignungsprozedur** zur Verfügung stehen, die aber nur als letztes Mittel angewendet werden könne.* (JO 02.10.2018)

Entente [ɑ̃ːˈtɑ̃ːt], die; -, -s: allgemeiner als in D für Vereinigung, Zusammenschluss, Dachverband (teilweise mit Anführung) <frz. *entente*>: *Die **Entente** übernimmt dieses Jahr die Verpflegung der Teilnehmer.* (LW 03.04.2018); *Die Idee, ein solches Event in Steinfort auf die Beine zu stellen, präsentierte er der **Entente** der Vereine der Gemeinde Steinfort, wo die Idee auf ein positives Echo stieß.* (JO 30.07.2015) ♦ Ententebüro (↑ Büro), Ententemitglied, Ententepräsident (↑ Präsident) ↑ Vereinsentente

Epicerie [episˈʀiː], die; -, -n: neben Lebensmittelgeschäft (D) <frz. *épicerie,*

lux. *Epicerie*>: *Die Kosten der **Epicerie** sollen sich auf auf 437 638 Euro belaufen und die Arbeiten anderthalb bis zwei Jahre dauern.* (LW 18.10.2021); *„Die **Epicerie** ist zu einem wichtigen Teil des Dorflebens geworden", sagt Vera Silva.* (TB 13.12.2020) ♦ 24-Stunden-Epicerie

Epuration/Épuration [ˈepuʀatsi̯on], die; -, -en: (politische) Säuberung <frz. *épuration*>: *Aufmerksam wurde man auf diesen Nachlass erst anlässlich einer Ausstellung des* ↑ *Nationalen Literaturzentrums über „das literarisch-intellektuelle Leben in Luxemburg im Zweiten Weltkrieg zwischen Machtergreifung und **Epuration**".* (LW 28.09.2021); *„Nicht das Kriegsleiden, nicht die Frontberichte, nicht die **Epuration** der Kollaborateure interessierten mich."* (TB 10.05.2020) ♦ Epurationskommission (↑ Kommission), Epurationsprozedur (↑ Prozedur), Innen- und Epurationsminister (↑ Minister)

Erbgroßherzog Erbgroßherzogin, der; -s, -zöge bzw. die; -, -nen: <frz. *grand-duc héritier, grande-duchesse héritière*, lux. *Grand-Duc héritier, Grande-Duchesse héritière*> ↑ Großherzog: *Weltausstellung / **Erbgroßherzog** Guillaume und Tourismusminister* (↑ Minister) *Lex Delles besuchen Luxemburger Pavillon in Dubai* (TB, Überschrift, 08.11.2021); *Thronfolger im* ↑ *Großherzogtum Luxemburg: Am Vorabend des luxemburgischen Nationalfeiertags statteten **Erbgroßherzog** Guillaume und seine Frau Stéphanie der zweitgrößten Stadt des Landes den traditionellen Besuch ab.* (LW 08.07.2021) ♦ ↑ erbgroßherzoglich

erbgroßherzoglich: ↑ Erbgroßherzog: *Gestern wurde im Beisein des **erbgroßherzoglichen** Paares und Prinz Charles die 38.* ↑ *Auflage der Foire agricole eröffnet.* (LW 03./04.07.2021); *Höhepunkte der **erbgroßherzoglichen** Visite waren ein Besuch des Geriatrie-Dienstes des interkommunalen Krankenhauses von Steinfort, des* ↑ *Interventionszentrums der lokalen Feuerwehr sowie des Naturschutzzentrums „Mirador".* (JO 19.09.2014)

(er)fallen, Indextranche ↑ Indextranche (er)fallen

Erkennungstafel, die; -, -n: eher selten neben Nummernschild (D): *Am Boden lag nämlich eine **Erkennungstafel** und mehrere Teile des Fahrzeuges, wie etwa Teile der vorderen Stoßstange.* (LW 13.09.2017); *Das Fluchtfahrzeug, mit gestohlenen luxemburgischen **Erkennungstafeln**, wurde kurze Zeit später von zwei Patrouillen in der Côte d'Eich entdeckt.* (JO 04.07.2017)

Erstaufnahmestruktur, die; -, -en: neben Erstaufnahmeeinrichtung (D) ↑ Infokasten Struktur: *Zudem müsse man Platz schaffen in den **Erstaufnahmestrukturen**.* (TB 09.02.2017); *Es handelt sich hierbei um eine so genannte **Erstaufnahmestruktur** für Flüchtlinge, die hier bis zu 48 Stunden bleiben sollen, bevor sie dann ihre* ↑ *Asyl-Anfrage ausgehändigt bekommen und in eine andere, von den* ↑ *Autoritäten zur Verfügung gestellte* ↑ *Struktur übersiedeln.* (JO 16.02.2015)

Erstdivisionär, der; -s, -e: Mannschaft der ersten ↑ Division: *Auf Platz zwei landeten die **Erstdivisionäre** Bissen (1. Bezirk, 31 Punkte aus 15 Spielen) und Schifflingen (2. Bezirk, 35 Punkte aus 15 Spielen).* (TB 18.05.2020); *Durch einen 2:0-Erfolg im Barragematch gegen den **Erstdivisionär** Minerva Lintgen hat Grevenmacher im Nachsitzen den Klassenerhalt in der* ↑ *Ehrenpromotion geschafft.* (LW 27.05.2017)

erstellen, Strafanzeige ↑ Strafanzeige erstellen

erstgewählt: bei einer Kommunalwahl mit der Höchststimmenzahl gewählt: *Mit seinem persönlichen Wahlergebnis hat Lorent fast die doppelte Stimmenanzahl wie der **erstgewählte** CSV-Kandidat* (↑ CSV) *erhalten.* (TB 15.11.2017); *Erinnern wir uns daran, dass der **erst-***

gewählte *CSV-Mann* (↑ CSV) *sein Mandat nicht antreten wollte und der* ↑ *Zweitgewählte auf der CSV-Liste den Bürgermeisterposten* (↑ Posten) *bekam, obwohl er ihn nicht wirklich wollte.* (JO 30.08.2017)

Erstgewählte, der/die; -n, -n: Person, die in einer ↑ Majorzgemeinde bei Kommunalwahlen die meisten Stimmen erhält und der daher das Bürgermeisteramt zusteht: *Bei den Wahlen war ich dann die* ***Erstgewählte*** *auf der LSAP-Liste* (↑ LSAP). (LW 16.06.2019); *Neuer Bürgermeister wird der* ***Erstgewählte*** *Fränk Daems, Patrick Grotz wurde dank des zweitbesten Wahlergebnisses erster* ↑ *Schöffe, das andere* ↑ *Schöffenamt übernimmt Lucien Brosius.* (JO 19.10.2017)

Eselstadt, die; -, nur Singular: Umschreibung für Diekirch (mit einem Esel als Wahrzeichen der Stadt): *40.* ↑ *Edition der Diekircher* ↑ *Kavalkade steigt am 3. März in der* ***Eselstadt*** (JO, Überschrift, 12.02.2019); *Die* ***Eselstadt*** *und ihr Kino* (TB, Überschrift, 15.06.2017)

Esplanade, die; -, -n: üblicher als in D für freier Vorplatz <frz. *esplanade*>: *Ein neues Geschäftsviertel mit* ***Esplanade*** *hob die bis dahin gelebte Trennung der Innenstadt zu den Außenvierteln auf.* (TB 21.12.2020); *An der Mosel entsteht eine* ***Esplanade*** *mit Promenade und Radweg.* (LW 17.11.2020).

Espoir [ɛspˈwaʀ], der; -s, -s: Hoffnungsträger, Nachwuchssportler <frz. *espoir*>: *Es ist eine Mannschaft, die nur aus* ***Espoirs*** *besteht und ein gutes Programm hat.* (TB 28.02.2018); *Videokommentar: „Wertung der* ***Espoirs*** *sollte modifiziert werden“* (LW, Überschrift, 15.01.2018) ♦ Elite- und Espoirfahrer, Espoirsmeisterschaft

Etablissement [etablisəˈmɛnt/ etablisəˈmɑ̃], das; -s, -s: allgemeiner als in D (zugleich wertneutral) für Lokal, Restaurant: *Außerdem soll die Website die Möglichkeit bieten, nach bestimmten Kategorien zu filtern und so das passende* ***Etablissement*** *zu finden.* (JO 25.10.2016); *Wie unschwer zu erkennen ist, setzt sich der Name aus dem englischen Wort Beef und Bistro zusammen und verrät auch schon, was einen in diesem* ***Etablissement*** *erwartet.* (TB 23.08.2016)

Ethikkomitee, das; -s, -s: neben Ethikkommission (D) ↑ Komitee: *Das* ***Ethikkomitee*** *hat die rote Karte gezückt.* (LW 05.01.2018); *Zum Beispiel, was die Erneuerung des* ***Ethik-Komitees*** *anbelangt, das sich mit den Fragen der Anwendung und der Interpretation des Kodex befasst.* (JO 22.07.2014) ♦ FIFA-Ethikkomitee

Etikette, die; -, -n: [auch AUT, CH] eher selten neben ‚das Etikett‘ (D): *Mit dem anstehenden Glyphosatverbot hat sich Luxemburg die* ***Etikette*** *des Vorreiters verpasst.* (LW 26.02.2020); *Jede Hexenjagd in diese Richtung würde psychisch Kranken, die in Behandlung und gut stabilisiert sind, unrecht tun, und ihnen eine* ***Etikette*** *aufkleben, die viel öfter auf psychisch Gesunde zutrifft.* (JO 30.03.2015)

Evakuation, die; -, -en: eher selten neben Evakuierung (D) <frz. *évacuation*>: *Die Menschen an der nordamerikanischen Ostküste bis hinauf nach Kanada wurden aber aufgefordert, sich auf den Hurrikan vorzubereiten und der eventuellen Aufforderung zur* ***Evakuation*** *Folge zu leisten.* (TB 03.09.2010); ***Evakuation*** *wegen „zwei Unbekannten“* (TB, Überschrift, 22.11.2015) ♦ Evakuationsplan

Exekutivbüro, das; -s, -s: Exekutivausschuss, ↑ Büro: *Daraufhin kontaktierte das* ***Exekutivbüro*** *der Gewerkschaft Premier Xavier Bettel zur Einberufung eines Dringlichkeitstreffens, um über die schleichenden Privatisierungstendenzen zu diskutieren.* (TB 28.01.2021); *Des Weiteren war es die Meldung, dass die*

*Mitgliederzahl des **Exekutivbüros** von fünf auf sieben Mitglieder erhöht wird.* (LW 16.12.2020)

Exekutive, die; -, nur Singular: allgemeiner als in D für ‚ausführendes Organ': *Sie ging auf die verschiedenen Ferienangebote der ↑ Zentrale für 2019 ein, ehe sie doch etwas zähneknirschend die Probleme der **Exekutive** mit den Häusern in Lombardsijde und La Panne ansprach.* (TB 28.01.2019); *Greivelding, 37 Jahre lang in der **Exekutive** des Landesverbands und seit 2009 an ihrer Spitze, machte einen ↑ Appell an die Regierung, die Luxemburger Ratspräsidentschaft in der zweiten Jahreshälfte zu nutzen, diesen Angriff abzuwehren.* (JO 01.02. 2015) ♦ ↑ Exekutivbüro, ↑ Exekutivvorstand

Exekutivvorstand, der; -[e]s, -vorstände: [auch CH] geschäftsführender Vorstand: *Damit ist sie, so wie es die ↑ Statuten vorsehen, auch wieder im **Exekutivvorstand** der Reformpartei vertreten.* (LW 08.01.2020); *Bedauert wurde lediglich, dass bei den 16 Mitgliedern des **Exekutivvorstandes** wenig Interesse an der Arbeit in der Differdinger und immerhin mitgliedsstärksten ↑ Sektion bestünde.* (TB 28.01.2019)

Expat [ɛksˈpɛt] der; -s, -s: [auch AUT] Person, die (im Auftrag einer Firma) längere Zeit im Ausland lebt, Kurzform für ‚Expatriate' (teilweise mit Anführung): *Die Bevölkerung wächst von Jahr zu Jahr, Luxemburg schafft Arbeitsplätze, und lockt gut bezahte **Expats** an, das Bruttoinlandsprodukt steigt.* (LW 22./23.01.2022); ***Expats**, die nach Luxemburg kommen, sollen darauf vorbereitet sein, „viele Stunden auf verstopften Straßen zu verbringen", schreibt sie.* (TB 20.05.2017) ♦ Expatsfamilien, Expatmilieu

Exportbüro, das; -s, -s: Koordinations- und Förderstelle für Exportangelegenheiten, ↑ Büro: *Die Form der auf den „assises culturelles" viel diskutierten Förderstelle, die einer Art **Exportbüro** gleichkommt, ist indes noch nicht bestimmt, hier listet der Vertrag lediglich die Fragen auf, die man sich innerhalb von fünf Jahren zu beantworten erhofft.* (TB 20.12.2018); *Ein **Exportbüro** für luxemburgische Literatur?* (JO 21.09.2018) ♦ Musikexportbüro, Veranstalterexportbüro

Exposition, die; -, -en: üblicher als in D für Ausstellung <frz. *exposition*>: *Das Paar zeigte sich mehr als beeindruckt von der zum Teil spektakulären Arbeitsweise der Künstlerin und wünschte viel Erfolg bei den anstehenden **Expositionen**.* (TB 21.06.2018); *Seit einem Jahr bereits sind die Ausstellungsräume für temporäre **Expositionen** des Naturmuseums wegen Umgestaltungsarbeiten für das Publikum geschlossen.* (LW 19.08.2015)

externalisieren: auslagern, vor allem auch bezogen auf Arbeitsprozesse <frz. *externaliser*>: *„Nur in einem von zehn war die Reinigung nicht **externalisiert**."* (LW 13.08.2018); *„Die Prozedur wurde **externalisiert**, an die Justiz."* (TB 14.10.2016)

Externalisierung, die; -, -en: Auslagerung, vor allem bezogen auf Arbeitsprozesse <vgl. frz. *externalisation*>: *Eine **Externalisierung** sei nur ein Spiel auf Zeit.* (TB 30.09.2020); *„Wenn wir einen ‚Arts Council' wollen, kommt es zu einer **Externalisierung** verschiedener ↑ Missionen des Kulturministeriums, wie das momentan ohnehin schon der Fall mit music:LX, dem Trois C-L oder der ALAC ist."* (JO 22.03.2019)

Ff

Fahrradparking, der; -s, -s: Fahrradparkplatz ↑ Parking: *„Es gibt unterschiedliche Optionen für die Nutzung dieses Areals – eine davon ist der Bau eines unterirdischen **Fahrradparkings**."* (LW 29.01.2022); *Für die Radfahrer gab es eigens einen umzäunten und überwachten **Fahrradparking**.* (TB 06.09.2015)

Fahrradpiste, die; -, -n: neben ↑ Radpiste, Fahrradweg (D), Radweg (D) <frz. *piste cyclable*> ↑ Piste: *Seit 1999 werden konsequent **Fahrradpisten** in Luxemburg gebaut.* (TB 12.12.2019); *Muller Pedelecs dürfen ohne weiteres auf **Fahrradpisten** genutzt werden.* (JO 10.04.2017)

Familienkommission, die; -, -en: beratendes Gemeindegremium ↑ Gemeindekommission, ↑ Infokasten Kommission: *Gute Laune pur gab es bereits am Vormittag im Mayrisch-Park, wo Bürgermeister Dan Biancalana, sein ↑ Schöffe Loris Spina und Josiane Di Bartolomeo-Ries, ↑ Präsidentin der kommunalen **Familienkommission** und Initiatorin des Familientages, die Veranstaltung eröffneten, die ein wahres Volksfest werden sollte.* (TB 21.05.2017); *Bücher, so lautete die einhellige Meinung der Organisatoren opderschmelz, Elternvereinigung Düdelingen, Regionalbibliothek Düdelingen und **Familienkommission** Düdelingen, würden sich positiv auf die Vorstellungskraft der jungen Leser ausüben.* (JO 26.01.2014)

Familienpakt, der; -[e]s, nur Singular: Regularium des Adelsgeschlechts: *Die bislang im **Familienpakt** der Nassauer definierten Verhaltensvorgaben für den Monarchen und sein Amt verlieren ihre Gültigkeit: Die Verfassung regelt dies nun alles.* (TB 26.01.2022); *Bis dato gab es nur den Verweis auf den privaten **Familienpakt** des Hauses Nassau.* (LW 08.03.2021)

Fanfare [fɑ̃ːnˈfaːʀ], die; -, -n: auch für Blaskapelle (D) <frz. *fanfare*, lux. *Fanfare*>: *Internationale Showbands und **Fanfaren** sind beim Ginster-Corso mit von der Partie* (JO, Bildunterschrift, 31.05.2017); *Der Umzug umfasst 44 Festwagen, 13 Fußgruppen und vier **Fanfaren**, wobei fast sechs Tonnen „Kamellen", Schokolade und Gadgets sowie 3500 Berliner unters Volk gebracht werden.* (LW 25.02.2017) ♦ Folklorefanfare

Favoritismus, der; -, nur Singular: Günstlingswirtschaft (teilweise mit Anführung) <frz. *favoritisme*>: *Im Schreiben sei ihm **Favoritismus** unterstellt worden.* (LW 14./15.03.2020); *Wenn eine Ermittlung wegen **Favoritismus** gegen Carole eröffnet würde.* (TB 21.10.2019) ♦ Favoritismusvorwurf

Feldhüter Feldhüterin, der; -s, - bzw. die; -, -nen: kommunale(r) Ordnungshüter(in) ↑ Bannhüter, Flurhüter <vgl. frz. *Garde-champêtre*>: *Wer jedoch den Job als Gemeindesekretär, Gemeindeeinnehmer* (↑ Einnehmer) *und **Feldhüter** („Garde-champêtre") anstrebt, muss Luxemburger sein.* (TB 22.10.2021); *Einem **Feldhüter** fiel diese illegale Müllentsorgung am Dienstag vor einer Woche auf und er verständigte hieraufhin die Polizei.* (JO 12.03.2018)

Ferienchalet, das/der; -s, -s: [auch CH] Ferienhäuschen (meist in Ferienanlagen) ↑ Chalet: *Seit einigen Tagen verfügt die Gesellschaft Prolaweis, die die Umsetzung des geplanten Ferienresorts samt Hotel, knapp 100 **Ferienchalets** und Activity-Park am Seeareal in Weiswampach verantwortlich zeichnet, über die notwendige Genehmigung des Umweltministeriums.* (LW 19./20.09.2020); *Die **Ferienchalets** sollen in den kommenden Jahren wieder auf Vordermann gebracht werden.* (TB 11.01.2018)

Ferienkolonie, die; -, -n: Feriencamp, Ferienfreizeit, ↑ Kolonie: *Positive Bilanz / **Ferienkolonien** und Corona:*

Ein unvergesslicher Sommer (TB, Überschrift, 01.09.2020); *So werden die angehenden Animateure gleich zu Beginn mit möglichen Problemen, die während einer* ***Ferienkolonie*** *auf sie zukommen könnten, konfrontiert.* (LW 07.11.2017)

fervent [fɛʀˈvɛnt]: inbrünstig, engagiert, glühend <frz. *fervent*, lux. *fervent*>: *In seiner Zeit als Bürgermeister war Dan Kersch ein* ***ferventer*** *Verteidiger der kommunalen Autonomie!* (LW 02.09.2016); *Fabiola war eine* ***fervente*** *Gläubige, Anhängerin der Bewegung der charismatischen Erneuerung, und eine der wenigen Frauen, die weiß gekleidet im Vatikan antreten dürfen.* (TB 08.12.2014)

Fervent [fɛʀˈvɛnt], der; -en, -en: Anhänger, Verfechter, Liebhaber <frz. *fervent*, lux. *Fervent*>: *In den letzten beiden Monaten haben die beiden Freunde viel Zeit und Kraft in ihre moderne und gepflegte Shisha-Bar gesteckt, die nun zum Anlaufpunkt für die* ***Ferventen*** *avancieren soll.* (TB 12.04.2016); *„Afrodeezia", ohne Zweifel eine der relevantesten Produktionen der Saison, ist ein absolutes Muss für* ***Ferventen*** *von origineller, zeitloser Worldmusic und eine willkommene Ersatzbefriedigung für alle, die das Konzert vom 20. April in der Rockhal verpasst haben.* (JO 27.04.2015)
♦ Autofervent, Fußballfervent

feste Haft(strafe) ↑ Haftstrafe, feste

Feuerwehrkaserne, die; -, -n: neben Feuerwehrhaus (D) ↑ Kaserne: *Seit 1963 beherbergt ein alter Lokschuppen der ehemaligen Eisenbahnlinie Vianden–Diekirch die* ***Feuerwehrkaserne*** *des Städtchens.* (TB 19.03.2018); *Die Rettungsdienste verteilen Wasserflaschen in den* ***Feuerwehrkasernen*** *in Cruchten, Larochette und Reisdorf und in Ermsdorf nahe der Kirche.* (JO 23.07.2016)

Feuerwehrkorps, das; -, -: üblicher als in D ↑ Korps <frz. *corps des sapeurs-pompiers*>: *Auch die* ***Feuerwehrkorps*** *von Tüntingen und Boewingen haben nicht die Gemeindefusion abgewartet, um zusammenzuarbeiten.* (LW 04.10.2017); *Anlässlich des 40-jährigen Bestehens der Jugendfeuerwehr des* ***Feuerwehrkorps*** *Canach-Lellingen trafen sich die Jugendfeuerwehren aus dem luxemburgischen Osten und Kinder aus zwei deutschen Jugendkorps* (↑ Korps) *zum dritten regional-internationalen Camp in Canach.* (JO 21.07.2017)

finalisieren: [auch AUT] üblicher als in D für endgültig abschließen, beenden <frz. *finaliser*, lux. *finaliséieren*>: *Das, weil die meisten Projekte momentan* ***finalisiert*** *werden, u. a. die mobile Pop-up-Herberge des Minett-Trails* (↑ Minette) *in der früheren Esch-Schifflinger Schmelz.* (TB 25.11.2021); *Auch am Mittwoch äußerte er sich nicht und dürfte stattdessen nun den Deal mit den Parisern* ***finalisieren.*** (LW 02.08.2017)

Finanzkommission, die; -, -en: [auch CH] (parlamentarischer) Haushaltsausschuss, ↑ Finanz- und Budgetkommission, ↑ Infokasten Kommission: *Er ist Bürgermeister von Düdelingen und als Abgeordneter der ↑ LSAP auch Mitglied der parlamentarischen* ***Finanzkommission.*** (TB 14.12.2021); *In der* ***Finanzkommission*** *wurde André Bauler am Montag zum ↑ Berichterstatter für den Haushaltsentwurf 2019 ernannt.* (LW 14.01.2019)

Finanz- und Budgetkommission, die; -, -en: (parlamentarischer) Haushaltsausschuss, ↑ Finanzkommission, ↑ Infokasten Budget, ↑ Infokasten Kommission: *Am Freitag stellte der Finanzminister Pierre Gramegna der Budgetkontrollkommission* (↑ Kommission) *sowie der* ***Finanz- und Budgetkommission*** *die Zahlen des Staatshaushaltes für die ersten drei ↑ Trimester von 2016 vor.* (TB 11.11.2016); *Die parlamentarische* ***Finanz- und Budgetkommission*** *trifft sich am Vormittag.* (LW 24.10.2016)

First Responder, der; -s, -: neben Ersthelfer (D) (teilweise mit Anführung) <engl. *first responder*>: *Im Inneren der Wohnung befand sich eine bewusstlose Person, diese wurde noch vor Ort von einem **First Responder** und dem Notarzt versorgt.* (LW 26.12.2019); *Zwölf Feuerwehrmitglieder haben die Ausbildung zum **First Responder** absolviert und stehen den Bürgern rund um die Uhr bis zum Eintreffen eines Rettungswagens als Ersthelfer zur Verfügung.* (TB 27.04.2017) ♦ First-Responder-Einsatz

Fitnessparcours, der; -, -: [auch AUT, CH] Trimm-Dich-Pfad (D): *Die Schulen müssten nach Ansicht der Ärztinnen mehr Sportmöglichkeiten als bisher bieten, etwa durch Spielgeräte wie Springseile in den Pausen oder durch das Aufmalen eines **Fitnessparcours** auf dem Schulhof.* (LW 26.04.2017); *Dort gebe es alles: Einen öffentlichen Tierpark, einen Campingplatz, Gärten, ein Pétanque-Feld, einen **Fitnessparcours** und eine Waldschule.* (JO 16.09.2015)

Fixerstuff, die; -, -en: neben Fixerstube (D) <lux. *Fixerstuff*> *Etwa so, wie damals, als der Sichtzaun um die **Fixerstuff** errichtet wurde.* (LW 27.11.2020); *In „spätestens drei Jahren" soll die **Fixerstuff** mit dem Namen „Contact Esch" stehen, hieß es am Freitagmorgen während der Gemeinderatssitzung in Esch.* (TB 12.06.2015)

Flakon [flaˈkɔ̃ː], der; -s, -s: allgemeiner als in D für Fläschchen, Ampulle <frz. *flacon*, lux. *Flacon*>: *„Wir werden in den nächsten Wochen 4000 Dosen weniger BionTech/Pfizer bekommen als vorgesehen und daran ändert auch die Tatsache nichts, dass wir jetzt sieben und nicht mehr sechs Dosen pro **Flakon** herausziehen können, wir bekommen weniger **Flakons**."* (LW 23./24.01.2021); *Also keine, die bei Minustemperaturen gelagert werden müssen, respektive auch solche, die nicht fünf oder zehn Dosen in einem **Flakon** enthalten.* (TB 19.01.2021) ♦ Plastikflakon

FLF, die; -, nur Singular = *Fédération Luxembourgeoise de Football*, nationaler Luxemburger Fußballverband: *Der nationale Fußballverband **FLF** setzt sich für die kommenden Jahre konkrete Ziele.* (LW 09.12.2021); *Das Verbandsgericht der **FLF** entschied, den ↑ Nordisten einen ↑ Forfaitsieg auf dem Grünen Tisch zuzusprechen.* (TB 01.05.2015) ♦ FLF-Akteur, FLF-Auswahl, FLF-Frau, FLF-Trikot

flott: auch für hübsch, angenehm u. dgl.: *Neuer Bahnhof und **flotte** Fußgängerzone* (TB, Überschrift, 11.05.2019); *Die Umrahmung des **flotten** Events oblag luxemburgischen Künstlern und Schauspielgruppen der Universität.* (JO 14.10.2015);

Flüchtlingsfoyer, das; -s, -s: Aufnahmeeinrichtung für Flüchtlinge, ↑ Foyer: *Das ehemalige **Flüchtlingsfoyer** in Monnerich wird Teil der „Ecole internationale de Differdange et Esch-sur-Alzette" (EIDE).* (TB 14.01.2020); *Handelskammerdirektor Carlo Thelen zeichnete Schüler des Lycée technique Lallingen für ihre Fundraisingaktion „One muffin – one smile" aus, das Kinder aus dem **Flüchtlingsfoyer** Ettelbrück unterstützt.* (JO 29.06.2016)

Flüchtlingsstruktur, die; -, -en: Flüchtlingseinrichtung, ↑ Infokasten Struktur: *Der Streit um die **Flüchtlingsstruktur** in Steinfort geht in die nächste Runde.* (LW 12.07.2017); ***Flüchtlingsstrukturen** mittelfristig überbelegt* (JO, Überschrift; 21.10.2016)

Flügeladjutant Flügeladjutantin, der; -en, -en bzw. die; -, -nen: Adjutant eines Fürsten (in D veraltet): *Am 1. September wurde der bisherige **Flügeladjutant** von ↑ Großherzogin Maria Teresa, Lieutenant-Colonel Philippe Majerus, zum Direktor der „Fondation du Grand-Duc et de la Grande-Duchesse" ernannt.* (TB 01.10.2019); *Der heute 89 Jahre alte Berufsoffizier, Zwangsrekrutierte und*

↑ *Refraktär im Zweiten Weltkrieg war von 1951 bis 1976* ***Flügeladjutant*** *von ↑ Großherzog Jean und ist seit seiner Pensionierung und bis heute dessen ↑ Kammerherr.* (LW 15.03.2012)

Föderation, die; -, -en: allgemeiner als in D für Verband, meist als Zweitglied in Zusammensetzungen <frz. *fédération*, lux. *Federatioun*>: *So lautete auch die Überschrift seiner Rede, die er mit einer Besuchstour bei 50 großen und kleinen Betrieben, Schulen, sozialen ↑ Strukturen, Alten- und Pflegeheimen, ↑ Spitälern, mot NGO,* ***Föderationen****, Gewerkschaften, ↑ Patronatsvertretern, Bürgermeistern, Polizisten, Feuerwehrleuten und Soldaten vorbereitet hatte.* (LW 14.10.2020); *Dies führte zum Widerstand des ↑ Lehrerkorps, das 1900 die FGIL gründete; eine* ***Föderation****, die das ganze 20. Jahrhundert gegen den Einfluss der Kirche in der öffentlichen Schule ankämpfte.* (TB 12.07.2017) ♦ Gärtnerföderation, ↑ Handwerkerföderation, Industriellenföderation, Spitalsföderation (↑ Spital)

fokalisieren: eher selten neben fokussieren (D) <frz. *focaliser*>: *Wir müssen unsere Betriebsanziehungspolitik* ***fokalisieren****.* (LW 09./10.11.2019); *Zugleich ist das Provokative aber auch eine Spannfeder, die Theodorakis immer wieder aus der selbst gewollten Isolation oder dem selbst gewählten Exil herausgetrieben hat, so dass er urplötzlich riesengroß, unübersehbar im Mittelpunkt der Öffentlichkeit stand, denn Theodorakis* ***fokalisiert****.* (TB 29.07.2010)

fokussieren auf: in D reflexiv <vgl. frz. *(se) focaliser*, lux. *fokusséieren*>: *Andererseits übersieht auch mancher ortsunkundige Fahrer die erste Ampel, die Rot anzeigt, weil er* ***auf*** *die zweite, die bereits auf Grün steht,* ***fokussiert****.* (LW 19.01.2018); *Impact Investing aber* ***fokussiert auf*** *missionsbezogene* (↑ Mission) *Projekte mit messbaren Zielen für das soziale Umfeld oder die Umwelt.* (JO 04.03.2015)

Fondamental [ˈfɔ̃damɑ̃tal], der; -s, nur Singular: (Grund-)Schule im Altersbereich 3 bis 11 Jahre (teilweise mit Anführung) <frz. *Enseignement Fondamental*>: *Die Schule kann 300 Europaschüler im ↑ Secondaire und 300 im* ***Fondamental*** *aufnehmen.* (LW 08.12.2017); *Wir sind der Auffassung, dass es sinnvoller ist, die Anzahl der Unterrichtsstunden im* ***Fondamental*** *auf das Niveau von 2009 anzuheben, statt in etwas zu investieren, das ↑ administrative Arbeit mit sich bringt und wenig in den Schulen zu bewirken droht.* (JO 28.04.2016) ♦ „Fondamental"-Schule

Fonds de logement [fɔ̃ də lɔʒˈmɑ̃], der; -, nur Singular: abgekürzt FdL, Luxemburger Baubehörde ↑ Logement (teilweise mit Anführung): *Ein solches Projekt soll der staatliche* ***Fonds de logement*** *schon seit Jahren auf dem Berg in Richtung Dickweiler direkt hinter der alten Cité Manertchen umsetzen.* (LW 25.03.2020); *Das sind die Eckdaten eines ehrgeizigen Bauprojektes, das unter der Leitung des* ***„Fonds du Logement"*** *(FdL) auf den ehemaligen Industriebrachen der inzwischen ausgelagerten Betriebe „Euroflor", „Baumaself" und „Circuit Foil" auf einem Areal von 26 Hektar entsteht.* (JO 12.01.2015)

Forain [fɔˈʀɛ̃], der; -s, -s: neben Schausteller (D) (teilweise mit Anführung): *Erste Bilanz der* ***Forains****: „Ein hervorragendes Wochenende"* (LW, Überschrift, 26.08.2019); *Es wäre interessant, diese Zahlen kommende Woche, wenn die* ***„Forains"*** *ihre Zelte abgebaut haben, zu erfahren.* (TB 06.09.2018) ♦ Forainsbuden, „Forain"-Kinder, Forainspräsident (↑ Präsident), Forainsverband

forcieren: üblicher als in D für zwingen, nachdrücklich betreiben <frz. *forcer*, lux. *forcéieren*>: *NV-Getronics / ↑ OGBL stemmt sich gegen Stellenabbau und* ***forcierte*** *Gehaltskürzungen* (TB, Überschrift, 13.09.2020); *Statt auf Teufel komm raus eine Abspaltung zu* ***forcie-***

ren, wäre auch hier ein Dialog angebracht gewesen. (JO 23.10.2017)

forfait [ˈfɔʀfɛː]: wegen Nichtantretens oder grobem Regelverstoß (beim Sport) ↑ Forfait <frz. *forfait*>: *2011 gab es einen 2:1-Erfolg, 2016 siegte man **forfait** 3:0 (0:2 nach 90 Minuten) und am Sonntag folgte der dritte Sieg.* (TB 05.06.2017); *F91 verliert **forfait*** (TB, Überschrift, 24.03.2011)

Forfait [ˈfɔʀfɛː], der; -s, -s: [auch CH] Entscheidung wegen Nichtantretens oder grobem Regelverstoß (beim Sport) <frz. *forfait*>: *Das Spiel wurde mit 20:0 gewertet und Kayl wird der Punkt, den man für eine Niederlage bekommt, wieder abgezogen, was bei einem **Forfait** die Regel ist.* (LW 08.04.2016); *Wiltz gewinnt **Forfait** gegen Canach* (TB, Überschrift, 01.05.2015) ♦ ↑ Forfaitniederlage, ↑ Forfaitsieg

Forfaitniederlage, die; -, -n: Entscheidung über den Spielausgang (Niederlage) ‚am Grünen Tisch' ↑ Forfait: *Keine **Forfait-Niederlage** für Etzella* (LW, Überschrift, 06.12.2016); *Die Begegnung endet dann mit einer 0:3-**Forfaitniederlage** für den Verein, der im Unrecht war.* (LW 15.11.2016)

Forfaitsieg, der; -[e]s, -e: Entscheidung über den Spielausgang (Sieg) ‚am Grünen Tisch', ↑ Forfait: *Das Spitzenspiel des 24. Spieltages in der ↑ BGL Ligue wird aller Voraussicht nach in einen 3:0-**Forfaitsieg** von Fola umgewandelt werden.* (LW 11.05.2015); *Das Verbandsgericht der ↑ FLF entschied, den ↑ Nordisten einen **Forfaitsieg** auf dem Grünen Tisch zuzusprechen.* (TB 01.05.2015)

Formateur Formateurin, der; -s, -e bzw. die; -, -nen: Person, die (auf Vorschlag des ↑ Informateurs) nach einer Parlamentswahl vom ↑ Großherzog mit der Regierungsbildung beauftragt wird (teilweise mit Anführung) <frz. *formateur*>: *Xavier Bettel zum **Formateur** ernannt* (LW, Überschrift, 16.10.2018); *Aufgrund seines Berichts an den ↑ Großherzog ernennt dieser den **Formateur**, der mit der eigentlichen Regierungsbildung beauftragt wird.* (TB 23.10.2013)

formelle Opposition ↑ Opposition, formell

formieren: üblicher als in D für bilden, aufstellen, gruppieren <frz. *former*, lux. *forméieren*>: *Durch seinen Militärdienst und die anschließende ↑ Karriere als ↑ Gendarm wurde eine persönliche Verbindung zur luxemburgischen Dynastie quasi **formiert**, verrät Schoentgen.* (TB 26.04.2018); *Die restlichen Mitglieder der „↑ Zelle Luxemburg" seien in Schottland **formiert** worden.* (JO 13.03.2013)

Fouer [ˈfəʊɐ], die; -, -en: Kurzform für ↑ Schueberfouer (teilweise mit Anführung) <lux. *Fouer*>: *Alles in allem ist der jährliche Ausflug auf die **Fouer** immer wieder ein tolles Familienerlebnis.* (LW 24.08.2019); ***Fouer**: Polizei zieht positive Bilanz* (TB, Überschrift, 12.09.2017) ♦ Fouer-Angebot, Fouer-Atmosphäre, Fouer-Eröffnungszeremonie, Fouer-Fan

Foyer [fwaˈi̯eː], das; -s, -s: Aufnahme- bzw. Betreuungseinrichtung <frz. *foyer*, lux. *Foyer*>: *In einem Antrag fordern die Grünen den ↑ Schöffenrat auf, eine Meinungsumfrage über die Zufriedenheit der Eltern in den **Foyers** für das Jahr 2020/21 durchzuführen.* (LW 20.10.2020); *Erzieher fesseln Kinder in einem **Foyer**.* (TB 28.01.2019) ♦ ↑ Flüchtlingsfoyer, ↑ Nachtfoyer, ↑ Schulfoyer, ↑ Tagesfoyer

Franken / Luxemburger Franken, der; -/-s, - bzw. - -/- -s, - -: abgekürzt FLUX, Luxemburger Währung bis zur Euroeinführung <lux. *Lëtzebuerger Frang*>: *Das Gründungskapital betrug 100 Millionen **Franken**, wovon jeder Partner die Hälfte trug.* (LW 23.02.2021); *Der **Luxemburger Franken** – Vor 20 Jahren wurde sein Schicksal besiegelt* (TB, Überschrift, 31.12.2018) ♦ Frankengeldschein

Fraktionspräsident Fraktionspräsidentin, der; -en, -en bzw. die; -, -nen: Fraktionsvorsitzende(r) (D) ↑ Präsident: *„Aber wir brauchen Mut, um neue Wege zu gehen", bekräftigte die **Fraktionspräsidentin** Viviane Loschetter mit viel Enthusiasmus.* (TB 11.03.2017); *Dass dem **Fraktionspräsidenten** der größten Oppositionspartei auf seinem Weg zum EU-Kommissionsvorsitz ein scharfer Wind entgegenbläst, ist zwischenzeitlich bekannt.* (JO 06.02.2014) ♦ déi-gréng-Fraktionspräsidentin (↑ déi gréng), DP-Fraktionspräsidentin (↑ DP), LSAP-Fraktionspräsident (↑ LSAP)

Freiluft-: üblicher als in D als Bestimmungswort in Zusammensetzungen ♦ Freiluftaktivität, Freiluftatelier (↑ Atelier), Freiluftaufführung, Freiluftauftritt, Freiluftausstellung, ↑ Freiluftbad, Freiluftbahn, Freiluftbett, ↑ Freiluftbühne, Freiluftcatering, Freiluftfestivals, Freiluftgalerie, Freilufthaltung, Freiluftidylle, Freiluftkino, Freiluftkonzert, Freiluftküche, Freiluftkurzfilmfestival, Freiluftlabor, Freiluftlapidarium, Freiluftmärchenpark, Freiluftmassage, ↑ Freiluftmuseum, Freiluftparty, Freiluftplastik, Freiluftprojekt, Freiluftsaison, ↑ Freiluftschwimmbad, Freiluftskulptur, Freiluftveranstaltung, Freiluftverkauf, Freiluftwerkstatt

Freiluftbad, das; -[e]s, -bäder: neben Freibad (D) und ↑ Freiluftschwimmbad, ↑ Freiluft-: *Öffentliches **Freiluftbad** eingeplant* (JO, Zwischenüberschrift, 04.12.2018); *Wohingegen die Zahl der Besucher des dortigen **Freiluftbads** auf 16 985 gefallen ist.* (TB 23.03.2018)

Freiluftbühne, die; -, -n: Freilichtbühne (D) ↑ Freiluft-: *Direkt an den Teich angrenzend wird außerdem eine **Freiluftbühne** errichtet.* (LW 05.09.2021); *So auch am Sonntag, als „Rock um ↑ Knuedler" Gratis-Konzerte von 17 luxemburgischen Bands auf drei **Freiluftbühnen** bietet.* (TB 17.07.2016)

Freiluftmuseum, das; -s, -museen: neben Freilichtmuseum (D) ↑ Freiluft-: *Dieser müsse weiter entwickelt und nicht zu einem **Freiluftmuseum** werden.* (LW 12.02.2020); *Das **Freiluftmuseum** Fond-de-Gras kann jeder in seinem eigenen Rhythmus besichtigen.* (JO 26.07.2015)

Freiluftschwimmbad, das; -[e]s, -bäder: neben Freibad (D) ↑ Freiluftbad, ↑ Freiluft-: *Er sprach von einer „Zone franche" an der Grenze und der möglichen Wiedergestaltung der ERA-Weiher als **Freiluftschwimmbad**.* (LW 06./07.06.2020); *Dann beginnt nämlich der Bau eines neuen „Bâtiment Annexe" gleich neben dem Hotel, dort wo heute noch die Umkleideräume des ehemaligen **Freiluftschwimmbads** stehen.* (JO 01.08.2019)

freischaffend: auch bezogen auf den Arztberuf: *Seit dem 1. Januar 2021 wurden 5 226 Einladungen für das Impfzentrum in der Victor-Hugo-Halle verschickt, die an das Personal aus den Netzwerken der häuslichen Pflege, **freischaffende** Ärzte und Gesundheitsberufe, aber auch – und das ist neu – an die Sanitäter des ↑ CGDIS ergingen.* (LW 23./24.01.2021); *Das habe auch zu finanziellen Einbußen bei den **freischaffenden** Ärzten geführt, sagt Mischo.* (TB 25.12.2020)

Fremdenpolizei, die; -, nur Singular: [auch AUT, CH] für Ausländerangelegenheiten zuständige Polizeibehörde: *Die Polizisten nahmen den Mann fest und informierten die **Fremdenpolizei** sowie das zuständige Ministerium.* (TB 16.11.2017); *Und so wurde nicht nur ein Fahrverbot erteilt, Strafanzeige gestellt und das Fahrzeug beschlagnahmt – auch die **Fremdenpolizei** wurde informiert.* (LW 21.07.2017)

Friedensgericht, das; -[e]s, -e [auch CH, STIR]: unterste Ebene der Luxemburger Gerichtshierarchie, im Bereich Strafverfolgung auch in der Funktion

als ↑ Polizeigericht <frz. *Justices de Paix*>: *„Mit der Französischen Revolution kamen die **Friedensgerichte** auch nach Luxemburg."* (LW 04.09.2017); *Sein Rechtsanwalt machte darauf aufmerksam, dass das Strafgericht diese ↑ Affäre nicht verhandeln könne, sondern dass das **Friedensgericht** für solche Fälle zuständig sei.* (TB 05.12.2012)
♦ Bezirks- und Friedensgericht

Frischmarkt, der; -[e]s, -märkte: auch ↑ Frischwarenmarkt, Wochenmarkt (D), Bauernmarkt (D): *Neben Luxemburg-Stadt (mittwochs und samstags) finden auch in anderen größeren Ortschaften **Frischmärkte** statt.* (LW 04./05.04.2020); *Niki Kirsch freut sich darüber, dass Hauptstadtbürgermeisterin Lydie Polfer zugesagt hat, dass der **Frischmarkt** offen bleibt.* (JO 25.03.2020)

Frischwarenmarkt, der; -[e]s, -märkte: ↑ Frischmarkt, Wochenmarkt (D), Bauernmarkt (D): *Dennoch ist die Stimmung auf dem **Frischwarenmarkt** gut.* (LW 04./05.2020); *Vor drei Jahren rief der Fremdenverkehrsverein Schengen in enger Zusammenarbeit mit der Gemeinde den grenzenlosen **Frischwarenmarkt** ins Leben.* (TB 08.05.2017)

Frontalier [fʀontal'i̯eː], der; -s, -s: eher selten für ↑ Grenzgänger(in) (teilweise mit Anführung) <frz. *frontalier*, lux. *Frontalier*>: *Viele **Frontaliers** werden sich bald entscheiden müssen, ob sie sich wieder in den täglichen Stau im Berufsverkehr ↑ einreihen möchten oder weiter von zuhause arbeiten und dabei deutlich mehr Steuern und Sozialabgaben zahlen.* (LW 11.03.2021); *Belgische **„Frontaliers"** verdienen am meisten* (TB, Überschrift, 02.09.2018)

Frontalkollision, die; -, -en: üblicher als in D für Frontalzusammenstoß: *Sechs Verletzte bei **Frontalkollision*** (LW, Überschrift, 09.11.2017); *Bei einer **Frontalkollision** zwischen einem Motorrad und einem Geländewagen war der Fahrer des Zweirads sehr schwer verletzt worden.* (JO 20.06.2016)

Funiculaire [funiky'lɛːʀ], der; -/-s, -s/-n: neben Standseilbahn (D) <frz. *funiculaire*, lux. *Funiculaire*>: *Das Videomaterial aus den Bahnhöfen, den Park&Rides, den ↑ Quais, dem **Funiculaire** und bei Notrufsäulen wird in der Centrale de télésurveillance der ↑ CFL überwacht.* (LW 09./10.11.2019); *Die ↑ Vehikel der Schweizer Firma Garaventa werden im Tunnel des **Funiculaire** „geparkt".* (TB 24.03.2017)

funktionieren: allgemeiner als in D für ‚in Betrieb sein', bei Personen für ‚den Anforderungen entsprechen' <lux. *fonctionéieren*>: *Man könne höchstens erwarten, dass möglichst viele Schüler noch weiter **funktionieren**.* (TB 25.03.2020); *↑ Schöffe Jean-Paul Roeder* (↑ Déi Gréng) *wies darauf hin, dass die Schule schon vor 50 Jahren an zwei Standorten **funktioniere**, dies sei nichts Neues.* (LW 13./14.01.2017)

Fußgängerpassage, die; -, -n: Fußgängerdurchgang, Fußgängerverbindung, ↑ Passage: *Eine unterirdische **Fußgängerpassage** mit Geschäftslokalen* (↑ Lokal) *verband den ↑ Boulevard Royal mit der rue de la Poste und der ↑ avenue Monterey.* (LW 08.10.2018); *Beide Projekte sehen den Abriss des Turmes vor, wodurch zusätzlicher Raum für eine **Fußgängerpassage** zwischen dem im Umbau befindlichen Kulturzentrum und der ehemaligen Kirche entstehen soll.* (LW 09.03.2013)

Fußgängerstreifen, der; -s, -: neben Zebrastreifen (D): *Sie war beim Überqueren des **Fußgängerstreifens** von einem Auto erfasst worden.* (LW 03.02.2021); *Drei Verletzte auf dem **Fußgängerstreifen*** (TB, Überschrift, 25.11.2010)

Fusionsgemeinde, die; -, -n: mittels Kommunalreform zusammengelegte Großgemeinde, auch Fusionskommune: *Bei der derzeitigen Finanzlage* *tendiert unsere Kommune tatsächlich dazu, eine **Fusionsgemeinde** zu werden.* (LW 06.02.2018); *Das Problem war, dass die drei Kommunen, aus denen die **Fusionsgemeinde** Clerf hervorging, Pläne hatten.* (TB 02.11.2017) ♦ Fusionsgemeinderat

Fusionsgemeinderat, der; -[e]s, -räte: Gemeinderat einer ↑ Fusionsgemeinde: *Während der kommenden sechs Jahre wird deren **Fusionsgemeinderat** aus mehr Mitgliedern bestehen, als aufgrund der Einwohnerzahl eigentlich üblich wäre.* (LW 31.12.2017); *Bei den am kommenden 8. Oktober anstehenden Gemeindewahlen wird in beiden Gemeinden ein **Fusionsgemeinderat** mit 13 Personen (sieben aus Rosport, sechs aus Mompach) gewählt.* (JO 01.09.2017)

Fusionsklub/Fusionsclub, der; -s, -s: durch Zusammenschluss gebildeter (Fußball-)Verein, ↑ Fusionsverein: *Mit dem seit dem Vorjahr amtierenden neuen ↑ Präsidenten hat der **Fusionsclub** den Übergang in die Zeit „nach Becca" bislang ohne sportlichen Einbruch gemeistert.* (LW 13.09.2021); *Fünf **Fusionsklubs** spielten 2019/20 in der höchsten Liga, vier im Unterhaus, sieben in der 1. ↑ Division, einer in der 2. ↑ Division und zwei in der untersten Spielklasse.* (TB 18.05.2020)

Fusionsverein, der; -s, -e: durch Zusammenschluss gebildeter (Fußball-)Verein, ↑ Fusionsklub: *Regional gesehen stellt der Süden (7) die meisten **Fusionsvereine**, es folgen der Norden (4), Zentrum und Osten (je 3) und schließlich der Westen (2).* (TB 18.05.2020); *Der **Fusionsverein** aus der zweiten ↑ Division kam zu einem 1:0-Sieg gegen Schieren.* (LW 24.09.2017) ♦ Nordstad-Fusionsverein (↑ Nordstad)

Gg

Gambia: Bezeichnung für das Parteienbündnis aus Sozialdemokraten (↑ LSAP), Liberalen (↑ DP) und Grünen (↑ déi gréng) in Luxemburg, orientiert an der rot-blau-grünen Landesfahne Gambias ↑ Gambia-Koalition (teilweise mit Anführung): ***Gambia** im Sommerblues* (LW, Überschrift, 10.07.2019); ***Gambia** in Amt und Würden* (JO, Überschrift, 04.12.2013) ♦ ↑ Gambia-Koalition, ↑ Gambia-Koalitionär, ↑ Gambia-Partei, ↑ Gambia-Regierung

Gambia-Koalition, die; -, -en: Koalition der Gambia-Parteien ↑ Gambia-Koalitionär, ↑ Gambia: *Beide Parteien, die bis dato Teil der **Gambiakoalition** in der Gemeinde waren, werden nun auf die Oppositionsbank wandern.* (LW 26.10.2017); *Kommt die rot-blau-grüne **„Gambia"-Koalition** zustande, würde es nicht nur das Ende der gut 18-jährigen Regierungszeit von Premier Juncker bedeuten: Eine „Dreier-Koalition" wäre ein Novum in der Geschichte des Landes und eine historische Zäsur.* (JO 22.10.2013)

Gambia-Koalitionär Gambia-Koalitionärin, der; -s, -e bzw. die; -, -nen (meist Plural): Koalitionär(in) der Gambia-Parteien ↑ Gambia-Koalition, ↑ Gambia: *Und völlig kampflos will die ↑ CSV den **Gambia-Koalitionären** dann doch nicht das Feld überlassen.* (LW 18.10.2018); *Auch wenn die nächste Pressekonferenz über die Gespräche zwischen den zukünftigen **Gambia-Koalitionären** erst für Freitag geplant ist, so ließ sich ↑ „Formateur" Xavier Bettel gestern aber schon zu einigen Aussagen gegenüber der Presse hinreißen.* (JO 05.11.2013)

Gambianer Gambianerin, der; -s, - bzw. die; -, -nen: Anhänger(in) bzw. Mitglied der ↑ Gambia-Koalition: *Presserevue: „Verhasste **Gambianer**"* (LW, Überschrift, 17.03.2016); *Die zukünftigen **Gambianer** sind wahrlich nicht zu beneiden.* (JO 18.11.2013)

Gambia-Partei, die; -, -en (meist Plural): Partei der ↑ Gambia-Koalition ↑ Gambia: *„Ich verstehe nicht, warum die ↑ CSV von vornherein eine Koalition mit uns ausgeschlossen hat und sich nun darüber beschwert, dass die **Gambia-Parteien** nicht mit ihr über eine Koalition verhandeln wollen."* (LW 23.10.2018); *Während die Vertreter der drei **Gambia-Parteien** in die Säle des ehemaligen „Palais Mansfeld" eilten, wo am Dienstag die Verhandlungen zur Bildung einer zweiten ↑ Auflage der Dreier-Regierung begannen, stand Außenminister Jean Asselborn eine ganz andere Aufgabe zu.* (TB 23.10.2018)

Gambia-Regierung, die; -, -en: Regierung der Gambia-Parteien ↑ Gambia: *Auch die **Gambia-Regierung** hätte nach der Petition die Ungerechtigkeiten beheben können.* (LW 25.08.2020); *Hier verwechselt die legitim gewählte **Gambia-Regierung** augenscheinlich soziale Gerechtigkeit mit dem Gießkannenprinzip, welches es vergangenen Regierungen stets ankreidete.* (JO 31.12.2018)

ganze: bekräftigend (augmentativ), in D meist abschwächend: ***Ganze** 21,5 Prozent der Menschen in Luxemburg sind von Armut oder sozialer Ausgrenzung gefährdet.* (TB 18.10.2018); *Dabei war zu erfahren, dass die 1143 aktiven Feuerwehrleute aus den 40 ↑ Korps des Landesnordens im vergangenen Jahr bei 2245 Einsätzen **ganze** 17 197 Stunden Dienst des Allgemeinwohls geleistet haben.* (LW 03.04.2018)

Garage, die; -, -n: [auch BELG, CH, STIR] neben Autohaus (D), Autowerkstatt (D), meist bei Firmennamen <frz. *garage*, lux. *Garage*>: *In der **Garage** Schmitz ist das Frauensache.* (LW 09.02.2021); *Erste private Elektro-Ladestation bei **Garage** Kremer* (TB, Überschrift, 21.07.2017) ♦ ↑ Garagist

Garagist Garagistin [gaʀaˈʒist], der; -en, -en bzw. die; -, -nen: [auch BELG,

CH] Inhaber(in) eines Autohauses oder einer Autowerkstatt <frz. *garagiste*>: *Etwa zehn Minuten später bemerkte der **Garagist** den Diebstahl.* (LW 29.03.2020); *Daraufhin hätte er den Treibstoff in einen Gully abgelassen, den Wagen, ein VW Beetle, hätte er von einem **Garagisten** abschleppen lassen.* (JO 27.01.2019)

Garderie [gaʀdəˈʀiː], die; -, -n: neben ↑ Crèche, Kita (D), Kindertagesstätte (D), Kinderkrippe (D), Kinderhort (D) (teilweise mit Anführung) <frz. *garderie*, lux. *Garderie*>: *Die Schule ist keine billige „**Garderie**", die es der Wirtschaft eines Landes ermöglicht, wieder zu brummen.* (TB 22.05.2020); *Sie werden in der **Garderie** aufgenommen und können an einem 1-Kilometer-Lauf teilnehmen.* (LW 19.03.2012)

Gare [gaːʀ], die; -, -s: eher selten neben Bahnhof, häufig bei Eigennamen (teilweise mit Anführung) <frz. *gare*, lux. *Gare*>: *Viele Buslinien enden an der Rocade – eine neue ↑ Passerelle soll den Weg zur **Gare** erleichtern* (LW, Unterüberschrift, 21.01.2021); *Ab Dezember 2020 zur „**Gare**": Bushaltestellen im Bahnhofsviertel werden verlegt* (TB, Überschrift, 26.04.2019)

Gebäulichkeit, die; -, -en (meist Plural): [auch CH] üblicher als in D, häufig bezogen auf historische Gebäude(komplexe): *Bezüglich der künftigen Bestimmung – die ↑ geschützten **Gebäulichkeiten** dürfen nicht abgerissen werden – seien aufwendige Instandsetzungsarbeiten notwendig.* (LW 07./08.04.2018); *Der Stadtrat ist damit einverstanden, dass die Häuser Nummer 65–67 in der ↑ Avenue de la Faïencerie auf Limpertsberg in das Zusatzinventar der schützenswerten **Gebäulichkeiten** eingetragen werden.* (JO 16.06.2014) ♦ CHEM-Gebäulichkeiten

Gefängnisbevölkerung, die; -, -en: eher selten für Gefängnisinsassen: *Diese Aussage deckt sich mit Informationen des Tageblatts, wonach die gesamte **Gefängnisbevölkerung** der Impfung mehr skeptisch als befürwortend gegenübersteht.* (TB 21.01.2022); *Dass dies nur 7,4 Prozent der **Gefängnisbevölkerung** entspricht, wird im Text nicht festgehalten, dafür aber, dass es die fünftgrößte Täterkategorie sei.* (LW 19.01.2022)

Geflügeltier, das; -[e]s, -e: neben Geflügel (D): *In Deutschland gibt es rund 170 Millionen **Geflügeltiere**.* (TB 18.01.2021); *Doch auch die Käfige mit den **Geflügeltieren** sind derzeit leer.* (LW 28.07.2017)

Gehälterabkommen, das; -s, -: offizielle (allgemeine) Gehaltsvereinbarung: *Neues **Gehälterabkommen** – nicht für alle „ein schöner Tag"* (TB, Überschrift, 15.06.2018); *Die Gewerkschaften fordern also, dass die ↑ Kollektivverträge an die Entwicklungen im öffentlichen Dienst angepasst werden, wo ja ein **Gehälterabkommen** mit einer ↑ Punktwerterhöhung von 2,2 Prozent abgemacht wurde und zudem eine Neuklassierung* (↑ Klassierung) *der Laufbahnen erfolgte.* (JO 04.06.2016)

Gelateria [dʒelatəˈriːa], die; -, Gelaterien: [auch CH] eher selten neben Eisdiele (D) <ital. *gelateria*>: *Vor einem guten Jahr hat der gebürtige Russe die **Gelateria** eröffnet.* (JO 30.07.2019); *Vor sechs Jahren hat sich die gebürtige Italienerin mit ihrer eigenen **Gelateria** selbständig gemacht.* (TB 09.07.2019)

Gelegenheit, bei … der/des: neben anlässlich (D) ↑ gelegentlich: *Seine Ankündigung hat Claude Meisch am Freitag **bei Gelegenheit der** symbolischen Grundsteinlegung des ersten Gebäudes der internationalen Schule in Differdingen gemacht.* (LW 28.04.2017); ***Bei Gelegenheit des** Nationalfeiertages hatten der ↑ Präsident und die Mitglieder der „Consistoire Israélite" am Montagabend zu einer Feierstunde in die Syn-*

agoge in der hauptstädtischen Avenue Monterey geladen. (TB 28.06.2017)

gelegentlich: neben anlässlich (D) ↑ Gelegenheit … bei der/des: ***Gelegentlich*** *des 350. Todestages Rembrandts konnte man hier die bislang größte Ausstellung des berühmten niederländischen Künstlers des Barocks sehen.* (LW 07./08.11.2020); *Die Nebengebäude („pars rustica") seien bereits* ***gelegentlich*** *urbaner Bauprojekte erforscht worden.* (JO 03.04.2015)

Gëlle Fra [ˈɡələ fʀaː], die; -, nur Singular: Luxemburger Nationaldenkmal, ‚goldene Frau' (teilweise mit Anführung): *Damit ihr Kampf gegen den Faschismus nicht in Vergessenheit gerät, wurde am Sockel der* ***„Gëlle Fra"*** *eine Gedenktafel enthüllt.* (LW 10.10.2021); ***Gëlle Fra*** */ Seit hundert Jahren ein heißes Thema* (TB, Überschrift, 30.04.2021)

Gemeindeagent Gemeindeagentin, der; -en, -en bzw. die; -, -nen: kommunale Ordnungskraft, ↑ Agent, ↑ Pechert <vgl. frz. *agent communal*>: *Die Aufwertung des Berufs des* ***Gemeindeagenten*** *könnte ebenfalls mit einer Gehaltserhöhung einhergehen, so Bofferding.* (LW 07.04.2021); *Mit großer Spannung wartet Viviane Loschetter in diesem Zusammenhang auf die von Innenminister Dan Kersch vorzulegende Gesetzesvorlage betreffend die Befugnisse der* ***Gemeindeagenten*** (↑ „Pecherten"). (JO 27.05.2016)

Gemeindeatelier, das; -s, -s: Gemeindewerkstätten, Bauhof <frz. *atelier communal*> ↑ Infokasten Atelier: *Ein weiteres Vorhaben betrifft den Bau eines neuen* ***Gemeindeateliers.*** (LW 19.11.2017); *Gebaut wurden die neuen* ***Gemeindeateliers*** *und der Wasserturm.* (TB 05.10.2017)

Gemeindedienst, der; -[e]s, -e: kommunale Dienstleistung (in unterschiedlichen Bereichen): *Schließlich sind noch zwei ↑ Posten, der eines ↑ Schwimmmeisters sowie eines Steinmetzes für den* ***Gemeindedienst****, geschaffen worden.* (TB 09.04.2018); *Darum verlangen sie einen ↑ Audit der* ***Gemeindedienste.*** (JO 17.12.2015) ♦ Gemeindedienststelle

Gemeindeeinnehmer Gemeindeeinnehmerin, der; -s, - bzw. die; -, -nen: Kommunalbeamte(r) der Finanzverwaltung, ↑ Einnehmer <vgl. frz. *receveur communal*>: *Wer jedoch den Job als Gemeindesekretär,* ***Gemeindeeinnehmer*** *und ↑ Feldhüter anstrebt, muss Luxemburger sein.* (TB 22.10.2021); *Allerdings war die* ***Gemeindeeinnehmerin*** *zu diesem Zeitpunkt im Urlaub.* (LW 15.03.2012)

Gemeindefunktionär Gemeindefunktionärin, der; -s, -e bzw. die; -, -nen: kommunale(r) Amtsträger(in): *Lange wollte er sich wegen seiner Arbeit als* ***Gemeindefunktionär*** *nicht politisch engagieren.* (TB 27.09.2018); *Er erzählt von seiner Jugend, vom zweiten Weltkrieg, von seiner Arbeit als* ***Gemeindefunktionär*** (↑ Einnehmer) *und von seinem politischen Engagement in der CSV* (↑ CSV). (LW 14.12.2017) ♦ Staats- und Gemeindefunktionär

Gemeindekommission, die; -, -en: kommunales Beratergremium, ↑ Infokasten Kommission: *Die* ***Gemeindekommissionen*** *haben zwar nur eine beratende Funktion für den Kommunalrat, doch oft werden dort wichtige ↑ Dossiers vorbereitet.* (TB 16.01.2018); *↑ Nationaler Frauenrat fordert Quoten für Listen und* ***Gemeindekommissionen*** (JO, Überschrift, 24.06.2013)

Gemeindelokal, das; -s, -e: kommunale (öffentliche) Räumlichkeit, ↑ Lokal: *Dirigentin Nadine Kleman dankte der Gemeinde für die klaren Vorgaben bei der Benutzung der* ***Gemeindelokale.*** (LW 15.07.2021); *Dieses Verbot gilt auch für Feste, die von Vereinen in* ***Gemeindelokalen*** *oder auf öffentlichen Plätzen organisiert werden.* (TB 11.02.2019)

Gemeindemutter, die; -, -mütter: neben Bürgermeisterin (D) <frz. *députée-*

maire>: *Zuerst müsse dafür ein passendes Gesetz verabschiedet werden, so die* ***Gemeindemutter.*** (LW 02.07.2020); *Es hatte den Anschein, als traue man* ***Gemeindemüttern*** *und -vätern* (↑ Gemeindevater) *nicht zu, trotz ihrer Orts- und Naturkenntnisse mit Vernunft, Rücksicht und Augenmaß eine lokale Entwicklungspolitik zu betreiben, die den bestehenden und künftigen Einwohnern weiterhin einen natürlichen und die Umwelt respektierenden Lebensraum bieten soll.* (JO 10.02.2019)

Gemeindereglement, das; -[e]s, -e/-s: Gemeindeordnung (D) ↑ Infokasten Reglement: *Erfolgt der Lärm jedoch tagsüber, so greifen die einzelnen* ***Gemeindereglements*** *– insofern die Kommunen über solche verfügen und die Lärmbelästigung auch darin vermerkt ist.* (LW 25.08.2017); *Die Regierung hielt es bislang nicht für nötig, die Sache national zu regeln, da ihr die* ***Gemeindereglemente*** *ausreichend erschienen.* (JO 02.02.2017)

Gemeindesekretär Gemeindesekretärin, der; -s, -e bzw. die; -, -nen: [auch AUT, BELG, LIE] kommunale Leitungsfunktion: *Am Mittwoch erfuhren die Beschäftigten, dass* ***Gemeindesekretär*** *Yves Gorges ab dem 1. Juli die Leitung des Altenheims als Interims-Direktor übernimmt.* (LW 03./04.07.2021); *Das Kreuz mit den* ***Gemeindesekretären*** (TB, Überschrift, 10.07.2012)

Gemeindesyndikat, das; -[e]s, -e: (inter)kommunaler Zweckverband, ↑ Syndikat: *Mit diesem Projekt gehen das Landwirtschaftsministerium und das* ***Gemeindesyndikat*** *Syvicol gegen Lebensmittelverschwendung vor und rufen die Bevölkerung zum Obstpflücken auf.* (LW 18.01.2022); *Sicherlich ↑ funktionieren nicht alle* ***Gemeindesyndikate*** *gut, doch in vielen wird wertvolle Arbeit geleistet.* (TB 01.12.2017)

Gemeindevater, der; -s, -väter: neben Bürgermeister (D) <frz. *député-maire*>: *„Stattdessen wird dieses Problem in der Öffentlichkeit breitgetreten", so ein enttäuschter* ***Gemeindevater.*** (LW 24.10.2019); *Neben seinem Amt als* ***Gemeindevater*** *saß er außerdem für die ↑ DP im Parlament.* (JO 21.01.2019)

Gendarm Gendarmin [ʃɑ̃ˈdaʀm -in], der; -s, -en bzw. die; -, -nen: [auch AUT] infolge der Fusionierung von Polizei und ↑ Gendarmerie zur ‚Police grand-ducale', heute eher selten neben Polizist(in) (D), auch einstiger Dienstgrad der Luxemburger Armee <frz. *gens d'arme*>: *Durch seinen Militärdienst und die anschließende ↑ Karriere als* ***Gendarm*** *wurde eine persönliche Verbindung zur luxemburgischen Dynastie quasi ↑ formiert, verrät Schoentgen.* (TB 26.04.2018); *„Geiben soll die Luxemburger* ***Gendarmen*** *nennen, die er vorgibt, gesehen zu haben", meinte Haan.* (JO 17.06.2014) ♦ ↑ Gendarmerie, Hilfsgendarm, Obergendarmin

Gendarmerie [ʃɑ̃ˈdaʀməˈriː], die; -, nur Singular: [auch AUT] (ehemalige) großherzogliche Polizei, im Jahr 2000 aufgegangen in der heutigen Police grand-ducale: *Immer wieder streicht Biever jene Erkenntnisse hervor, die ↑ schlussendlich den Verdacht auf die „stets gut informierte" Brigade Mobile der* ***Gendarmerie*** *lenken sollten.* (LW 24.11.2017); *Die* ***Gendarmerie*** *vor Ort wollte sich ebenfalls nicht äußern.* (TB 21.11.2016) ♦ Gendarmeriechef, Gendameriedienstwagen, Gendarmerieeinsatz, Gendarmeriekommando

Genehmigungsprozedur, die; -, -en: Genehmigungsverfahren, ↑ Infokasten Prozedur: *Hier läuft die* ***Genehmigungsprozedur.*** (LW 13./14.02.2021); *Was die* ***Genehmigungsprozedur*** *und die fällige Entscheidung anbelangt, so scheint es, als möchte aktuell niemand konkrete Äußerungen machen.* (TB 21.01.2021)

Generaladvokat Generaladvokatin, der; -en, -en bzw. die; -, -nen:

Generalanwalt/-anwältin <frz. *Premier avocat général*> ↑ Advokat: ***Generaladvokat** Serge Wagner ließ am Freitagmorgen als (einzigen) mildernden Umstand für die Beschuldigten, das „spezielle" Umfeld im Polizeikommissariat CI Esch gelten.* (LW 04.01.2022); ***Generaladvokatin** will Bestätigung von 16 Jahren ↑ Zuchthaus* (TB, Überschrift, 13.10.2010)

Generalinspektion, die; -, -en: Leitungs- und Aufsichtsorgan <frz. *Inspection générale*> ↑ Inspektion: *Ein Bericht der **Generalinspektion** der Sozialversicherung IGSS zeigt: Seit 2017 steigen die Ausgaben auch ohne Covid-19 und die versprochenen Leistungsverbesserungen stark an.* (LW 23.11.2020); *Der heute 67-jährige studierte Wirtschaftswissenschaftler war 30 Jahre lang Direktor der **Generalinspektion** der Finanzen („Inspection générale des finances", IGF), jener mächtigen staatlichen Verwaltung, die maßgeblich an der Erstellung des Haushaltsplans mitwirkt.* (TB 31.01.2020) ♦ Generalinspektion der Finanzen, Generalinspektion der Polizei, Generalinspektion der Sozialversicherung / der Sozialen Sicherheit

Generalinspektor Generalinspektorin, der; -s, -en bzw. die; -, -nen: (Leitungs-) Position innerhalb einer ↑ Generalinspektion: ↑ *Generalinspektion der Polizei: „Ich müsste lügen, wenn ich an dieser Stelle von einer einfachen Aufgabe berichten würde", unterstrich gestern die **Generalinspektorin** der Polizei, Monique Stirn.* (TB 05.12.2019); *Die Führungsspitze setzt sich aus einem **Generalinspektor**, welcher aus der ↑ Magistratur stammt, und einem stellvertretenden **Generalinspektor**, welcher aus der Polizei kommt, zusammen.* (JO 02.08.2018)

Generalist Generalistin [ʒenəʀaˈlist -in], der; -en, -en bzw. die; -, -nen: Allgemeinmediziner(in) (D) <frz. *généralist*, lux. *Generalist*>: *Heute können Medizinstudenten nach ihrer sechsjährigen Grundausbildung hierzulande bereits eine dreijährige Fachausbildung zum **Generalisten**, Neurologen oder Onkologen machen.* (LW 21.01.2021); *Doch Fußball und schnelles Eingreifen auf dem Rasen sind für die angehende **Generalistin** in weite Ferne gerückt.* (TB 08.05.2020)

Gerịchtsbarkeit, die; -, -en: üblicher als in D: *„Die Interpretation des Textes obliegt der **Gerichtsbarkeit**."* (TB 14.05.2021); *Die politisch angeordneten Restriktionen zur Bekämpfung der Corona-Pandemie führen zu erheblichen Beeinträchtigungen in der luxemburgischen **Gerichtsbarkeit**.* (TB 23.07.2020) ♦ Verfassungsgerichtsbarkeit, Verwaltungsgerichtsbarkeit

Gerịchtschroniker Gerichtschronikerin, der; -s, - bzw. die; -, -nen: Gerichtschronist(in): *Unser damaliger **Gerichtschroniker** Pierre Welter, Laurent Graaff von „Revue" und ich haben 2014 ein Buch herausgebracht, in dem wir den Ablauf des Prozesses aufzeichnen, der im Juli 2013 abgebrochen wurde.* (JO 31.12.2020); *Je nachdem wird das Verdikt den **Gerichts-Chroniker** nachhaltig beeindrucken – aber wohl nicht nur ihn.* (TB 01.01.2020)

Gesạmtstaat, der; -[e]s, nur Singular: übergeordnete öffentliche Finanzebene, den ↑ Zentralstaat (Zentralverwaltung), die Sozialversicherung und die Gemeinden umfassend <vgl. frz. *administration publique*>: *2019 hatte man noch statt eines Defizits ein Plus von 1,5 Milliarden Euro beim **Gesamtstaat** („administration publique") verzeichnet.* (LW 27.02.2021); ***Gesamtstaat:** Solider Überschuss* (JO, Überschrift, 15.10.2019)

geschụ̈tzt (für denkmalgeschützt) ↑ schützen

Gesẹlle Gesẹllin, der; -n, -n bzw. die; -, -nen: üblicher als in D im ironisch-distanzierenden bzw. abwertenden

Sinne für Person: *Diese galt es zu verbarrikadieren, um den Besitz der geschädigten Bewohner nicht nur vor Witterungseinflüssen, sondern auch vor unehrlichen **Gesellen** zu schützen.* (LW 10./11.08.2019); *Gewalttätige **Gesellen** unterwegs* (TB, Überschrift, 17.11.2013) ♦ Blau-Rot-Grün-Gesellen

Gesondheetsdësch [gəˈzonthe:tsdəʃ], der; -/-s, nur Singular: offizielles Gremium für Fragen des Gesundheitswesens ↑ Gesundheitstisch (teilweise mit Anführung) <lux. *Gesondheetsdësch*>: *Am **Gesondheetsdësch** sollen die grundsätzlichen Fragen diskutiert werden, die sich stellen, um das Gesundheitssystem zukunftsfähig aufzustellen.* (LW 14.02.2020); *Bei der gestrigen ↑ Quadripartite wurde außerdem der **„Gesondheetsdësch"** vorbereitet.* (JO 13.11.2019)

Gesụndheitsbehörde, die; -, nur Singular: nachgeordnete Behörde des Gesundheitsministeriums <frz. *Direction de la santé*> ↑ Gesundheitsdirektion, ↑ Santé: *Das für den Umzug zuständige ↑ Syndikat befinde sich aktuell in Gesprächen mit der **Gesundheitsbehörde**, um ein entsprechendes Hygienekonzept auszuhandeln.* (LW 24.01.2022); *Wer beispielsweise keinen Zugang zum Internet hat und den Termin deshalb nicht via „MyGuichet" vereinbaren kann, kann sich stattdessen unter der Nummer 00352 247-65533 bei der Hotline der **Gesundheitsbehörde** melden.* (TB 15.01.2022)

Gesụndheitsberufler
Gesụndheitsberuflerin, der; -s, - bzw. die; -, -nen: Berufstätige(r) im Gesundheitswesen: *An Ärzte und Pfleger, Apotheken, **Gesundheitsberufler**, wie Zahnärzte und Physiotherapeuten, an Labore oder auch Pflegedienste – überall dort, wo man nahe aneinander arbeiten müsse.* (LW 18.03.2020); *Ein vom „collège médical" auszuarbeitender ↑ Deontologiekodex soll sicherstellen, dass Psychotherapeuten genau wie Ärzte, Apotheker und **Gesundheitsberufler** einer Schweigepflicht unterliegen.* (TB 13.05.2012)

Gesụndheitsbudget, das; -s, -s: Gesundheitshaushalt, ↑ Infokasten Budget: *Obwohl Prävention als der Schlüssel gilt, um gesundheitlichen Problemen vorzubeugen, fließen nur etwa drei Prozent der **Gesundheitsbudgets** in diesen Bereich.* (JO 23.11.2017); *In Afrika, darunter ausgerechnet in Ländern mit den höchsten Ausbreitungsraten, seien die **Gesundheitsbudgets** nach Eingang der Spenden aber zusammengestrichen worden, hieß es.* (TB 09.11.2010)

Gesụndheitsdirektion, die; -, nur Singular: [auch CH] nachgeordnete Behörde des Gesundheitsministeriums <frz. *Direction de la santé*> ↑ Gesundheitsbehörde, ↑ Santé: *„Jeder Verdachtsfall muss unverzüglich bei der **Gesundheitsdirektion** gemeldet werden."* (LW 23.01.2020); *Zuständig für die Organisation in unserem Land sind das Gesundheitsministerium und die **Gesundheitsdirektion**.* (JO 11.01.2013)

Gesụndheitsdirektor
Gesụndheitsdirektorin, der; -s, -en bzw. die; -, -nen: Leiter(in) der ↑ Gesundheitsdirektion: *Gestern wurde der diesjährige Plan von der beigeordneten **Gesundheitsdirektorin**, Dr. Elisabeth Heisbourg vorgestellt.* (JO 29.05.2015); *Ein Erfolg seien auch der Notruf für Kranke „Help 24" und die neuen Räumlichkeiten in Colpach, die mittlerweile komplett ausgelastet sind, berichtete **Gesundheitsdirektor** Michel Simonis.* (LW 27.06.2012)

Gesụndheitsinspektion, die; -, nur Singular: Abteilung der ↑ Gesundheitsbehörde <frz. *inspection sanitaire*> ↑ Hygieneaufsicht, ↑ Inspektion: *Die **Gesundheitsinspektion** ist während der Woche erreichbar, der Notdienst am Wochenende.* (LW 01.03.2020); *Die Meldung gab dem „Journal" den Anlass bei der **Gesundheitsinspektion** nach der*

Situation in Luxemburg nachzufragen. (JO 20.07.2018)

Gesụndheitskasse, die; -, -n: meist bezogen auf ↑ CNS, Krankenkasse (D): *Fast 5 Millionen bezahlte Rechnungen:* ***Gesundheitskasse*** *zieht Bilanz* (TB, Überschrift, 09.08.2019); *Wie andere Industriestaaten stehen die* ***Gesundheitskassen*** *auch in den USA unter dem Druck der Kosteneinsparung.* (LW 07.05.2016) ♦ Gesundheitskassen-Quadripartite (↑ Quadripartite), Herbst-Gesundheitskassen-Quadripartite (↑ Quadripartite) ↑ nationale Gesundheitskasse, Geburten- und Gesundheitskasse

Gesụndheitslaboratorium, nationales: das; -n -s, nur Singular: zentrale Gesundheitsbehörde, ↑ Nationallabor, ↑ Nationallaboratorium, ↑ Staatslabor, ↑ Staatslaboratorium, auch LNS <frz. *Laboratoire national de santé*> ↑ Laboratorium: *Mit der launigen Bemerkung, dass „die Begeisterung für Düdelingen auf einem unheilbaren Virus beruht" eröffnete Bürgermeister Dan Biancalana gestern den Reigen der Festreden anlässlich der Fertigstellung des zweiten Bauabschnitts des* ***Nationalen Gesundheitslaboratoriums*** *(LNS) in Düdelingen.* (JO 24.01.2018); *Das* ***nationale Gesundheitslaboratorium*** *verfolge die Entwicklung der Grippe über das Überwachungssystem „Sentinelle", heißt es weiter in der Antwort.* (TB 16.02.2017)

Gesụndheitsreserve, die; -, -n: Zusatzpersonal für medizinische Notfälle, auch Sanitärreserve <frz. *Réserve sanitaire*>: *Die* ***Gesundheitsreserve*** *sendet den Einrichtungen, die nach Personal suchen, dann eine Liste von den Personen, die potenziell interessiert sind und das erforderliche Profil haben.* (TB 04.12.2020); *Mit ihr wird zudem der Personenkreis erweitert, der zur sogenannten* ***Gesundheitsreserve*** *eingezogen werden kann: Einen befristeten Vertrag als Staatsangestellte sollen nun neben den im Covid-Gesetz aufgeführten Gesundheitsberufen auch Psychotherapeuten und Apotheker bekommen können.* (LW 31.08.2020)

Gesụndheitstisch, der; -[e]s, -e: offizielles Gremium für Fragen des Gesundheitswesens <lux. ↑ *Gesondheetsdësch*>: *Bis Ende des Jahres soll ein ↑ nationaler* ***Gesundheitstisch*** *– zusammengesetzt aus Regierung, ↑ Gesundheitskasse sowie Vertretern der Ärzteschaft, ↑ Spitälern, Patienten, Gewerkschaften und Arbeitgebern – die Basis für einen ↑ nationalen Gesundheitsplan erarbeiten.* (TB 15./16.02.2020); *Gesundheitskassen-Quadripartite* (↑ Gesundheitskasse, ↑ Quadripartite) *in Mondorf bereitet auch* ***Gesundheitstisch*** *vor* (JO, Überschrift, 13.11.2019)

Gewẹrbeinspektion, die; -, nur Singular: Luxemburger Kontrollbehörde, auch ‚Gewerbe- und Grubenaufsichtsamt' (ITM = *Inspection du travail et des mines*) ↑ Inspektion: *Außerdem müsste die* ***Gewerbeinspektion*** *verstärkt kontrollieren.* (TB 30.03.2018); *Denn die* ***Gewerbeinspektion*** *(ITM), die meinem Ministerium untersteht, muss Gutachten bei der ↑ Commodo-Incommodo-Prozedur und der Seveso-Direktive verfassen.* (LW 13.03.2018)

Gewẹrbezone, die; -, -n: [auch AUT, CH] neben Gewerbegebiet (D): *Wir haben viel Industrie hier in der Gemeinde und die große* ***Gewerbezone*** *direkt in Bissen.* (TB 15./16.02.2020); *Darüber hinaus wird die Einrichtung einer* ***Gewerbezone*** *in Angelsberg geplant.* (JO 12.09.2014) ♦ Industrie- und Gewerbezone, Handels- und Gewerbezone

Glacis [ˈglasi], der; -, nur Singular: exponierter Platz in Luxemburg-Stadt <lux. *Glacis*, frz. *glacis*>: *Während der ↑ Schueberfouer muss sich die Straßenbahn auf dem* ***Glacis*** *aber mit nur einem Gleis begnügen.* (LW 25.06.2018); *Die*

↑ *Tram enttäuscht – Eröffnungsfahrt nicht bis zum **Glacis*** (TB, Überschrift, 26.09.2017) ♦ ↑ Glacisfeld, Glaciskapelle, Glacisplatz

Glacisfeld, das; -[e]s, nur Singular: ↑ Glacis <frz. *Champ des Glacis*>: *Das „Public Viewing" im Rahmen der Weltmeisterschaft organisiert die Stadt auf dem **Glacisfeld**, um über genügend Platz zu verfügen.* (JO 12.06.2018); *Vom 23. August bis zum 11. September verwandelt sich das **Glacisfeld** wieder in eine riesige ↑ Kirmes* (JO, Bildunterschrift, 02.08.2017)

gleichsam: üblich neben gleichfalls (D), ebenso (D): *Anders als etwa die **gleichsam** eingestufte Gemeinde Esch/Alzette bleibt der sogenannte Bipol Ettelbrück-Diekirch jedoch bisher eine entsprechende finanzielle Ausstattung verwehrt.* (LW 19.04.2019); *Es gilt, sie zu leben, aktiv, indem man sein eigenes Denken und Wirken nicht einschränken lässt, aber auch passiv, indem man Andersdenkenden sie **gleichsam** zugesteht.* (JO 11.01.2015)

Gouvernance [guvɛʀˈnɑ̃s], die; -, -n: Führung, Verwaltung (teilweise mit Anführung) <frz. *gouvernance*>: ↑ *Schlussendlich plädierte Bauler dafür, ein „Haut-Comité de la transformation digitale" auf die Beine zu setzen, um den Prozess der digitalen **Gouvernance** besser begleiten zu können.* (LW 24.04.2019); *Neun davon entfallen auf die **Gouvernance** und Entscheidungsprozesse.* (JO 28.02.2017)

Gratistransport, der; -[e]s, -e: meist bezogen auf die seit dem 1. März 2020 bestehende Gratisnutzung der öffentlichen Verkehrsmittel in Luxemburg ↑ Transport: ***Gratistransport**: Am Samstag geht es los* (LW, Überschrift, 27.02.2020); *Das sagt die internationale Presse zum **Gratis-Transport** in Luxemburg* (TB, Überschrift, 23.01.2019)

Greffier [gʀefˈi̯eː], der; -s, -s: neben Gerichtsschreiber (D), Protokollant (D), selten auch Greffe (teilweise mit Anführung) <frz. *greffier*>: *Wie alles, was der langjährige „**Greffier**" der ↑ Abgeordnetenkammer, der Adels- und Society-Experte Pierre Dillenburg, in den letzten Jahren immer wieder organisiert hat.* (TB 11.01.2015); *Das Gleiche gilt für den ehemaligen **Greffier** des Parlaments Pierre Dillenburg, der am Montag vorgeladen war.* (LW 04.05.2014)

Grenzgänger Grenzgängerin, der; -s, - bzw. die; -, -nen: in D meist (Grenz-)Pendler(in): *An diese Problematik schließt sich wiederum die Frage nach den Kontrollen und deren konkreter Umsetzung an, etwa im Fall der **Grenzgänger**.* (LW 19.01.2022); ↑ *Telearbeit / Frankreich und Luxemburg verlängern Steuerabkommen für **Grenzgänger** bis April* (TB, Überschrift, 07.12.2020)

Großherzog Großherzogin, der; -s, -herzöge bzw. die; -, -nen: Luxemburger Adelstitel zur Bezeichnung des regierenden Staatsoberhauptes <frz. *grand-duc, grande-duchesse*, lux. *Grand-Duc, Grande-Duchesse*>: ***Großherzog** Henri über sein 20. Thronjubiläum und die Zukunft der Monarchie* (LW, Unterüberschrift, 07.10.2020); *Vor 70 Jahren: **Großherzogin** Charlotte kehrt aus dem Exil zurück nach Luxemburg* (JO, Überschrift, 14.04.2015) ♦ Altgroßherzogin, ↑ Erbgroßherzog, ↑ großherzoglich, ↑ Großherzogtum

großherzoglich: auf den ↑ Großherzog bezogen: *Kleiner Thronfolger / **Großherzogliche** Familie veröffentlicht neue Fotos von Prinz Charles* (TB, Überschrift, 23.06.2020); *Es ist dies das dritte Mal, dass das „City Open Air Cinema" auf ↑ Krautmarkt vor dem **großherzoglichen** Palais abgehalten wird.* (JO 25.07.2016) ♦ ↑ erbgroßherzoglich

großjährig: neben volljährig (D): *Das ist es, was ich meinen beiden **großjährigen** Töchtern für ihr Leben wünsche.* (TB 07.03.2020); *Dies sei umso mehr* *der Fall, da Kelly R., heute 26 Jahre alt, zum Zeitpunkt der Tat **großjährig** und nicht mehr in Dreiborn gewesen sei.* (LW 12.05.2015)

Grundschulzyklus, der; -, -zyklen: Schulstufe, ↑ Zyklus: *Dem Tageblatt liegt ein Brief der Verantwortlichen der **Grundschulzyklen** in der Waldorfschule vor, den sie an die Eltern verschickt haben.* (TB 09.04.2021); *In dessen beiden Obergeschossen werden eine neue ↑ Maison relais sowie ↑ Klassensäle für den ersten und zweiten **Grundschulzyklus** eingerichtet.* (LW 04.10.2017)

Grünzone, die; -, -n: Gebiet außerhalb der Bebauung <frz. *zone verte*>: *Die sieben Kursteilnehmer beteiligten sich am Aufbau einer Obstwiese, auf der einmal 44 Bäume in der **Grünzone** eines landwirtschaftlichen Betriebes stehen sollen.* (LW 19.01.2022); *Wenn man eine **Grünzone** von 30 ha zubetoniere, könne man nicht mehr glaubhaft von Nachhaltigkeit reden.* (TB 13.12.2017)

Guide [giːt/gaɪd], der; -/-s, -s: **1.** Informationsbroschüre, Reiseführer u. dgl. <frz. *guide*, lux. *Guide*, engl. *guide*>: *Der **Guide** empfiehlt einen Besuch in der Arbeitersiedlung Hiehl.* (LW 09.02.2021); *Sechste Auflage des Guide „Just Arrived" in Luxemburg-Stadt vorgestellt* (JO, Überschrift, 27.01.2015) **2.** [giːt] die; -/-n, -n (meist Plural): Pfadfinderin (D), oft in der Verbindung ↑ Guiden und Scouten (teilweise mit Anführung) <frz. *guide*, lux. *Guide*>: *Allerdings werden übers Jahr öfters gemeinsame Aktivitäten mit den lokalen **Guiden** angeboten.* (LW 01./02.02.2020); *Mittlerweile ist es die einzige Pfadfinder-Gruppe in Luxemburg, die nur aus Mädchen besteht und sich selbst auch **„Guiden"** nennt.* (JO 03.08.2016)

Gutland, das; -[e]s, nur Singular: Region in Luxemburg <lux. *Guttland*>: *Inmitten von Flussübergängen geboren, am Zusammenfluss von Alzette, Sauer und Wark und an der Scheidelinie zwischen Ardennen und **Gutland** gelegen, bemüht sich Ettelbrück um ein Image als attraktive und moderne Kleinstadt.* (LW 03.08.2021); *Vielleicht wäre es an der Zeit, den Landesteil in Anlehnung an das **Gutland** umzutaufen.* (TB 15./16.02.2020)

Hh

Haft(strafe), feste, die; -n -, -n -n: Haft ohne Bewährung, auch ‚feste Gefängnisstrafe', ‚feste Strafe': *In diesem Sinn muss künftig auch speziell begründet werden, warum **feste Haft** festgelegt wird und keine Bewährung gewährt wird.* (JO 13.04.2017); *Gegen die **feste Haftstrafe** von sechs Monaten – in seiner Abwesenheit konnten die Richter sie nicht zur Bewährung aussetzen – hatte Kitenge allerdings Einspruch eingelegt.* (LW 05.01.2010)

Halbfasten, das; -s, nur Singular: Mitfastensonntag, Traditionssonntag zur Mitte der Fastenzeit <lux. *Halleffaaschten*> ↑ Halbfastensonntag, ↑ Bretzelsonntag: *An **Halbfasten**, auch noch „Bretzelsonndeg" genannt, startete in Petingen der älteste und größte Umzug der fünften Jahreszeit.* (TB 11.03.2018); *An **Halbfasten** (am Sonntag, dem 30. März) wird hierzulande der „Bretzelsonndeg" gefeiert.* (JO 25.03.2014)
♦ ↑ Halbfastensonntag

Halbfastensonntag, der; -s, -e: Mitfastensonntag, Traditionssonntag zur Mitte der Fastenzeit, ↑ Halbfasten, ↑ Bretzelsonntag: *In der fünftgrößten Gemeinde des Landes stand der **Halbfastensonntag**, auch als „Bretzelsonndeg" bekannt, im Mittelpunkt.* (TB 07.03.2016); *Nach der erfolgreichen Jubiläumsauflage* (↑ Auflage) *der ↑ Kavalkade im vergangenen Jahr lassen die Kagepe-Organisatoren auch zur 61. Ausgabe des Umzuges nicht locker und bieten zum **Halbfastensonntag** wieder ein abwechslungsreiches Programm.* (LW 06.03.2016)

Hämmelsmarsch, der; -[e]s, nur Singular: traditionelles Marschlied u. a. zur Eröffnung der ↑ Schueberfouer, wobei geschmückte Schafe über den Kirmesplatz geführt werden (teilweise mit Anführung): *Die Melodie hat er vom **Hämmelsmarsch** übernommen, der Text stammt von ihm.* (LW 30.08.2021); *Am Sonntagmorgen zog die ↑ Fanfare Reckingen/Mess beim **„Hämmelsmarsch"** durch die Straßen.* (TB 20.08.2018)

Handwerkerföderation, die; -, nur Singular: Handwerkerverband, ↑ Föderation <frz.: *Féderation des artisans*>: *Die **Handwerkerföderation** fordert die Regierung auf, alles zu tun, um Missbräuche zu verhindern und zu sanktionieren.* (LW 19.01.2022); *So meldete gestern die **Handwerkerföderation** unverzüglich ihre Ablehnung einer allgemeinen Mindestlohnerhöhung an.* (TB 29.07.2017)

Harmonie, die; -, -n: Musikkapelle <frz. *harmonie*, lux. *Harmonie*>: *Wie jedes Jahr ist die Düdelinger **Harmonie** auch am diesjährigen Vorabend des Nationlfeiertags maßgeblich beteiligt.* (TB 21.06.2018); *Im Finale des Wettbewerbs der besten belgischen **Harmonien** gibt es ein Unentschieden zwischen dem flämischen Musikverein Sint Cecilia aus Staaikerke (eine fiktive Stadt) und dem wallonischen Verein „En Avant" aus Vierlemont (auch erfunden).* (JO 12.06.2015)
♦ Harmonieorchester

Hauptachse, die; -, -n: Hauptausrichtung ↑ Achse: *Im Koalitionsprogramm ist eine der **Hauptachsen** die Integration.* (LW, Weihnachten 2020); *Der „Smartspider" mit sieben **Hauptachsen** gibt einen Überblick über die Positionen der Parteien und Kandidierenden sowie des Internetnutzers.* (TB 03.10.2013);

Hausstand, der; -[e]s, -stände: üblicher als in D, neben Haushalt: *Zu Hause dürfen weiterhin nur zwei Besucher, die aus einem **Hausstand** kommen, empfangen werden.* (TB 09./10.01.2021); *Vom 24. bis zum 26. Dezember sind neben dem eigenen **Hausstand** vier weitere Menschen aus dem engsten Familienkreis zulässig, auch aus mehr als zwei **Hausständen**.* (LW 14.12.2020)

Helikopter, der; -s, -: üblicher als in D neben Hubschrauber: *Der General-*

*direktor des ↑ CGDIS präzisierte, dass diese **Helikopter** wirklich nur ein Teil der Löschkette sind.* (JO 30.07.2019); *In Luxemburg beschließt der Notarzt, ob der Patient mit dem **Helikopter** ins Krankenhaus gebracht wird – oder dem Einsatzfahrzeug des ↑ SAMU.* (LW 22.07.2019) ♦ Helikopterabsturz, ↑ Löschhelikopter, ↑ Rettungshelikopter, Suchhelikopter

Hemmschuh, der; -s, -e: neben Radkralle (D), Parkkralle (D): *Zudem wurden dem Fahrer die Schlüssel abgenommen und der Wagen wurde mit einem **Hemmschuh** ↑ immobilisiert.* (LW 06.09.2017); *Das Fahrzeug wurde mit einem **Hemmschuh** versehen.* (TB 22.10.2016)

Herbstquadripartite, die; -, -n: im Herbst stattfindende ↑ Quadripartite: *So wie Sozialminister Romain Schneider es bei der **Herbst-Quadripartite** vor einer Woche bereits in Aussicht stellte, läuft es wohl auf ein Defizit von 10,4 Millionen Euro hinaus.* (LW 15.11.2018); ***Herbst-Quadripartite**: Begehrlichkeiten werden geweckt* (JO, Überschrift, 22.10.2015)

Hitzeaktionsplan, der; -[e]s, -pläne: Vorsorgekonzept gegen Gesundheitsschäden bei älteren Menschen durch Hitzewellen, abgekürzt auch Hitzeplan oder Aktionsplan <frz. *Plan canicule*>: *Um besonders gefährdete Bevölkerungsgruppen vor den Folgen einer Hitzewelle zu schützen, hat das Gesundheitsministerium in Zusammenarbeit mit dem Roten Kreuz sowie den häuslichen Pflegediensten einen jährlichen **Hitzeaktionsplan** („Plan canicule") ausgearbeitet.* (TB 05.06.2019); ***Anmeldung zum Hitzeaktionsplan** 2019* (JO, Überschrift, 04.06.2019);

Hochkapazitätsbus, der; -ses, -se: Hochleistungsbus <frz. *Bus à haut niveau de service*>: ***Hochkapazitätsbus** statt Südtram* (↑ Tram): *Ein Superbus für den Süden?* (LW, Überschrift, 19.04.2016); *Mit dem Projekt eines ↑ multimodalen Korridors werde hier zunächst einmal die Bahn in Konkurrenz zu **Hochkapazitätsbussen** gezwungen.* (TB 18.12.2014)

Hofmarschall Hofmarschallin, der; -s, -marschälle, bzw. die; -, -nen: höchstes Verwaltungsamt am ↑ großherzoglichen Hof <frz. *Maréchal de la Cour*>: *Daran arbeite ich, zusammen mit ↑ Erbgroßherzog Guillaume, der **Hofmarschallin**, dem Comité de direction (Aufsichtsrat) und den Mitarbeitern im Palais.* (LW 07.10.2020); *Lucien Weiler wird neuer **Hofmarschall*** (JO, Überschrift, 15.12.2015) ♦ ↑ Hofmarschallamt

Hofmarschallamt, das; -[e]s, nur Singular: ↑ Hofmarschall: *Vom **Hofmarschallamt** kam die Mitteilung, man nehme den Bericht zur Kenntnis und beteilige sich „auf konstruktive Art und Weise an der Umsetzung" der Verbesserungsvorschläge.* (LW 01./02.02.2020); *Unsere Nachfrage dazu beim **Hofmarschallamt** blieb bis Redaktionsschluss unbeantwortet.* (JO 01.02.2020)

Hohe Körperschaft, die; -n -, nur Singular: (juristisches) Kontrollorgan zur Prüfung von Gesetzesvorlagen, ↑ Staatsrat, auch ‚hohes Gremium': *Stattdessen rät die **Hohe Körperschaft**, bei Vergehen das „système de contrôle et de sanction automatisée" anzuwenden, das im Zuge der Einführung der Radargeräte eingeführt wurde.* (LW 30.11.2017); *Seit vergangener Woche liegt nun das Gutachten des ↑ Staatsrats zum Reformvorhaben vor, zu dem sich die **Hohe Körperschaft** jede Menge Fragen stellt.* (JO 26.12.2014)

Holzchalet, das/der; -s, -s: neben Holzbude (D) ↑ Chalet, ↑ Bude: *Der Weltraum, die unendlichen Weiten, Jean Steinberg holt sie kurzerhand zu sich nach Hause, in sein kleines **Holzchalet** im Grünen.* (LW 28.08.2017); *In den 135 **Holzchalets** der beiden Weihnachtsmärkte werden kunsthandwerkliche Pro-*

dukte, Weihnachtsschmuck, Kerzen und noch viel mehr zum Verkauf angeboten. (JO 25.11.2014)

Homologation, die; -, -en: amtliche Zulassung <frz. *homologation*, lux. *Homologatioun*> ↑ Homologisierung: *Luxemburg entzieht Porsche* ***Homologation*** (TB, Überschrift, 18.08.2017); *Es würden nun dennoch Empfehlungen umgesetzt, um die SNCH sowie das System der* ***Homologationen*** *in Luxemburg zu stärken und auch schon prophylaktisch im Hinblick auf zu erwartende EU-Rechtsänderungen dessen rechtlicher Rahmen überdacht.* (JO 06.02.2017) ♦ Abgashomologation, Homologationsstelle, Homologationstest, Homologationszertifikat

Homologe Homologin, der; -n, -n bzw. die; -, -nen: Amtskollege/-kollegin (D) <frz. *homologue*>: *Gemeinsam mit seinem* ***Homologen*** *traf sich Asselborn ebenfalls zum Gespräch mit Staatschef Castro.* (TB 13.06.2017); *Mit der Zielsetzung, den luxemburgischen Finanzplatz international auszubauen und der ↑ nationalen Fondsindustrie den Zugang zum chinesischen Markt zu ermöglichen, hatte sich Frieden u. a. mit seinem chinesischen* ***Homologen****, dem ↑ Präsidenten der Bankenkommission* (↑ Kommission) *sowie Verantwortlichen aus der Fondsbranche getroffen.* (JO 17.01.2013)

homologieren: amtlich zulassen <frz. *homologuer*, lux. *homologéieren*> ↑ homologisieren: *Die Boten-RNA-Impfstofftechnik ist seit über 20 Jahren bekannt, auch wenn es bis zu den heutigen SARS-CoV-2-Impfstoffen keine* ***homologierten*** *Boten-RNA-Impfstoffe gab.* (TB 20.10.2021); *Letztendlich schaffte der 44-Jährige 927 km, eine Distanz, die aber noch* ***homologiert*** *werden muss.* (LW 16.08.2021)

homologisieren: amtlich zulassen ↑ homologieren: [auch CH, STIR] *Oft sei der Helm zwar optisch schön, aber nicht* ***homologisiert*** *und dann oftmals auch nicht geeignet.* (LW 19.04.2018); *„Nur, während diese Züge für Deutschland und die Schweiz* ***homologisiert*** *sind, fehlt die Anpassung für Luxemburg."* (TB 12.06.2012)

Homologisierung, die; -, -en: amtliche Zulassung, eher selten neben ↑ Homologation <vgl. frz. *homologation*, vgl. lux. *Homologatioun*>: *Die in Luxemburg ↑ homologierten Motoren sind auch in Fahrzeugen für den Markt in Südafrika, Algerien und Marokko verbaut; dort gilt die* ***Homologisierung*** *bis auf weiters weiter.* (TB 06.02.2017); *Die* ***Homologisierung*** *von Audi und VW-Modellen in Luxemburg, die Entwicklung des neuen Viertels Cloche d'Or und die Zukunft der Religionslehrer sind heute Themen in der Presserevue.* (LW 13.11.2015) ♦ ECTS-Homologisierung, Homologisierungsverfahren, Anmeldungskosten, Homologisierungsstelle

Hore(s)ca: Abkürzung, Dachverband Hotellerie und Gastronomie <frz. *Fédération Nationale des Hôteliers, Restaurateurs et Cafetiers du Grand-Duché de Luxembourg*>: *Gastronomie / Restaurantbesuch nur mit ↑ Covid-Check?* ***Horesca*** *reagiert auf mögliche Gesetzesanpassung* (TB, Überschrift, 07.10.2021); *Muck Huss in seiner Eigenschaft als ↑ Präsident der neuen Anlaufstelle sah es als eine Herausforderung und eine große Ehre an, potenzielle neue Kunden für Wirtschaft, Handel und* ***Horeca*** *für den Süden anwerben zu dürfen.* (JO 21.11.2012) ♦ Hore(s)ca-Betrieb, Hore(s)ca-Branche, Horesca-Generalsekretär, Horeca-Welt

Hospitalisation, die; -, -en: [auch BELG, CH] Einweisung in ein Krankenhaus, eher selten neben ↑ Hospitalisierung <frz. *hospitalisation*, lux. *Hospitalisatioun*>: *Dabei wären Angaben zu den altersspezifischen Risikofaktoren einer* ***Hospitalisation*** *und Intensivbehandlung wichtige Eckdaten für die Exitstrategie, sowohl für den Einzelnen* *als auch für die öffentliche Gesundheit.* (TB 22.05.2020); *Bei Erwachsenen ziehen Maserninfektionen in 20 Prozent der Fälle eine **Hospitalisation** nach sich.* (LW 28.04.2015)

hospitalisieren: ins Krankenhaus einliefern <frz. *hospitaliser*, lux. *hospitaliséieren*>: *Ausgenommen seien natürlich Patienten, die **hospitalisiert** werden müssen.* (LW 15.12.2017); *Valérie Trierweiler **hospitalisiert*** (TB, Überschrift, 12.01.2014) ♦ ↑ Hospitalisation, ↑ Hospitalisierung

Hospitalisierung, die; -, -en: Einweisung in ein Krankenhaus <vgl. frz. *hospitalisation*, vgl. lux. *Hospitalisatioun*> ↑ Hospitalisation: *„Die schwere Zeit der Krankenhäuser kommt noch, die **Hospitalisierungen** werden steigen", sagte sie.* (LW 04./05.04.2020); *Seit 2003 liegt die Zahl der **Hospitalisierungen** ziemlich konstant bei etwas unter 80 000 Patienten pro Jahr, obwohl die Bevölkerung in dem Zeitraum um 16,5 Prozent gewachsen ist – und auch alterte.* (JO 08.04.2015) ♦ Hospitalisierungsraten, Hospitalisierungszahlen, Tageshospitalisierung, ↑ Zwangshospitalisierung

Houseker [ˈhəʊsekɐ], der; -s, -: luxemburgtypischer Begleiter des ↑ Kleeschen, vergleichbar mit Knecht Ruprecht (D) (teilweise mit Anführung): *Im Alpenraum, in einigen Regionen Österreichs, der Schweiz und Deutschlands, wird der Nikolaus von einer Schreckgestalt begleitet, die sich meist Krampus nennt – ähnlich dem hiesigen **Houseker**.* (LW 05.12.2021); *Stattdessen kommt ↑ „Kleeschen" und sein Begleiter **„Houseker"** in die Klassen, bringt Geschenke oder den Kindern, die nicht ganz so artig waren, eine Rute.* (TB 05.12.2021)

Hütte, die; -, -n: üblich auch für Bude auf einem Weihnachtsmarkt, ↑ Chalet: *Leider beeinträchtigte Regenwetter eine ausgedehntere Visite des, über die Altstadt verstreuten, Weihnachtsmarktes, wo in über 200 nostalgischen **Hütten** kunstvolles Handwerk und allerlei kulinarische Genüsse angeboten wurden.* (LW 22.12.2017); *Beim Weihnachtsmarkt in Differdingen (vom 8. bis 23. Dezember) stehen dieses Jahr 35 **Hütten** mit vielen Neuheiten.* (TB 07.12.2017)

Hygieneaufsicht, die; -, nur Singular: Abteilung der ↑ Gesundheitsbehörde <frz. *Inspection sanitaire*> ↑ Gesundheitsinspektion: *Für weitere Fragen können sich Betroffene an die Telefonauskunft des Roten Kreuzes (Nummer: 2755) oder an die **Hygieneaufsicht** der ↑ Gesundheitsbehörde (2478 5650) wenden.* (TB 05.06.2019); *Zwecks weiterer Auskünfte wenden Sie sich unter der Nummer 2755 an die Telefonzentrale des Roten Kreuzes (täglich von 7.00 bis 22.00) oder unter der Nummer 257-85650 an die **Hygieneaufsicht** der ↑ Gesundheitsbehörde („de la Direction de la santé").* (JO 22.07.2016)

Hygienedienst, der; -[e]s, nur Singular: städtischer Reinigungs- und Müllentsorgungsdienst <frz. *Service d'hygiène*>: *Jean-Pierre Welter: Ein Leben für den **Hygienedienst*** (LW, Überschrift, 13.08.2019); ***Hygienedienst** der Stadt Luxemburg feiert 120-jähriges Bestehen auf Place Guillaume II* (JO, Überschrift, 15.04.2019) ♦ Hygienedienststelle

hypothekieren: mit einer Hypothek belasten (auch im übertragenen Sinne) <frz. *hypothéquer*, lux. *hypothekéieren*>: *Weniger Einnahmen in naher Zukunft **hypothekieren** allerdings nicht den Bau der neuen Schule mitsamt ↑ Maison relais und Sporthalle am „Ale Bësch" bei Eschdorf.* (LW 19.05.2020); *↑ **Hypothekiert** würden die parlamentarischen Arbeiten durch das Wahljahr jedoch nicht, so der ↑ Kammerpräsident.* (JO 08.01.2018)

Ii

Identitätskarte, die; -, -n: [auch CH, STIR] neben Personalausweis (D) <frz. *carte d'identité*> ↑ Karte: *Ein Token ist so etwas wie eine digitale* ***Identitätskarte****.* (TB 20.06.2014); *Neu ist, dass auch im Ausland wohnhafte Luxemburger künftig eine luxemburgische* ***Identitätskarte*** *erhalten.* (JO 30.05.2014)

Imbroglio [im'brɔljo], das; -s, -s: eher selten für Durcheinander, Betrug <ital. *imbroglio*>: *Der Handballverband hat jetzt ein doppeltes* ***Imbroglio****.* (LW 04.02.2017); *Dies ist und bleibt die zentrale Frage in einem juristisch-politischen* ***Imbroglio****, das bei aufgeklärten Bürgern im Grunde nur Kopfschütteln auslösen kann.* (JO 02.12.2012)

Immatrikulation, die; -, -en: [auch CH] auch für (Kfz-)Zulassung <frz. *immatriculation*, lux. *Immatrikulatioun*>: *Bei der ersten* ***Immatrikulation*** *fällt lediglich eine Zusatzgebühr von 50 Euro an – und das Schild ist deins.* (LW 05.03.2018); *Am 28. Juni 1982 wurde der Verband offiziell in Dienst gestellt, Luxemburgs damaliger ↑ Transportminister Josy Barthel hat mit Datum von 21. Juli 1982 die* ***Immatrikulationen*** *der Flugzeuge unterzeichnet.* (JO 30.10.2017) ♦ Autoimmatrikulation, Fahrzeugimmatrikulation, Immatrikulationsbescheinigung, Immatrikulationszertifikat

immatrikulieren: [auch CH, STIR] auch für ‚amtlich zulassen bei Kraftfahrzeugen' <frz. *immatriculer*, lux. *immatrikuléieren*>: *Die Beihilfen gelten für in Luxemburg* ***immatrikulierte*** *Fahrzeuge, die zwischen dem 1. Januar und dem 31. Dezember 2019 zugelassen wurden.* (JO 25.01.2019); *Um ältere Wagen und Neuwagen sozusagen im gleichen Rhythmus zu kontrollieren, werden auch die Kontrolltermine bereits* ***immatrikulierter*** *Autos angepasst.* (LW 01.02.2016)

Immigrationsminister Immigrationsministerin, der; -s, - bzw. die; -, -nen: ↑ Infokasten Minister: ***Immigrationsminister*** *Jean Asselborn hat einen Brief von der 14-jährigen Asylsuchenden Asma bekommen, in dem sie sich für den Einsatz Asselborns bedankt.* (TB 16.03.2021); *Laut Regierungsprogramm ist seine Agenda als* ***Immigrationsminister*** *ebenfalls gut gefüllt.* (LW 02.01.2019) ♦ Außen- und Immigrationsminister

immobilisieren: bewegungsunfähig bzw. fahruntüchtig machen <frz. *immobiliser*, lux. *immobiliséieren*>: *Die Wärterinnen sehen sich deshalb gezwungen, die Frau am Boden zu* ***immobilisieren****.* (LW 12.03.2018); *Der Wagen wurde* ***immobilisiert****.* (JO 23.10.2017)

Immobilisierung, die; -, -en: Stilllegung, Ruhigstellung: *Wer bei Glätte oder Schnee mit Sommerreifen unterwegs ist, riskiert ein Bußgeld von 74 Euro sowie die* ***Immobilisierung*** *des Wagens.* (LW 22./23.02.2020); *Bis 2021 soll der Grad der* ***Immobilisierung*** *der Züge von 17 Prozent auf 12,7 Prozent gesenkt werden.* (TB 28.10.2017)

Impakt [im'pakt], der; -[e]s, -e: allgemeiner als in D für Einfluss, Auswirkung <frz. *impact*, lux. *Impakt*>: *Wie groß ist der* ***Impakt*** *auf die Verkehrssituation?* (JO 25.08.2017); *Bei den Gemeinden zeigen sich erste positive* ***Impakte*** *der Finanzierungsreform.* (TB 27.04.2017) ♦ ↑ Impaktstudie, Umweltimpakt, Umweltimpaktdirektive, Umweltimpaktstudie

Impaktstudie, die; -, -n: Studie zum ↑ Impakt: *Ebenfalls abgeschlossen ist eine* ***Impaktstudie*** *betreffend geschützte Tierarten.* (LW 19.01.2021); *Mit dem Gesetzesprojekt soll das im Regierungsprogramm festgehaltene Ziel verfolgt werden, mehrere* ***Impaktstudien*** *zu identischen Themen zu vermeiden.* (JO 30.06.2017) ♦ Machbarkeits- und Impaktstudie, Umweltimpaktstudie, Umwelt- und Steuerimpaktstudie

Implantierung, die; -, -en: Ansiedlung, Niederlassung <vgl. frz. *implantation*, vgl. lux. *Implantatioun*>: *Die **Implantierung** dieses Unternehmens könne wahrscheinlich nicht verhindert werden, wenn alle gesetzlichen Bestimmungen eingehalten würden.* (TB 08.03.2018); *So unterstützt der Staat private Investoren finanziell, und die Gemeinden versuchen, entsprechende Landstriche auf ihrem Gebiet für die **Implantierung** von Hotels und Gastronomiebetrieben attraktiv zu gestalten.* (LW 22.09.2016)

implizieren: allgemeiner als in D für ‚beteiligt sein an', ‚verwickelt sein in' <frz. *impliquer*, lux. *implizéieren*>: *Zwei Fahrzeuge **impliziert*** (TB, Überschrift, 28.02.2018); *Auch seien Kinder- oder Jugendvertreter nicht im Krisenmanagement **impliziert** gewesen.* (LW 16.11.2021)

im Total ↑ Total, im

in Appell gehen ↑ Appell, in ... gehen

Index, der; -/-es, -e: gesetzliches System zur automatischen Lohnanpassung als Inflationsausgleich <frz. *index*, lux. *Index*>: *Kaufkraft / Die Geschichte des **Index**: So funktioniert die Anpassung an die Inflation* (TB, Überschrift, 28.12.2019); *Immer wieder der **Index*** (JO, Überschrift, 02.06.2014) ♦ ↑ indexieren, ↑ Indexierung, ↑ Indexmanipulation, ↑ Indextranche

indexieren: an den ↑ Index koppeln <frz. *indexer*, lux. *indexéieren*>: *Weiter sollen die öffentlichen Mietsubventionen angepasst und **indexiert** werden.* (TB 27.02.2020); *Warum werde die Steuerklasse 1 nicht direkt abgeschafft und das Kindergeld nicht direkt wieder **indexiert**?* (LW 08.02.2020)

Indexierung, die; -, -en: Lohnanpassung mittels gesetzlichem ↑ Index: *Nicht alles laufe schlecht unter der aktuellen Regierung, so Reding weiter, der u. a. auf die Reform des Elternurlaubs, die **Indexierung** der ↑ Studentenbörsen, das Ende der ↑ Indexmanipulation und die Steuerreform verwies.* (TB 09.01.2018); *Stichwort: neuer Elternurlaub, **Indexierung** der ↑ Studienbörsen, oder auch noch die Erhöhung des Mindestlohns.* (LW 12.01.2017)

Indexmanipulation, die; -, -en: Abänderung der automatischen staatlichen ↑ Indexierung: *Nicht alles laufe schlecht unter der aktuellen Regierung, so Reding weiter, der u. a. auf die Reform des Elternurlaubs, die ↑ Indexierung der ↑ Studentenbörsen, das Ende der **Indexmanipulation** und die Steuerreform verwies.* (TB 09.01.2018); *„Nach der **Indexmanipulation** von 2006 haben die Tripartite-Gewerkschaften* (↑ Tripartite) *somit wiederum die Interessen ihrer eigenen Mitglieder und des ganzen ↑ Salariats verraten", schreibt die Gewerkschaft in einer Pressemitteilung.* (LW 15.03.2012)

Indextranche, die; -, -n: Indexanteil (2,5 %) ↑ Index: *Gehaltsanpassung / Am 1. Januar 2020 fällt die nächste **Indextranche*** (TB, Überschrift, 26.12.2019); *Die **Indextranche** von Januar dieses Jahres habe gerade die Preise für Dienstleistungen in die Höhe getrieben.* (LW 01.03.2017) ♦ Vorschussindextranche

Indextranche ... erfallen / ... fallen: Inkrafttreten der ↑ Indexanpassung, ↑ Indexierung, ↑ Index: *Es geht um mehr als nur darum, ob die **Indextranche** im April **fällt** oder nicht.* (LW 19.03.2022); *Aufgrund der niedrigen Inflation wird bis 2018 mit Sicherheit kein neues Gesetz in Sachen ↑ Index ↑ gestimmt und auch weiterhin nur eine **Indextranche** pro Jahr **erfallen**.* (JO 11.07.2014)

Industriezone, die; -, -n: neben Industriegebiet (D) <frz. *zone industrielle*> ↑ Aktivitätszone: *Die hat der Konzern Emile Weber für sein Tochterunternehmen Voyages Pletschette angeschafft und in der **Industriezone** Schéleck zwischen Bettemburg und Düdelingen ↑ stationiert.* (LW 09.02.2018); *Sie kam aus Richtung der **Industriezone** und wollte mit ihrem*

Hund einen Bahnübergang überqueren. (JO 06.10.2016)

Informateur Informateurin, der; -s, -e bzw. die; -, -nen: Funktion im Rahmen der Regierungsbildung (teilweise mit Anführung) <frz. *informateur*> vgl. ↑ Formateur: *Am Dienstagnachmittag hat Generalstaatsanwältin Martine Solovieff in ihrer Funktion als **Informateur** dem ↑ Großherzog über den Fortgang der Regierungsbildung berichtet.* (LW 16.10.2018); *Der **Informateur** sondiert im Auftrag des Staatsoberhaupts die Möglichkeiten für eine Regierungsbildung.* (TB 23.10.2013)

informatisieren: computertechnisch erstellen <frz. *informatiser*>: *2002 trat dann ein Datenschutzgesetz in Kraft, das sowohl **informatisierte**, wie auch manuell gehaltene Register betraf.* (LW 18.06.2019); *Auch das Zeichnen der Vermessungspläne hat sich von manuellen zu **informatisierten** Verfahren entwickelt.* (TB 22.09.2016)

Informatisierung, die; -, -en: Computerisierung: <vgl. frz. *informatisation*>: *Bereits 2010 hatte die Moskauer Stadtregierung ihr Grundlagen-Dokument zur vollumfänglichen **Informatisierung** der Stadt.* (TB 11.11.2017); *Die Wartezeiten sollen gekürzt, das Personal aufgestockt, die Patienten besser sortiert und die Abläufe bei der medizinischen Versorgung sowie die **Informatisierung** verbessert werden.* (LW 18.10.2017)

Infrastruktur, die; -, -en: allgemeiner als in D: *„Kleinere **Infrastrukturen** wurden wieder aufgebaut, fehlende Brücken wurden durch Trittsteine ersetzt", fährt Linda Salentin fort.* (LW 23.09.2019); ***Infrastruktur** für Polizeischüler wird ausgebaut* (TB, Überschrift, 26.06.2017) ♦ Abwasserinfrastruktur, Infrastrukturminister (↑ Minister), Infrastrukturschöffe (↑ Schöffe), ↑ Sportinfrastruktur

in Isolation setzen ↑ Isolation setzen, in ...

Inklusionseinkommen, das; -s, -: gesetzliches Mindesteinkommen in Luxemburg, vgl. ↑ Revis: *Das neue Gesetz über das **Inklusionseinkommen*** (↑ Revis) *sehe die Schaffung einer Beobachtungsstelle für Sozialpolitik vor, die qualitative und quantitative Studien zur Sozialpolitik anfertigen soll.* (TB 19.03.2019); *Das neue soziale **Inklusionseinkommen*** (↑ Revis) *löse bei der ↑ Arbeitnehmerkammer lediglich Kopfschütteln aus.* (LW 26.07.2017)

Inspektion, die; -, -en: allgemeiner als in D für Untersuchung, Aufsicht; auch als Abkürzung für bestimmte (behördliche) Kontroll- oder Leitungsorgane, häufig als Zweitglied in Zusammensetzungen: *Steht ihnen bei der Ankunft eine medizinische **Inspektion** bevor, eventuell Quarantäne?* (LW 25.03.2020); *Zum Zeitpunkt der ersten **Inspektion** waren nur 24 dieser Anlagen gesetzeskonform.* (JO 11.06.2019) ♦ Arbeitsinspektion, ↑ Generalinspektion, ↑ Gesundheitsinspektion, ↑ Sanitärinspektion, Veterinärinspektion

Inspektorat, das; -[e]s, -e: (ehemaliges) Leitungs- und Kontrollgremium für Grundschulen: *So räumte das erste Schulgesetz Luxemburgs (1843) der katholischen Kirche noch eine breite Kontrolle über die Schule und die Lehrerschaft ein; diese Machtposition veränderte sich, als das Gesetz von 1881 („loi Kirpach") ein professionelles **Inspektorat** einführte, die Modernisierung wurde aber bereits acht Jahre später rückgängig gemacht.* (TB 12.07.2017); *Aus dem **Inspektorat** im Grundschulwesen werden regionale Schuldirektionen.* (JO 29.11.2016) ♦ Grundschulinspektoratsbezirke, Inspektoratsbezirke

inspirieren, sich … an/bei: häufig auch reflexiv <frz. *s'inspirer de*, lux. *sech inspiréieren un*>: *Die neue LED-Matrix-Scheinwerfertechnologie **inspiriert sich an** geschliffenem Kristallglas* (LW,

Bildunterschrift, 09.07.2021); *„Niemand sollte dem ↑ Staatsminister einen Vorwurf daraus machen, wenn er **sich bei** anderen politischen Strömungen und bei dem von ihm nicht sonderlich geschätzten ↑ Patronat **inspiriert**.“* (JO 10.03.2013)

installieren (sich): allgemeiner als in D, auch reflexiv für ‚sich niederlassen‘ <frz. *(s')installer*, lux. *(sech) installéieren*>: *Im März wird die neue Dauerausstellung **installiert**, unter dem Titel: „Ein Spaziergang durch die Kunst: Europäische Gemälde und Skulpturen vom 17. bis zum 19. Jahrhundert.“* (LW 05.02.2021); *Insgesamt zwanzig verschiedene Food Trucks und Essensstände hatten **sich** für Samstag und Sonntag hier **installiert** und ihre Essen zubereitet.* (JO 22.10.2017)

Installierung, die; -, -en: allgemeiner als in D: *Die **Installierung** der Junglandwirte genießt oberste Priorität im ↑ nationalen Agrargesetz.* (LW 05.06.2020); *Die Verstaatlichung der Wasserversorgung, die kommunale Wasserverwaltung durch ein privatwirtschaftliches Unternehmen oder durch ein öffentlich-rechtliches Unternehmen, die **Installierung** eines ↑ nationalen Wassersyndikates* (↑ Syndikat) *oder die Umlage der Kosten durch einen Kompensationsfonds.* (JO 05.02.2013)

Instruktion, die; -, -en; neben Voruntersuchung (D), Beweisaufnahme (D) <frz. *instruction*>: *Der Anwalt des Angeklagten, ↑ Me Roby Schons, wies darauf hin, dass die Rechte seines Mandanten während der **Instruktion** nicht gewahrt worden seien.* (LW 10./11.03.2018); *Man wird den Eindruck nicht los, dass die wahre **Instruktion** der Akte „Bommeleeër“ derzeit vor Gericht gemacht wird und es immer mehr Fragen statt Antworten gibt.* (JO 15.03.2013) ♦ ↑ Instruktionsphase

Instruktionsphase, die; -, -n: Phase der ↑ Instruktion: *Zum einen kann sich die ↑ Ratskammer des ↑ Bezirksgerichtes (chambre du conseil) nach der **Instruktionsphase**, im Rahmen der ↑ Verweisungsprozedur, vor einer Strafkammer über solche Umstände äußern und dadurch die Natur des Gesetzesverstoßes verändern.* (LW 19.01.2018); *Die Affäre hatte zu mehreren Klagen geführt: Krecké gegen Meisch und Rollinger wegen Verleumdung (die Klage gegen Rollinger wurde nicht ↑ zurückbehalten) und Rollinger gegen Unbekannt wegen Veröffentlichung eines Privatgespräches (hier läuft laut Justizsprecher noch immer die **Instruktionsphase**).* (JO 09.01.2013)

Instruktor Instruktorin, der; -s, -en bzw. die; -, -nen: auch allgemein für Ausbilder(in), Lehrer(in): *Die Ausbildung wird von erfahrenen **Instruktoren** ehrenamtlich durchgeführt.* (LW 20.03.2018); *Am letzten Wochenende war Lymari Millot aus Mexiko die **Instruktorin** des Workshops.* (JO 19.11.2013) ♦ Chefinstruktor, Fahrinstruktorin, Instruktorenteam, Sportinstruktor

integral: [auch BELG, CH] ganz, vollumfänglich <frz. *intégral*, lux. *integral*>: *Der Erlös dieser Reise geht **integral** an die Schülergemeinschaft.* (TB 29.03.2018); *In diesem Sommer wird der Zug **integral** von erste Klasse-Abteilwagen des „EuroExpress“ aus Münster gebildet.* (JO 19.07.2016)

Integralität, die; -, nur Singular: Ganzheit, Gesamtheit <frz. *intégralité*>: *Man kann also nur begrüßen – und zumindest das muss man ihr lassen –, dass die Regierung ein Einsehen hatte und den Kritiken der Ärzte am bisherigen Reformprojekt in letzter Instanz (wenn auch nicht in ihrer **Integralität**) doch noch Rechnung trug.* (LW 04.07.2017); *Lafayette S.A. hat u. a. die **Integralität** der Aktien von St. Paul Luxembourg inne.* (TB 28.01.2016)

Interieur, das; -s, -s: üblicher als in D <frz. *interieur*, lux. *Interieur*>: *Sportlicher Schick dominiert auch im **Interieur***

mit den Cupra-typischen Kupferdetails und gebürstetem dunklen Aluminium. (LW 22.01.2021); *Die Verwirklichung dieser Wünsche hat das Münsterer Büro Bolles+Wilson übernommen, im **Interieur** kam das Finish von „L2M3" aus Stuttgart zum Zuge.* (TB 30.09.2019)

Interim, der/das; -s, -s: Zwischenlösung, Überbrückungsphase, Überbrückungsposition: *Besondere Dankesworte für ihre unermüdlichen Einsätze gingen an Dirigent Claude Weiland, den neuen Chef der Harmoniechen, Ben Weiland, aber auch Yannice Faber für ihr **Interim** beim Jugendensemble.* (LW 14./15.11.2020); *Den **Interim** übernimmt Bertrand Crasson, der vergangene Woche als Co-Trainer engagiert wurde.* (LW 17.09.2029) ♦ ↑ Interimarbeiter, Interimfirma

interimistisch: in der Übergangszeit, als Zwischenlösung: *Der Verwaltungsrat beauftragt Sandra Thein **interimistisch** mit der Leitung des Krankenhauses.* (LW 01.04.2021); *Nächste Woche wird Sébastien Grandjean ein weiteres Mal **interimistisch** auf die Trainerbank zurückkehren.* (TB 02.12.2019)

Interimsarbeiter Interimsarbeiterin, der; -s, - bzw. die; -, -nen: Zeitarbeiter(in) (D): *Das ging früher nicht, weil sie als **Interimsarbeiterin** nie einen zeitlich unbefristeten Arbeitsvertrag hatte und obendrein eh nicht genug verdient habe.* (TB 04.01.2020); *Dazu komme die zunehmende Zahl der **Interimsarbeiter** beziehungsweise derjenigen Beschäftigten, die nur einen zeitlich befristeten Arbeitsvertrag haben, die im Sommer ohne Vertrag dagestanden hätten.* (JO 28.08.2013)

Interpellation, die; -, -en: [auch CH] (schriftliche) parlamentarische Anfrage <frz. *interpellation*, lux. *Interpellatioun*>: *Wenn Geld zweifelhaft riecht: **Interpellation** zu Pensions- und Zukunftsfonds* (TB, Überschrift, 03.12.2020); *Dies war auch ein Thema in der **Interpellation** im Parlament am Dienstag.* (LW 02.03.2018)

interpellieren: anfragen, bewegen, beschäftigen, ↑ Interpellation: *Krisen **interpellieren** uns.* (LW, Weihnachten 2020); *Der sozialistische Abgeordnete Michel Liebgott will die Regierung **interpellieren**.* (TB 26.09.2011)

interprofessionell: berufsübergreifend <frz. *interprofessionnel*>: *Was nun die ↑ Telearbeit anbelangt, könnte die ITM aufgrund eines **interprofessionellen** Abkommens zwischen Gewerkschaften und ↑ Patronat Kontrollen der Arbeitsbedingungen zuhause durchführen.* (LW 26.06.2020); *Stattdessen plädiert sie für ein Gesetz, das die Ladenöffnungszeiten klar begrenzt und Ausnahmen der Bedingung unterwirft, dass diese in ↑ Kollektivverträgen oder **interprofessionellen** Verträgen zwischen ↑ Patronat und „den national repräsentativen Gewerkschaften" ausgehandelt wurden.* (JO 27.04.2018)

Intersyndicale, die; -, nur Singular: gewerkschaftsübergreifende Vertretung (teilweise mit Anführung) <frz. *intersyndicale*>: ***Intersyndicale** und Bildungsminister finden Kompromiss – ↑ Lehrerkomitees bleiben stur* (JO, Überschrift, 30.07.2015); *Die **Intersyndicale** stellt insgesamt sechs Personen, drei davon kommen aus den Reihen der ↑ CGFP.* (LW 12.06.2015)

Intervention, die; -, -en: allgemeiner als in D für Eingreifen, Einschreiten, Wortmeldung <frz. *intervention*, lux. ***Interventioun***>: *Zuvor hatte Thierry Ternes einen Appell an all jene gerichtet, die gerne Unglücke und die **Intervention** der Rettungsdienste auf Facebook oder in den Kommentarspalten von Nachrichtenportalen kommentieren.* (LW 03.03.2018); *↑ Staatsminister und Parlamentspräsident geben der Veranstaltung durch ihre **Interventionen** zusätzliches Gewicht.* (TB 09.01.2018)

♦ ↑ Interventionsplan, Interventionsprotokoll, ↑ Interventionszentrum

Interventionsplan, der; -[e]s, -pläne: Einsatzplan, ↑ Intervention: *Fortan wurde das Team in den **Interventionsplan** der Kommune angebunden.* (TB 20.12.2020); *EDF habe das Gesuch jedoch mit der Begründung, man sei nur für den **Interventionsplan** auf französischem Territorium zuständig, abgelehnt.* (LW 17.01.2017)

Interventionszentrum, das; -s, -zentren: ↑ Einsatzzentrum, ↑ Intervention <frz. *Centre d'intervention*>: *Beide sind selbst als Rettungshelfer aktiv – als Mitglied der freiwilligen Feuerwehr im „Centre d'incendie et de secours Niederanven-Schuttrange" respektive als Chef des **Interventionszentrums** in Bettemburg.* (LW 17.10.2017); *Höhepunkte der ↑ erbgroßherzoglichen Visite waren ein Besuch des Geriatrie-Dienstes des interkommunalen Krankenhauses von Steinfort, des **Interventionszentrums** der lokalen Feuerwehr sowie des Naturschutzzentrums „Mirador".* (JO 19.09.2014) ♦ Herzinterventionszentrum, Polizeiinterventionszentrum

intrusiv [intʀuˈziːv]: eingreifend, sich einmischend, sich aufdrängend <frz. *intrusif*>: *„Die Speichelprobe ist weniger **intrusiv**."* (LW 12.08.2021); *Priorität sollten ohnehin immer weniger **intrusive** Maßnahmen haben.* (JO 17.03.2020)

IRM, das/der; -/-s, -s = *imagerie par résonance magnétique*, in D meist MRT (Magnet-Resonanz-Tomograph[ie]): *Dort entstand ein Fitness- und Medizinzentrum, das auch eine radiodiagnostische Praxis mit **IRM** umfasst.* (LW 26./27.03.2022); *Dadurch könnten große Geräte wie **IRMs** wohl bald auch in privaten Praxen installiert werden.* (TB 09.01.2020) ♦ IRM-Gerät

Isolation, die; -, -en: üblicher als in D statt Isolierung (Abdichtung) <frz. *isolation*, lux. *Isolatioun*>: *Elektriker dürfen beim Verlegen von Stromleitungen keine **Isolation** beschädigen.* (TB 22.05.2021); *Spätestens seit der Diskussion um die Ansiedlung der Steinwolle-Fabrik von „Knauf Insulation" in Luxemburg gibt es auch eine um die **Isolation** von Gebäuden.* (JO 06.04.2018) ♦ Dachisolation, Isolationsarbeiten, Isolationsmatten

Isolation setzen, in ...: mittels Quarantäne isolieren: *Die Richter halten in ihrem Urteil unterdessen fest, dass der ↑ Santè-Direktor durch das Gesetz dazu angehalten ist, eine Person **in Isolation zu setzen**, wenn ein hohes Risiko besteht, dass sie das Virus an andere Menschen weiterleiten könnte.* (LW 02.10.2020); *Wer sich ungerecht behandelt fühle, zum Beispiel weil er ungerechterweise oder zu lange **in Isolation gesetzt** worden sei, der könne sich direkt an den ↑ Gesundheitsdirektor oder an die „Inspection sanitaire" wenden.* (JO 07.08.2020)

Jj

Jagdlos, das; -es, -e: Jagdrevier: *Diese Schilder sind an den Straßen, Wegen und Pfaden, die durch oder an einem* ***Jagdlos*** *vorbeiführen, anzubringen.* (LW 13./14.10.18); *Der Streit hatte sich an der Neuausschreibung aller* ***Jagdlose****, also Jagdreviere, und deren Neuzuschnitt entzündet.* (JO 14.05.2017)

jener jene: deutlich üblicher als in D: *Vom Ausbau des Bahnhofs in Luxemburg und* ***jenem*** *von anderen Strecken, so etwa* ***jener*** *nach Wasserbillig schon.* (TB 30.08.2019); ***Jene*** *Zeiger, die sich am Kirchturm befinden, werden seitdem elektrisch betrieben.* (LW 07./08.04.2018)

Jugendsektion, die; -, -en: Jugendabteilung ↑ Sektion: *Im vergangenen Jahr wurde der Dienst, der von Move, der* ***Jugendsektion*** *des ↑ Movement Ecologique, angeboten wird, in Luxemburg-Stadt gestartet.* (LW 18.01.2022); *Immobilienkrise /* ***Jugendsektion*** *der Grünen fordert mehr Investitionen in bezahlbaren Wohnraum* (TB, Überschrift, 11.09.2021)

Jurisprudenz, die; -, -en: üblicher als in D <frz. *jurisprudence*>: *Und man müsse der* ***Jurisprudenz*** *Rechnung tragen.* (TB 16.03.2018); *Eine verstorbene Person kann gemäß luxemburgischer* ***Jurisprudenz*** *auch ihre intimsten Gefühle, wie zum Beispiel das Recht auf Privatsphäre, an ihre rechtlichen Erben abtreten.* (JO 01.07.2016)

Justizrat, Nationaler, der; -n -[e]s, nur Singular: (im Zuge einer Justizreform geplantes) Organ im Luxemburger Justizwesen (u. a. zuständig für die Nominierung und Beförderung von Richtern), auch ‚hoher Rat' oder abgekürzt Justizrat, ↑ Oberster Justizrat <frz. *Conseil national de la Justice*>: *Seit 2018 liegt der Gesetzentwurf zum* ***Nationalen Justizrat*** *vor.* (LW 30.01.2022); *Zudem soll ein* ***Nationaler Justizrat*** *geschaffen werden, der unter anderem über die Ernennung der Richter und ihre Laufbahnen entscheiden soll.* (TB 22.10.2021)

Justizrat, Oberster, der; -n -[e]s, nur Singular: (im Zuge einer Justizreform geplantes) Organ im Luxemburger Justizwesen (u. a. zuständig für die Nominierung und Beförderung von Richtern), auch ‚hoher Rat' oder abgekürzt Justizrat, ↑ Nationaler Justizrat <frz. *Conseil suprême de la Justice*>: *Der* ***oberste Justizrat*** *ist das Kernstück der großen Justizreform.* (LW 05./06.2020); *Der* ***Oberste Justizrat*** *soll sich um die Nominierung und Weiterbildung von ↑ Magistraten kümmern.* (TB 29.03.2017)

Kk

Kadenz, die; -, -en: Frequenz, Taktung <frz. *cadence*>: *Wurde zu Beginn der Epidemie recht restriktiv getestet, stieg die **Kadenz** der Tests in den vergangenen Tagen kräftig an.* (LW 21./22.03.2020); *„Nach der Reorganisation soll mir einer ein regionales Busnetz in Europa zeigen, das eine höhere Dichte und **Kadenz** hat."* (TB 28.01.2020) ♦ Tramkadenz, Zugkadenz

Kaffeezimmer, das; -s, -: Zimmer in (regelwidriger, inoffizieller) Untervermietung, auch im Zusammenhang mit (Pseudo-)WGs, eher negativ konnotiert (teilweise mit Anführung) <lux. *Cafészëmmer*>: *Der andere Elternteil kann dann in ein **Kaffeezimmer** ziehen.* (LW 24.08.2021); *Durch das Gesetz vom Dezember 2019 hat die Gemeinde ein Werkzeug, um gegen nonkonforme **„Kaffeezimmer"** vorzugehen.* (TB 20.07.2020)

Kalenderkommission, die; -, nur Singular: Gremium zur Terminierung von (Fußball-)Spielen, ↑ Infokasten Kommission: *Minütlich kamen neue Wasserstandsmeldungen hinzu, weshalb die **Kalenderkommission** vor Mittag entschied, den gesamten Spieltag abzusagen.* (TB 13.11.2017); *Das EOC wolle nun auch eine **Kalenderkommission** einführen, um solche Terminprobleme in Zukunft zu verhindern.* (TB 23.05.2013) ♦ FLF-Kalenderkommission (↑ FLF)

Kammer, die; -, nur Singular: (neben Gliederung im Gerichtswesen) **1.** Kurzform für ↑ Abgeordnetenkammer, häufig in Zusammensetzungen, ↑ Chamber: *Im Moment sind sieben politische Parteien in der **Kammer** vertreten.* (TB 13./14.07.2019); *Biever, der den Krieg im französischen Exil verbracht hatte, brachte einen Antrag der sozialistischen Fraktion ein, in dem die **Kammer** ersucht wurde, sich mit der ↑ Epuration jener ↑ Deputierten zu befassen, die ↑ kontestiert oder angeklagt seien.* (JO 02.05.2019) ♦ ↑ Abgeordnetenkammer, ↑ Kammerbüro, ↑ Kammerplenum, ↑ Kammerpräsident (↑ Präsident), ↑ Kammersession **2.** die; -, -n: ↑ Berufskammer, üblicher als in D in Zusammensetzungen: *Außerdem gibt die **Kammer** zu bedenken, dass durch das Wegfallen der Gratis-Selbsttests auch die Investitionen der Regierung in diesem Bereich „obsolet" würden.* (TB 16./17.10.2021); *Noch inakzeptabler findet die **Kammer**, dass im Vergleich zur heutigen Situation auch die Haushalte mit Kindern bestraft würden, die Alleinerzieher eingeschlossen.* (JO 18.05.2017) ♦ Arbeiterkammer, ↑ Arbeitnehmerkammer, ↑ Berufskammer, ↑ Salariatskammer (↑ Salariat)

Kammerbüro, das; -s, -s: Parlamentsgremium (auch auf sonstige ↑ Kammern bezogen) ↑ Büro: *Zu diesem Schluss kommen die Forscher der Universität Luxemburg rund um Politikwissenschaftler Philippe Poirier in einer Studie, die am Freitag im **Kammerbüro** vorgestellt wurde.* (LW 24.01.2020); *Den Auftakt machten Parlamentspräsident Mars Di Bartolomeo und die Mitglieder des **Kammerbüros**.* (JO 10.01.2017)

Kammerherr, der; -n, -en: Hofamt am Luxemburger Hof: *20 Jahre lang war er **Kammerherr** von ↑ Großherzog Jean, daneben auch Gründer und Ehrenpräsident des „Lions Club Luxembourg Doyen".* (TB 11.09.2020); *Der heute 89 Jahre alte Berufsoffizier, Zwangsrekrutierte und ↑ Refraktär im Zweiten Weltkrieg war von 1951 bis 1976 ↑ Flügeladjutant von ↑ Großherzog Jean und ist seit seiner Pensionierung und bis heute dessen **Kammerherr**.* (LW 15.03.2012)

Kammerplenum, das; -s, nur Singular: Parlamentsplemum, ↑ Kammer: *Bereits am Anfang der Präsentation des Jahresberichts ihrer Behörde erinnerte die Bürgerbeauftragte Claudia Monti gestern im **Kammerplenum** an die Aufgabe dieser*

öffentlichen und kostenlosen Anlaufstelle. (LW 14.07.2021); *Eine Woche später könnte er im* ***Kammerplenum*** *zur Debatte stehen.* (TB 27.06.2013)

Kammerpräsident Kammerpräsidentin, der; -en, -en bzw. die; -, -nen: Parlamentspräsident(in) ↑ Kammer, ↑ Präsident: *Bei seiner ↑ dieswöchigen offiziellen Visite auf den kapverdischen Inseln sprach* ***Kammerpräsident*** *Mars di Bartelomeo vor der Nationalversammlung der Kapverden in Bezug auf das Verhältnis zwischen beiden Ländern von einer regelrechten „success story".* (JO 27.10.2017); ***Kammerpräsident*** *Mars di Bartolomeo* (↑ LSAP) *und Marco Schank (↑ CSV), der ↑ Präsident der Petitions-Kommission (↑ Kommission), zogen gestern eine durchaus positive Bilanz der Petitionen.* (TB 15.06.2017) ♦ Ehrenkammerpräsident

Kammersession, die; -, -en: Parlamentsjahr, ↑ Kammer, ↑ Parlamentssession, ↑ Session: *Vor Beginn der nächsten* ***Kammersession****, die am 13. Oktober mit der Rede des ↑ Staatsministers zur Lage des Landes eingeläutet wird, traf sich das Parlament am Dienstag, um die vierte ↑ Auflage des Gesetzes zu den Covid-Maßnahmen zu verabschieden.* (TB 23.09.2020); *Die vorige* ***Kammersession*** *wird geschlossen, die neue eröffnet.* (LW 13.10.2015)

Kannerklinik, die; -, -en: neben Kinderklinik (D) (teilweise mit Anführung) <lux. *Kannerklinick*>: *Für Notfälle bei Kindern unter 14 Jahren steht weiterhin die* ***Kannerklinik*** *des Centre hospitalier de Luxembourg (CHL) rund um die Uhr sowie auch die Maison médicale der* ***Kannerklinik*** *zur Verfügung.* (LW 28./29.03.2020); *Herzstück der ambulanten Versorgung ist die bei der* ***Kannerklinik*** *im CHL zentralisierte „Maison médicale pédiatrique", an deren Diensten sich alle Kinderärzte des Landes beteiligen.* (JO 23.12.2015)

Kanton, der; -s, -e: [auch CH] Verwaltungsbezirk oberhalb der Gemeindeebene (Luxemburg ist in zwölf Kantone gegliedert.): *Die Christlich-Sozialen würden 40,1 Prozent der Stimmen auf sich vereinen und wären bei weitem die stärkste politische Kraft in den* ***Kantonen*** *Echternach, Grevenmacher und Remich.* (LW 11.12.2017); *Klimapakt in regionaler Zusammenarbeit: Die 10 Gemeinden des* ***Kantons*** *Redingen unterschreiben gemeinsam den Klimapakt.* (JO 15.10.2013) ♦ ↑ kantonal, ↑ Kantonalhauptort, ↑ Kantonalinspektor, Nordkanton (↑ Nord-)

kantonal: [auch CH] den ↑ Kanton betreffend: *In diesem Sinne ist die* ***kantonale*** *Kartierung, wie sie jetzt vorliegt, der richtige Weg, sollte aber durch eine Gemeindekarte ergänzt werden.* (TB 24.07.2020); *Wie bereits erwähnt, wird die* ***kantonale*** *Musikschule in dem Erdgeschoss untergebracht, dies auf Grund einer Anfrage vom Mai 2014.* (JO 18.05.2015) ♦ ↑ Kantonalhauptort, ↑ Kantonalinspektor, Kantonalpräsidentin (↑ Präsident), Kantonalverein

Kantonalhauptort, der; -[e]s, -e: ↑ Kanton: *Der* ***Kantonalhauptort*** *Grevenmacher wird aufgrund seiner geografischen Lage direkt an der Mosel gerne als ↑ „Moselmetropole" bezeichnet.* (LW 14.09.2017); *Für uns als* ***Kantonalhauptort*** *am Nabel des Landes ist das natürlich ein sehr wichtiges Projekt.* (JO 01.09.2017)

Kantonalinspektor Kantonalinspektorin, der; -s, -en bzw. die; -, -nen: kantonale Leitungsfunktion (Feuerwehr): *Vor Ort waren auch die Feuerwehr aus Rambrouch und Redingen/Attert sowie der* ***Kantonalinspektor*** *der Feuerwehr.* (LW 04.06.2016); *Am Brandort waren* ***Kantonalinspektor*** *Jos Sinner und ↑ Zenterchef Carlo Birscheidt der BNS aus Lintgen.* (TB 12.11.2009)

Kaporal, der; -s, Kaporäle: Luxemburger Militärrang: *Auch die Mehrzahl der*

*Unteroffiziere und **Kaporäle** der ↑ großherzoglichen Armee lernen ihr Metier in Belgien.* (TB 16.10.2019); *Es arbeiten 60 Offiziere, 135 Unteroffiziere, 40 **Kaporäle** und 762 freiwillige Soldaten in der Armee.* (TB 07.05.2011)

Karriere, die; -, -n: allgemeiner als in D neben Berufslaufbahn (jeder Art) <frz. *carrière*, lux. *Karriär*>: *Von den neuen **Karrieren** ↑ erwartet man sich mehr weibliche Kandidaten.* (LW 24./25.07.2021); *Aufwertung der **Karriere** des Reinigungspersonals* (TB, Unterüberschrift, 20./21.02.2021)

Karte, die; -, -n: allgemeiner als in D für Ausweis u. dgl., vor allem in Zusammensetzungen <frz. *carte*>: *Verschiedenen Betroffenen wird zwar eine **Karte** ausgehändigt, jedoch wurde diese in vielen Fällen nur für die Nutzung an einem Bankomaten freigeschaltet.* (TB 25.03.2020); *Mit geklauter **Karte** zum ↑ Postomat* (TB, Überschrift, 10.05.2010) ♦ ↑ Adapto-Karte, ↑ Identitätskarte, ↑ Mitgliedskarte, ↑ Mobilitätskarte, ↑ Parteikarte, ↑ Pressekarte

Karting, das; -s, nur Singular: Kartsport: *Seit 1974 wird in Monnerich **Karting** gefahren.* (LW 12.04.21); *Zu den Aktivitäten im letzten Jahr zählen Kochen und Grillen, Fußball, Schwimmen, **Karting**, Musik machen, Tanzen, Kinoabende sowie Ausflüge in Freizeitparks.* (JO 05.09.2014) ♦ Indoor-Kartingpiste, Kartingbahn, Kartingspaß, Kartingsport

Kaserne, die; -, -n: auch für nicht militärische Standorte, vgl. ↑ Feuerwehrkaserne: *In der Vergangenheit – vor Covid – sei es vorgekommen, dass freiwillige Feuerwehrleute an Heiligabend zur Feier in die **Kaserne** kamen, auch wenn sie keinen Dienst hatten.* (LW 25.12.2021); *Die **Kaserne** soll rund um die Uhr mit 24 Einsatzkräften besetzt sein und keines der Mitglieder der Berufsfeuerwehr darf ohne Zustimmung der Stadt Luxemburg in anderen Bereichen für andere Tätigkeiten eingesetzt werden.* (TB 21.03.2018) ♦ ↑ Feuerwehrkaserne, Korpskaserne (↑ Korps), Polizeikaserne

Kassation, die; -, nur Singular: Aufhebung einer Gerichtsentscheidung <frz. *cassation*, lux. *Cassatioun*>: *Den Antrag auf **Kassation** hatte die Verteidigung des Beschuldigten kurz nach der Urteilsverkündung in zweiter Instanz eingereicht.* (LW 17.05.2018); *Der Vertreter der Generalstaatsanwaltschaft hatte die Richter seinerseits gebeten, dem Antrag auf **Kassation** nicht stattzugeben.* (LW 08.03.2018) ♦ ↑ Kassationsantrag, ↑ Kassationsbeschwerde, ↑ Kassationsentscheid, ↑ Kassationsentscheidung, ↑ Kassationsgericht, ↑ Kassationshof, ↑ Kassationsrichter ↑ Kassationsurteil, ↑ Kassationsverfahren

Kassationsantrag, der; -[e]s, -träge: Antrag auf ↑ Kassation, ↑ Kassationsbeschwerde: *Noch ist das Urteil aus zweiter Instanz nicht rechtskräftig: Es besteht die Möglichkeit auf einen **Kassationsantrag**.* (LW, Bildunterschrift, 10.02.2021); *Mit der Ablehnung des **Kassationsantrags** sind jetzt alle Rechtsmittel für Joseph E. vor Luxemburger Instanzen ausgeschöpft.* (JO 01.11.2019)

Kassationsbeschwerde, die; -, -n: eher selten neben ↑ Kassationsantrag: *Die Verteidigung will gegen dieses Urteil **Kassationsbeschwerde** einlegen.* (JO 28.02.2017); *Der Betroffene hat nun drei Tage Zeit, um eine **Kassationsbeschwerde** einzureichen.* (LW 04.09.2015)

Kassationsentscheid, der; -[e]s, -e: Entscheidung über eine ↑ Kassation, ↑ Kassationsentscheidung: *Ein **Kassationsentscheid** in den beiden Fällen Victor U. und Miss Bekky wird für den 24. Januar 2019 erwartet.* (JO 30.12.2018); *Kurz vor der **Kassationsentscheidung**: G4S-Räuber in die Niederlande ausgeliefert* (LW, Überschrift, 14.11.2017)

Kassationsentscheidung, die; -, -en: Entscheidung über eine ↑ Kassation, ↑ Kassationsentscheid: ***Kassationsent-***

__scheidung__ um G4S-Räuber: Alles oder nichts (LW, Überschrift, 25.01.2018); *Er beurteilt die bevorstehende __Kassationsentscheidung__ im Europäischen Parlament wie folgt: „Das Verfahren gegen Antoine Deltour ist ein grotesker Tiefpunkt der Gerechtigkeit.“* (TB 22.11.2017)

Kassationsgericht, das; -[e]s, -e: höchste Instanz der ordentlichen Gerichtsbarkeit, auch ↑ Kassationsgerichtshof, ↑ Kassationshof, Revisionsgericht, Revisionsgerichtshof, ↑ Revisionskammer <vgl. frz. *Cour de cassation*> ↑ Kassation: *Lehnt das __Kassationsgericht__ das verbleibende Gesuch am Donnerstag ab, sind alle Rechtsmittel vor Luxemburger Instanzen ausgeschöpft und dann ist auch seine Verurteilung rechtskräftig.* (LW 30.10.2018); *Belair-Prozess vor dem __Kassationsgericht__* (JO, Überschrift, 29.06.2018) ♦ Kassationsgerichtshof

Kassationshof, der; -[e]s, -höfe: höchste Instanz der ordentlichen Gerichtsbarkeit, auch ↑ Kassationsgerichtshof, ↑ Kassationsgericht, Revisionsgericht, Revisionsgerichtshof, ↑ Revisionskammer <vgl. frz. *Cour de cassation*> ↑ Kassation: *Zöllner angefahren: __Kassationshof__ entscheidet* (LW, Überschrift, 08.03.2018); *Deltour zieht vor den __Kassationshof__* (TB, Überschrift, 05.04.2017)

Kassationsrichter Kassationsrichterin, der; -s, - bzw. die; -, -nen: Richter(in) am ↑ Kassationsgericht: *Diese Entscheidung werden die __Kassationsrichter__ am Donnerstag bekanntgeben.* (LW 08.03.2018); *Mit der Entscheidung der __Kassationsrichter__ ist das Urteil gegen Schettino rechtskräftig.* (JO 12.05.2017)

Kassationsurteil, das; -s, -e: Urteil hinsichtlich einer ↑ Kassation: *11. Januar: __Kassationsurteil__ im „LuxLeaks“-Prozess* (JO, Überschrift, 27.12.2018); *LuxLeaks: __Kassationsurteil__ ergeht am 11. Januar* (TB, Überschrift, 23.11.2017)

Kassationsverfahren, das; -s, -: Verfahren bezogen auf eine ↑ Kassation: *Ein ↑ Rekurs gegen die Entscheide der Strafvollzugskammer besteht nicht, ebenso wenig kann ein __Kassationsverfahren__ angestrengt werden.* (JO 01.07.2018); *__Kassationsverfahren__ um Fokker-Absturz: Luxair reagiert auf Urteil* (LW, Überschrift, 21.05.2015)

Kavalkade [kavalˈkaːd(ə)], die; -, -n: Karnevalsumzug: <frz. *cavalcade*, lux. *Kavalkad*>: *Zwar nicht gerade bei schönem Sonnenschein, dafür aber zumindest trocken ging die 40. ↑ Auflage der __Kavalkade__ gestern in der ↑ Eselstadt Diekirch über die Bühne.* (LW 04.03.2019); *__Kavalkade__ lässt Esch beben* (TB, Überschrift, 19.03.2017) ♦ Kavalkadenplatz, Kavalkadetradition, Kinderkavalkade, ↑ Nachtkavalkade

Kirchenfabrik, die; -, -en: [auch BELG] Rechtsform kirchlicher Vermögensverwaltung, im Gegensatz zum ↑ Kirchenfonds <frz. *fabriques d'église*>: *Zunächst muss man festhalten, dass die __Kirchenfabriken__ eben nicht mit dem Personal der Amtskirche besetzt sind.* (TB 26.10.2017); *Das Gesetz bedeutete zudem das Aus für die __Kirchenfabriken__.* (LW 28.09.2017) ♦ Kirchenfabrikhasser, Kirchenfabrikauseinandersetzung

Kirchenfonds, der; -, -: (reformierte) Rechtsform kirchlicher Vermögensverwaltung, im Gegensatz zur ↑ Kirchenfabrik, abgekürzt auch Fonds <lux. *Kierchefong*>: *Die Antworten der Verfassungsrichter sorgten beim Bistum und beim __Kirchenfonds__ für Erleichterung.* (LW 13.04.2021); *Seit einem Jahr besteht nun ein __Kirchenfonds__, der mit „neuen ↑ Kirchenfabriken“ auf lokaler Ebene die Besitztümer verwaltet.* (TB 05.06.2019) ♦ Kirchenfondsgesetz

Kirchenplatz, der; -es, -plätze: neben Kirchplatz (D): *Bei den Fragen ging es um den Standort und das Konzept des neuen Kulturzentrums sowie um die architektonische Gestaltung des*

Kirchenplatzes. (LW 03./04.07.2021); *Anfang 2014 steht die Renovierung der Fassade der Kirche auf dem Programm mitsamt der Umgestaltung des **Kirchenplatzes** und dessen Anbindung an den Emile-Mayrisch-Platz.* (TB 11.10.2013)

Kịrchenrat, der; -[e]s, -räte: Pfarrgemeinderat (D) bzw. Ratsmitglied: ***Kirchenräte** sind auch Bürger dieses Landes, ihnen liegen die Prinzipien der Demokratie und Subsidiarität am Herzen.* (TB 26.10.2017); *Weil die ↑ Kirchenfabriken vor dem Aus stehen, fürchten die Mitglieder der **Kirchenräte** um ihre Gotteshäuser.* (LW 31.01.2017) ♦ Gemeinde- und Kirchenrat

Kịrmes, die; -, -se[n]: Jahrmarkt (regional auch in D üblich): *Bis dahin hatte der ↑ Forain lediglich auf belgischen **Kirmessen** seine Leckereien angeboten.* (TB 30.11./01.12.2019); *Nach der Kirmes ist vor der **Kirmes*** (LW, Überschrift, 05.06.2018) ♦ Kirmesbude, Kirmesluft, Kirmessonntag, Osterkirmes

Klạssensaal, der; -[e]s-, -säle: [auch CH] üblicher als in D neben Klassenraum, Klasse, abgekürzt auch Saal, ↑ Schulsaal: *Quereinstieg in den **Klassensaal*** (JO, Überschrift, 13.06.2018); *Kindern aus den ↑ Zyklen 2 bis 4 (Alterskategorie 6 bis 12 Jahre) wird ein **Klassensaal** in der Schule Strutzbierg zur Verfügung gestellt, um dort eine Integrationsklasse mit mindestens 15 Schülern einzurichten.* (TB 12.02.2016) ♦ Internetklassensaal, Klassensaalmangel

klassieren: einstufen, deutlich üblicher als in D neben klassifizieren: *Verfahren **klassiert*** (TB, Überschrift, 22.01.2022); *Das ↑ Kulturministerium hatte nämlich vorgeschlagen, das historische Pfarrhaus sowie dessen Garten als ↑ nationales Denkmal zu **klassieren.*** (LW 13./14.06.2020)

Klassierung, die; -, -en: neben Einstufung (D), Klassifizierung (D): *Der Bettendorfer Gemeinderat sprach sich während seiner ersten Sitzung im neuen Jahr denn auch für die **Klassierung** des Gutes als ↑ nationales Denkmal aus und schloss sich so dem Beschluss des Denkmalschutzamtes an.* (LW 03./04.02.2018); *Internationale **Klassierungen** sind wichtig und spiegeln die Qualität unserer Arbeit wider.* (TB 14.09.2017) ♦ Denkmalschutzklassierung, Neuklassierung, ↑ Reklassierung, ↑ Umklassierung

Kleeschen [ˈkleːsjən], der; -, -: ‚Kläuschen', luxemburgtypisch für Nikolaus (D), meist begleitet vom ↑ Houseker (teilweise mit Anführung) <lux. *Kleeschen*>: *Den **Kleeschen** kennt nicht nur in Luxemburg jedes Kind – nur trägt er andernorts auch einen anderen Namen, etwa Nikolaus, Saint Nicolas oder Sinterklaas bei den Nachbarn des Großherzogtums.* (LW 05.12.2021); *Patrimoine immatériel / Der **„Kleeschen"** ist ↑ nationales Inventar* (TB, Überschrift, 05.12.2019) ♦ Kleeschen-Feiern, „Kleeschen-Gate", „Kleeschen"-Fan

Kliẹnt Kliẹntin, der; -en, -en bzw. die; -, -nen: eher selten neben Patient(in) <frz. *client*>: *Als wesentliches ethisches Prinzip gilt dabei auch, dass Psychotherapeuten ihren **Klienten** die bestmögliche, das heißt effizienteste und aussichtsreichste Behandlung zukommen lassen und äußerste Vorsicht bei wenig erprobten Methoden walten lassen.* (JO 09.02.2017); *2 322 Mal kontaktierten in 2014 verzweifelte **Klienten** die ↑ Patientenvertretung via Telefon, um Hilfe und Informationen zu bekommen.* (LW 06.01.2015)

Knuedler [ˈknuədlɐ], der; -s, nur Singular: zentraler Platz in Luxemburg-Stadt (teilweise mit Anführung) <lux. *Knuedler*>: *Tödlicher Unfall auf dem **Knuedler**: Ermittlungen laufen* (LW, Überschrift, 24.02.2020); *Mitte des 13. Jahrhunderts befand sich nämlich an der Stelle des heutigen **Knuedlers** ein Franziskanerkloster und eine Kirche.* (JO 14.04.2017) ♦ Knuedlerfriedhof,

Knuedlerpflaster, Knuedlermauer, ↑ Parking Knuedler

Kohäsion, die; -, -en: Zusammenhalt ↑ soziale Kohäsion <frz. *cohésion*, lux. *Kohäsioun*>: *„Wenn es denn solange dauert", meinte dazu Henri Hinterscheid, der Zweifel an der* ***Kohäsion*** *der neuen Dreierkoalition hegte.* (LW 02.12.2017); *Sprache, Identität,* ***Kohäsion*** (JO, Überschrift, 26.09.2016) ♦ Sozialkohäsion

Kohäsion, soziale, die; -n -, nur Singular: gesellschaftlicher Zusammenhalt ↑ Kohäsion <frz. *cohésion sociale*>: *Der zweite ↑ Schöffe Marc Spautz wird für die Aufgabengebiete wirtschaftliche Entwicklung,* ***soziale Kohäsion****, Integration, Jugend, Senioren, Sport, Freizeit und Soziales zuständig sein.* (TB 08.11.2017); *Als das Parlament über die Anpassung des Mindestlohns an die Lohnentwicklung debattierte, fiel wieder des Öfteren der Begriff* ***soziale Kohäsion****.* (JO 19.12.2012)

Kollekte, die; -, -n: allgemein für Sammlung (in D auf Kirchenkollekte beschränkt): *Sie haben auch eine* ***Kollekte*** *für syrische Flüchtlinge durchgeführt.* (JO 01.11.2019); *Viviane Neu Peltier und Colette Kass-Meyer wurden für ihre zehn- bzw. fünfjährige Tätigkeit bei der jährlichen* ***Kollekte*** *des Roten Kreuzes geehrt.* (TB 27.04.2017) ♦ Grünschnittkollekte, Hauskollekte, Hausmüllkollekte

Kollektion, die; -, -en: auch für Museumsinventar, Exponate <frz. *collection*, lux. *Kollektioun*>: *Während dieser Zeit wird die* ***Kollektion*** *vorübergehend im Erdgeschoss des ehemaligen ↑ Friedensgerichts ausgestellt.* (TB 11.04.2018); *Auch und obwohl Mudam-Direktor* (↑ Mudam) *Enrico Lunghi sich immer wieder gerne den Mund wund redet und nicht müde wird, die Qualität der ausgestellten Werke – speziell jene der museumseigenen* ***Kollektion*** *– hervorzuheben.* (JO 17.01.2013) ♦ Museumskollektion

kollektiv: allgemeiner als in D für gemeinschaftlich <frz. *collectif*, lux. *kollektiv*>: *Auf dem ersten Stock werden sieben Säle für* ***kollektive*** *Proben geschaffen.* (TB 14.01.2020); *Prangert Juncker fehlende* ***kollektive*** *Courage in den einzelnen EU-Staaten an, ihre Verpflichtungen gegenüber den flüchtenden Menschen wahrzunehmen, so sollte er sich und die EU-Außenpolitik nicht außen vorlassen.* (JO 26.08.2015) ♦ Kollektivatelier (↑ Atelier), ↑ Kollektivität, ↑ Kollektivurlaub, ↑ Kollektivvertrag

Kollektivität, die; -, -en: neben Gemeinschaft (D), Vereinigung (D): <frz. *collectivité*, lux. *Kollektivitéit*>: *Wir leben hier in der Tat das Europa der Regionen, der kommunalen* ***Kollektivität****.* (TB 30.05.2020); *Als Glaubensmanifestation* (↑ Manifestation) *und Glaubenszeugnis einer christlichen* ***Kollektivität****, ist die ↑ Oktave gerade im Jahr des Glaubens von Bedeutung.* (LW 20.04.2013)

Kollektivvertrag, der; -[e]s, -verträge: Tarifvertrag (D): *Die vorzeitige Kündigung des* ***Kollektivvertrages*** *zeige, dass es den Gewerkschaften nicht um eine einvernehmliche Lösung geht – die Gewerkschaften wollten den Sozialstreit.* (TB 01.02.2017); ***Kollektivverträge*** *werden zwischen Gewerkschaften und Arbeitgeberorganisationen abgeschlossen und legen die Arbeitsbedingungen fest.* (JO 29.04.2013) ♦ ↑ Kollektivvertragsgesetz, Kollektifvertragspolitik, ↑ Kollektivvertragsverhandlung, ↑ Staatsarbeiterkollektivvertrag

Kollektivvertragsgesetz, das; -es, -e: Gesetz zum ↑ Kollektivvertrag: *Die ↑ CSV will das* ***Kollektivvertragsgesetz*** *von 2004 überarbeiten und an die veränderte Arbeitswelt anpassen.* (JO 28.09.2018); *Die Erhöhung des gesetzlichen Mindestlohnes bleibt eine wesentliche Forderung, ebenso die Reform des* ***Kollektivvertraggesetzes*** *und eine Stärkung der gewerkschaftlichen Rechte.* (TB 29.05.2018)

Kollektivvertragsverhandlung, die; -, -en: Verhandlungen zum ↑ Kollektivvertrag: ***Kollektivvertragsverhandlungen** drohen zu scheitern* (TB, Unterüberschrift, 28.01.2020); *Der Triumph auf voller Linie über die erfolgreichen **Kollektivvertragsverhandlungen** im Pflege- und Sozial- sowie auch im Krankenhaussektor wurde voll ausgekostet.* (JO 27.06.2017)

Kollektivurlaub, der; -[e]s, -e: gesetzlich vorgeschriebene Urlaubszeit des Baugewerbes <frz. *congé collective*>: *Die Abrissarbeiten sollen nach dem **Kollektivurlaub** anlaufen.* (TB 28.06.2017); *Im Sommer gehe der Trinkwasserverbrauch traditionell zurück, dafür gibt es zwei Gründe: Die Schulferien und der **Kollektivurlaub** im Baugewerbe.* (JO 19.08.2015) ♦ Winterkollektivurlaub

Kollektor, der; -s, -en: Sammelrohr(leitung) für Abwasser ↑ Abwasserkollektor: *Zu den größten Herausforderungen des neuen Gemeinderats zählt der Bau von **Kollektoren** zum Anschluss an die interkommunale Kläranlage in Grevenmacher.* (TB 16.11.2017); *Immerhin werde jetzt an einem **Kollektor** für Oberflächenwasser gearbeitet, wobei die Trassenführung zumindest ungewöhnlich sei.* (JO 30.08.2017) ♦ ↑ Abwasserkollektor, Bypasskollektor, Kollektorennetz, Stauraumkollektor

Kolonie, die; -, -n: auch für Feriencamp, Ferienfreizeit, ↑ Ferienkolonie <frz. *colonie*, lux. *Kolonie*>: *Zum Vergleich: In den vergangenen Jahren konnten bis zu 120 Kinder an einer **Kolonie** teilnehmen.* (TB 01.09.2020); *Während der **Kolonie** ist ihre ↑ Mission, durch Spiele und Aufgaben das Orakel wieder zusammen zu bauen und somit den aufgetretenen Streit in der Götterwelt zu schlichten und für Frieden zu sorgen.* (JO 07.08.2018) ♦ ↑ Ferienkolonie, Klassenkolonie, Schneekolonie, Sommerkolonie

Komitee, das; -s, -s: üblicher als in D, vor allem in Zusammensetzungen <frz. *comité*, lux. *Comité*>: *Neues **Komitee** – neues ↑ Statut* (TB, Überschrift, 21.04.2020); ↑ *Großherzog Henri empfing am gestrigen Dienstag das **Komitee** des Interessensyndikats* (↑ Syndikat) *für Landwirte, Gärtner, Winzer und Bio-Bauern Luxemburgs, die „Baueren-Allianz", im Rahmen des feierlichen 30. Geburtstages des ↑ Syndikates.* (JO 16.01.2019) ♦ ↑ Direktionskomitee, ↑ Ethikkomitee, ↑ Konjukturkomitee, ↑ Lehrerkomitee, ↑ Nationalkomitee, ↑ Schulkomitee

kommunaler Agent ↑ Agent, kommunaler

Kommemoration-, die; -, nur Singular: eher selten für Erinnerung, Gedenken, als Erstglied in Zusammensetzungen <frz. *commémoration*>: ♦ ↑ Kommemorationsfeier, Kommemorationspolitik, Kommemorationstag

Kommemorationsfeier, die; -, -n: Gedenkfeier, ↑ Kommemoration: *Nach der Begrüßung der Anwesenden durch Generalsekretär Tom Scholtes, der später auch durch das Programm führte, wies ↑ Députémaire Emile Eicher in seiner Eingangsrede auf die Wichtigkeit von Gedenkfeiern hin und dankte dem CEBA für die Ausrichtung der diesjährigen **Kommemorationsfeier**.* (LW 22.12.2017); *Täten wir wirklich nicht besser daran, endlich eine ↑ nationale **Kommemorationsfeier** abzuhalten, wo sich an einem Ort die Mitbürger zum Gedenken wiederfinden können?* (TB 02.10.2012)

Kommission, die; -, -en: (Beratungs-) Gremium, Ausschuss, produktiver als in D, insbesondere in festen und unfesten Zusammensetzungen <frz. *commission*, lux. *Kommissioun*> ♦ Alterskommission, Bankenkommission, ↑ Bautenkommission, Budgetkontrollkommission (↑ Budget), Chamber-Justiz-Kommission

(↑ Chamber), ↑ Chamberkommission (↑ Chamber), Chamberkommissionsmitglied (↑ Chamber), Drittalterskommission (↑ drittes Alter), Epurationskommission (↑ Epuration), ↑ Gemeindekommission, ↑ Familienkommission, ↑ Finanzkommission, ↑ Finanz- und Budgetkommission (↑ Budget), Inklusionskommission, Institutionenkommission, Integrationskommission, ↑ Kalenderkommission, Kammerkommission (↑ Kammer), Kulturkommission, Logementkommission (↑ Logement), ↑ Nomenklaturkommission, Oktavkommission (↑ Oktave), Petitionskommission, Präsidentenkommission (↑ Präsident), ↑ Schulkommission, Seniorenkommission, Sozialkommission, Subsidienkommission (↑ Subsidien), ↑ Umweltkommission, Urbanismuskommission (↑ Urbanismus)

Kọmmodo-Antrag/Cọmmodo-Antrag, der; -[e]s, -anträge: Antrag zur rechtlichen Vorprüfung bei Bauprojekten ↑ Kommodo-Inkommodo: *Das waren 28 Prozent mehr Schalterbesuche, 31 Prozent mehr Anrufe, 32 Prozent mehr **Kommodo-Anträge**, 60 Prozent mehr Post und 87 Prozent mehr E-Mails als im Jahr davor.* (LW 25.06.2020); *Aus all diesen Gründen bitten die Unterzeichner der Reklamation den Bürgermeister, zum Wohl ihrer Gesundheit und jener ihrer Kinder, ArcelorMittal nicht noch eine weitere Genehmigung zwecks „valorisation de pneus usagés au four électrique", wie es im offiziellen **Kommodo-Antrag** heißt, zu erteilen.* (TB 03.09.2018)

Kọmmodo-Ịnkommodo/Cọmmodo-Incọmmodo: rechtliche Vorprüfung bei Bauprojekten, abgekürzt auch Kommodo, meist Erstglied in Zusammensetzungen <lat. *commodo et incommodo*>: *Interesse bekundet haben bereits die Verbandsgemeinden Trier-Land, Hermeskeil und Ruwer, die bereits dabei sind, ihre Flächennutzungspläne zu revidieren und Anhörungsverfahren (**Kommodo/Inkommodo**) vorzubereiten.* (TB 09.03.2011) ♦ Kommodo-Inkommodo-Anfrage, ↑ Kommodo-Inkommodo-Genehmigung, Kommodo-Inkommodo-Gesetz, ↑ Kommodo-Inkommodo-Prozedur, Kommodo-Inkommodo-Regeln

Kọmmodo-Ịnkommodo-Genehmigung/Cọmmodo-Incọmmodo-Genehmigung, die; -, -en: Genehmigung des Antrags auf rechtliche Vorprüfung bei Bauprojekten ↑ Kommodo-Inkommodo: *Zudem wurde bei einer eingehenderen Überprüfung festgestellt, dass fünf Betriebe innerhalb der ↑ Industriezone überhaupt nicht über eine sogenannte **Kommodo-Inkommodo-Genehmigung** verfügten.* (LW 08.01.2021); *Nun verhält es sich so, dass jegliche Maßnahmen und Arbeiten in diesem Zusammenhang eine **Kommodo-Inkommodo-Genehmigung** der Klasse 1 bedingen, die von den stattlichen Stellen (Umweltverwaltung, „Inspection du travail et des mines") ausgestellt wird.* (TB 02.10.2008)

Kọmmodo-Ịnkommodo-Prozedur/Cọmmodo-Ịncommodo-Prozedur, die; -, -en: ↑ Kommodo-Inkommodo, ↑ Infokasten Prozedur: *Nach der öffentlichen Befragung im Rahmen der **Commodo-Incommodo-Prozedur** sind in Bettemburg 16 Einsprüche eingegangen.* (TB 01.09.2020); *Denn die ↑ Gewerbeinspektion (ITM), die meinem Ministerium untersteht, muss Gutachten bei der **Commodo-Incommodo-Prozedur** und der Seveso-Direktive verfassen.* (LW 13.03.2018)

Kompetẹnzzentrum, das; -s, -zentren: Schulform für Schüler mit besonderem Förderungsbedarf, Förderschule (D), auch CDI <frz. *Centre pour le développement intellectuell*>: *Auch die*

Kompetenzzentren, in denen Kinder mit spezifischen Bedürfnissen unterrichtet werden, schalten auf Fernunterricht. (LW 22.12.2020); *Bei Schülern aus* ***Kompetenzzentren*** *ist das Thema umso akuter, da hier das Tragen der Masken, aufgrund unterschiedlicher ↑ Pathologien, die die Schüler haben, nicht gewährleistet werden kann.* (TB 19./20.12.2020) ♦ CDI-Kompetenzzentrum

Kompetition [kɔmpetitsiˈoːn], die; -, -en: eher selten neben Wettbewerb, Wettkampf <engl. *competition*, frz. *compétition*>: *Seit der Gründung musste „Rythmo-Cats" eine Reihe negativer Entscheidungen erleben: Verweigerung der Lizenzen für die Turner, Verweigerung der Diplome für die Richter, Suspension für die Veröffentlichung der Resultate einer autorisierten* ***Kompetition*** ... (LW 16.09.2017); *Chairman Mil Manderscheid, von Anfang an dabei, zeigte sich nach den beiden ersten Tagen hochzufrieden mit den Leistungen und dem Ablauf der verschiedenen* ***Kompetitionen.*** (TB 14.12.2012) ♦ Kompetitionsbecken, ↑ Kompetitionssport, 24-Stunden-Kompetition

Kompetitionssport, der; -s, nur Singular: Wettkampfsport, ↑ Kompetition: *Laut Sportminister* (↑ Minister) *Romain Schneider sind in den letzten 15 Jahren 15 000 Lizenzen im* ***Kompetitionssport*** *hinzugekommen, im „Sport-loisir" sind es 12 500 zusätzlich und im Jugendbereich 5000 mehr als vor 15 Jahren.* (TB 28.02.2018); *„Kegeln ist aber nicht nur ein* ***Kompetitionssport****, sondern auch ein ur-luxemburgisches Kulturgut, das wir uns bemühen, zu erhalten", so Jaerling, der aber gleichzeitig bedauert, dass Kegelsportler hierzulande nicht die Anerkennung finden, die sie seiner Meinung nach für ihre herausragenden Leistungen verdienen.* (LW 26.07.2012)

kompetitiv: neben wettbewerbsfähig, auf den Wettbewerb bezogen: *„Diese können vor allem beim Kundenservice punkten; bei der persönlichen Beratung, den Reparaturen oder beim Garantieangebot können sie* ***kompetitiv*** *sein."* (LW 21./22.11.2020); *Besonders, wenn diese einem bei* ***kompetitiven*** *Spielen einen Vorteil gegenüber anderen Spielern bieten.* (JO 22.02.2018)

Komplementarwahl, die; -, -en: Nachwahlen zur Vervollständigung kommunaler Gremien: *Colmar-Berg / Dann waren es nur noch sechs –* ***Komplementarwahlen*** *unumgänglich* (TB, Überschrift, 06.08.2021); *In der Gemeinde Bauschleiden fanden am Sonntag* ***Komplementarwahlen*** *statt.* (LW 25.08.2019)

Konformität, die; -, -en: Vorschriftmäßigkeit, Regelgemäßheit <frz. *conformité*>: *Anstelle eines vollständigen ↑ Audits sei bis dato nur die* ***Konformität*** *der Verwaltungsprozesse von Verträgen über die Lieferung von Dienstleistungsprodukten überprüft worden.* (TB 05.03.2020); *„Wir haben festgestellt, dass die Polizei im Moment keine komplette* ***Konformität*** *zu diesen Bestimmungen aufweist und haben die ↑ Autoritäten aufgerufen, die spezifische Gesetzgebung zu präzisieren."* (LW 10.08.2019) ♦ ↑ Konformitätsbescheinigung, ↑ Konformitätsprüfung, ↑ Konformitätszertifikat, Nichtkonformität

Konformitätsbescheinigung, die; -, -en: Nachweis der ↑ Konformität, ↑ Konformitätszertifikat: *Bei Fahrzeugen, die im Winter der Kfz-Hauptuntersuchung unterzogen werden, muss der Halter darauf vorbereitet sein, dass die Felgen und Reifen ein Abnahmeverfahren durchlaufen müssen, insbesondere dann, „wenn ihre Maße nicht den auf der* ***Konformitätsbescheinigung*** *des Fahrzeugs angegebenen Maßen entsprechen", wie ausgeführt wird.* (JO 12.12.2019); *Wie bei jeder Änderung an einem Neuwagen benötigen die Lichtanlagen der beiden Teslas zuerst eine* ***Konformitätsbescheinigung****, bevor*

sie montiert werden. (LW 16.01.2018)
♦ EG-Konformitätsbescheinigung

Konformitätsprüfung, die; -, -en: Prüfung der ↑ Konformität: *Die lästige* ***Konformitätsprüfung*** *beim Kauf eines Neuwagens ist entfallen, es genügt, wenn der Autohändler eine schriftliche Anfrage an die SNCA schickt.* (LW 26.08.2016); *Offenbar ist man in der Regierung gewillt den gesunden Menschenverstand einzusetzen und die blödeste aller technischen Kontrollen abzuschaffen: Die* ***Konformitätsprüfung*** *für Neuwagen.* (JO 21.01.2014)

Konformitätszertifikat, das; -[e]s, -e: Nachweis der ↑ Konformität ↑ Konformitätsbescheinigung: *Bis zum 31. Januar 2016 musste der Käufer eines Pedelecs mit der Rechnung zur ↑ Kontrollstation, um dann dort ein* ***Konformitätszertifikat*** *ausgehändigt zu bekommen.* (JO 04.10.2017); *Wenn alles in Ordnung ist, wird ein offizielles* ***Konformitätszertifikat*** *ausgestellt.* (TB 18.02.2016)

Kongress, der; -es, -e: üblicher als in D, insbesondere im Wortfeldsegment Parteipolitik und entsprechenden Zusammensetzungen (vgl. ↑ Parteikongress vs. Parteitag in D) <frz. *congrès*, lux. *Kongress*>: *Und in einem Wahljahr hat jeder* ***Kongress*** *natürlich das Potenzial einer Wahlkampfveranstaltung.* (LW 26.03.2018); *Dass die Saison der ↑ Parteikongresse hierzulande traditionell zum Frühjahrsanfang eröffnet wird, ist allgemein bekannt, doch gleich vier* ***Kongresse*** *an einem Wochenende, das ist dann doch außergewöhnlich, zumal wenn sich zu den parteipolitischen* ***Kongressen*** *auch noch der nicht minder politische* ***Kongress*** *des ↑ Mouvement Ecologique hinzugesellt.* (JO 18.03.2015) ♦ ADR-Kongress (↑ ADR), ↑ Bezirkskongress, CSV-Nationalkongress (↑ CSV, ↑ Nationalkongress), CSV-Statutenkongress (↑ CSV, ↑ Statut), Déi-Lénk-Kongress (↑ Déi Lénk), Digitalkongress, DP-Kongress (↑ DP), DP-Nationalkongress (↑ DP, ↑ Nationalkongress), DP-Programmkongress (↑ DP), Kongressbüro (↑ Büro), Kongressmarathon, Kongressrede, Kongresssaison, Kongress-Test, ↑ Landeskongress, LCGB-Kongress (↑ LCGB), LSAP-Kongress (↑ LSAP), ↑ Nationalkongress, Nordkongress (↑ Nord-), Oktoberkongress, ↑ Parteikongress, Programmkongress, Regionalkongress, ↑ Sommerkongress, ↑ Statutenkongress, Südkongress (↑ Süd-), „Wort"-Parteikongressexpertin (↑ Parteikongress), Zentrumskongress

Konjunkturkomitee, das; -s, -s: offizielles Gremium für Wirtschaftsfragen: <frz.: *Comité de Conjuncture*>: *Das* ***Konjunkturkomitee****, das sich aus Vertretern von Regierung, ↑ Patronat und Gewerkschaften zusammensetzt, hat allen elf Anfragen stattgegeben.* (LW 25.09.2015); *Das einzige einigermaßen Positive, das der Minister gestern im Anschluss an die monatliche Sitzung des* ***Konjunkturkomitees*** *zu berichten hatte, war dann auch, dass die Jugendarbeitslosigkeit im Juli nicht noch weiter angestiegen ist und die Arbeitsmarktverwaltung demnächst 25 neue Leute einstellen will – an Interessenten soll es nicht mangeln.* (JO 28.08.2013)

Konnektivität, die; -, -en: allgemeiner als in D für Vernetzung, Verbindung <frz. *connectivité*>: *Wir sind gut in der* ***Konnektivität****, den Kompetenzen und den ↑ Infrastrukturen, wie den Datenzentren, aber nicht beim Staat, nicht im e-Gouvernement.* (LW 26.09.2019); *„Die* ***Konnektivität*** *des Landes ist schon sehr gut", meinte Bettel.* (TB 09./10.05.2018)
♦ Bluetoothkonnektivität, Breitbandkon-

nektivität, Informationskonnektivität, Konnektivitätsdienst

Konsultation, die; -, -en: allgemeiner als in D für Anfrage, Beteiligung, Sprechstunde (beim Arzt) u. dgl. <frz. *consultation*, lux. *Consultatioun*> ↑ Konsultierung: *Arloner Straße / Grüne wollen „echte Bürgerbeteiligung statt* ***Konsultation*** *" in dem entstehenden Wohnviertel* (TB, Überschrift, 24.02.2020); *Im Dezember 2016 habe die Direktion zudem einseitig und ohne* ***Konsultation*** *einen Lohnstop für übertariflich bezahlte Beschäftigte beschlossen.* (LW 18.05.2017) ♦ ↑ Bürgerkonsultationen, ↑ Covid-19-Konsultationszentrum, ↑ Konsultationsdebatte, ↑ Konsultationsphase, ↑ öffentliche Konsultation

Konsultation, öffentliche, die; -n -, -n -en: öffentliche Anhörung (D) ↑ Konsultation: *Die* ***öffentliche Konsultation*** *soll dann entweder vor den Sommerferien oder kurz danach über die Bühne gehen.* (TB 27.02.2020); ↑ *Regierungsrat nimmt* ↑ *nationalen Klimaplan an –* ***öffentliche Konsultation*** *startet Mittwoch* (JO, Überschrift, 07.02.2020)

konsultativ: [auch CH] allgemeiner als in D für beratend, mittels Befragung: *Die* ↑ *hohe Körperschaft gilt als* ***konsultatives*** *Organ im Gesetzgebungsprozess.* (TB 17.11.2021); *Er wolle einfach verhindern, dass man die Bevölkerung zu einem fertigen Text im Referendum befragen würde, ohne sie davor* ***konsultativ*** *einzubinden, begründet Engel die Kehrtwende seiner Partei in Sachen Verfassungsreform.* (LW 21.09.2019) ♦ ↑ Referendum, konsultatives; ↑ Volksbefragung, konsultative

konsultatives Referendum ↑ Referendum, konsultatives

konsultative Volksbefragung ↑ Volksbefragung, konsultative

Konsultationsdebatte, die; -, -n: Beratungs- bzw. Informationsdebatte im Parlament, ↑ Konsultierungsdebatte, ↑ Konsultation: *Parlament / Breite Zustimmung für die Impfpflicht: Der* ***Konsultationsdebatte*** *soll ein Gesetz folgen* (TB, Überschrift, 22.02.2022); *Die* ***Konsultationsdebatte*** *im Rahmen der Polizeireform am Dienstagnachmittag im Parlament verlief größtenteils in einer ruhigen und konstruktiven Atmosphäre.* (LW 28.06.2017)

Konsultationsphase, die; -, -n: Zeitraum der ↑ öffentlichen Konsultation: *Die von ihnen während der öffentlichen* ***Konsultationsphase*** *geleisteten Beiträge seien völlig außer Acht gelassen worden, sagen die Organisationen.* (TB 21.09.2019); *Zudem werden während dieser 30-tägigen* ***Konsultationsphase*** *die Pläne der drei Varianten in den Gemeindehäusern ausliegen.* (LW 05.03.2016)

konsultieren: üblicher als in D für anfragen, beteiligen, zurate ziehen <frz. *consulter*, lux. *consultéieren*>: *Pitt Bach vom* ↑ *OGBL beanstandete, dass die Sozialpartner im Vorfeld nicht* ***konsultiert*** *worden seien.* (LW 19.10.2021); *Er hat erst einmal alle* ↑ *Akteure der Kultur* ***konsultiert.*** (TB 01.07.2016)

Konsultierung, die; -, -en: allgemeiner als in D für Anfrage, Beteiligung, Sprechstunde (beim Arzt) u. dgl. <vgl. frz. *consultation*, vgl. lux. *Consultatioun*> ↑ vgl. Konsultation: *Vier Werktage für ein Gutachten zu so einer komplexen Materie in der Erwartung, dass sie über Nacht in die* ***Konsultierung*** *des Parlaments einfließt?* (LW 28.01.2022); *Aus ihren Arbeiten, an denen sich im Februar und März mehr als 300 aktive Künstler, Beauftragte und Manager beteiligten, entstanden die vier Diskussionsebenen, die den aktuellen Teil der* ***Konsultierung*** *ausmachen.* (TB 01.07.2016)

Konsultierungsdebatte, die; -, -n: Beratungs- bzw. Informationsdebatte im Parlament, ↑ Konsultationsdebatte: *Die Diskussion über die großen Infrastrukturprojekte werden im April unter anderem in zwei parlamentarischen*

***Konsultierungsdebatten** weitergeführt.* (JO 23.03.2018); *Nun will man parteiübergreifend die Köpfe zusammenstecken und gemeinsam nach Lösungen suchen, die dann im Februar 2018 im Parlament im Rahmen einer **Konsultierungsdebatte** diskutiert werden.* (LW 24.10.2017)

kontestieren: eher selten für anfechten, anzweifeln <frz. *contester*>: *Ich will dann auch daran erinnern, dass das Tram-Projekt* (↑ Tram) *stark **kontestiert** wurde, und das Gesetz, das ich am Anfang der Legislaturperiode vorfand, nicht ganz schlüssig war.* (JO 31.07.2017); *Die ↑ Investitionen **kontestieren** wir nicht.* (TB 09./10.02.2017)

Kontrollbüro, das; -s, -s: Kontrollinstanz, ↑ Büro: *Das habe ein Sicherheitsaudit* (↑ Audit) *eines **Kontrollbüros** ergeben.* (TB 14.03.2020); *Bürgermeister Pierre Mellina* (↑ CSV) *unterstrich, dass es sich hier um ein schwieriges ↑ Dossier gehandelt habe, bei dem man unter Zeitdruck gestanden habe und immer wieder neue Probleme durch ein **Kontrollbüro** festgestellt wurden.* (JO 14.07.2013)

Kontrollprozedur, die; -, -en: Kontrollverfahren ↑ Infokasten Prozedur: *Ein Handbuch soll den zuständigen Beamten genaue **Kontrollprozeduren** aufzeigen.* (TB 25.02.2020); *Ein Grund für den sozialistischen Abgeordneten Alex Bodry Ende August eine parlamentarische Frage an Jean-Claude Juncker über den Sinn dieser antiquierten **Kontrollprozedur** zu stellen.* (LW 15.03.2012)

Kontrollstation, die; -, -en: Kfz-Prüfstelle: *Bis zum 31. Januar 2016 musste der Käufer eines Pedelecs mit der Rechnung zur **Kontrollstation**, um dann dort ein ↑ Konformitätszertifikat ausgehändigt zu bekommen.* (JO 04.10.2017); *↑ ACL droht mit eigener **Kontrollstation**.* (TB 01.10.2012) ♦ Autokontrollstation, DEKRA-Kontrollstation, Fahrzeugkontrollstation

Konveniat [kɔnveːnˈi̯aːt], das; -s, -e: Wiedersehenstreffen, Klassentreffen <lux. *Konveniat*>: *Über 1700 Personen haben sich für das **Konveniat** eingeschrieben.* (LW 11.05.2019); *So gesehen an einem trüben 17. November, als 14 Damen und Herren des Jahrgangs 1952 ihr bereits fünftes **Konveniat** feiern.* (TB 23.11.2017)

Konvention, die; -, -en: (amtliche) vertragliche Übereinkunft, Vereinbarung, Verhaltensregelung <frz. *convention*, lux. *Konventioun*>: *Des Weiteren wurde eine **Konvention** mit drei Bauherren, betreffend insgesamt neun KFZ-Stellplätze für 90 000 Euro, eine weitere mit dem „Kulturhuef" für die Unterstützung in Höhe von 100 000 Euro sowie eine Vereinbarung mit dem „Late Night Bus Mëllerdall", der ab dem 1. Januar 2019 vom „Late Night Bus Norden" übernommen wird, genehmigt.* (TB 29.03.2018); *„Wir kündigen die **Konvention** nicht auf", betonte er.* (JO 15.03.2017) ♦ Basilikakonvention, Forschungskonvention, Konventionsentwurf, Vierjahreskonvention

konventionieren: eine (staatliche) ↑ Konvention abschließen <lux. *konventionéieren*>: *Denn fünf der 20 **konventionierten** Pflegehäuser mit ihren 2205 Betten (Stand 2015) in Luxemburg weigerten sich.* (TB 14.12.2017); *Derzeit gebe es 112 mit dem Staat **konventionierte** und 298 kommerzielle ↑ Betreuungsstrukturen und geschätzte18 800 Kinder zwischen einem und drei Jahren, von denen 9571 Kinder eine ↑ Betreuungsstruktur besuchen – 51 Prozent.* (JO 03.07.2017) ♦ nicht konventioniert

Konventionierung, die; -, -en: (staatliche) Übereinkunft, Anerkennung ↑ Konvention: *Es ist aber das, was die Kasse heute bezahlt, ergo die Medizin, die einzige Medizin, die die Ärzte aufgrund der **Konventionierung** mit der einzigen Krankenkasse, die wir haben, anbieten dürfen.* (LW 15.05.2018); *Tat-*

sächlich hatte Gesundheitsministerin Lydia Mutsch noch im August 2014 unterstrichen, dass Luxemburg wegen seines Systems der automatischen ***Konventionierung*** *und automatischen Anerkennung der Abschlüsse in der EU nach wie vor äußerst attraktiv für Ärzte aus dem Ausland bleibe.* (TB 24.09.2014) ♦ Konventionierungssystem, Postenkonventionierung (↑ Posten)

konvivial: eher selten für gesellig, benutzerfreundlich <frz. *convivial*>: *Minister François Bausch stelle sich aber „einen* ***konvivialen*** *Platz vor, mit einem unterirdischen ↑ Fahrradparking und zahlreichen anderen Funktionalitäten – aber komplett ohne Auto".* (LW 29.01.2022); *Dass sich die Mühe lohnt, werden sämtliche Teilnehmer am Turnier, das immer auch ein sehr* ***konviviales*** *Event ist, bezeugen.* (JO 30.07.2019)

Konvivialität, die; -, nur Singular: Geselligkeit, Benutzerfreundlichkeit <frz. *convivialité*>: *Bürgermeister Dan Biancalana spricht von* ***Konvivialität,*** *die durch die Umgestaltung der Place Kinnen in diesem Bereich Einzug halten werde.* (LW 03.02.2021); ***Konvivialität,*** *Familie, Respekt und Solidarität seien Begriffe, die seit jeher etwas bedeuten würden an diesem Ort der Begegnung, erklärt der Chef: „Wem das gefällt, der ist willkommen, ganz gleich, von wo er herkommt oder was er macht im Leben."* (TB 23.01.2019)

Kooperationshilfe, die; -, -n: neben Entwicklungshilfe (D): *Das westafrikanische Land, langjähriger Partner der luxemburgischen* ***Kooperationshilfe,*** *wird seit August 2020 und einem Putsch von einer vornehmlich aus Militärangehörigen besetzten Übergangsregierung geführt.* (LW 09.01.2022); *„Da dies ein Zielland der Luxemburger* ***Kooperationshilfe*** *ist, sind wir hier in der glücklichen Situation, dass unsere Projekte zu 80 % kofinanziert werden."* (TB 31.10.2019)

Koppe, die; -, -n: eher selten neben Anhöhe, Hügel, Kuppe: *Von Null auf 135 Meter: So hoch ragen die schlaksigen Masten der Windräder auf den ↑ Öslinger* ***Koppen*** *gen Himmel.* (LW 22.09.2016); *Im Wallis sind die Berge weitaus höher als unsere ↑ Öslinger* ***Koppen,*** *dies ist sicherlich kein Geheimnis, aber im Val d'Hérens (Eringer-Tal) mit seinem einzigartigen Schneeparadies der Region Evolène dauern die hervorragenden Wintersportbedingungen etwas länger.* (TB 21.02.2013)

Körperdurchsuchung, die; -, -en: Leibesvisitation (D): *Die Polizisten führten daraufhin eine* ***Körperdurchsuchung*** *beim vermeintlichen Dealer durch und wurden – natürlich – fündig.* (TB 14.12.2017); *Bei einer* ***Körperdurchsuchung*** *konnte Diebesgut gesichert werden.* (JO 25.11.2016)

Körperschaft, Hohe ↑ Hohe Körperschaft

Korporal, der; -s, Korporäle: [auch AUT, CH] Rang der Luxemburger Armee und Feuerwehr <frz. *caporal*>: *Angeführt werden die 13 Soldaten des Kontingents „EUTM Mali 2021-02" von einem Offizier, drei Unteroffizieren und drei* ***Korporalen.*** (TB 19.05.2021); *Paul Heinrich bleibt nichts anderes übrig, als das mit Humor zu nehmen und bewirbt sich als* ***Korporal*** *– die Voraussetzung, um Polizist oder ↑ Gendarm zu werden.* (LW 02.04.2021)

Korps, das; -, -: allgemeiner als in D für Vereinigung, Gemeinschaft, häufig in Zusammensetzungen: *Den Abgeordneten und gelernten Ingenieur und Feuerwehroffizier freut besonders die neue ↑ Feuerwehrkaserne für die fusionierten* ***Korps*** *aus Dippach und Bettingen sowie die in der Nähe errichteten neuen ↑ Gemeindeateliers.* (JO 08.09.2017); *Zwischen diesen beiden* ***Korps*** *gab es in Luxemburg immer mal wieder „Rei-*

bereien", um es elegant auszudrücken. (TB 18.08.2016) ♦ ↑ Feuerwehrkorps, ↑ Lehrerkorps, ↑ Polizeikorps, ↑ Rettungskorps

Korrespondẹnz, die; -, -en: auch für Anschluss im öffentlichen Verkehr <frz. *correspondance*>: *Beim Umsteigen in Bettemburg müssen die Fahrgäste aus Düdelingen zu lange auf ihre **Korrespondenzen** warten* (JO, Bildunterschrift, 04.12.2017); *Reisende müssen die Linie 60 mit **Korrespondenz** in Bettemburg und Rodange nehmen.* (LW 21.03.2016)

Kra̲merstand, der; -[e]s, -stände: Krambude (D): *Die ↑ „Schueberfouer" 2016 das sind: 190 Fahrgeschäfte, Restaurants, Süßwarengeschäfte, Los- und Schießbuden sowie 90 **Kramerstände** („camelots") entlang der Allée Scheffer.* (JO 19.08.2016); *Zudem werden fast 100 **Kramerstände** die Allée Schaeffer füllen.* (TB 01.08.2013)

Krạnkenhausstruktur, die; -, -en: ↑ Infokasten Struktur: *Ziel sei es, eine „schlafende" **Krankenhausstruktur** mit zusätzlichen Betten aufzubauen, die bei Bedarf aktiviert werden könne, so Nati.* (TB 29.05.2020); *Ob allgemeiner ↑ Tiers payant für alle Arztrechnungen, elektronische Patientenakte, E-Santé* (↑ Santé), *veraltete ↑ Nomenklaturen, Ärzte- und Personalmangel, überfüllte Notaufnahmen und überlastete **Krankenhausstrukturen** – es gibt viel Gesprächsbedarf.* (LW 13.11.2019)

Kra̲u̲tmarkt, der; -[e]s, nur Singular: metonymisch für ↑ Abgeordnetenkammer, abgeleitet von *rue du Marché-aux-Herbes* <lux. *Krautmaart*>: *War Blau-Schwarz am ↑ Knuedler ein Signal, um das ↑ Terrain für Schwarz-Blau am **Krautmarkt** vorzubereiten?* (LW 20.01.2018); *TTIP auf **Krautmarkt*** (TB, Überschrift, 11.07.2014)

Krimina̲lkammer, die; -, -n: Abteilung des ↑ Bezirksgerichts, neben Strafkammer (D): ↑ Kammer <frz. *chambre criminelle*>: *Vor den **Kriminalkammern** des ↑ Bezirksgerichtes Luxemburg drehte sich in dieser Woche fast alles um Messerangriffe.* (LW 06.02.2021); *Die Vorsitzende der **Kriminalkammer** versuchte aber mehrere Male, den Mann zu beruhigen, und erklärte dem Beschuldigten, dass auch er das Wort bekäme.* (TB 09.06.2017)

Kri̲senzelle, die; -, -n: Krisenstab (D) <frz. *cellule de crise*>: *Der **Krisenzelle** des Außenministeriums liegen keine derartigen Informationen vor.* (LW 24.07.2018); *Unwetter in Luxemburg: **Krisenzelle** erwartet leichtes Hochwasser an der Sauer* (TB, Überschrift 01.06.2018) ♦ Covid-19-Krisenzelle, Unwetterkrisenzelle

Kri̲se, sanitä̲re: die; -n -, -n -n: Gesundheitskrise, meist auf die COVID-19-Pandemie bezogen <frz. *crise sanitaire*, lux. *sanitäre Kris*>: *Dabei darf aus der **sanitären Krise**, die zu einer wirtschaftlichen zu werden droht, keine soziale werden, so der Autor.* (TB 25.03.2020); *Zu letzterem Zweck hat die Regierung, wie alle anderen auch, zumindest in den vom Virus betroffenen Gegenden, die immer zahlreicher werden, eine Reihe von ziemlich einschneidenden, aber in dieser **sanitären Krise** äußerst notwendigen Entscheidungen gefällt.* (JO 13.03.2020)

Kropemann [ˈkʀoːpəman], der; -s, nur Singular: Luxemburger Sagengestalt, Wassergeist, auch ‚Hakenmann' <lux. *Kropemann*>: *„Wer hat Angst vorm **Kropemann**?"* (JO 29.09.2019); *Den ganzen Tag über drehte natürlich auch der zwar grausig aussehende, aber eigentlich ganz nette **Kropemann** seine Runden und sorgte überall für Aufsehen.* (LW 30.09.2018) ♦ Kropemannsfest, Kropemannsstatue

kruzial [kʀutsi̯ˈaːl]: entscheidend, ausschlaggebend <frz. *crucial*, lux. *kruzial*>: *Denn natürlich ist die **kruziale** Frage die der Generationengerechtigkeit, die auch das einzige Argument* *ist, das man ins Feld führen kann.* (JO 27.10.2017); *In einer entsprechenden ↑ Motion hat die Sektorenkonferenz den Auftrag erteilt, innerhalb der genannten Arbeitsgruppe weiter zu verhandeln, um Verbesserungen in einigen* ***kruzialen*** *Fragen zu erreichen.* (TB 24.07.2017)

Kulturbudget, das; -s, -s: Kulturhaushalt ↑ Infokasten Budget: *Das* ***Kulturbudget*** *steigt auf 141 Millionen Euro.* (LW 11.10.2017); *In den vergangenen Jahren hat die Stadt das* ***Kulturbudget*** *regelmäßig erhöht: 2012 lag es noch bei 12,5 Millionen Euro, 2016 bei 15,3.* (TB 01.07.2017)

Kulturminister Kulturministerin, der; -s, - bzw. die; -, -nen: ↑ Infokasten Minister: *Der Vorschlag der* ***Kulturministerin****, die Häuserreihen mit den Nummern 32 und 34 in der rue de la Semois sowie mit den Nummern 1, 3, 5 und 7 in der rue des Jardiniers als ↑ nationales Denkmal zu ↑ klassieren, löste Diskussionen aus.* (TB 08.10.2019); *Schließlich müsse ein Gesundheitsminister doch nicht auch unbedingt Arzt und ein ↑ Kultusminister nicht unbedingt Pfarrer sein, wobei unser ↑ Kultusminister, der ja jetzt auch* ***Kulturminister*** *wird, neben Seerecht auch noch Kirchenrecht studierte.* (JO 17.12.2015)

Kulturministerium, das; -s, -ministerien: *Diese Wahl will wohlüberlegt sein: 16 Kandidatinnen und Kandidaten haben sich nach Auskunft des* ***Kulturministeriums*** *für die Nachfolge der scheidenden Direktorin der Nationalbibliothek, Monique Kieffer, gemeldet.* (LW 01.01.2020); *Das* ***Kulturministerium*** *sei dabei, einen Aktionsplan zur Aktualisierung des Inventars aufzustellen.* (JO 14.08.2018)

Kultus, der; -, nur Singular: die Kirche bzw. Religion betreffend: *Weitere Themen der ↑ Schöffenratserklärung betrafen die Bereiche Feuerwehr, Gesundheit, Sicherheit, Familienpolitik (Jugend und Senioren),* ***Kultus****, Kultur, Tourismus und Forstwesen.* (TB 26.03.2018); *Bekommt Jean Asselborn nun noch ein Ministerressort hinzu, Kultur oder* ***Kultus****?* (JO 22.07.2015) ♦ ↑ Kultusdiener, ↑ Kultusminister

Kultusdiener Kultusdienerin, der; -s, - bzw. die; -, -nen: (staatlich bezahltes) ‚Kirchenpersonal' im Priester- und Laienamt <frz. *ministres d'un culte*>: *Der Staat ist seiner Verpflichtung enthoben, für die Gehälter und Pensionen der* ***Kultusdiener*** *aufzukommen.* (LW 28.09.2017); *Gleichzeitig wurde sich einstimmig darauf verständigt, die geplante Referendumsfrage bezüglich der Gehälter der Priester und* ***Kultusdiener*** *fallen zu lassen.* (JO 21.01.2015)

Kultusminister Kultusministerin, der; -s, - bzw. die; -, -nen: Minister(in) mit Zuständigkeit ‚Kirche und Religion' (in D auf Bildungssektor bezogen) ↑ Infokasten Minister: *Als die Kirche vom Staat getrennt wurde, war er als* ***Kultusminister*** *nicht präsent.* (LW 07./08.12.2019); *Schließlich müsse ein Gesundheitsminister doch nicht auch unbedingt Arzt, und ein* ***Kultusminister*** *nicht unbedingt Pfarrer sein, wobei unser* ***Kultusminister****, der ja jetzt auch Kulturminister wird, neben Seerecht auch noch Kirchenrecht studierte.* (JO 17.12.2015)

Kultusministerium, das; -s, -ministerien: auch für Ministerium mit Zuständigkeitsbereich ‚Kirche und Religion' (in D ausschließlich auf Bildungssektor bezogen): *Erstmals hatte die Kirche 2013 einen Einblick in ihre Finanzsituation gewährt. Gillen hatte im vergangenen Jahr die Höhe der Mittel aus dem* ***Kultusministerium*** *für ihre Dienste und Angestellten auf 25 Millionen Euro beziffert.* (TB 21.07.2014); *Bis zum 25. Oktober hatten die verschiedenen Glaubensgemeinschaften und die Parteien Zeit, um ihre Stellungnahmen beim* ***Kultusministerium*** *einzureichen.* (LW 03.12.2012)

Kumul [kyˈmyl], der; -/-s, nur Singular: Ämterhäufung (D), auch bezogen auf

Einkünfte, meist in Zusammensetzungen <frz. *cumul*>: *Die neuen Regeln lassen keinen* ***Kumul*** *mehr von Mandaten zu, man strebt eine klare Trennung von Parteipolitik und eigener Meinung an.* (JO 25.10.2015); *Mit Blau-Rot-Grün werden die* ***Kumul****-Politiker also überleben.* (LW 05.03.2015) ♦ Antikumulklausel, Antikumulregelung, ↑ Ämterkumul, Kumulpolitiker

kumulativ: allgemeiner als in D für zusammengerechnet <frz. *cumulatif*>: *„Überschreitet ein Land oder eine Region die Neuinfiziertenzahl im Verhältnis zur Bevölkerung von 50 Fällen pro 100 000 Einwohner* ***kumulativ*** *in den letzten sieben Tagen, können Reisewarnungen wieder ausgesprochen werden."* (LW 19.08.2020); *Benzin bleifrei zu machen hat der US-Wirtschaft laut Studien der Gesundheitsbehörde CDC seit 1980* ***kumulativ*** *weitere sechs Billionen Dollar beschert.* (JO 22.10.2017)

Ll

Laboratorium, das; -s, Laboratorien: üblicher als in D neben Labor: *Die privaten **Laboratorien** brachte dies in den letzten Tagen ans Limit.* (LW 20.10.2020); *Im neuen Gebäudekomplex untergebracht wird unter anderem das neue **Laboratorium** der Polizei.* (JO 04.11.2019) ♦ ↑ Gesundheitslaboratorium, Privatlaboratorien, Reifenlaboratorium, ↑ Staatslaboratorium

lancieren: [auch CH] (ein politisches Vorhaben) an die Öffentlichkeit bringen und beschleunigen, in D meist mit negativem (manipulativem) Beisinn: *Bereits im vergangenen Jahr wurde ein zweiter ↑ nationaler Krebsplan für den Zeitraum bis 2024 **lanciert**, der den Fokus auf eine bessere Vernetzung der Daten legt.* (LW 05.02.2021); *2017 **lancierte** der Basketball-Weltverband FIBA das „Time-out"-Programm, bei dem Profibasketballer, die sich am Ende ihrer sportlichen Laufbahn befinden, auf ihrem Weg ins Berufsleben unterstützt werden.* (TB 13.11.2020)

Landeskongress, der; -es, -e: meist im Sinne von (Landes-)Parteitag (D), vgl. ↑ Nationalkongress, ↑ Kongress: *Die prinzipielle Einigung muss aber noch am Montag von der Parteileitung der Piraten gutgeheißen und die Liste der Kandidaten im Mai auf dem **Landeskongress** angenommen werden.* (LW 23.03.2018); *Wie wichtig die Kleintierzucht nach wie vor ist, hat der **Landeskongress** in der Schifflinger Mehrzweckhalle belegt.* (TB 20.03.2018)

Laufdauer, die; -, nur Singular: neben Laufzeit (D) etwa bei Krediten oder Tarifverträgen: *Die **Laufdauer** der neuen Anleihe soll 20 Jahre betragen.* (TB 26.04.2018); *Er hat eine **Laufdauer** von 24 Monaten und gilt vom 1. März 2017 bis zum 28. Februar 2019.* (LW 04.01.2018)

Laureat Laureatin, der; -en, -en bzw. die; -, -nen: üblicher als in D für Jubilar, Preisträger <frz. *lauréat*>: *Nach den Lobreden überreichte der ↑ Schöffenrat den **Laureaten** ihre Urkunde und eine Metallskulptur von Michel Feinen.* (TB 09./10.05.2018); *Im Großen und Ganzen ist die diesjährige Teilnehmerliste nur mit **Laureaten** ↑ nationaler Literaturpreise gespickt.* (JO 18.03.2013)

LCGB [ɛlˈseːʒeːbeː], der; -, nur Singular = *Lëtzebuerger chrëschtleche Gewerkschaftsbond,* dt.: Luxemburger Christlicher Gewerkschaftsbund: *Tag der Arbeit / **LCGB** plant digitale Veranstaltung* (TB, Überschrift, 20.04.2021); *Während der **LCGB** und seine Rechtsberater es so sehen, dass eine „non-conciliation" schon seit Sommer möglich sei, erklärt das ONC in seinem Schreiben, dass die ↑ Schlichtungsprozedur überhaupt noch nicht angelaufen sei.* (JO 10.12.2015) ♦ LCGB-Kongress (↑ Kongress), LCGB-Militant (↑ Militant), LCGB-Nationalpräsidentin (↑ Nationalpräsident), LCGB-Präsident (↑ Präsident)

Leader Leaderin, der; -s, - bzw. die; -, -nen: [auch AUT, CH] Führungsfigur, Tabellenführer u. dgl. im Sport <engl. *leader*>: *T71 stoppt **Leader** ↑ Amicale* (TB, Überschrift, 18.12.2017); *Tom Schumacher ist ein einzigartiger Spieler und nach wie vor der **Leader** dieses Teams.* (LW 22.09.2017) ♦ „déi gréng"-Leader (↑ déi gréng), Leaderposition, Oppositionsleaderin, Parteileader

Legislativwahl, die; -, -en: Parlamentswahl, ↑ Chamberwahl, ↑ Nationalwahl, ↑ Legislaturwahl: *Zehn Monate vor den **Legislativwahlen** hätte man bei der Diskussion um den vorerst letzten Etat-Entwurf nach Gambia-Art* (↑ Gambia) *etwas mehr CSV-Pep* (↑ CSV) *erwarten können.* (TB 15.12.2017); ***Legislativwahlen** in Frankreich – absolute Mehrheit für Macron* (LW, Überschrift, 18.06.2017)

Legislaturwahl, die; -, -en: Parlamentswahl, eher selten neben ↑ Legislativwahl, ↑ Chamberwahl, ↑ Nationalwahl: *Seit den **Legislaturwahlen** im vergangenen Jahr versucht die ↑ CSV eine Neuausrichtung.* (LW 21./22.09.2019); *Noch vor den nächsten **Legislaturwahlen** soll im Parlament ein neues Schulgesetz ↑ gestimmt werden.* (TB 10.12.2008)

Lehrbeauftragte, der/die; -n, -n: (nicht universitär diplomierte) unterstützende Lehrkraft an Schulen, seltener für nicht festangestellte Zusatz-Dozierende an Universitäten, ↑ Chargé: *Laut Aussagen der Gewerkschaften kommen auf 4000 Lehrer in den Grundschulen in Luxemburg rund 1000 dieser **Lehrbeauftragten**.* (TB 13.10.2017); *Auch soll für die **Lehrbeauftragten** ab dem Schuljahr 2017/2018 kein Koeffizient mehr unter 1 gelten, und sollen die ↑ „Chargés" in Zukunft nach einer Berufserfahrung von mindestens 15 Jahren unter bestimmten Bedingungen (Beherrschung der drei Verwaltungssprachen, Examen bestehen) Zugang zur Beamtenkarriere* (↑ Karriere) *erhalten.* (JO 19.10.2015)

Lehrerkomitee, das; -s, -s: Vertretung der Lehrerschaft, ↑ Komitee: *Diese gingen stets von der DNE aus, dem Zusammenschluss der **Lehrerkomitees**, die sich seit dem Abkommen Meisch-„Intersyndicale" gegen Beschlüsse dieses Abkommens zur Wehr setzt.* (TB 21.04.2010); *Er sah keinen Sinn mehr darin, die Lehrer noch um ihre Meinung zu fragen, wenn die Gewerkschaften inklusive **Lehrerkomitees** das Sparpaket in seiner Ganzheit ablehnen.* (LW 17.06.2015)

Lehrerkorps, das; -, -: eher selten neben Lehrerschaft (D), Lehrkörper (D) <frz. *corps enseignant*> ↑ Korps: *Dies führte zum Widerstand des **Lehrerkorps**, das 1900 die FGIL gründete; eine Föderation, die das ganze 20. Jahrhundert gegen den Einfluss der Kirche in der öffentlichen Schule ankämpfte.* (TB 12.07.2017); *Ein Gerücht und eine Neuregelung beschäftigen das **Lehrerkorps** im Grundschulwesen.* (LW 25.07.2014)

Lehrersyndikat, das; -[e]s, -e: Lehrergewerkschaft, ↑ Syndikat: *Das **Lehrersyndikat** SEW/OGBL* (↑ SEW, ↑ OGBL) *saß nicht am Verhandlungstisch und fühlt sich verschmäht.* (LW 13.03.2018); *Insbesondere das **Lehrersyndikat** SEW/OGBL* (↑ SEW, ↑ OGBL) *fuhr sogleich scharfe Geschütze auf, weil sich die Gewerkschaftler aus den Verhandlungen ausgeschlossen sahen.* (JO 24.02.2016)

Leitplan, sektorieller, der; -n -[e]s, -en -pläne (meist Plural): Planungskonzepte bezogen auf unterschiedliche amtliche Handlungsfelder wie Verkehrsplanung, Wohnraumplanung u. dgl. <frz. *plan sectoriel*> ↑ sektoriell: ***Sektorielle Leitpläne**: Vorgaben zum Wohnungsbau stellen Gemeinde Lorenzweiler vor Probleme* (LW, Unterüberschrift, 15./16.09.2019); *„Momentan ist es nicht möglich, einen Zeitraum zu benennen, doch das Projekt selbst genieße die erste Priorität im **sektoriellen Leitplan** Transport (PST)", wie Bausch präzisierte.* (JO 04.05.2018)

letztwöchig: vergangene Woche: *In der ersten Halbzeit verpassten es die Gäste, die nach ihrer **letztwöchigen** Schlappe gegen die Red Boys sichtbar verunsicherte Heimmannschaft zu distanzieren.* (LW 27.02.2021); *Die von den EU-Staats- und Regierungschefs bei ihrem **letztwöchigen** Sondergipfel getroffene Entscheidung, die Austrittsfrist für Großbritannien bis zum 31. Oktober zu verlängern, stößt im Europäischen Parlament (EP) auf Kritik.* (TB 17.04.2019)

Littering, das; -s, nur Singular: [auch CH] eher selten für das Wegwerfen und Liegenlassen von Müll auf öffentlichem Gebiet, Vermüllung, illegale Müllentsorgung (teilweise mit Anführung) <vgl. engl. *to litter*>: *Schifflingen / **Littering** ist kein Kavaliersdelikt* (TB, Überschrift, 14.04.2021); *Die Bußgelder für **Littering** reichen von 49 über*

145 bis zu 250 Euro. (LW 06./07.06.2020) ♦ „Anti-Littering"-Kampagne, Litteringabfälle, Litteringfälle, Litteringproblem

Logement [loʒəmˈmɛnt/loʒəmˈmɑ̃], der; -s, -s: Wohnen, Wohnungsmarkt: <frz. *logement*, lux. *Logement*>: *Beispiel **Logement**: Wenn Jugendliche nicht von ihren Eltern unterstützt werden, können sie sich keine Wohnung leisten.* (LW, Pfingsten 2021); *Gemeindefinanzierung, Flüchtlingspolitik und **Logement** wurden in Bad Mondorf thematisiert* (JO, Überschrift, 02.06.2016) ♦ Logement-Kommission (↑ Kommission), Logement-Politik, Logement-Ministerium, Logement-Ressort

logieren: auch transitiv im Sinne von einquartieren, unterbringen: *Nach dem neuen Konzept sollen die Künstler nicht nur empfangen und **logiert** werden.* (TB 26.04.2018); *Hier trafen sich einst die Dalheimer Bürger an der Theke des Cafés, Neuigkeiten wurden in der „épicerie" ausgetauscht und Gäste im Hotel **logiert**.* (LW 27.05.2016) ♦ auslogieren

Lohnpunkt, der; -[e]s, -e: Berechnungsgröße bei Gehältern, auch Gehaltspunkt, ↑ Punktwert: *Trotz dieser Nachteile würde ihnen aber ein um 30 **Lohnpunkte** geringeres Gehalt gezahlt als anderen angehenden ↑ Staatsbeamten.* (LW 16.10.2017); *Diese anfängliche Gehälterkürzung werde aber durch die Einführung der linearen Laufbahn, bei der regelmäßige Gehaltserhöhungen im Zwei-Jahres-Takt anfallen und das Endgehalt um vier **Lohnpunkte** steigt, wieder wettgemacht.* (TB 07.09.2017) ♦ Lohnpunktwert

Lokal, das; -s, -e: allgemeiner als in D für Lokalität, Räumlichkeit, Laden: *Einbruch im **Lokal** der ↑ Scouten* (LW, Überschrift, 09./10.11.2019); *„Ich gehe persönlich auch lieber in kleinere **Lokale** einkaufen", sagt Nicole, „die Atmosphäre ist einfach anders."* (LW 26.09.2019) ♦ ↑ Gemeindelokal, Geschäftslokal, Tankstellenlokal

Lokalität, die; -, -en: allgemeiner als in D: *Dies, da sie aus unterschiedlichen Gründen ihre **Lokalität** verlassen müssen.* (LW 13./14.06.2020); *Wie es in dem Schreiben des Fonds Belval heißt, werden den künftigen Mietern die **Lokalitäten** im Rohzustand überlassen, für die Inneneinrichtung sind sie demnach selbst zuständig.* (TB 16.03.2018) ♦ Partylokalität

Lokalsektion, die; -, -en: lokale Untergliederung wie z. B. Ortsverband ↑ Sektion: *Wie die französischsprachige Tageszeitung „Le Quotidien" in ihrer Wochenendausgabe berichtet, meldet sich nun der linke Flügel der Escher **Lokalsektion** von ↑ „Déi Gréng" zu Wort.* (LW 21.10.2017); *Während die „duale Struktur" der Gewerkschaft bestehen bleibt – zum einen gibt es 15 Berufssyndikate* (↑ Syndikat), *zum anderen 59 **Lokalsektionen**, aufgeteilt nach sechs Regionen, – wird die Zahl der **Lokalsektionen** durch Fusionen graduell auf 25 reduziert und die Regionalebene abgeschafft.* (JO 03.07.2016) ♦ Lokalsektionspräsidentin (↑ Präsident)

Lotissement [lotisəmˈmɛnt/lotisəmˈmɑ̃], das; -s, -s: (parzelliertes) Bauland <frz. *lotissement*, lux. *Lotissement*>: *Hierzu kommt noch die Tatsache, dass dieses geplante **Lotissement** keinerlei Zufahrtstraße besitzt, sondern es ist vorgesehen, einen bestehenden Feldweg, der zum nahe gelegenen Wald führt, und der von den Anwohnern zum Spazieren benutzt wird, einfach zu überqueren, um in dieses **Lotissement** mit den Autos zu gelangen.* (LW 10.01.2017); *Der abgetretene Geländestreifen erlaubt eine Verbesserung des Zufahrtsweges zum geplanten **Lotissement** „auf dem Kreuzert", wo 400 Wohneinheiten geplant sind.* (JO 28.09.2015)

Löschhelikopter, der; -s, -: Löschhubschrauber (D) ↑ Helikopter: *Die Einführung von **Löschhelikoptern** sei in Luxemburg beispielsweise nur bedingt nützlich.* (TB 30.08.2019); *Die **Lösch-***

***helikopter** konnten wegen der Sturmböen lange nicht in die Luft aufsteigen.* (LW 28.01.2014)

LSAP, die; -, nur Singular = *Lëtzebuerger Sozialistesch Aarbechterpartei*, dt.: Luxemburger Sozialistische Arbeiterpartei: *Gesundheitsministerin Paulette Lenert (**LSAP**) sieht die IT-Sicherheit als eine wichtige Herausforderung an, gab sie in ihrer Antwort bekannt.* (LW 08.07.2021); *Schon im ↑ Politmonitor konnten Politiker der ↑ DP und **LSAP** in den Umfragewerten punkten.* (TB 30.06.2021) ♦ LSAP-Deputierter (↑ Deputierte), LSAP-Fraktionspräsident (↑ Fraktionspräsident), LSAP-Parteipräsident (↑ Parteipräsident)

Ludiques(-Mädchen/-Jungen) [ˈlydiks], nur Plural: Altersklasse beim Kindersport: *11.00 **Ludiques-Mädchen** (600 m), 11.10 **Ludiques-Jungen** (600 m)* (TB, Programmauszug, 29.02.2020); *Die seit einigen Jahren übliche „Taktik" der FLA, die Läufe der ↑ Benjamins und **Ludiques**, männlich und weiblich, direkt vor den beiden Haupttrennen zu ↑ programmieren, in der Hoffnung, dass die Eltern und Verwandten der Jüngsten, die stets recht zahlreich präsent sind, sich auch die Seniorinnen und die Senioren ansehen, ging nicht auf.* (LW 15.03.2012)

Lyzeum, das; -s, Lyzeen: weiterführende Schule, Gymnasium (D) <frz. *lycée*, lux. *Lycée*>: *Obwohl in Luxemburg die Wege zur nächsten Grundschule oder zum nächsten **Lyzeum** im Schnitt sehr kurz seien, würden 39 Prozent der Schulwege mit dem Auto zurückgelegt und nur 21 Prozent zu Fuß.* (LW 07.12.2017); *Neue **Lyzeen** für das Land* (JO, Überschrift, 17.11.2014) ♦ Lyzeumsschüler, Nordstad-Lyzeum (↑ Nordstad)

Mm

Magistrat Magistratin, der; -[e]s, -e bzw. die; -, -nen: Mitglied der Richterschaft bzw. der Staatsanwaltschaft, auch Verwaltungsbeamte(r) <frz. *magistrat,* lux. *Magistrat*>: *Sichtlich von den Nachfragen der vorsitzenden Richterin genervt, duzte er die* ***Magistratin.*** (LW 08.10. 2021); *Hier sind neun Richterinnen und neun männliche* ***Magistrate*** *tätig.* (TB 15.09.2018) ♦ Magistratsabteilung

Magistratur, die; -, -en: Gerichtsbehörde, Ebene der Richter oder Staatsanwälte <frz. *magistrature,* lux. *Magistratur*>: *Die Führungsspitze setzt sich aus einem ↑ Generalinspektor, welcher aus der* ***Magistratur*** *stammt, und einem stellvertretenden ↑ Generalinspektor, welcher aus der Polizei kommt, zusammen.* (JO 02.08.2018); *Hier gehe es nun aber darum, die Polizei der* ***Magistratur*** *zu unterstellen.* (LW 03.10.2017) ♦ Einzelmagistratur

Mairie [mɛˈʀiː], die; -, -n: eher selten neben Rathaus (D) (teilweise mit Anführung) <frz. *mairie*>: *Einen eventuellen Platzmangel in der jetzigen* ***Mairie*** *könne man auch durch die Nutzung des von der Gemeinde erworbenen Hauses Hentzen in der Rue d'Itzig wettmachen.* (LW 24./25.04.2021); *An der Fouhrener* ***Mairie*** *herrscht schon reger Betrieb, die angemeldeten Teilnehmer nehmen ihre Teilnehmerkarten* (↑ Karte) *in Empfang und eröffnen das kulinarische Wanderevent gleich mit einem ↑ Crémant oder Kir Royal am ersten Verpflegungsstand.* (TB 01.07.2019)

Maison médicale [mɛˈzɔ̃ mediˈcal], die; - -, -s -s: Gesundheitszentrum (zur medizinischen Grundversorgung) (teilweise mir Anführung): *Dort existiert, im Gegensatz zum Norden, Süden und Zentrum, keine* ***Maison Médicale.*** (LW 12.02.2020); *Das Angebot der* ***„Maisons Médicales"*** *erweitern* (JO, Überschrift, 05.09.2016)

Maison relais / Maison Relais [mɛˈzɔ̃ ʀəˈlɛ], die; - -, -s -: Kindertagesstätte, vgl. ↑ Empfangsgebäude, ↑ Empfangsstruktur (teilweise mir Anführung): *In dessen beiden Obergeschossen werden eine neue* ***Maison relais*** *sowie ↑ Klassensäle für den ersten und zweiten ↑ Grundschulzyklus eingerichtet.* (LW 04.10.2017); *An den schulfreien Nachmittagen muss noch abgeklärt werden, wie die Schüler, die die* ***Maison Relais*** *besuchen, ihren Aktivitäten in den lokalen Sport- oder Kulturvereinen nachkommen werden.* (JO 19.06.2014) ♦ Maison-relais-Projekt

Maître [ˈmɛːtʀə], der; -, -s: Anrede für Anwälte und Notare, abgekürzt ↑ Me: *Denn seine Mandanten seien, so erklärt der Kläger-Anwalt* ***Maître*** *Jean-Marie Bauler im RTL-Interview, bis zur Konvention 2015 zwischen Staat und Bistum ↑ Staatsbeamte gewesen.* (TB 30.10.2017); ***Maître*** *Penning nannte den am vergangenen Freitag geforderten Beschluss des Anklagevertreters allerdings „nicht akzeptabel".* (JO 22.03.2016)

Majorität, die; -, -en: üblicher als in D neben Mehrheit, Regierungspartei(en), häufig in Zusammensetzungen <frz. *majorité,* lux. *Majoritéit*>: *Mit den Stimmen der* ***Majorität*** *wurde der Eingang des Geldes angenommen, die ↑ DP enthielt sich, ↑ LSAP und ↑ Déi Gréng stimmten dagegen.* (LW 25.02.2022); *Die* ***Majorität*** *der Aussteller und Straßenhändler ist französischer Herkunft (35 Prozent), an zweiter Stelle stehen die heimischen „forains"* (↑ Forain) *mit 33 Prozent.* (TB 16.08.2016) ♦ Majoritätenarithmetik, Majoritätsbank, ↑ Majoritätspartei, Majoritätspolitiker

Majorität, absolute, die; -n -, -n -en: absolute Mehrheit (D) ↑ Majorität: *24 Jahre lang hielt die* ***absolute Majorität*** *der ↑ LSAP in Bettemburg.* (TB 07.10.2017); *Die ↑ LSAP verlor nach 24 Jahren in der* ***absoluten Majorität*** *nicht nur diese, sondern musste sich*

auch aus dem ↑ Schöffenrat verabschieden, nachdem sich eine Koalition aus ↑ CSV, ↑ DP und Grünen ↑ formierte. (JO 27.08.2017)

Majoritätspartei, die; -, -en (meist Plural): Regierungspartei (D) ↑ Mehrheitspartei, ↑ Majorität: *Denn in der letzten Sitzung vor den Sommerferien haben die Gemeinderäte der **Majoritätsparteien** ihre Position überdacht.* (LW 25.09.2017); *Und so fragen die Vertreter der **Majoritätsparteien** ihre Kollegen von der Opposition erst mal, ob und wie sie ihnen in die Tasche greifen dürfen.* (TB 24.11.2012)

Majọrz(-), der; -, nur Singular: [auch CH] Mehrheitswahlsystem, bezogen auf das Wahlsystem in (kleineren) Luxemburger Gemeinden (Wahl von Einzelkandidaten), meist in Zusammensetzungen: *Gemeindewahlen in Hobscheid / In Habscht trifft **Majorz** auf ↑ Proporz* (LW, Überschrift, 08.08.2017); ***Majorz** meets ↑ Proporz* (TB, Überschrift, 23.12.2014) ♦ ↑ Majorzgemeinde, Majorzlogik, ↑ Majorzsystem, ↑ Majorzwahlsystem

Majọrzgemeinde, die; -, -n: (kleinere) Gemeinde mit ↑ Majorzsystem ↑ Majorz, vgl. ↑ Proporzgemeinde: *Die Partei ist das eine und spielt in der **Majorzgemeinde** sowieso keine Rolle.* (TB 18.11.2021); *Zum Lachen oder zum Weinen mag es so manchem ↑ Ädilen oder Kandidaten am Sonntag in den acht **Majorzgemeinden** im Zentrum des Landes gewesen sein.* (LW 09.10.2017)

Majọrzsystem, das; -s, nur Singular: Wahlsystem in (kleineren) Luxemburger Gemeinden (Wahl von Einzelkandidaten) ↑ Majorz, ↑ Majorzwahlsystem, vgl. ↑ Proporzsystem: *In Simmern wurden vier Mitglieder nach dem **Majorzsystem** gewählt und in Hobscheid elf nach dem ↑ Proporzsystem.* (LW 30./31.12.2017); *Die diesjährige Wahl erfolgt noch nach dem **Majorzsystem**.* (JO 01.09.2017)

Majọrzwahlsystem, das; -, nur Singular: Wahlsystem in (kleineren) Luxemburger Gemeinden (Wahl von Einzelkandidaten) ↑ Majorz, ↑ Majorzsystem, vgl. ↑ Proporzwahlsystem: *Dabei würden Erpeldingen und Schieren auch das zurzeit dort geltende **Majorzwahlsystem**, also die Persönlichkeitswahl, behalten.* (LW 12.09.2018); *Sollte bis 2017 einer der Gewählten aus Eschweiler sein Amt frühzeitig niederlegen, wird in diesem Zeitraum weiterhin nach dem **Majorzwahlsystem** abgestimmt.* (TB 23.12.2014) ♦ Majorz- oder Proporzwahlsystem

Mạmmerent, die; -, nur Singular: Mütterrente (D), Erziehungspauschale (D) (teilweise mit Anführung) <lux. *Mammerent*>: *Konkret schlägt die Handelskammer vor, die Grundsteuer anzuheben, die **Mammerent** abzuschaffen, die Jahresendzulagen bei den Renten zu streichen und Rentenanpassungen zu halbieren.* (LW 18.11.2015); *Änderungen kündigt die Familienministerin auch bei der sogenannten **Mammerent** an.* (TB 13.01.2014)

Mandatar/Mandatär Mandatarin/Mandatärin [manda'tɛːʀ …in / manda'taːʀ … in], der; -s, -e bzw. die; -, -nen: [auch AUT, BELG] Mandatsträger(in), Bevollmächtigte(r), meist in Zusammensetzungen <frz. *mandataire*, lux. *Mandataire*>: *Dort, wo die ↑ LSAP am Werk war, können ihre **Mandatare** durchaus Positives aufweisen, etwa in Sachen Schulinfrastruktur oder Ausbau des kulturellen Angebots.* (TB 09.10.2017); *Am Tag nach der Polemik hatte die Partei bereits per Schreiben wissen lassen, dass Mitglieder oder **Mandatäre**, die die Grenzen der politischen Auseinandersetzung überschreiten oder extremistische Aussagen machen, mit parteiinternen Konsequenzen rechnen müssten.* (LW 09.03.2017) ♦ CSV-Mandatär (↑ CSV), DP-Mandatarin (↑ DP), Verhandlungsmandatärin

Manifestạnt Manifestạntin, der; -en, -en bzw. die; -, -nen: [auch CH] eher selten neben Demonstrant(in) (D) <frz. *manifestant*, lux. *Manifestant*>: *Ein* ***Manifestant*** *hatte sich als Rabbi verkleidet – und muss eine Geldstrafe von 250 Euro wegen „Aufwiegelung zum Hass" zahlen.* (JO 24.05.2018); *Ab 14.00 Uhr werden* ***Manifestanten*** *auf den Hauptverkehrsachsen der Stadt erwartet.* (LW 31.03.2016)

Manifestation, die; -, -en: [auch CH] eher selten neben Demonstration (D), Kundgebung (D), (politische) Veranstaltung <frz. *manifestation*, lux. *Manifestatioun*>: *Der europäische Gerichtshof äußerte sich auch zu den Protesten: „Die* ***Manifestation*** *ist ohne Zwischenfälle abgelaufen."* (LW 23./24.10.2021); *Die Rede ist von den Ausschreitungen rund um die* ***Manifestation*** *„March for Freedom" vom 4. Juni 2014 in Luxemburg/Kirchberg.* (JO 07.04.2017) ♦ Bauernmanifestation

manifestieren: eher selten neben demonstrieren (D) <frz. *manifester*, lux. *manifestéieren*>: *Viel wurde in diesem Sommer über Atomenergie diskutiert und auch gegen sie* ***manifestiert.*** (JO 10.09.2013); ↑ *Derweil trifft sich in der Hauptstadt der Landesverband FNCTTFL beim Casino in Bonneweg, um „gegen die desaströse Politik der Regierung zu* ***manifestieren***". (LW 01.05.2012)

Masterthese, die; -, -n: neben Masterarbeit (D) <vgl. frz. *thèse*>: *Dort arbeitet er zurzeit an seiner* ***Masterthese.*** (TB 11.02.2020); *Gleichzeitig erhoffen wir uns nützlichen Input, Absolventen, die an* ***Masterthesen*** *arbeiten, können sich zum Beispiel Themen wählen, durch die sie schon während des Studiums mit der Arbeitswelt in Berührung kommen.* (LW 04.03.2018)

Mạstodont, der; -en, -en: Koloss, Monstrum, Schwergewicht <frz. *mastodonte*>: *Da Windräder recht lukrativ sein können, sind die potenziellen Betreiber dazu geneigt, die Vorteile dieser* ***Mastodonten*** *überzubewerten und ihre Nachteile zu verharmlosen.* (LW 02.09.2020); *Zwei* ***Mastodonten*** *der Rockmusik und ihre unterschiedlichen Karrierewahlen.* (TB 08.12.2017)

Maternité [matɛʀniˈteː], die; -, -n: auch Geburtenstation, Entbindungsklinik (teilweise mit Anführung) <frz. *maternité*, lux. *Maternité*>: *In zwei Wochen soll zudem in Halle 6 der Luxexpo mit der Aufnahme von Flüchtlingen begonnen werden, wo derzeit eine Zeltstadt entsteht und 360 Betten zur Verfügung stehen,* ↑ *derweil in der ehemaligen* ***Maternité,*** *die nächste Woche einsatzbereit ist, 130 Betten belegt werden können.* (JO 21.09.2013); *Neue* ***Maternité*** *für das CHL* (TB, Überschrift, 20.10.2011) ♦ CHL-Maternité

Me: Kurzform für ↑ Maître: ***Me*** *Gaston Vogel (r.) am ersten Verhandlungstag gemeinsam mit seinem Strafverteidiger* ***Me*** *François Prum* (LW, Bildunterschrift, 04.01.2022); *Der Anwalt,* ***Me*** *Philippe Stroesser, meinte dann auch, dass man seinem Mandanten nicht Diebstahl vorwerfen könne.* (TB 29.05.2018)

Mẹco/Mẹ́co, der; -, nur Singular: Luxemburger Umweltverband, ↑ Mouvement écologique (teilweise mit Anführung): *Google Datencenter / „Quelle von Schwierigkeiten" –* ***Méco*** *fordert neues Informationsgesetz* (TB, Überschrift, 08.04.2021); *„Außerdem liegt ein wenig Wahrheit im alten Sprichwort ‚Tue Gutes und sprich darüber'", sagen die Verantwortlichen des* ***Meco.*** (JO 16.02.2018) ♦ Meco-Ansicht, Méco-Einschätzung, Meco-Präsidentin (↑ Präsident), „Mecoskop"

median: üblicher als in D für durchschnittlich <frz. *médian*>: *Das* ***mediane*** *Einkommen in der* ↑ *Minettemetropole liegt unter dem Landesdurchschnitt.* (TB 30.05.2018); *Marc Spautz* (↑ CSV) *wollte dann von Familienministerin*

Corinne Cahen wissen, wie es um den Mechanismus zur regelmäßigen Anpassung der Familienzulagen an das ***mediane*** *Einkommen stehe.* (JO 06.07.2017)

Median, der; -s, -e: üblicher als in D für Durchschnittswert, Mittelwert <frz. *médian*>: *Im Schnitt (****Median****) haben Besitzer (Kreditvertrag abgerechnet) ein Vermögen von 502 000 Euro.* (TB 22./23.01.2022); *Im* ***Median*** *kostete eine Immobilie (Haus oder Apartment) im ↑ Großherzogtum im ersten Halbjahr 2021 rund 842 000 Euro oder 6137 Euro pro Quadratmeter.* (LW 12.07.2021)
♦ Medianalter, ↑ Medianeinkommen, Mediangehalt, Medianwert

Medianeinkommen, das; -s, -: üblich neben Durchschnittseinkommen (D): *Die Armutsrisikogrenze liegt bei 60 Prozent des verfügbaren* ***Medianeinkommens****.* (LW 18.10.2018); *In der Tat befindet sich die Hauptstadt auf der 48. Position von 105 Gemeinden, also ungefähr in der Mitte, was das* ***Medianeinkommen*** *der Bevölkerung angeht.* (JO 21.08.2017)

Mediateur Mediateurin, der; -s, -e bzw. die; -, -nen: neben Mediator(in) (D) <frz. *médiateur*, lux. *Mediateur*>: *Als wünschenswert gesehen wurde ein politisch neutraler* ***Mediateur*** *als Anlaufstelle und Vermittler zwischen Bürger und ↑ Schöffenrat bzw. kommunaler Verwaltung.* (LW 14.10.2020); *Orientierungsdebatte über die Jahresberichte 2011/2012 und 2013 der* ***Mediateure*** (JO, Überschrift, 03.07.2014)

Medienminister Medienministerin, der; -s, - bzw. die; -, -nen: ↑ Infokasten Minister: *In seiner Eigenschaft als* ***Medienminister*** *hatte sich Premier Bettel im November 2019 ursprünglich mit dem Verweis auf die Vertraulichkeitsklausel geweigert, den vollständigen Vertrag im Medienausschuss offenzulegen.* (LW 06./07.02.2021); *Ein kleines Scharmützel zwischen dem Piraten-Abgeordneten Sven Clement und* ***Medienminister*** *Xavier Bettel blieb nicht aus, ansonsten zeigten sich die Abgeordneten zufrieden mit dem Verlauf der Sitzung.* (TB 05.02.2021)
♦ Kommunikations- und Medienminister, ↑ Medienministerium, Premier- und Medienministerin, Staats- und Medienminister (↑ Staatsminister)

Medienministerium, das; -s, -ministerien: ↑ Medienminister: *In dem Aufsichtsgremium sitzen laut* ***Medienministerium*** *20 Personen, darunter drei Vertreter mit luxemburgischer Nationalität.* (TB 29.11.2016); *Im Moment darf sie nur redaktionelle Inhalte begutachten, während für Werbung das* ***Medienministerium*** *zuständig ist.* (LW 15.03.2012)

Mehrheitspartei, die; -, -en (meist Plural): Regierungspartei (D) ↑ Majoritätspartei: *Aus den Reihen der* ***Mehrheitsparteien*** *wollte niemand zu den Vorwürfen Stellung beziehen.* (LW 27.10.2021); *↑ Budget 2021 / ↑ Chamber nimmt Haushaltsentwurf für 2021 mit Stimmen der* ***Mehrheitsparteien*** *an* (TB, Überschrift, 17.12.2020)

memorabel: denkwürdig, unvergesslich <frz. *mémorable*, lux. *memorabel*>: *In Anlehnung an den Wortlaut einer großen deutschen Tageszeitung nach einem* ***memorablen*** *Fußballspiel.* (LW 06./07.02.2021); *Frank Schleck gelang dies 2006 mit einem* ***memorablen*** *Erfolg auf der Alpe d'Huez.* (TB 08.09.2020)

Memorial/Mémorial [meːmoːˈʀi̯al], das; -s, nur Singular: Luxemburger Gesetzblatt, Amtsblatt: *Im Oktober wurde der erste Ampelblitzer des Landes an der Place de l'Étoile aufgebaut – wenn das am Donnerstag gestimmte Gesetz im* ***Memorial*** *veröffentlicht ist, wird er den Betrieb aufnehmen können.* (LW 15.02.2021); *Spätestens drei Wochen nach Abschluss der Unterschriftenaktion muss Juncker den Initiatoren die Ergebnisse mitteilen und* *im **Memorial** veröffentlichen lassen.* (TB 12.02.2009)

Meteolux, ohne Artikel, nur Singular: staatlicher Luxemburger Wetterdienst: *Auch andere ↑ Akteure wie der ↑ nationale Wetterdienst **Meteolux** und das Wasserwirtschaftsamt, sollen in Zukunft ihre Berichte über das staatliche Warnsystem übermitteln können.* (LW 24./25.07.2021); *Der ↑ nationale Wetterdienst **Meteolux** hat am Dienstagmorgen eine Wetterwarnung der Stufe Gelb veröffentlicht.* (TB 13.07.2021)

Metropole, die; -, -n: allgemeiner als in D, meist in Zusammensetzungen (und mit Bezug auf einzelne Luxemburger Städte): *Wobei der Begriff **Metropole** mit Blick auf das Ausland doch etwas hochgegriffen scheint.* (LW 31.01.2022); *Dass ein neues Pflegeheim in der **Metropole** der Stahlfrauen und -männer und nicht in „Gotham" entsteht, wo dieser Fledermaus-Mann immer aufräumt, ist vielleicht gar nicht mal so schlecht.* (JO 20.01.2016) ♦ Jazzmetropole (= Düdelingen), ↑ Minettemetropole (= Esch sur Alzette, ↑ Minette), ↑ Moselmetropole (= Grevenmacher), ↑ Südmetropole (= Differdange)

Militant Militantin, der; -en, -en bzw. die; -, nen (meist Plural): Kämpfer(in), Eiferer/Eiferin, teilweise spöttisch: *Sie war schwanger, trug den Namen der deutschen sozialistischen **Militantin** Rosa Luxemburg, und an ihrem Sockel forderten knallharte, manchmal recht unschöne Worte Anerkennung und Rechte für die Frauen.* (TB 30.04.2021); *1921 wurde der ↑ LCGB gegründet, als Folge u. a. des Aufstiegs der Rechtspartei, die nach dem Ersten Weltkrieg den Regierungschef und von 1921 bis 1925 die absolute Mehrheit stellte, und der Dominanz sozialistischer **Militanten** in der Gewerkschaft.* (LW 19.10.2016) ♦ DP-Militanten (↑ DP), Gewerkschaftsmilitantinnen, OGBL-Militanten (↑ OGBL), Parteimilitanten

Militärbudget, das; -s, -s: Verteidigungshaushalt (D) ↑ Infokasten Budget: *Unverständlich für ↑ Déi Lénk ist zudem, dass das **Militärbudget** künftig die Entwicklungshilfe übersteigen wird.* (LW 26.07.2017); *In Frankreich fließen derzeit 1,77 Prozent des Bruttoinlandsprodukts ins **Militärbudget**.* (JO 29.12.2016)

militieren: eher selten für kämpfen <frz. *militer*>: *Die ↑ Kommission **militiert** für einen „Green New Deal".* (LW 27./28.06.2020); *Was uns für den Rest nicht daran hindern sollte, fleißig für die Entwicklung versagensresistenter Deos und die Umstellung der Weltschifffahrt auf Erdgasfeuerung zu **militieren**.* (TB 05.09.2018)

Mindestlohn, sozialer, der; -n -[e]s, -en -löhne: gesetzlicher Mindestlohn (D): *Die einmalige Zahlung richtet sich an hauptberufliche Selbstständige, deren Einkommen mindestens ein Drittel des **sozialen Mindestlohns** beträgt, die zweieinhalbfache Summe aber nicht übersteigt.* (TB 09./10.01.2021); *„Der **soziale Mindestlohn** muss angehoben werden, damit die Arbeitnehmer endlich über ein Einkommen verfügen können, das deutlich über der Armutsgrenze liegt."* (LW 02./03.05.2020)

Minette, die/das; -s, nur Singular: Region im Süden Luxemburgs (teilweise mit Anführung): *Ein Stück **Minette** am Stausee* (TB, Überschrift, 01.07.2010); *Das Gebäude, das 1930 im Art-déco-Stil errichtet wurde, verziert mit großen Wandmalereien im Innern, die mit dem Stahlarbeiter aus der **Minette**, der Festung Luxemburg, Moselweinbergen und Wäldern im ↑ Ösling eine Allegorie des Landes darstellen, war von Anfang an ein Hotel.* (LW 20.12.2019) ♦ Minette-Bassin (↑ Bassin), Minettebergbau ↑ Minettemetropole, Minnetteregion

Minettemetropole, die; -, -n: Beiname (vor allem) für Esch-sur-Alzette, ↑ Südmetropole, ↑ Minette, ↑ Metropole: *Der Mann wurde von den Sanitätern aus der **Minettemetropole** ins ↑ Spital gebracht, ↑ derweil die Feuerwehr die Unfallstelle absicherte und räumte.* (LW 28.11.2017); *22 Jahre lang hatte es keinen Boxverein mehr in der **Minettemetropole** gegeben, so war der junge Verein für jede Form der Aufmerksamkeit dankbar.* (TB 27.11.2017) ♦ Minettemetropolitanerin

Minimes [ˈminims], nur Plural: Altersklasse beim Kindersport: *Insgesamt 292 Mannschaften jagten – aufgeteilt in die fünf Alterskategorien ↑ Bambinis, ↑ Pupilles, ↑ Poussins, **Minimes** und ↑ Scolaires – dem runden Leder nach.* (LW 12.6.2017); ***Minimes**: Starker Abgang* (TB, Überschrift, 10.02.2011) ♦ Minimes-Mannschaft

minimisieren: eher selten neben minimieren (D) <frz. *minimiser*, lux. *minimiséieren*>: *Zu Hause bleiben ist das Wichtigste, dies um das Risiko einer Infizierung und vor allem die Gefahr einer raschen Verbreitung des Virus zu **minimisieren**.* (LW 19.03.2020); *Die ACEL schlägt vor elektronische Wahlen abzuhalten, um die Kosten und den Aufwand zu **minimisieren**.* (TB 23.11.2015)

Minister Ministerin, der; -s, - bzw. die; -, -nen: charakteristische Unterschiede gegenüber D infolge differierender Amtsbezeichnungen (z. B. ↑ Mobilitätsminister bzw. ↑ Transportminister vs. Verkehrsminister in D), Zuständigkeiten (z. B. ↑ Kultusminister, ↑ Staatsminister) und größerer kontextbedingter Spezifikation der (Teil-)Ressorts (z. B. Bautenminister, Epurationsminister, Tourismusminister): ♦ ↑ Armeeminister, ↑ Bautenministerin, Beschäftigungsminister, ↑ Budgetministerin, ↑ Ehrenstaatsminister, ↑ Energieministerin, Epurationsminister, ↑ Immigrationsministerin, Infrastrukturminister, Innen- und Epurationsministerin, ↑ Kinder- und Jugendminister, ↑ Kulturministerin, ↑ Kultusminister, Landesplanungsministerin, ↑ Medienminister, ↑ Mittelstandsministerin, ↑ Mobilitätsminister, ↑ Nachhaltigkeitsministerin, Ostminister (↑ Ost-), Premier- und Medienministerin, ↑ Schulminister, ↑ Staatsministerin, ↑ Tourismusminister, ↑ Transportministerin, Umwelt- und Klimaminister, Weltraumministerin

minoritär: in der Minderheit befindlich <frz. *minoritaire*, lux. *minoritär*>: *Dabei wollte der Fraktionssprecher der **minoritären** Sozialisten bloß in Erfahrung bringen, ob der ↑ Schöffenrat darüber im Bild sei, dass kürzlich im ↑ Regierungsrat beschlossen worden sei, einen der drei Bahnübergänge, die bekanntlich ↑ definitiv der Vergangenheit angehören sollten, beizubehalten.* (TB 15.01.2018); *Der gegenseitige Respekt – auch von **minoritären** Gemeinschaften – sei die Basis eines funktionierenden Abkommens, so der Premier.* (LW 20.01.2015)

' = typografisches Zeichen für **Minute** (in Sportmeldungen): *In der 56.' wäre Luxemburg fast in Führung gegangen.* (LW 14.10.2020); *22:17 stand es nach der 45.' und vieles sah nach einem Heimsieg der FLH-Truppe aus.* (TB 26.10.2017)

Mission, die; -, -en: **1.** allgemeiner als in D für Aufgabenstellung, Auftrag <frz. *mission*, lux. *Missioun*>: *„Unsere Polizisten wissen noch immer nicht, was auf sie zukommt und wie ihre **Missionen** künftig aussehen werden", erklärt SNPGL-Präsident* (↑ Präsident) *Pascal Ricquier im Gespräch mit dem „Luxemburger Wort".* (LW 10./11.03.2018); *Deshalb ist es umso wichtiger über die **Missionen** und den Nutzen der ↑ Salariatskammer zu informieren.* (TB 04.09.2013) ♦ Stabilitätsmission, Vertrauensmission **2.** Kurzform für ↑ Wirtschaftsmission:

*Am dritten und letzten Tag der **Mission** wird sich alles um die Weltausstellung drehen.* (TB 28.02.2020); *Es sei eine „extrem positive **Mission**" gewesen, meinte etwa Schneider, der gestern zudem die Ansiedlung eines japanischen Pharmakonzerns in Luxemburg in Aussicht stellte.* (JO 29.01.2017) ♦ Asienmission, Auslandsmission, Kubamission

Mitgliedskarte, die; -, -n: neben Mitgliederausweis (D) ↑ Karte: *Zu diesem Zweck wurde eine **Mitgliedskarte** für Asylsuchende entwickelt.* (TB 02.10.2015); *So muss eben der Käufer eines Jagdgewehrs einen gültigen Jagdschein vorlegen, ein Sportschütze die **Mitgliedskarte** seines Vereins.* (JO 18.12.2012)

Mittelstandsminister Mittelstandsministerin, der; -s, - bzw. die; -, -nen: ↑ Infokasten Minister: ***Mittelstandsminister** Lex Delles* (↑ DP) *habe am 13. November bereits ein entsprechendes Gesetzesprojekt ↑ deponiert.* (TB 18.11.2020); *Wirtschaftsminister Franz Fayot* (↑ LSAP), ↑ *Kulturministerin Sam Tanson* (↑ déi Gréng) *und **Mittelstandsminister** Lex Delles* (↑ DP) *(v.l.n.r.)* (LW, Bildunterschrift, 14./15.11.2020)

Mittelverdiener Mittelverdienerin, der; -s, - bzw. die; -, -nen: meist als Bestandteil komplexer Wortverbindungskonstruktionen: *Während viele finanziell besser gestellte Haushalte sich die Sanierung ihrer Wohnung und den Kauf eines Elektroautos auch ohne Subventionen leisten können, bleiben selbige für Gering- und **Mittelverdiener** unerreichbar.* (TB 11.11.2021); *„Klein- und **Mittelverdiener** profitieren somit verhältnismäßig stärker als Personen mit hohem Einkommen."* (LW 27.02.2020) ♦ Gering- und Mittelverdiener, Groß- oder Mittelverdienerin

Mixität, die; -, -en: soziale Durchmischung, Diversifizierung <frz. *mixité*>: *„Wenn wir die richtige soziale **Mixität** schaffen wollen, dann müsste in jeder Straße sozialer Wohnraum geschaffen werden."* (TB 09./10.01.2021); *Wir streben eine soziale **Mixität** in puncto Wohnungen an, aber auch eine funktionelle Mixität in der Ausrichtung des Viertels.* (LW 08.12.2017) ♦ Mixitätspolitik

Mobilheim, das; -s, -e: eher selten neben Wohnmobil (D) ↑ Mobilhome: *Verlief die letzte Saison auch sehr zufriedenstellend, so bereiten die vier syndikatseigenen* (↑ Syndikat) ***Mobilheime** einige Sorgen.* (TB 27.04.2017); *So manch ein Luxemburger besitzt ein **Mobilheim** oder einen Wohnwagen, der dauerhaft oder saisonal auf einem der Campingstellplätze steht.* (LW 15.03.2012)

Mobilhome, das; -s, -s: eher selten neben Wohnmobil (D) ↑ Mobilheim: *In Beaufort war gegen 23.45 Uhr an einem **Mobilhome** auf dem örtlichen Campingplatz ein Feuer ausgebrochen, das in sehr kurzer Zeit durch die lokale Feuerwehr gelöscht werden konnte.* (LW 25.12.2016); *Sie schloss jedoch nicht aus, dass Personen weiterhin in **Mobilhomes** leben werden.* (TB 28.10.2011) ♦ Mobilhomefahrer, Mobilhomeplätze

Mobiliar, städtisches/urbanes, das; -en -s, nur Singular: ↑ Stadtmobiliar: ‚Einrichtungsgegenstände' im öffentlichen Raum: *Schließlich investiert die Gemeinde noch in neues **urbanes Mobiliar**, das Stadtbesucher künftig zum Verweilen einladen soll.* (LW 26.10.2021); *Und deshalb hatte man recht bald nach der Einweihung das Gefühl, als wäre die ↑ Tram schon seit langem Teil des **städtischen Mobiliars** gewesen.* (TB 09./10.12.2017)

Mobilisierung, die; -, -en: allgemeiner als in D für Freisetzung, Umsetzung: *Auch bei der **Mobilisierung** legt der Staat zusammen mit den staatlichen Wohnungsbaugesellschaften, aber auch privaten ↑ Promoteuren Hand an.* (JO 04.07.2017); *Die „Zwischenbilanz" der laufenden Arbeiten*

präsentierte François Bausch in vier Themenbereichen: die ***Mobilisierung*** *von bebaubarem Gelände, das PDAT sowie ↑ Reglemente, finanzielle Anreize und die regionale Herangehensweise.* (TB 24.02.2016) ♦ Holzmobilisierung

Mobilität, sanfte, die; -n -, nur Singular: umweltfreundlicher (Fahrrad-)Verkehr <frz. *mobilité douce*>: *Der ↑ öffentliche Transport und die* ***sanfte Mobilität*** *erhalten demnach zunehmend einen festen Platz im Stadtbild, Parkplätze hingegen verschwinden allmählich aus dem öffentlichen Raum.* (LW 23.09.2019); *Parlament macht die Bahn frei für* ***sanfte Mobilität*** *in Luxemburg* (TB, Überschrift, 13.02.2019) ♦ sanfte Nahmobilität

Mobilitätsbörse, die; -, -n: eher selten neben Mobilitätsbeihilfe (für Studenten) <frz. *bourse de mobilité*> ↑ *Börse: So wird die* ***Mobilitätsbörse*** *(bourse de mobilité) von derzeit 2000 auf 2450 Euro angehoben.* (LW 03.04.2015); *Der Dachverband der Luxemburger Studentenzirkel kann sich in diesem Kontext einen Grundbetrag vorstellen, zu dem eine* ***Mobilitätsbörse*** *sowie gegebenenfalls eine soziale Beihilfe hinzukommt.* (JO 26.12.2013)

Mobilitätskarte, die; -, -n: Ticket zur Nutzung des öffentlichen (Nah-)Verkehrs <frz. *carte mobilité*> ↑ Karte: *Darüber hinaus können an den Automaten ebenfalls sämtliche* ***Mobilitätskarten*** *aufgeladen werden.* (TB 01.02.2018); *Ist man im Besitz der* ***Mobilitätskarte*** *„Diffcard", die nicht nur die Einwohner der Gemeinde Differdingen ohne Bedingungen im Gemeindehaus erhalten können, so fallen zwischen 8 und 18 Uhr stündlich Gebühren von 30 Cent an und ab 18 Uhr Gebühren von 15 Cent pro Stunde an.* (LW 18.01.2014)

Mobilitätsminister Mobilitätsministerin, der; -s, - bzw. die; -, -nen: Verkehrsminister (D) ↑ Transportminister, ↑ Infokasten Minister: *Deshalb wollte er von* ***Mobilitätsminister*** *François Bausch* (↑ Déi Gréng) *wissen, ob das Einhalten der Maßnahme kontrolliert wird.* (LW 09./10.01.2021); *Sie sei vielmehr auf eine Entscheidung des* ***Mobilitätsministers*** *bei der Umänderung des Angebots des öffentlichen Transports in der Gemeinde Monnerich zurückzuführen.* (JO 08.03.2019) ♦ Mobilitäts- und Verteidigungsminister

Mobilitätsministerium, das; -s, -ministerien: Verkehrsministerium (D) ↑ Transportministerium: *Um vor allen ↑ jenen ↑ Passagieren, die zum ↑ Rehazenter oder in die Klinik in Kircherg wollen, den Weg über die ↑ Passerelle zu ersparen, hat das* ***Mobilitätsministerium*** *Mitte Dezember einen Buspendeldienst von der Rocade bis nach Kirchberg eingeführt.* (LW 21.01.2021); *Das teilen* ***Mobilitätsministerium*** *und Luxair am Montag mit.* (TB 21.12.2020)

Moniteur Moniteurin [moniˈtœːʀ ...in], der; -s, -s/-e bzw. die; -, -nen: eher selten neben Jugendbetreuer (teilweise mit Anführung) <frz. *moniteur*, lux. *Moniteur*>: *Betreut wurde die Kinderschar von 26 Mitgliedern der SEA, unterstützt von 19 Studenten als* ***Moniteurs****.* (LW 17./18.08.2019); *Mittags finden entweder in kleineren Gruppen Aktivitäten wie Fahrrad fahren oder zum Park gehen statt – diese suchen die* ***Moniteure*** *aus – oder das ganze Camp kommt für eine gemeinsame ↑ Aktivität zusammen.* (JO 07.08.2018)

Monument, das; -[e]s, -e: üblicher als in D neben Denkmal <frz. *monument*, lux. *Monument*>: *Der Angriffskrieg auf die Ukraine wurde einstimmig verurteilt und gleichzeitig das* ***Monument*** *zu Ehren sowjetischer Zwangsarbeiter im Zweiten Weltkrieg auf Eis gelegt.* (TB 05.03.2022); *Die Feierlichkeiten begannen mit einer Gedenkminute beim* ***Monument*** *am Ortseingang, wo die ↑ Amicale der Reserveoffiziere zum Gedenken an die damaligen Ereignisse Kerzen anzünde-*

ten. (LW 22.12.2017) ♦ ↑ Nationalmonument, Streikmonument

Moselaner Moselanerin, der; -s, - bzw. die; -, -nen: Mannschaft, Spieler(in), Bewohner(in) von Moselorten wie Stadtbredus, Steinsel oder Grevenmacher: *Mit einer Partie im Rückstand platzieren sich die* ***Moselanerinnen*** *nun auf Rang drei und befinden sich auf Tuchfühlung mit Contern.* (TB 15.01.2018); *Die pragmatischen* ***Moselaner*** *haben dafür den schlichten Begriff Weinbergzusammenlegung gefunden.* (JO 07.11.2014) ♦ Ex-Moselanerin

Moselmetropole, die; -, -n: Beiname (vor allem) für Grevenmacher ↑ Metropole: *Mit der „Tunika" können Studenten Busse und Bahn in einem weiten Radius zur* ***Moselmetropole*** *gratis nutzen.* (TB 11.09.2017); *Besser hätte die Stimmung in Grevenmacher nicht sein können: Wo man hinblickte, wurde gestern in der* ***Moselmetropole*** *gesungen und sich gegenseitig zugeprostet.* (JO 13.09.2015)

Motion, die; -, -en: [auch CH] verbindlicher Auftrag an die Regierung, Antrag im Parlament <frz. *motion*, lux. *Motioun*>: *Parlament / Wohl der Kinder steht im Fokus: CSV-Fraktion* (↑ CSV) *reicht* ***Motionen*** *und einen Gesetzesvorschlag ein.* (TB, Überschrift, 02.12.2021); *Aus Koalitionssicht nicht so glimpflich ging es im Juli 2016 aus, als die ↑ LSAP eine* ***Motion*** *zur Beibehaltung von Parkplätzen in der Rue de la Gare vorstellte.* (LW 22.09.2017) ♦ CSV-Motion (↑ CSV), DP-Motion (↑ DP)

Mouvement écologique / Mouvement Ecologique [muːvˈmɑ̃ ekɔlɔˈʒik], der; - -, nur Singular: Luxemburger Umweltverband, abgekürzt ↑ Méco (teilweise mit Anführung): *„Ein klares Nein!" –* ***Mouvement écologique*** *setzt sich vehement gegen die ↑ Umklassierung ein* (TB, Überschrift, 11.02.2019); *Im Mai 2016 organisierte der* ***Mouvement Ecologique*** (↑ Meco) *einen Vortrag zum Thema Lichtverschmutzung.* (JO 06.03.2018)

Mudam, das; -, nur Singular [ˈmuːdam/ˈmyːdam] = *Musée d'Art Moderne Grand-Duc Jean,* (zentrales) Luxemburger Museum für moderne Kunst: *Bettina Steinbrügge neue Generaldirektorin des* ***Mudam*** (LW, Überschrift, 12.11.2021); *Ieoh Ming Pei, der Architekt des* ***Mudam*** *in Luxemburg, ist im Alter von 102 Jahren gestorben* (TB, Überschrift, 17.5.2019) ♦ Mudam-Direktorin, Mudam-Retrospektive, Mudam-Sammlung, Mudam-Schau

multimodal: auf unterschiedliche Verkehrsmittel bezogen: *Entlang des* ***multimodalen*** *Korridors befindet sich Potential von 39 Hektar, auf denen bis zu 4300 Menschen ein neues Zuhause finden und 2900 Arbeitsplätze entstehen könnten.* (LW 19./20.09.2020); *Der* ***multimodale*** ↑ *Transport sei die Antwort auf die gestiegene Umweltsensibilisierung.* (JO 06.07.2016) ♦ Multimodalterminal

Musikant Musikantin, der; -en, -en bzw. die; -, -nen: üblicher als in D für Musiker: *1960 absolviert er den Flötenkurs mit einem „Prix de capacité" und fährt danach mit den „Jeunesses Musicales" nach Berlin, wo die jungen* ***Musikanten*** *in der Konzerthalle – der sogenannten Schwangeren Auster – die Neunte Symphonie von Beethoven aufführen.* (LW 15.06.2017); *Da wurden wohl die* ***Musikanten*** *und* ***Musikantinnen****, Vertreter der lokalen Vereine, die zwangsverpflichteten Kommunionkinder und ihre Eltern und wahrscheinlich auch die Märtchenbesucher mitgezählt.* (TB 13.03.2009) ♦ Jungmusikant, Nachwuchsmusikantin, Zugmusikant

Muttergottesoktave, die; -, -n: nationale Wallfahrt in Luxemburg, ↑ Oktave: *Höchstens dreimal im Jahr ging es mit den Eltern nach Luxemburg-Stadt, wobei die Prozession zur* ***Muttergottesoktave*** *der absolute Höhepunkt war.* (TB 29.06.2017); *Sie gehört zur Tradition der Stadt: Die* ***Muttergottesoktave****.* (JO 02.05.2016)

Mutualịsmus, der; -, nur Singular: Genossenschaftswesen, Gegenseitigkeitsprinzip <frz. *mutualisme*> ↑ Mutualität: *Die Gefahr eine solche Idee wie die des* ***Mutualismus*** *getrennt zu behandeln und in Krisenzeiten zu instrumentalisieren, ist in dem Sinne riskant, als dass sie den Geist eines ungesunden Korporatismus heraufbeschwören kann.* (LW 03.02.2021); *Die ihm vorschwebende Organisationsform gründete auf dem Prinzip des* ***Mutualismus****, was vereinfacht nicht mehr bedeutet, als sich gegenseitig zu helfen.* (TB 08.06.2010)

Mutualitä̲t, die; -, -en: Genossenschaft, Solidaritätskörperschaft, Zusatzversicherung, Gegenseitigkeit <frz. *mutualité*> ↑ Mutualismus: ***Mutualität*** *bedeutet nach wie vor Solidarität.* (TB 19.10.2020); ***Mutualitäten*** *sind keine Versicherungen* (JO, Zwischenüberschrift, 23.01.2018) ♦ Gesundheitsmutualität, Handwerksmutualität, Mutualitätsbewegung, Mutualitätsverein, Patronatsmutualität (↑ Patronat)

N*n*

Nachhaltigkeitsminister Nachhaltigkeitsministerin, der; -s, - bzw. die; -, -nen: ↑ Infokasten Minister: *Die Kommunikationskampagne wurde gestern im Glashof des Bahnhofs in Anwesenheit von Vizepremierminister und* ***Nachhaltigkeitsminister*** *François Bausch* (↑ déi gréng)*, den Mitgliedern des CFL-Verwaltungsrats* (↑ CFL) *und den Vertretern von EU-Kommission und EU-Parlament in Luxemburg gestartet.* (TB 30.03.2021); *„Der Staat wurde durch die Verwendung der Software angeschmiert", sagte* ***Nachhaltigkeitsminister*** *François Bausch, als er die Maßnahmen vorstellte, mit denen sein Ministerium auf den Abgas-Skandal reagiert hat.* (JO 06.02.2017)

Nachhaltigkeitsministerium, das; -s, -ministerien ↑ Nachhaltigkeitsminister: *Aus dem* ***Nachhaltigkeitsministerium*** *sei allerdings Gesprächsbereitschaft signalisiert worden, den grenzübergreifenden Busverkehr zu fördern.* (TB 22.02.2018); *Der Zeitgewinn von 30 Minuten pro Fahrt wird sowohl bei den Benutzern als auch bei den offiziellen Stellen, dem* ***Nachhaltigkeitsministerium*** *und der Stadt Luxemburg, als positiver Faktor gewertet.* (JO 31.01.2018) ♦ Verkehrs- und Nachhaltigkeitsministerium

Nächstgewählte, der/die; -n, -n: Person, mit dem nächsthöchsten Wahlergebnis: *Nachrücken wird die* ***Nächstgewählte*** *auf der Liste der ↑ CSV, Mireille Friedrich-Klinski.* (LW 29.12.2020); *Seinen Platz wird nicht der* ***Nächstgewählte*** *der LSAP-Liste* (↑ LSAP) *der Gemeindewahlen 2017, Fritz Remackel, einnehmen, sondern Stéphane Biwer.* (TB 20.10.2020)

Nachtfoyer, das; -s, -s: Notschlafstelle für Obdachlose, ↑ Foyer, vgl. ↑ Tagesfoyer <frz. *Foyer de nuit*>: *Weil „Cafészëmmeren" häufig aber noch bessere Wohnbedingungen bieten als* ***Nachtfoyers*** *für Obdachlose, können und wollen viele Gemeinden nicht auf sie verzichten.* (TB 20.11.2020); *Strengere Regeln im* ***Nachtfoyer*** (LW, Zwischenüberschrift, 15.01.2018)

Nachtkavalkade, die; -, -n: nächtlicher Karnevalsumzug, ↑ Kalvalkade: *Mit einem reduzierten Aufgebot an Wagen starten die* ***Karnevalisten*** *am kommenden Samstag zur dritten Ausgabe der Nachtkavalkade in Wasserbillig.* (LW 08.03.2018); *In Wasserbillig fand am Samstagabend die erste* ***Nachtkavalkade*** *statt.* (JO 06.03.2016)

national: deutlich allgemeiner als in D für landesweit, staatlich, insbesondere in Nominalphrasen (aus Adjektiv plus Substantiv), dagegen vergleichweise wenige Zusammensetzungen: *Der* ***nationale*** *Wetterdienst ↑ Meteolux hat am Dienstagmorgen eine Wetterwarnung der Stufe Gelb veröffentlicht.* (TB 13.07.2021); *Auch wenn sich ↑ Schöffenrat und Opposition danach einigten und die Polizeibeamten nicht eingreifen mussten, machte das Ganze wieder* ***nationale*** *Schlagzeilen.* (LW 11./12.01.2020) ♦ nationale Airline, nationale Bandbreitenreserve, nationales Blutspendezentrum, nationales Denkmalamt, nationale Feuerwehrsammlung, nationaler Frauenrat, nationaler Fuhrpark, nationales Fußballstadion, nationaler Einschreibungstag, nationale Elternvertretung, nationaler Frauenstreik, nationaler Gesetzgeber, ↑ nationales Gesundheitslaboratorium, nationaler Inspektionsplan, ↑ Nationaler Justizrat, nationaler Krisenfall, nationale Kulturinstitution, nationale Lebensmittelsicherheit, nationale Minister, nationaler Notstand, nationaler Pavillon, nationales Pestizidregister, nationaler Radiosender, nationales ↑ Rehazenter, nationale Reserve, nationale ↑ sanitäre Reserve, nationaler Resistenztag (↑ Resistenz), nationale Solidarität, nationaler Spitzenkandidat, nationale Sportwelt, nationales Tierasyl (↑ Tierasyl), nationaler Wanderweg, nationale Windverhältnisse, nationaler Zustandsbericht

National-: allgemeiner als in D als Erstglied in Zusammensetzungen ♦ ↑ Nationalbüro, ↑ Nationaldivision, ↑ Nationaldynastie, ↑ Nationalkomitee, ↑ Nationalkongress, ↑ Nationallabor, ↑ Nationallaboratorium, ↑ Nationallotterie, Nationalpavillon, ↑ Nationalmonument, ↑ Nationalpräsident, ↑ Nationalstadion, ↑ Nationalstraße, ↑ Nationaltrainerin, ↑ Nationalvorstand, ↑ Nationalwahl

Nationalbüro, das; -s, -s: Landesparteivorstand, ↑ Büro, ↑ Infokasten National-: *„Als Präsident der Jusos habe ich anfangs der 90er Jahre eine Geschlechterquote für das **Nationalbüro** eingeführt.“* (JO 22.10.2019); *Prioritär werde sich das neu gewählte **Nationalbüro** der Jungsozialisten mit der Reform der ↑ Statuten der Jusos befassen, so Sold.* (LW 05.01.2019)

Nationaldivision, die; -, -en: höchste Spielklasse im Sport, vormaliger Name der ↑ BGL Ligue, ↑ Division, ↑ Infokasten National-: *Sportdirektor Roberto Borges, ein Felser Urgestein, der einst mit Daniel da Mota unter Trainer Luc Holtz in der **Nationaldivision** für Etzella Ettelbrück auflief, erläutert: „Vor zwei Jahren zog es mich nach einer beruflich bedingten fußballerischen Pause zurück zu meinem Heimatverein.“* (LW 01.11.2021); *Eine breitere Aufstellung der **Nationaldivision** hätte auf Dauer ein höheres Niveau in Luxemburg gebracht.* (JO 13.07.2014) ♦ Handballnationaldivision, Herrennationaldivision, Nationaldivisionäre

Nationaldynastie, die; -, -n: nationale Adelsdynastie, ↑ Infokasten National-: *1890 gründet ↑ Großherzog Adolph von Nassau im Alter von 73 Jahren die **Nationaldynastie** von Luxemburg.* (TB 23.04.2019); *Seit der Gründung der **Nationaldynastie** von Luxemburg ist er der sechste ↑ Großherzog an der Spitze des 1839 unabhängig gewordenen ↑ Großherzogtums.* (LW 15.03.2012)

Nationaler Justizrat ↑ Justizrat, Nationaler

nationales Gesundheitslaboratorium ↑ Gesundheitslaboratorium, nationales

Nationalkomitee, das; -s, -s: nationales Leitungsgremium von Parteien, Gewerkschaften u. dgl. ↑ Komitee, ↑ Infokasten National-: *Das **Nationalkomitee** der Partei hat den Rausschmiss des Lokalpolitikers beschlossen.* (LW 10.03.2017); *Mit 81,6 Prozent der Stimmen kürten die Mitglieder des neu gewählten **Nationalkomitees** der größten Gewerkschaft gestern Abend am Ende des ersten Tages des ordentlichen ↑ Nationalkongresses auf Kirchberg den bisherigen Generalsekretär André Roeltgen zum neuen ↑ Präsidenten.* (JO 01.12.2014) ♦ ADR-Nationalkomitee (↑ ADR), OGBL-Nationalkomitee (↑ OGBL)

Nationalkongress, der; -es, -e: auch ↑ Landeskongress, meist bezogen auf Parteien, auch für oberstes Gremium (in Gewerkschaften) ↑ Infokasten National-: *Digitaler Kongress / ↑ CSV strebt auf **Nationalkongress** nach Konsens* (LW, Überschrift, 18.10.2020); *Im Frühling des Gemeindewahljahrs stehen auch nicht weniger als drei **Nationalkongresse** von Parlamentsparteien – ↑ CSV, ↑ LSAP und ↑ „déi Lénk“ – auf dem Programm.* (JO 24.03.2017) ♦ CSV-Nationalkongress (↑ CSV), DP-Nationalkongress (↑ DP), LSAP-Nationalkongress (↑ LSAP)

Nationallabor, das; -s, nur Singular: zentrale Gesundheitsbehörde, ↑ Nationallaboratorium, ↑ nationales Gesundheitslaboratorium, ↑ Staatslabor, ↑ Staatslaboratorium, auch LNS <frz. *Laboratoire national de santé*> ↑ Infokasten National-: *Während der Testing-Week kann der HIV-Test ohne Termin und kostenlos in Ketter-Thill- und Bionext-Laboren durchgeführt werden sowie das ganze Jahr über im* ***Nationallabor*** *in Düdelingen.* (LW 26.02.2021); *Corona-Krise / Testzentrum beim* ***Nationallabor*** *ist nun auch am Sonntag offen und erhöht Anzahl der Termine* (TB, Überschrift, 26.11.2020)

Nationallaboratorium, das; -s, nur Singular: zentrale Gesundheitsbehörde ↑ Nationallabor, ↑ nationales Gesundheitslaboratorium, ↑ Staatslabor, ↑ Staatslaboratorium, auch LNS <frz. *Laboratoire national de santé*>, ↑ Infokasten National-: *In Luxemburg ist die Variante laut dem aktuellsten Revilux-Bericht des* ***Nationallaboratoriums*** *für 96,7 Prozent der Neuinfektionen verantwortlich.* (LW 28.08.2021); *Zwei Jahre nach Abschluss einer Konvention mit den vier großen Spitalzentren* (↑ Spital) *des Landes und dem* ***Nationallaboratorium*** *legten Gesundheitsministerin Lydia Mutsch und Alupse am Mittwoch eine erste Bilanz dieser offizialisierten Zusammenarbeit vor, die es der Vereinigung erlaubte, ihre Arbeitsweise auf ein ↑ nationales Aktionsmodell auszudehnen und so qualitativ und quantitativ effizienter zu sein.* (TB 20.09.2018)

Nationallotterie, die; -, nur Singular: 1945 gegründete Luxemburger Lotterie(-Gesellschaft) <frz. *Loterie Nationale*> ↑ Infokasten National-: *Diese Dokumente in der Ausstellung wiederzufinden, ist schon irgendwie ergreifend – ein einfaches Stück Papier, das aber so vieles in 75 Jahren ins Rollen gebracht hat, und das nicht nur die Lostrommeln der* ***Nationallotterie****, die bis heute Geld für die „Œuvre" einspielt.* (LW 23.12.2020); *Das Geld bezieht die „Œuvre" durch die Einnahmen der* ***Nationallotterie****.* (JO 26.06.2018)

Nationalmonument, das; -[e]s, -e: nationales Denkmal <frz. *monument national*> ↑ Infokasten National- : *Das Buch mit 250 Fotografien ist ein Rundgang durch Vergangenheit und Gegenwart des als* ***Nationalmonument*** *↑ klassierten Gebäudes.* (TB 27.03.2021); *Von der Pfarrkirche zum* ***Nationalmonument*** (JO, Zwischenüberschrift, 22.11.2014)

Nationalpräsident Nationalpräsidentin, der; -en, -en bzw. die; -, -nen: Landesvorsitzende(r) insbesondere bei Luxemburger Gewerkschaften und Parteien, ↑ Präsident, ↑ Infokasten National-: *Auch zur Misere auf dem Wohnungsmarkt hat sich der* ***Nationalpräsident*** *der „Jonk Demokraten" so seine Gedanken gemacht.* (LW 08.08.2017); *Der wiedergewählte* ***Nationalpräsident*** *Patrick Dury sprach in diesem Kontext von einer dominierenden Rolle seiner Gewerkschaft.* (TB 29.11.2014) ♦ CGFP-Nationalpräsident (↑ CGFP), CSJ-Nationalpräsidentin, LCGB-Nationalpräsident (↑ LCGB)

Nationalstadion, das; -s, -stadien: <frz. *Stade national du Luxembourg*> ↑ Infokasten National-: *Erstmals bis zum letzten Platz besetzt war das neue* ***Nationalstadion*** *am Sonntag.* (TB 16.11.2021); *Das neue* ***Nationalstadion*** *soll das 1931 fertiggestellte „Stade Josy Barthel", das derzeitige* ***Nationalstadion*** *an der Arlonerstraße, ersetzen.* (JO 18.09.2017) ♦ Fußballnationalstadion

Nationalstraße, die; -, -n: Straßenkategorie in Luxemburg, abgekürzt N <frz. *Routes nationales*> ↑ Staatsstraße, ↑ Infokasten National-: *Diese* ***Nationalstraße*** *wird wie bisher vom Hauptbahnhof über den Pont Büchler, der komplett erneuert wird, und ein Stückweit über die Route de Thionville führen.* (LW 02.09.2017); *Im September dieses*

*Jahres sollen ebenfalls die Arbeiten an der Erneuerung der Brücke zwischen der **Nationalstraße** 14 und „a Langert" in Medernach beginnen.* (TB 03.10.2017)

Nationaltrainer Nationaltrainerin, der; -s, - bzw. die; -, -nen: [auch BELG, CH] vgl. Bundestrainer(in) (D) ↑ Infokasten National-: *Luxemburger Fußballverband verlängert Vertrag mit **Nationaltrainer** Luc Holtz* (TB, Überschrift, 28.05.2019); *Von 1964 bis 1967 fungierte Yvonne Stoffel-Wagener auch als **Nationaltrainerin** des Luxemburger Turnverbands.* (LW 08.04.2014) ♦ Damennationaltrainer, FLF-Nationaltrainerin (↑ FLF), Frauennationaltrainer, Tischtennisnationaltrainerin

Nationalvorstand, der; -[e]s, -vorstände: Vorstandgremium, insbesondere bei Parteien und Gewerkschaften, vgl. Bundesvorstand (D) ↑ Infokasten National-: *Bei der ↑ ADR entscheidet der **Nationalvorstand** über den Ausschluss eines Mitglieds.* (TB 04.11.2021); *Ungewöhnlich kritisch gegenüber der Regierung, vor allem aber Arbeitsminister Nicolas Schmit zeigte sich OGBL-Präsident* (↑ OGBL, ↑ Präsident) *André Roeltgen vergangene Woche nach der Sitzung des **Nationalvorstands**.* (LW 07./08.04.2018)

Nationalwahl, die; -, -en: ↑ Legislativwahl, ↑ Chamberwahl, ↑ Infokasten National-: *Sie steht der Partei somit auch nicht als Kandidatin für die bevorstehenden **Nationalwahlen** zur Verfügung.* (LW 16.01.2018); *Zu den **Nationalwahlen** will sich die junge Politikerin nicht äußern, sagt aber, dass das Studium in erster Linie Vorrang hat.* (TB 09.01.2018)

Naturalisation, die; -, -en: Einbürgerung (D) ↑ Naturalisierung <frz. *naturalisation*, lux. *Naturalisatioun*>: *Bei der klassischen **Naturalisation** für Erwachsene wird die Residenzklausel von sieben auf fünf Jahre gesenkt.* (TB 09.02.2017); *Der neue Gesetzentwurf mit allen Erklärungen im Fall einer **Naturalisation** sowie einer Option ist hier abrufbar.* (LW 15.04.2016)

Naturalisierung, die; -, -en: Einbürgerung, ↑ Naturalisation: *Auch bei der **Naturalisierung** kommt es zu einigen Änderungen.* (LW 09.02.2017); *Der Sprachentest bleibt als Kriterium für die **Naturalisierung** bestehen.* (TB 13.03.2013) ♦ Naturalisierungsgesetz, Naturalisierungsprozedur (↑ Prozedur)

naturalisieren: einbürgern (D) <frz. *naturaliser*, lux. *naturaliséieren*>: *Im Durchschnitt werden jedes Jahr rund 3000 Personen **naturalisiert**.* (LW 07.02.2017); *Der Belgier Moris musste ja bereits **naturalisiert** werden.* (JO 01.09.2016)

Naturschutzsyndikat, das; -[e]s, -e: (inter)kommunaler Zweckverband Naturschutz, auch ↑ Umweltsyndikat, ↑ Syndikat: *Die gemischte 300-köpfige Schafherde ist derzeit auf rund 50 Flächen im Auftrag des **Naturschutzsyndikats** Sicona im Südwesten des Landes unterwegs.* (TB 13.09.2017); *Die kommunalen **Naturschutzsyndikate** hätten ausdrücklich den Wunsch geäußert, regionale Flächenpools vorzusehen, so Gira.* (LW 16.05.2017)

Naturverwaltung, die; -, nur Singular: Ministerialbehörde: <frz. *Administration de la nature et des forêts*>: *Das Buch „Sur les traces des champignons comestibles et toxiques du Luxembourg" kann gratis unter anderem bei der **Naturverwaltung** in Diekirch abgeholt werden.* (LW 12./13.10.2019); ***Naturverwaltung**: Analyse der Biss- und Fraßspuren entlarven Raubtier* (JO, Überschrift, 03.04.2018)

Navette [naˈvɛt], die; -, -n: neben Pendelbus (D) (teilweise mit Anführung) <frz. *navette*, lux. *Navett*>: *Deswegen halte die **Navette** ab 1. April nun auch samstags und an verkaufsoffenen Sonntagen an vier weiteren Haltestellen.* (TB 23.03.2017); *Die **Navette** ↑ funk-*

tioniert zwischen 18 und 22.30 Uhr vom P&R Bouillon aus. (LW 20.06.2014)

nennen / wird genannt: neben ernennen zu (D): *Lex Delles* (↑ DP), *Vorsitzender des Ausschusses, wurde zum ↑ Berichterstatter* ***genannt.*** (JO 03.05.2017); *Dieser wird aus den Reihen der Koalitionsparteien* ***genannt.*** (TB 08.09.2016)

Nice [nis]: neben Nizza (D): *Nach Attacke in* ***Nice:*** *Mehr Schutz für Schulen und Kirchen* (LW, Überschrift, 01.11.2020); *Die Gesellschaft bietet ab sofort zwei Mal pro Woche Direktflüge zwischen Luxemburg und* ***Nice*** *an.* (TB 13.04.2017)

Nichtkonformität, die; -, -en: Nichtvorschriftsmäßigkeit, vgl. ↑ Konformität: *Schwimmbad Vianden bleibt in dieser Saison wegen* ***Nichtkonformität*** *geschlossen* (LW, Unterüberschrift, 18.03.2020); ↑ *Rezent hatte der Europäische Gerichtshof wegen der* ***Nichtkonformität*** *zweier Kläranlagen – Beggen und Bleesbrück – zur EU-Abwasserrichtlinie eine Strafe gegen Luxemburg in Höhe von 3,1 Millionen Euro plus eine Geldbuße von 2800 Euro pro Verzugstag gesprochen.* (JO 17.12.2013)

Niederschlagssumme, die; -, -n: üblich neben Niederschlagsmenge (D): *In Oberkorn wurde mit einer* ***Niederschlagssumme*** *von 304 mm (56 % über den Werten der Vergleichsperiode) der höchste Wert des Herbstes aufgezeichnet.* (TB 09.12.2017); *Die* ***Niederschlagssumme*** *für das Frühjahr bewegt sich weiter Richtung Rekordtrockenheit.* (LW 26.05.2017)

Nomenklatur, die; -, -en: Leistungskatalog, Tarifordnung (Krankenkasse) <frz. *nomenclature*>: *Der Leistungskatalog (****Nomenklatur****), der festlegt, welche Kosten für medizinische Leistungen die ↑ CNS übernimmt, müsse modernisiert werden.* (TB 31.05.2018); *Sie sieht unter anderem eine feste Tarifordnung (****Nomenklatur****) vor, an die sich die Ärzte halten sollen.* (LW 15.05.2018)
♦ ↑ Nomenklaturkommission

Nomenklaturkommission, die; -, -en: Kommission in Sachen ↑ Nomenklatur, ↑ Infokasten Kommission: *Es war eine der Bedingungen, die die Ärzteschaft stellte, damit sie wieder an den Tisch der* ***Nomenklaturkommission*** *zurückkehrt: Am ↑ Gesondheetsdësch sollen die grundsätzlichen Fragen diskutiert werden, die sich stellen, um das Gesundheitssystem zukunftsfähig aufzustellen.* (LW 14.02.2020); *Im Laufe des nächsten Jahres würden dann im Rahmen der* ***Nomenklaturkommission*** *noch weitere Verbesserungen diskutiert, für die dann entsprechende Tarife eingeführt werden müssen.* (JO 17.12.2016)

Nominierungsprozedur, die; -, -en: Nominierungsverfahren, ↑ Infokasten Prozedur: *Bei der* ***Nominierungsprozedur*** *für den ↑ Staatsrat hatte diesmal turnusgemäß die Regierung das Vorschlagsrecht.* (LW 20.11.2019); ↑ *Staatsrat:* ***Nominierungsprozedur*** *ändern?* (JO, Überschrift, 16.05.2018)

Nord-: ‚im Norden Luxemburgs', üblich als Bestimmungswort in (charakteristischen) Zusammensetzungen:
♦ ↑ Nordabgeordnete, Nord-CSV (↑ CSV), Norddirektor, ↑ Nordgemeinde, Nordistin, ↑ Nordkanton, Nordkommune, ↑ Nordstad

Nordabgeordnete, der/die; -n, -n: Abgeordnete(r) aus dem Norden Luxemburgs, ↑ Nord-: *Die Ministerien für Soziale Sicherheit und Landwirtschaft übernimmt der* ***Nordabgeordnete*** *und Diekircher Bürgermeister Claude Haagen (59).* (TB 30.11.2021); *Im vergangenen Mai hat sich auch die* ***Nordabgeordnete*** *Martine Hansen* (↑ CSV) *des Themas angenommen und eine parlamentarische Frage an die zuständigen Regierungsmitglieder gestellt.* (LW 12.07.2021)
♦ DP-Nordabgeordneter (↑ DP), CSV-Nordabgeordnete (↑ CSV)

Nordgemeinde, die; -, -n: Gemeinde im Norden Luxemburgs ↑ Nord-: *„Nur als Beispiel: Ein Farbton, der vielleicht in einer* ***Nordgemeinde*** *als grell eingestuft wird, kann in einer ↑ Südgemeinde als ‚normal' und damit als erlaubt angesehen werden."* (TB 10.01.2017); *Zwei mal zwei Züge in den Wochenendnächten – Kritik an* ***Nordgemeinden*** (JO, Überschrift, 02.11.2016)

Nordkanton, der; -s, -e: ↑ Kanton im Norden Luxemburgs, ↑ Nord-: *Fraglich ist auch, ob ein noch rasanteres Bevölkerungswachstum in den* ***Nordkantonen****, das Herr Feyereisen als wünschenswert zu erachten scheint, von den Öslingern* (↑ Ösling) *gewünscht wird.* (LW 08.03.2017); *In den* ***Nordkantonen*** *wachsen mehr und mehr Windräder in den Himmel.* (JO, Bildunterschrift, 11.11.2016)

Nordstad [ˈnɔʀtʃtaːt], die; -, nur Singular: (geplante) ↑ Fusionsgemeinde im Norden Luxemburgs (teilweise mit Anführung) <lux. *Nordstad*> ↑ Nord-: ***Nordstad****: Keiner will ins Abseits* (LW, Überschrift, 13./14.10.2018); *Er habe die Dienste seines Hauses im Januar angewiesen, kurzfristige Lösungen für den Linienbusdienst in der* ***Nordstad****, insbesondere auf der „zentralen ↑ Achse", zu finden.* (JO 23.10.2014) ♦ Nordstadbürgermeister, Nordstadgemeinden, Nordstadjugend, Nordstadsyndikat (↑ Syndikat)

Notizen nehmen: sich Notizen machen (D) <frz. *prendre des notes*>: *Jemand fragt auf Portugiesisch nach Papier, um* ***Notizen zu nehmen****.* (TB 24.10.2018); *Besonders nützlich ist der Stift neben dem Zeichnen auch, um schnelle* ***Notizen zu nehmen****, ohne tippen zu müssen.* (JO 07.08.2017)

Notorietät, die; -, -en: Bekanntheit <frz. *notoriété*>: *Diese* ***Notorietät*** *stammt aus Aktivitäten, die relativ wenig mit Politik zu tun haben.* (LW 02.03.2020); *Man mag nun die ↑ Springprozession als religiöse ↑ Manifestation sehen oder auch als in der Tradition verankerte Folklore, Fakt ist, dass sie durch ihr einmaliges Ritual, durch die Verankerung in der Kulturgeschichte unseres Landes und über dessen Grenzen hinaus, der Stadt Echternach und auch dem Lande eine immense, dauerhafte* ***Notorietät*** *sichert.* (TB 15.05.2018)

nur mehr: üblich neben nur noch: *Der Neubau in zwei Phasen bei vollem Gefängnisbetrieb und mit ab 2023* ***nur mehr*** *rund 300 Insassen sei die weitaus günstigere und sinnvollere Alternative.* (LW 08./09.02.2020); ***Nur mehr*** *eine Stunde gratis parken in Belvaler Einkaufszentren* (LW, Überschrift, 08.03.2017)

Oo

Obergerichtshof, der; -[e]s, nur Singular: oberste Ebene der Luxemburger Gerichtshierarchie <frz. *Cour supérieure de justice*>: *Zwischen dem ↑ Präsidenten des* ***Obergerichtshofes*** *und dem Generalstaatsanwalt gibt es einen wesentlichen Unterschied.* (LW 19.09.2009); *Eine Reihe von Änderungen gab es, was die Besetzungen der jeweiligen Kammern anbetrifft, da verschiedene Richter und Richterinnen zum* ***Obergerichtshof*** *übergewechselt sind, sie also ersetzt werden mussten.* (TB 17.09.2008)

Oberster Justizrat ↑ Justizrat, Oberster

Obligation, die; -, -en: neben Verpflichtung (D), Verbindlichkeit (in D fachsprachlich): *Die* ***Obligation****, sich impfen zu lassen für über 50-Jährige und im Pflegesektor, ist auch innerhalb der Koalition umstritten.* (LW 27.01.2022); *Die „Prinzipien treuen" Schutzmaßnahmen des Gesetzgebers legen nicht nur allen Verwaltungen kaum einzuhaltende* ***Obligationen*** *auf.* (TB 24.09.2019)

Obrigkeit, die; -, -en: üblicher als in D, auch für Aufsicht: *In einem Rechtsstaat gibt es Regeln und jeder Bürger hat das Recht, diese Regeln einzufordern, wenn sie von der* ***Obrigkeit*** *nicht respektiert werden.* (LW 06./07.02.2021); *Das Bildungsministerium habe laut Folscheid die* ***Obrigkeit*** *über das Schulpersonal und die Schüler.* (TB 17.10.2020)

Observatorium, das; -s, Observatorien: Prüfungsinstanz, Beobachtungstelle, Monitoring <frz. *observatoire*>: *Die Daten sollten künftig von einem unabhängigen* ***Observatorium*** *für Gesundheit analysiert werden.* (LW 03.02.2021); *Letzten Endes muss alles durch den ↑ Regierungsrat – ich hoffe aber, auf Luxemburgs erster Klimaexpo im Oktober das* ***Observatorium*** *vorstellen zu können.* (TB 24.09.2021) ♦ Klimaobservatorium

Oekozenter/OekoZenter das; -/-s, nur Singular: Luxemburger Organisation(en) für Umweltschutz und Nachhaltigkeit ↑ Zenter: *Umweltschutz / „Wir haben hier sehr unterschiedliche Menschen zusammengebracht und dazu angeregt, diese Fragen offen zu diskutieren", sagt Théid Faber (70), Präsident des* ***Oekozenter****.* (TB 27.11.2020); *Laut Lies seien die Auflagen im* ***Oekozenter*** *so gestaltet, dass es nicht zur Gruppenbildung kommt und jeder Bürger einzeln in die Abgabestelle einfährt.* (LW 27.03.2020)

öffentliche Konsultation ↑ Konsultation, öffentliche

öffentlicher Transport ↑ Transport, öffentlicher

OGBL [oːʒeːbeːˈɛl], der; -, nur Singular = *Onofhängege Gewerkschaftsbond Lëtzebuerg*, dt: Unabhängiger Gewerkschaftsbund Luxemburg: *Das Tripartite-Abkommen* (↑ Tripartite) *droht am* ***OGBL*** *zu scheitern.* (LW 31.03.2022); ***OGBL*** *schaltet ↑ Schlichtungsamt ein* (TB, Überschrift, 26.06.2017) ♦ OGBL-Amt, OGBL-Delegierte, OGBL-Militanten (↑ Militant), OGBL-Syndikat (↑ Syndikat), OGBL-Vertreter

Oktave [okˈtaːf(ə)], die; -, -n: Kurzform für ↑ Muttergottesoktave: *Im Mai ist das größte Glaubensfest in Luxemburg geplant: die* ***Oktave****.* (LW 18.03.2020); *Die diesjährige* ***Oktave*** *ist zu Ende.* (TB 22.05.2017) ♦ ↑ Muttergottesoktave, ↑ Oktavpredigt, ↑ Oktavpredigerin, Online-Oktave

Oktavprediger Oktavpredigerin, der; -s, - bzw. die; -, -nen: Prediger(in) im Rahmen der ↑ Oktave: *2021: Zum ersten Mal eine* ***Oktavpredigerin*** (LW, Überschrift, 17.02.2021); ***Oktavprediger*** *ist der neue Erzbischof Jean-Claude Hollerich.* (TB 29.04.2012)

Oktavpredigt, die; -, -en: Predigt im Rahmen der ↑ Oktave: *2021 wird in der Kathedrale eine Frau für die* ***Oktavpredigten*** *verantwortlich zeichnen* (LW,

Bildunterschrift, 17.02.2021); *Wie das Erzbistum am Dienstag mitteilte, habe Erzbischof Jean-Claude Hollerich Hamus mit den* ***Oktavpredigten*** *beauftragt.* (TB 09.02.2016)

operationẹll: einsatzbereit (in D fachsprachlich) <frz. *opérationnel*, lux. *operationell*>: *Die App, die demnächst* ***operationell*** *sein dürfte, sieht unter andrem vor, dass Patienten ihr Geld schneller von der Kasse zurückerstattet bekommen, und das ohne die lästige Pflicht, ihre Rechnung an die ↑ CNS schicken zu müssen.* (TB 17.02.2020); *Der am 31. Januar gestartete Satellit des Joint-Ventures von Staat und SES ist seit Montag* ***operationell*** (JO, Überschrift, 20.03.2018)

Opportunität, die; -, -en: (günstige) Gelegenheit <lux. *Opportunitéit*>: *Meisch verteidigte die Ausbildung als zusätzliche* ***Opportunität*** *für SO-Schüler.* (LW 19.05.2021); *Eine* ***Opportunität*** *für die ↑ Südregion* (JO, Zwischenüberschrift, 23.10.2015) ♦ Opportunitätskosten

Opposition, formẹlle, die; -n -, -n -en: formelle Beanstandungen (bei Gericht) <frz. *opposition formelles*>: *Nicht weniger als 40* ***formelle Oppositionen*** *erhebt der ↑ Staatsrat in seinem Gutachten zum Kulturerbegesetz, das ↑ Kulturministerin Sam Tanson* (↑ Déi Gréng) *vor einem Jahr im Parlament ↑ deponierte.* (LW 02.10.2020); *Der ↑ Staatsrat hatte zuvor 24* ***formelle Oppositionen*** *angemeldet.* (TB 13.02.2017)

Oppositionsrat Oppositionsrätin, der; -[e]s, -räte bzw. die, -, -nen: Ratsmitglied der Opposition: *Mit* ***Oppositionsrätin*** *Tess Burton* (↑ LSAP) *stellt sich in der ↑ Moselmetropole eine weitere Abgeordnete den Wählern; dabei hatte sie das Kapitel Kommunalpolitik im vergangenen Sommer fast schon abschließen können, als die ehemalige Weinkönigin als Nachfolgerin für den damals abwanderungswilligen Ost-Minister* (↑ Ost, ↑ Minister) *Nicolas Schmit gehandelt wurde.* (LW 19.09.2017); *Die* ***Oppositionsräte*** *verlangten mehr Druck bei den Eintreibungen der ausstehenden Beträge.* (JO 16.07.2015) ♦ DP-Oppositionsrat (↑ DP), LSAP-Oppositionsrat (↑ LSAP)

ordinär: auch im Sinne von planmäßig, ordentlich <frz. *ordinaire*, lux. *ordinär*>: *Wir haben ein Budget von 40 Millionen Euro und einen* ***ordinären*** *Überschuss von zehn Millionen Euro.* (LW 19./20.09.2020); *Im Ergebnis stehen erneut 22 Millionen Überschuss im* ***ordinären*** *Haushalt für 2018 nach 17 Millionen Euro im Jahr 2017 für die auf 26 180 Einwohner angewachsene ↑ Südgemeinde.* (TB 04.01.2018)

Ordonnạnz, die; -, -en: Rezept, ärztliche Verordnung, amtliche Verfügung <frz. *ordonnance*, lux. *Ordonnance*>: *Von 147 am Mittwoch positiv getesteten Personen waren 51 mit einer ärztlichen* ***Ordonnanz*** *zum Test erschienen.* (LW 18.09.2020); *Die ↑ Ratskammer entscheidet mit dieser* ***Ordonnanz****, ob der Prozess vor die ↑ Kriminal- oder die Strafkammer des jeweiligen ↑ Bezirksgerichtes verwiesen werden kann.* (TB 20.11.2014) ♦ Verweisordonnanz

Organịsmus, der; -, -nismen: neben Organisation (D) <frz. *organisme*, lux. *Organismus*>: *Zwei neue* ***Organismen*** *werden geschaffen: eine Plattform, in die auch die Zivilgesellschaft eingebunden werden soll, soll über die Umsetzung des Gesetzes diskutieren, Anregungen liefern, und ein ↑ Observatorium soll das Gesetz wissenschaftlich begleiten und jährliche Berichte erstellen.* (TB 08.12.2020); *„Die Mikrofinanz erlaubt aus dem Teufelskreis der Armut auszubrechen und die Würde der Menschen aufzubauen, denn sie erhalten nicht nur einen Kredit, sondern auch das Vertrauen und die Begleitung des* ***Organismus****, die ihn vergibt", erklärte sie.* (LW 18.11.2016)

Orientierungsprozedur, die; -, -en: Orientierungsprozess, -phase beim Übergang auf weiterführende Schulformen

↑ Infokasten Prozedur: *Die Gewerkschaften kommen zudem auf die* ***Orientierungsprozeduren*** *der „Cinquième"-Klassen im „Enseignement secondaire général" (ESG), dem früheren „Technique", zu sprechen.* (TB 19.03.2021); *Der Übergang von der Grundschule in den Sekundarunterricht oder vielmehr die aktuelle* ***Orientierungsprozedur*** *soll bekanntlich in einigen Kernpunkten angepasst werden.* (JO 14.06.2016)

Ösling, das; -s, nur Singular: Region im Norden Luxemburgs, ↑ Éislek: *Seit drei Jahren arbeitet sie beim technischen Dienst der Gemeinde, kommt täglich aus dem* ***Ösling*** *angefahren.* (TB 21.11.2019); *Eine Stimme des* ***Öslings*** (JO, Überschrift, 04.11.2019) ♦ Nordösling, Öslingerin, Ösling-Gemeinde, Ösling-Örtchen

Ost-: ‚im Osten Luxemburgs', üblich in (charakteristischen) Zusammensetzungen: ♦ Ostdeputierte, ↑ Ostgemeinde, ↑ Ostkanton, Ostminister, ↑ Infokasten Minister

Ostgemeinde, die; -, -n: Gemeinde im Osten Luxemburgs: *In der* ***Ostgemeinde*** *wird die schwarz-rote Koalition wegen der herben Verluste der Sozialisten zugunsten einer schwarz-blauen oder schwarz-grünen Koalition aufgelöst.* (LW 09.10.2017); *Es war ein grausiger Fund, der nicht nur die beschauliche* ***Ostgemeinde*** *Waldbillig, sondern das ganze Land erschütterte.* (JO 19.01.2015)

Ostkanton, der; -s, -e: ↑ Kanton im Osten Luxemburgs: *In den* ***Ostkantonen*** *Remich, Grevenmacher und Echternach wird man nun, laut Jean-Pierre Hein, vorangehen und den ersten Regionalverband der Freiwilligen Feuerwehren in Luxemburg gründen.* (LW 15.03.2012); *„Die drei* ***Ostkantone*** *zu einem Regionalverband zusammenführen"* (TB, Überschrift, 13.02.2009)

Pp

PACS [paks], der; -, nur Singular = *Pacte civil de solidarité*, eingetragene Lebenspartnerschaft (‚Ehe light'): *Bis zur Einführung der Homo-Ehe im Jahr 2015 blieb der* ***PACS*** *allerdings für gleichgeschlechtliche Paare die einzige Möglichkeit, um ihre Partnerschaft offiziell anerkennen zu lassen.* (LW 25.09.2017); *Er hatte 2007 mit seinem Freund einen* ***PACS*** *(Pacte civil de solidarité) abgeschlossen.* (TB 12.12.2013)

pacsen: einen ↑ PACS abschließen <frz. *pacser*, lux. *pacsen*>: *Wenn zwei Verwandte des ersten oder zweiten Grades, ein verheiratetes oder ein* ***gepacstes*** *Paar genügend Stimmen erhalten, so darf nur eine der beiden Personen ein Amt bekleiden – die zweite muss verzichten.* (LW 23.10.2017); *Sie hätte sich später wieder* ***pacsen*** *können, eine vorausgehende Scheidung wäre aber im Prinzip unerlässlich gewesen.* (TB 18.05.2010)

PAG, der; -/-s, -s: [peːˈaːʒ] = *plan d'aménagement général*, Bebauungsplan (D): *Düdelinger* ***PAG*** *geht in die* ↑ *Prozedur* (LW, Überschrift, 02.07. 2020); *„Dieser* ***PAG*** *hätte niemals genehmigt werden dürfen."* (JO 12.12.2014) ♦ PAG-Frist

Palmarès [palmaˈʀɛs], der/das; -, -: Siegerliste (D) <frz. *palmarès*>: *Clara Tauson hat sich in das* ***Palmarès*** *der Luxembourg Open eingetragen.* (TB 19.09.2021); *Der Kenianer Edwin Kibet Kiptoo war der Schnellste bei den Männern, bei den Frauen trug sich die Äthiopierin Tsehay Gebre Getiso in den* ***Palmarès*** *ein.* (LW 27.05.2017)

panikieren: eher selten für panisch sein/werden <frz. *paniquer*, lux. *panikéieren*>: *Je nach dem, wie stark das Trauma ist, kann das Geringste dazu führen, dass sie* ***panikieren*** *oder sich isolieren.* (LW 22.10.2016); *Auch wenn Jungels auf der 13. Etappe am Freitag nicht bis zum Schluss mithalten kann, bräuchte er laut Andy Schleck nicht zu* ***panikieren.*** (TB 20.05.2016)

Parcours [paʀˈkuːɐ̯], der; -, -: allgemeiner als in D für Strecke, Laufbahn <frz. *parcours*, lux. *Parcours*>: *Erst nach einem* ***Parcours*** *durch einige Strassen gelang es dem Polizisten endlich den Mann zu stoppen und ihm Handschellen anzulegen.* (TB 31.12.2017); *Das „Centre hospitalier de Luxembourg" (CHL) vervollständigt sein medizinisches Angebot für Frauen und bietet nun auch den Frauen, die aus ihrer Fruchtbarkeitsphase hinauskommen und mit den Wechseljahren (Menopause) zu kämpfen haben, einen klinischen* ***Parcours*** *an.* (JO 19.10.2017) ♦ Eventparcours, Integrationsparcours, Museumparcours, Pflegeparcours

Parkgelände, das; -s, -: neben ↑ Parking und Parkplatz (D): *Am Donnerstagmorgen kam es auf dem* ***Parkgelände*** *der Grundschule in Remich zu einem Überfall, als eine Frau dabei war ihr Kind im Fahrzeug anzuschnallen.* (LW 04.01.2018); *Mit einer Seilwinde wurde das Fahrzeug wieder auf das* ***Parkgelände*** *gezogen.* (JO 23.11.2015)

parkieren: [auch CH] eher selten neben parken (D): *Und wenn keiner lenken mag, wird es mittig* ***parkiert.*** (LW 01.01.2015); *Seit geraumer Zeit müssen Europas Banken einen „Strafzins" bezahlen, wenn sie bei der Europäischen Zentralbank Geld* ***parkieren.*** (TB 26.05.2016)

Parking, der/das; -s, -s: [auch CH] üblich neben Parkhaus (D), Parkplatz (D) ↑ Parkgelände: *Dieser* ***Parking*** *wurde in einen überschwemmbaren ökologischen Parkplatz umgewandelt.* (TB 23.02.2018); *In einem in Frankreich zugelassenen Lastwagen wurden unter denkbar ungeeigneten Bedingungen sieben Hunde am Sonntag gegen 12.30 auf dem* ***Parking*** *der LuxExpo festgehalten.* (JO 04.09.2017) ♦ Auffangparking, ↑ Fahrradparking, Langzeitparking, Parkingproblematik

Parkvignette, die; -, -n: Anwohnerparkausweis, ↑ Vignette: *Auch informierte er, dass **Parkvignetten** für CHEM-Personal ausgestellt wurden, damit diese Personen in fünf Straßen rund um das Krankenhaus kostenlos parken dürfen.* (LW 18./19.04.2020); *Und trotz **Parkvignetten** ist es für die Bürger weiterhin schwierig, in der Nähe ihrer Wohnung zu parken.* (JO 03.10.2017)

Parlamentssession, die; -, -en: Parlamentsjahr, ↑ Kammersession, ↑ Session: *Am Dienstag, den 13. Oktober, wird die **Parlamentssession** 2020/21 eröffnet – mit der Rede zur Lage der Nation von Premierminister Xavier Bettel* (↑ DP). (LW 22.09.2020); *„Triple-Null" für die Regierung: ↑ „déi Lénk" zieht Bilanz der **Parlamentssession**.* (TB 17.07.2020)

Parteikarte, die; -, -n: Parteibuch (D) ↑ Karte: [auch BELG]: *Ihnen sei die Gemeinde wichtiger als die **Parteikarte**, betonten sie am Dienstag auf einer eilig anberaumten Pressekonferenz.* (LW 30.09.2019); *Die Mitglieder des ↑ Staatsrates würden ihre **Parteikarten** im Vestibül abgeben, so der ↑ Präsident, der betonte, fast alle Entscheidungen würden im Konsens getroffen.* (TB 17.11.2010) ♦ CSV-Parteikarte (↑ CSV), CSV-Parteikarteninhaberin (↑ CSV), „Déi Lénk"-Parteikarte (↑ Déi Lénk)

Parteikongress, der; -es, -e: auch ↑ Kongress, ↑ Parteikonvent, Konvent, Parteitag (D): *Ein Wochenende der **Parteikongresse** liegt hinter uns.* (TB 26.03.2018); *Kurz vor dem **Parteikongress** am Samstag dreht sich bei den Christsozialen noch einmal das Personalkarussell.* (LW 19.03.2018)

Parteikonvent, der; -[e]s, -e: auch ↑ Parteikongress, ↑ Kongress, Konvent, Parteitag (D): *Die ↑ zurückbehaltenen Kandidaten werden am Samstag beim **Parteikonvent** in Ettelbrück vorgestellt.* (LW 19.02.2018); *Der **Parteikonvent**, der am Samstagmorgen im Forum „Geesseknäppchen" stattfand, hat mit 488 Stimmen zu 496 für den ↑ Fraktionspräsidenten der ↑ CSV gestimmt.* (TB 08.10.2016) ♦ CSV-Parteikonvent (↑ CSV)

Parteipräsident Parteipräsidentin, der; -en, -en bzw. die; -, -nen: [auch BELG, CH] Parteivorsitzende(r) (D) ↑ Präsident: *Vor fast zwei Wochen hatten **Parteipräsident** Frank Engel und der Abgeordnete Léon Gloden ↑ konsultative Volksbefragungen zu bestimmten Themen als Bedingung genannt, damit die ↑ CSV die erste Lesung des Verfassungsentwurfs mit annimmt.* (TB 13./14.07.2019); ***Parteipräsident** Christian Kmiotek und **Parteipräsidentin** Sam Tanson bei der Vorstellung der grünen Wahlkampagne* (JO, Bildunterschrift, 06.09.2013) ♦ CSV-Parteipräsidentin (↑ CSV), Déi-Gréng-Parteipräsident (↑ Déi Gréng), Ko-Parteipräsident, LSAP-Parteipräsidentin (↑ LSAP)

Parvis [paʀˈviː], das/der; -, -e: Vorplatz, Vorhof <*frz. parvis*, lux. *Parvis*>: *Die „Congés Annulés" werden nicht annulliert, die Konzertbühne muss nur auf das **Parvis** ausweichen.* (LW 03.07.2020); *Wie Meyer erklärte, wolle man allgemein den **Parvis**, also den Innenhof der Rotondes, in Zukunft stärker für verschiedene Kulturprojekte nutzen.* (JO 16.06.2019)

Passage [paˈsaːʃ/paˈsaːʒə], die; -, -n: allgemeiner als in D für Durchgang, Übergang, Durchfahrt <frz. *passage*, lux. *Passage*>: *Die **Passage** von Fahrzeugen mit armenischen Kennzeichen erfolgt in Gruppen und relativ problemlos.* (LW 04.12.2021); *Ferner erinnerte Lydie Polfer daran, dass auf jeder öffentlichen Terrasse eine 1,20 Meter **Passage** frei bleiben muss, um das Durchkommen der Passanten zu gewährleisten.* (JO 22.04.2015) ♦ ↑ Fußgängerpassage, Kopfsteinpflasterpassage, Sandpassage, Straßenpassage

Passagearrest, der; -[e]s, -e: vorübergehende Haft, Ingewahrsamnahme:

*Indem sie aufgrund ihres alkoholisierten Zustandes eine Gefahr für sich und andere darstellte, wurde sie im **Passagearrest** untergebracht.* (JO 11.12.2020); *Die Polizisten brachten den Mann anschließend wegen „Raserei" in **Passagearrest.*** (TB 05.04.2018)

Passagier Passagierin, der; -s, -e bzw. die; -, -nen: allgemeiner als in D für Reisende unterschiedlichster Verkehrsmittel: *In der ↑ Tram saßen zu dem Zeitpunkt 30 bis 50 **Passagiere**, während im Bus nur wenig ↑ Passagiere saßen, wie die Polizei mitteilte.* (JO 19.07.2019); *Die **Passagiere** sollen für ihre Entscheidung, ihren Wagen zu Hause stehen zu lassen und so etwas für den Umweltschutz zu tun, belohnt werden.* (TB 09./10.05.2018) ♦ ↑ Buspassagiere, Trampassagierin, ↑ Zugpassagier, Zugpassagiertransport (↑ Transport)

Passant Passantin, der; -en, -en bzw. die; -, -nen: üblicher als in D neben Fußgänger: *Falls sich ein **Passant** beim Hinfallen nämlich verletzen würde, wäre derjenige verantwortlich, der den Bürgersteig hätte säubern müssen.* (TB 9./10.12.2017); ***Passantin** von verlorenem Anhänger erfasst* (JO, Überschrift, 16.02.2017)

Passerelle [pɑsˈʀɛl(ə)], die; -, -n: [auch CH] Verbindungsbrücke, (Fußgänger-) Übergang, auch im übertragenen Sinne <frz. *passerelle*, lux. *Passerell*>: *Das Esch wieder eine **Passerelle** habe, daneben die Jugendherberge, ist eine große Genugtuung für ihn.* (TB 23.10.2020); *Die 45 Meter hohe Adolphe-Brücke, benannt nach dem damaligen ↑ Großherzog Adolphe, zählt zu den imposantesten Bauwerken der Stadt Luxemburg und erhält nun zwischen den beiden Pfeilern eine **Passerelle**, die am 17. September eröffnet werden soll.* (JO 17.07.2017) ♦ Galgenberg-Passerelle, Viaduktpasserelle

passieren: allgemeiner als in D für sich vorbeibewegen, hindurchbewegen, auch für vorstellig werden <frz. *passer*, lux. *passéieren*>: *Wer in den vergangenen Tagen an der Tankstelle **passiert** ist, der wird sich über die hohen Spritpreise geärgert haben.* (LW 09.06.2021); *Aktuell wird die Brücke täglich von 7200 Personenwagen und Kombis stadteinwärts, und 5800 in Richtung Kirchberg **passiert**.* (JO 05.10.2015)

Pathologie, die; -, -n: auch allgemein für Krankheit, Krankheitsbild <frz. *pathologie*, lux. *Pathologie*>: *Ältere Menschen, besonders wenn sie mit schweren **Pathologien** behaftet sind, sterben eher als Jugendliche.* (TB 31.10./01.11.2020); *Als Ursache, damit Personen von der Maskenpflicht entbunden werden, sollen künftig auch ärztlich attestierte **Pathologien** gelten.* (LW 01.09.2020)

Patientenvertretung, die; -, nur Singular: Interessenverband, ↑ Patientevertriedung: *Coronakrise / **Patientenvertretung** fordert: Masken für alle in Luxemburg!* (TB 01.04.2020); *2322 Mal kontaktierten in 2014 verzweifelte Klienten die **Patientenvertretung** via Telefon, um Hilfe und Informationen zu bekommen.* (LW 06.01.2015)

Patientevertriedung [paˈtsi̯ɛntəfɐtʀiədun], die; -, nur Singular: Interessenverband, ↑ Patientenvertretung, abgekürzt PV <lux. *Patientevertriedung*>: *Andere ↑ Akteure, wie die **Patientevertriedung**, der Dachverband der Pflegeeinrichtungen oder verschiedene andere Gesundheitsberufe können noch punktuell dazustoßen, erklärte Schneider.* (LW 14.02.2020); *Besuchsrechte im Altenheim / **Patientevertriedung**: „Viele Leute fühlen sich wie im Gefängnis"* (TB, Überschrift, 12.06.2020)

Patrimonium, das; -s, -monien: üblicher als in D für nationales/kulturelles Erbe <lat. *patrimonium*, frz. *patrimoine*>: *Die Nationalbibliothek beispielsweise hat die Aufgabe, das ganze literarische und historische **Patrimonium** Luxemburgs zu konservieren.* (TB 30.01.2017); *Zurück* *blieben in dieser nach wie vor bevölkerungsreichsten Region Luxemburgs ein industrielles* ***Patrimonium****, das vielseitig ↑ revalorisiert wurde, aber auch riesige, menschengemachte Wunden in der Landschaft, die sich die Natur nach und nach zurückerobert.* (JO 22.08.2016)

Patronat [patʀo'naːt], das; -s, nur Singuar: Arbeitgeber (D), Arbeitgeberschaft (D) <frz. *patronat*, lux. *Patronat*>: *Scharfe Kritik an Abkommen mit* ***Patronat*** (TB, Überschrift, 15.01.2015); *Das* ***Patronat*** *sollte dann auch endlich Mal „seinen Wortlaut ändern", so Schneider.* (JO 25.06.2014) ♦ Patronatsfeier, ↑ Patronatsorganisation, ↑ Patronatsverband, ↑ Patronatsvertreter

Patronatsorganisation, die; -, -en: Arbeitgeberorganisation, ↑ Patronat: *Mittlerweile haben sogar die* ***Patronatsorganisationen*** *die von der Regierung propagierten Zielsetzungen von einem nachhaltigen und qualitativen Wachstum entdeckt.* (TB 06.02.2018); *Es waren keine Komplimente, die sich die Regierung in der vergangenen Woche anhören musste, sowohl seitens der „Chambre des Salariés" wie auch seitens des Dachverbands der* ***Patronatsorganisationen****, der UEL.* (JO 12.01.2013)

Patronatsverband, der; -[e]s, -verbände: Arbeitgeberverband, ↑ Patronat: *„Ob man wirklich so triumphieren und „nachtreten" soll, wenn* ***Patronatsverbände*** *sich Gedanken über die langfristige Finanzierbarkeit, das Gleichgewicht und den sozialen Frieden machen?"* (LW 28.06.2017); *Denn sie bestimme die „enveloppe globale", über deren Aufteilung sich dann Gewerkschaften und* ***Patronatsverbände*** *wie die ↑ COPAS einigen müssen.* (JO 28.01.2015)

Patronatsvertreter Patronatsvertreterin, der; -s, - bzw. die; -, -nen: Arbeitgebervertreter, ↑ Patronat: *Die* ***Patronatsvertreter*** *campieren im Jammer-Tal.* (TB 31.10.2010); *Die Gewerkschaften hatte sie zuletzt nur deswegen empfangen, weil diese massiven Druck ausgeübt hatten, ↑ derweil die* ***Patronatsvertreter*** *daraufhin fast schon automatisch im ↑ Staatsministerium vorgelassen wurden.* (JO 02.01.2015)

Pattonstadt, die; -, nur Singular: Beiname für die Stadt Ettelbrück, als Würdigung des US-Generals George S. Patton jr. (als Befreier von der Naziherrschaft): *Während der vergangenen 48 Jahre wirkte er stets wie der Bewacher der* ***Pattonstadt****.* (LW 19.09.2018); *Strittige Finanzpolitik in der* ***Pattonstadt*** (JO, Überschrift, 17.12.2015)

Pavillon ['paviɔ̃ː], der; -s, -s: allgemeiner als in D, auch für Wohnunterkünfte <frz. *pavillon*, lux. *Pavillon*>: *Damit es allerdings überhaupt zu einer neuen Bedeutung kommen kann, müssen zuerst die 202 der 220* ***Pavillons****, die dem Fonds schon gehören, abgetragen werden.* (LW 07.10.2020); *Die ↑ Containerstruktur im Industrielook, die heute* ***Pavillon*** *genannt wird, wurde 2013 vom Staat für die Belange des LTPS (Lycée technique des professions de santé) errichtet.* (TB 23.10.2016) ♦ Polizeipavillon, Schulpavillon

Pechert ['pɛɕɐt], der; -/-s, -en: kommunale Ordnungskraft (teilweise mit Anführung) <lux. *Pechert*, vgl. frz. *agent communal*>: *Bei Licht betrachtet steckt hinter dieser privatrechtlichen Lösung das stockende Verfahren zur Aufwertung der Agents communaux (****Pecherten****) zu kommunalen Ordnungsbeamten.* (JO 11.12.2020); *Achtung,* ***Pechert!*** (TB, Überschrift, 07.03.2017) ♦ „Pecherten"-Prozess, Super-„Pecherten"

Péckvillchen ['pekfilɕən], der/das; -, -villercher/-villcher (meist Plural): ‚Pickvögelchen', Keramikpfeifen in Vogelform, typisch luxemburgisches Produkt (teilweise mit Anführung) vgl. ↑ Aulebäcker, ↑ Éimaischen <lux. *Péckvillchen*>: *Die Besucher der ↑ Emaischen in Nospelt konnten dem ↑ Aulebäcker Eugène „Usch" Biver zusehen, wie er* *aus lokalem Lehm die* ***Péckvillercher*** *formt.* (LW 19.04.2022); *Die* ***„Péckvillercher"*** *pfeifen wieder durch Luxemburg* (TB, Überschrift, 02.04.2018) ♦ „Péckvillercher"-Macher

Pedaleur Pedaleurin, der; -s, -e bzw. die; -, -nen: eher selten für Fahradfahrer(in): *Dem müden und durstigen* ***Pedaleur*** *wird hier der direkte Weg zum „Ravitaillement" angezeigt, nämlich auf die Terrasse des „Café Chez Luis".* (TB 22.07.2015); *Wie für Frankreichs* ***Pedaleure*** *lief der Tag auch für Steven Kruijswijk (Jumbo) durchwachsen.* (LW 15.07.2021)

Pẹdibus, der; -, -[s]e: durch eine Aufsichtsperson begleiteter gemeinsamer Schulweg jüngerer Kinder (‚laufender Schulbus') <frz. *pédibus*>: *Gerade bei Schulen gab es ja ein Unsicherheitsgefühl und die Forderung nach einem* ***Pedibus****, die bisher nicht erfüllt wurde.* (LW 17.11.2017); *Zu den weiteren Errungenschaften in den vergangenen sechs Jahren zählt u. a. die Einführung des* ***Pedibus****, der zu einer schulmedizinisch bestätigten Verbesserung der Gesundheit der Kinder führte.* (TB 17.09.2011) ♦ Pedibus-Konzept, Pedibus-Problem, „Pedibus"-System

Peloton [pəloˈtɔ̃ː], das; -s, -s: allgemeiner als in D, nicht allein auf das Hauptfeld bei Fahrradrennen bezogen: *Ein paar Jahre, Umfragen und ressortinterne Affären später muss sich die Grünen-Ministerin im hinteren* ***Peloton*** *einreihen.* (LW 21.06.2021); *Ganz dicht dahinter lauert meiner Meinung Progrès Niederkorn, gefolgt von einem ganzen* ***Peloton*** *mit u. a. Déifferdeng 03, Racing, Fola, das um die Europapokalplätze kämpfen wird.* (TB 21.06.2021) ♦ Logistikpeloton, ↑ Spitzenpeloton

penịbel: auch für mühsam, peinlich <frz. *pénible*, lux. *penibel*>: *Die aktuelle Situation sei jedenfalls* ***„penibel*** *und schwierig".* (LW 08./09.02.2020); *Diese Auswertung ist notwendig, damit wir nicht versehentlich jemanden Unterqualifiziertes vermitteln, was beim Arbeitgeber nur für Frust sorgt – und auch für uns besonders* ***penibel*** *ist.* (JO 29.05.2017)

performant [pɛʀfɔʀˈmant]: leistungsfähig <frz. *performant*, lux. *performant*>: *Luxemburg verfüge mittlerweile über eine effiziente Gesetzgebung und einen* ***performanten*** *institutionellen Rahmen mit einem Netzwerk von Behörden und Organisationen, die eng zusammen arbeiten, um Gewalt jeglicher Art zu verhindern.* (JO 26.09.2019); *Dazu kommt ein hochwertiges und* ***performantes*** *Infotainment Touch Pro, zusammen mit vorinstalliertem Hotspot Wifi 4G.* (TB 19.01.2018) ♦ hochperformant

Perimeter [peʀiˈmeːtɐ], der; -s, -: [auch CH] (Schutz-)Bereich/-Zone, auch Flächennutzungsplan: <frz. *périmètre*, lux. *Perimeter*> ↑ Bauperimeter: *Der Bauer bewegt sich auch außerhalb seines* ***Perimeters****, um sich Saatgut, Zuchttiere, Futter- und Düngemittel, Pestizide, Technik und Kapital zu besorgen.* (LW 10./11.07.2021); *Sicherheitskräfte riegeln den* ***Perimeter*** *ab* (JO, Bildunterschrift, 23.03.2018) ♦ ↑ Bauperimeter, Demoperimeter, ↑ Sicherheitsperimeter, Wohnperimeter

Periode, die; -, -n: allgemeiner als in D für definierte Zeiträume <frz. *période*, lux. *Period*>: *Die* ***Periode*** *vom 21. März bis 8. April steht ganz im Zeichen der Eintagesrennen in Belgien und im Norden Frankreichs.* (LW, Weihnachten 2017); *Mit der Rentenreform 2012 wurden auch eine zehnjährige „période de couverture" festgelegt, zur Hälfte jeder* ***Periode*** *soll Bilanz gezogen werden.* (JO 25.09.2017) ♦ Finanzperiode, Krisenperiode, Sommerperiode

Peripheriebahnhof, der; -[e]s, -höfe: Bahnof an der Peripherie von Luxemburg-Stadt: *Die Route de Thionville ist bereits heute gut angebunden, in Howald wird es mit dem* ***Peripheriebahnhof*** *und der Anbindung an das Tramnetz*

(↑ Tram) *zu einer deutlichen Verbesserung kommen.* (LW 13./14.01.2018); *Allein vermag sie allerdings wenig, wenn nicht die geplanten* ***Peripheriebahnhöfe*** *entstehen, sowie Zug- und Busverbindungen im Land ausgebaut und besser getaktet werden.* (JO 06.12.2017)

Perlage, die; -, -n: Perlung beim Champagner (u. dgl.) <von frz. *perlé*>: *Seine konkave Form und der Moussierpunkt am Glasboden sorgen für mehr* ***Perlage****, was der Nase schmeichelt, riecht man doch hinter den dominierenden Aromen endlich auch die feinen Nuancen im Hintergrund.* (LW 21.01.2021); *Ein leichtes Prickeln durch die feine* ***Perlage*** *gesellt sich dazu.* (TB 06.12.2020)

permanenter Wanderweg ↑ Wanderweg, permanenter

persistent: üblicher als in D für anhaltend, dauernd, beharrlich: *Dies geschieht nicht, indem man Besucher eines Gastronomiebetriebes dreimal am Tag testet, sondern die ganze Bevölkerung anregt, bei Auftreten von* ***persistenten*** *Grippebeschwerden einen Selbsttest durchzuführen.* (LW, Pfingsten 2021); *Und das Virus agiert gegen den Zeitgeist, denn in unserer ansonsten so schnelllebigen Welt mit rasch wechselnden Schlagzeilen und Krisen erweist es sich als erstaunlich* ***persistent****.* (TB 24.07.2020)

Personalie, die; -, -n: üblicher als in D auch als Plural: *Radio 100,7 kündigt am Montag zwei neue* ***Personalien*** *im Redaktionsteam an: Die Journalisten Maurice Molitor und Christina Heidt werden in den kommenden Monaten ihre Arbeit bei dem Sender beginnen.* (TB 26.02.2021); *Mehrere* ***Personalien*** *seien in der Chefetage ausgetauscht worden.* (TB 06./07.02.2021) ♦ Flügel- und Personalienkämpfe

pertinent: treffend, stichhaltig <frz. *pertinent*, lux. *pertinent*>: *Der Vorsitzende des Gesundheitsausschusses, Mars Di Bartolomeo* (↑ LSAP)*, bezeichnete die Forderungen im Gesetzesvorschlag als „****pertinent****".* (LW 16.06.2021); *Das sei* ***pertinent*** *für den Blick über den Tellerrand, um zu sehen, wie Luxemburg international dasteht.* (TB 17.01.2020)

Petent Petentin [peˈtɛnt ...in], der; -en, -en bzw. die; -, -nen: Person, die eine Petition initiiert (hat) ↑ Petitionär: *Der* ***Petent*** *wehrt sich gegen das Covid-Check-Regime* (↑ Covid-Check, ↑ Regime)*.* (LW 08.12.2021); *Ein* ***Petent*** *und vier Co-****Petenten*** *bringen Bildungsminister Claude Meischs sogenannte Reform zur Erzieherausbildung am Dienstag auf die Tagesordnung des Parlaments.* (TB 20.10.2016) ♦ Co-Petent

Petitionär Petitionärin: der; -s, -e bzw. die; -, -nen: Person, die eine Petition initiiert (hat) ↑ Petent: *Damals erholte sich Luxemburg gerade von einer Sprachendebatte, die es in Form einer Anhörung eines* ***Petitionärs*** *bis ins luxemburgische Parlament schaffte.* (TB 16.11.2017); *Der* ***Petitionärin*** *hatte sich zudem der französische Infektiologe Christian Perronne angeschlossen, der in einem Vortrag auf die mangelnde Forschung auf dem Gebiet hinwies.* (LW 03.02.2016)

Pflegeberufler Pflegeberuflerin, der; -s, - bzw. die; -, -nen: Fachkraft der Pflegebranche: *„Sie sind selbst häufig keine* ***Pflegeberufler*** *und haben deshalb auch kein Expertenwissen in der Materie."* (TB 05.02.2021); *Mit der zunehmenden Zahl an Pflegebedürftigen stieg die Zahl der* ***Pflegeberufler****, die sich binnen zehn Jahren nahezu verdoppelt hat.* (LW 23.05.2013) ♦ Betreuungs- und Pflegeberufler

Pflegestruktur, die; -, -en: Pflegeeinrichtung, ↑ Infokasten Struktur: *Die Sprecherin der Servior-Gruppe, Nathalie Hanck, bestätigte die Existenz eines Clusters vergangene Woche in der* ***Pflegestruktur****.* (LW 13.10.2020); *Es gebe viele Vorurteile und Ängste in Verbindung mit* ***Pflegestrukturen****, sagt Isabelle Hein, besonders bei Leuten, die ihr Leben lang* *autonom waren, aber auch bei deren Familien.* (JO 10.10.2019)

Physio, der; -s, -s: Kurzform für Physiotherapeut: *Sind drei **Physios** für zwölf Sportler nicht etwas viel?* (LW 04.08.2021); *Für viele Fußballspieler bleibt der **Physio** der U21 weiterhin ein Ansprechpartner.* (TB 08.04.2021)

phytosanitär: den chemischen Pflanzenschutz betreffend (teilweise mit Anführung) <frz. *phytosanitaire*> ↑ sanitär: *Wie die Regierung damit ihre laut ↑ nationalem Pestizidplan angestrebte 30 Prozent-Reduktion von **phytosanitären** Produkten erreichen will, sei mehr als schleierhaft.* (LW 02.10.20202); *Die Preise für **phytosanitäre** Mittel für die Landwirtschaft werden durch einen reduzierten Satz von 8 Prozent günstiger.* (TB 05.03.2019)

Piste, die; -, -n: **1.** allgemeiner als in D für Strecke, Fahrbahn <frz. *piste*, lux. *Pist*>: *Nach anhaltenden Protesten der Anwohner hat die Gemeinde die **Piste** abgebaut.* (TB 19./20.02.2022); *Daneben verläuft unter der Böschung eine unterirdische Gasleitung, deren Trasse benutzt wird, um im Laufe der Arbeiten einen Fahrradweg anzulegen, der die Verbindung mit der bestehenden **Piste** bis zum Kreisel herstellen soll.* (LW 15.07.2021) ♦ Eislaufpiste, ↑ Fahrradpiste, Mountainbikepiste, Pétanque-Piste **2.** Denkansatz, Plan (teilweise mit Anführung) <frz. *piste*, lux. *Pist*>: *Warum Bürgerbeteiligung und Bürgerräte eine lohnenswerte **Piste** für die luxemburgische Demokratie darstellen* (LW, Überschrift, 12./13.03.2022); *Erste **Pisten** seien dann auch in verschiedenen Politbereichen bereits durchdiskutiert worden; hier handele es sich aber nur um **Pisten** und nicht um die ↑ definitiven Entscheidungen, wie Berger unterstrich.* (JO 20.01.2014) ♦ Coronapiste, Insiderpiste, Reformpiste, Sparpiste

plafonieren: nach oben begrenzen, deckeln (vor allem bei Geldbeträgen) <frz. *plafonner*, lux. *plafonéieren*>: [auch CH] *Das Sportministerium wird 70 Prozent der Gesamtkosten übernehmen (das Maximum der staatlichen Beteiligung wurde auf 40 000 000 Euro **plafoniert**).* (TB 04.04.2019); *Auch wenn die Lohnindexierung* (↑ Index) *temporär reduziert und **plafoniert** wurde, werde die automatische Lohnanpassung ab 2015 wieder greifen.* (LW 26.09.2013)

Platzmeister Platzmeisterin, der; -s, - bzw. die; -, -nen: Platzwart, verantwortliche Person bei Jahrmärkten, Weihnachtsmärkten u. dgl.: *Auf die Nachhaltigkeit auf dem beliebten Jahrmarkt angesprochen, gibt der **Platzmeister** zu, dass dieser Punkt nicht einfach zu handhaben sei, da er eine Reihe von Kriterien respektive Sichtweisen bedinge.* (LW 11.09.2019); *Obwohl die technischen Dienste der Stadt Differdingen und **Platzmeister** Marc Lulling versucht hatten, eine Lösung zu finden, mussten die Schlittschuhe vor allem zum Leid der Kinder in den Regalen bleiben.* (TB 17.12.2018) ♦ Platzmeisterei

pluriannuell [ˈplyʀianɥɛl]: neben mehrjährig (D) <frz. *pluriannuel*>: *Der **pluriannuelle** Haushalt zeige indes auf, dass der Überschuss in den nächsten Jahren kontinuierlich ansteigen werde, um 2020 wohl bei 475 Millionen beziehungsweise 0,7 Prozent des Bruttoinlandprodukts zu liegen.* (JO 12.10.2016); *Als Berechnungsgrundlage werden künftig nicht mehr die individuellen Projekte herangezogen, sondern das **pluriannuelle** Doktorandenprogramm der jeweiligen Einrichtung.* (TB 03.03.2012)

Plusvalue/Plus-value [ˈplyːvalyː], die; -s, -n: eher selten neben Mehrwert (D), auch Veräußerungsgewinn (teilweise mit Anführung) <frz. *plus-value*, lux. *Plus-value*>: *Auch die so genannte **Plusvalue** sollte angepasst werden, so eine weitere Forderung.* (LW 30.12.2020); *In über 40 Arbeitsgruppen sei zwar viel Kompetenz gebündelt, die Arbeit bringe* *am Ende aber wenig „**Plusvalue**".* (TB 17.03.2017)

Pneu [pnøː], der; -s, -s: eher selten neben (Fahrzeug-)Reifen <frz. *pneu*, lux. *Pneu*>: [auch CH] *Tatsächlich aber sind **Pneus** bereits heute mehr als ein Stück vulkanisiertes Gummi.* (LW 14.02.2018); *Da die Widerstandsfähigkeit gegen Einfahrverletzungen allgemein als eine der wichtigsten Eigenschaften eines „All Terrain"-Reifens angesehen wird, hat „DriveOut" auch untersucht, wie viel Widerstand die getesteten **Pneus** einem scharfen Gegenstand entgegenbringen, der im Schulterbereich in den Reifen gestoßen wird.* (JO 30.06.2017)

Politmonitor, der/das; -s, -e: regelmäßige Luxemburger Politikumfrage durch das Meinungsforschungsinstitut TNS-Ilres: *Prioritäten / Befragte aus **Politmonitor** sind zwar mit Politik zufrieden – aber nicht in allen Einzelheiten* (TB, Überschrift, 16.06.2021); *Umfragen wie das **Politmonitor** dienen, wenn auch nur als Momentaufnahme, sowohl den Medien als auch den Politikern als Indikator und können das zukünftige Handeln beeinflussen.* (LW 21./22.11.2020) ♦ Politmonitorumfrage

Polizeigericht, das; -[e]s, -e: Aufgabengebiet (bzw. Funktionseinheit) des ↑ Friedensgerichtes <frz. *tribunaux de police*> ↑ Zuchtpolizeigericht: *2017 war der Mann, der beide Male die Rechnungen des Tierarztes nicht beglichen hatte, deswegen vom **Polizeigericht** zu einer Geldstrafe verurteilt worden.* (LW 13.02.2019); *Im sogenannten Gaffer-Prozess hat das **Polizeigericht** Luxemburg am Mittwoch sechs Hauptangeklagte zu Geldstrafen von jeweils 250 Euro und zu drei Monaten Fahrverbot auf Bewährung verurteilt.* (JO 19.12.2017)

Polizeikorps, das; -, -: Gesamtheit der Polizei, ↑ Korps: [auch CH] *Das Rot kam vom **Polizeikorps**, das Blau von der ↑ Gendarmerie, damit auch optisch nach der Fusion niemand zu kurz kam.* (LW 21.03.2017); *Komplizierter ist die Frage nach der Neuausrüstung der **Polizeikorps** mit Pistolen.* (TB 09.04.2014)

Polizeiminister Polizeiministerin, der; -s, - bzw. die; -, -nen: ↑ Infokasten Minister: *Ich arbeite eng mit dem **Polizeiminister** zusammen, zunächst mit François Bausch und jetzt mit Henri Kox.* (LW 05./06.09.2020); *Regierungsumbildung / Henri Kox* (↑ „déi gréng") *wird neuer **Polizeiminister*** (TB, Überschrift, 23.07.2020)

Polizeiministerium, das; -s, -ministerien: *Die Frauensektion* (↑ Sektion) *der Alternativ Demokratischen Reformpartei hat am Samstagmittag vor dem **Polizeiministerium** in Kirchberg gegen „die Unsicherheit in Luxemburg" demonstriert.* (LW 06.03.2021); *Es war so, dass wir das **Polizeiministerium** ganz bewusst geteilt haben.* (TB 18.08.2020)

Polizeireglement, das; -[e]s, -e/-s: Polizeiordnung ↑ Infokasten Reglement: *Stadt Grevenmacher will Problem im öffentlichen Raum beikommen und passt **Polizeireglement** an* (LW, Unterüberschrift, 29.02./01.03.2020); *Dazu wurde der Artikel 34 des **Polizeireglements** zu „Travaux de jardinage et autres" für die betroffenen Teile der Ortschaften außer Kraft gesetzt.* (JO 13.08.2019)

Polizeirekrut Polizeirekrutin, der; -en, -en bzw. die; -, -nen: Polizeianwärter(in): *Zudem nahm der SPSY 4 400 Bewerbungen von **Polizeirekruten** unter die Lupe.* (TB 21.09.2017); *Mehr **Polizeirekruten** gesucht* (TB, Überschrift, 22.09.2015)

polyvalent: vielseitig, mulitfunktional, mehrzweckgeeignet <frz. *polyvalent*> (häufig auch in franz. Bezeichnungen wie *Centre polyvalent, Hall polyvalente, salle polyvalente, classe polyvalente*): *Die teilweise vierstöckigen ↑ Gebäulichkeiten am Eingang des neuen Wohnviertels werden bei einem Kostenvoranschlag* *von 41,25 Millionen Euro 23 ↑ Klassensäle und 21* ***polyvalente*** *Räume für bis zu 500 Schüler ↑ begreifen.* (LW 19./20.09.2020); *Die Bühne ist sehr* ***polyvalent*** *nutzbar und eignet sich beispielsweise hervorragend für Musiktheater wie Operetten oder Musicals.* (JO 01.08.2017)

Porte ouverte [pɔʀt uˈvɛʀt], die; - -, -s -s: neben Tag der offenen Tür (teilweise mit Anführung): *Die* ***Porte ouverte*** *findet zweimal monatlich, jeweils mittwochnachmittags, statt.* (LW 22.12.2017); *Am Wochenende:* ***Porte ouverte*** *in Luxemburgs Museen* (TB, Überschrift, 26.03.2010)

possessiv [pɔseˈsiːf]: besitzergreifend <frz. *possessif*>: *„Er war* ***possessiv,*** *eifersüchtig und aggressiv", hatte es der leitende Ermittler zusammengefasst.* (LW 28.01.2019); *Die Familie bezeichnete ihn als* ***possessiv*** *und eifersüchtig.* (JO 14.06.2017)

Pọstbüro, das; -s, -s: (kleine) Poststelle, Postfiliale (D): [auch CH] *Der ↑ Nordabgeordnete wollte nämlich wissen, warum die beiden* ***Postbüros*** *in Bauschleiden und Rambrouch Ende 2020 beziehungsweise zu Beginn dieses Jahres mehr oder weniger überstürzt geschlossen wurden.* (LW 16.06.2021); ***Postbüros*** *in den Rathäusern?* (TB, Überschrift, 02.05.2016)

Pọsten, der; -s, -: allgemeiner als in D für (berufliche) Stelle, Position, häufig in Zusammensetzungen <frz. *poste,* lux. *Posten*>: *Aber Evans selbst scheint sich schon für den* ***Posten*** *in Luxemburg vorzubereiten.* (TB 12.09.2017); *Die Regierung will bei der Förderung des unterrepräsentierten Geschlechts auf leitenden* ***Posten*** *Nägel mit Köpfen machen.* (JO 06.01.2015) ♦ Arbeiterposten, Bürgermeisterposten, Erzieherposten, ↑ Schöffenposten

Postomat, der; -en/-s, -en: [auch CH] Geldautomat der Post (teilweise mit Anführung): *Der* ***„Postomat"*** *wurde von der Post eingeführt und konnte dementsprechend nur von Postkunden genutzt werden.* (LW 27.06.2017); *Mit geklauter Karte zum* ***Postomat*** (TB, Überschrift, 10.05.2010)

pọstprimär: im Anschluss an die ↑ Primärschule: *Zwischen dem 15. und 17. Mai besuchten rund 450 Schüler des* ***postprimären*** *Unterrichts das ↑ Militärzentrum auf dem Herrenberg.* (TB 19.05.2018); *Bewerber waren Schulklassen des* ***postprimären*** *Unterrichts, Jugendhäuser, Jugendorganisationen oder einige Freunde, die gemeinsam eine Idee umsetzen wollten.* (JO 14.07.2013)

Poussins [puˈsɛ̃s], nur Plural: Altersklasse beim Sport <frz. *poussin*>: *Im Moment trainiert er auch die* ***Poussins*** *des F91 und rennt nach der Arbeit also von Fußballplatz zu Fußballplatz.* (TB 17.08.2021); *Insgesamt 292 Mannschaften jagten – aufgeteilt in die fünf Alterskategorien ↑ Bambinis, ↑ Pupilles,* ***Poussins,*** *↑ Minimes und ↑ Scolaires – dem runden Leder nach.* (LW 12.06.2017) ♦ Poussins-Mannschaft

Präsidẹnt Präsidẹntin, der; -en, -en bzw. die; -, -nen: allgemeiner (und üblicher) als in D, auch in Zusammensetzungen: *Die* ***Präsidentin*** *der Escher LSAP-Sektion* (↑ LSAP, ↑ Sektion)*, Taina Bofferding, wird, ihres Minister-Mandates wegen, eine weniger aktive Rolle in in der ↑ Sektion spielen.* (TB 02.03.2020); *Als* ***Präsident*** *der Jusos habe ich anfangs der 90er Jahre eine Geschlechterquote für das ↑ Nationalbüro eingeführt.* (JO 22.10.2019) ♦ Bezirkspräsident, ↑ Fraktionspräsidentin, ↑ Nationalpräsident, ↑ Parteipräsidentin, ↑ Präsidentenkonferenz

Präsidẹntenkonferenz, die; -, -en: Parlamentsgremium (u. a. mit zuständig für Petitionsanfragen) ↑ Präsident: *↑ Chamberbüro und* ***Präsidentenkonferenz*** *sollen am Freitag Vorschläge dazu unterbreiten.* (TB 11.02.2021); *Der Deal*

sorgt in der Medienwelt für Aufregung, weil der „Journal" anderen Onlinemedien gegenüber bevorteilt wird – und in der Politik, weil weder die ***Präsidentenkonferenz*** *noch das* ↑ *Chamberbüro in die Entscheidung eingebunden waren.* (LW 01.02.2021)

Prävalẹnz, die; -, -en: Vorkommenshäufigkeit <frz. *prévalence*>: *Coronastep / Weiterhin hohe* ***Prävalenz*** *an Coronaviren in den Luxemburger Abwässern* (TB, Überschrift, 01.12.2021); *Die Spuren des Corona-Virus im Abwasser würden auf eine mittlere* ***Prävalenz*** *sowohl auf regionalem wie auch auf* ↑ *nationalem Niveau hinweisen.* (LW 28.01.2021)

Präzision, die; -, -en: auch für Präzisierung (D): *Am Freitag nun gab es weitere* ***Präzisionen*** *von der Justizpressestelle zu dem Vorfall.* (JO 26.10.2019); ***Präzisionen*** *des Gesundheitsministers* (TB, Überschrift, 28.07.2008)

Précoce [pʀeˈkos], der; -, nur Singular: (freiwilliger) Kindergarten für 3- bis 4-Jährige (↑ Zyklus 1) (teilweise mit Anführung) <frz. *précoce*, lux. *Precoce*>: *Neuerungen in* ***Précoce*** *und Kindergarten* (LW, Überschrift, 08.11.2016); *In der Hauptstadt sind 1 679 Schüler im* ↑ *Zyklus eins (Spielschule und* ***Précoce****) eingeschrieben; 3184 besuchen die* ↑ *Schulzyklen zwei bis vier.* (JO 15.09.2014) ♦ Précoce-Kinder, Précoce-Klassen

Prekarität, die; -, -en: Prekariatsverhältnis: *Studenten,* ↑ *Interimsarbeiter, kleine Handwerker und Horeca-Betreiber* (↑ Horeca) *rutschen in die* ***Prekarität*** *oder riskieren den sozialen Abstieg.* (TB 13.10.2020); ***Prekarität*** *per Vertrag* (TB, Überschrift, 13.08.2013)

Prẹssekarte, die; -, -n: neben Presseausweis (D), Stagiaire-Karte ↑ Karte: *Premier- und Medienminister* (↑ Medienminister) *Xavier Bettel führt ein neues System zur Förderung der Online-Presse ein, die bis zu 100 000 Euro jährlich betragen kann, wenn alle Bedingungen erfüllt sind (mindestens zwei Journalisten mit* ***Pressekarte****, origineller, aktueller und qualitativer Content, Management der Online-Foren, weniger als 50 Prozent Einnahmen durch Werbung ...).* (JO 29.12.2016); *Jenen Mann also, der noch vor kurzem angehenden Journalisten mit ihrer* ***Pressekarte*** *jenen* ↑ *Deontologiekodex aushändigte, der die publizistischen und ethischen Grundsätze festhält, die den Journalisten in Luxemburg bei der Ausübung ihres Berufes als Richtlinie dienen sollen.* (LW 05.03.2015)

Primärschule, die; -, -n: [auch CH] (Grund-)Schule im Altersbereich 6 bis 11 Jahre (↑ Zyklus 2–4) <frz. *école primaire*>: ***Primärschule*** *verfügt auch über einen eigenen, großen Pausenhof.* (JO 11.09.2017); *Meisch, die* ***Primärschulen*** *und das Luxemburgische* (LW, Überschrift, 18.01.2017) ♦ Primärschüler

Primärschüler Primärschülerin, der; -s, - bzw. die; -, -nen: Schüler(in) der ↑ Primärschule: *Damit ist denn auch der* ↑ *Transport für die Vor- und* ***Primärschüler*** *der Vauban-Schule, die ab Freitag in ihrem neuen Gebäude auf dem Ban de Gasperich unterrichtet werden, überhaupt erst möglich.* (LW 28.08.2017); *5068* ***Primärschüler*** *ziehen weiter in die Sekundarschule.* (TB 11.09.2015)

Privatbeamte Privatbeamtin, der; -n, -n bzw. die; -, -nen: Angestellte(r) (der Privatwirtschaft): *Die „Jahrhundertreform" des* ↑ *Einheitsstatuts, wie Jean-Claude Juncker sie später nannte, beinhaltete die Gleichstellung von Arbeitern und* ***Privatbeamten****.* (LW 03.07.2020); *Das Gesetz weckt gewisse nostalgische Erinnerungen an eine Zeit, in der noch zwischen* ***Privatbeamten*** *und Arbeitern unterschieden und mit* ↑ *Franken bezahlt wurde.* (TB 08.08.2018) ♦ Arbeiter- und Privatbeamtenkammer (↑ Kammer), Privatbeamtengewerkschaft, Privatbeamtenkammer (↑ Kammer)

Privatpromoteur/Privatpromotor Privatpromoteurin/ Privatpromotorin, der; -s, -en bzw. die; -, -nen: privater Bauträger, Bauherr ↑ Promoteur/ Promotor: *Das „Parking Hamilius“* (↑ Parking), *dessen Betreiber nicht die Stadt, sondern der* ***Privatpromotor*** *des ganzen Komplexes sein wird, soll derweil im September wiedereröffnet werden.* (JO 12.06.2018); *In der Studie ist von einigen großen* ***Privatpromoteuren*** *die Rede, deren Namen aber nicht genannt werden.* (LW 21./22.08.2021)

pröbeln: [auch CH] probeweise verkosten: ***Pröbeln*** *konnten die Besucher auch die Weine und* ↑ *Crémants der lokalen Winzer.* (LW 17./18.08.2019); *In den Weinstuben standen die neuen Weine und* ↑ *Crémants zum* ***Pröbeln*** *bereit, für den Hunger war auch bei den meisten teilnehmenden Weinspezialisten gesorgt.* (TB 21.05.2018)

Professor Professorin, der; -s, -en bzw. die; -, -nen: [auch AUT] auch für Lehrer(in) an Schulen: *Othon Scholer,* ***Professor*** *des damals 15-jährigen Schülers des Diekircher* ↑ *Lyzeums, lädt einen Lyriker zu einer Gedichtelesung in die Klasse ein: „Paul Celans ‚Todesfuge‘ war ein Elektroschock, ja eine regelrechte Epiphanie!“, erinnert sich Pierre Joris.* (LW 22.10.2015); *Die Schüler und ihre* ***Professoren*** *schreiben ausgewählte Originaltexte neu und bearbeiten sie.* (JO 04.06.2013)

Programmation, die; -, -en: [auch CH] Programmgestaltung, Programmplanung (kultureller Veranstaltungen) <frz. *programmation*> ↑ Programmierung: *„Wir haben lange an der diesjährigen* ***Programmation*** *gefeilt und leider gibt es auch eine Absage der ukrainischen Truppe Dakh Daugherts, die wir gerne in Luxemburg vorgestellt hätten.“* (LW 04.07.2017); *Bei der* ***Programmation*** *versucht das Kulturhaus ein Gleichgewicht zwischen den unterschiedlichen Disziplinen, aber auch zwischen regionalen und internationalen Künstlern zu finden.* (TB 24.09.2013) ♦ Fehlprogrammation

Programmierung, die; -, -en: [auch AUT] Programmgestaltung, Programmplanung (kultureller Veranstaltungen) (in D beschränkt auf Computerbereich) ↑ Programmation: *Auch die kulturelle* ***Programmierung*** *hat sich im Laufe der Jahre vervielfältigt.* (TB 07./08.12.2019); *„Wir sind in unserer* ***Programmierung*** *früh dran, damit die Unternehmen rechtzeitig planen können“, versichert Carlo Thelen, der sich positive Auswirkungen der Ausstellung für die Luxemburger Unternehmen erwartet.* (LW 11.11.2019) ♦ Festivalprogrammierung, Filmprogrammierung

Progressist Progressistin [pʀɔgʀeˈsist …in], der; -en, -en bzw. die; -, -nen: eher selten neben Progessive(r) (D): *Also: Die wahren* ***Progressisten*** *sind bei den Konservativen zu suchen.* (JO 14.01.2013); *Es wird allerdings seltener über die Gründe der Niederlage der* ***Progressisten*** *nachgedacht.* (TB 15.12.2011)

progressistisch: zukunftsorientiert, fortschrittlich: *Humanistisch und* ***progressistisch****, Mitte-links orientiert, aber vor allem wollen wir die Diskussionskultur fördern.* (TB 07.06.2017); *Außer der Schock führt tatsächlich zu politischen Schulterschlüssen um eine* ***progressistische*** *Vision für die Zukunft Österreichs und es gelingt dem neuen Staatsoberhaupt tatsächlich, die Gräben zuzuschütten, welche die Mitte-Parteien sich viel zu lange haben weiten lassen.* (JO 27.05.2016)

progressiv: fortschreitend, nach und nach, sukzessive <frz. *progressif,* lux. *progressiv*>: *Ab dem Wochenende sollen die Temperaturen* ***progressiv*** *ansteigen, um durchgehend 22 bis 25 Grad zu erreichen.* (LW 16.05.2020); *Am Ausgang der A4 im Übergang in den Kreisverkehr Raemerich bei Belval (hier wird* ***pro-***

***gressiv** von 110 Stundenkilometern auf 90, 70 und schließlich 50 abgebremst).* (JO 18.01.2017)

Promoteur/Promotor Promoteurin/Promotorin, der; -s, -e/-s bzw. die; -, -nen: Bauträger(in) <frz. *promoteur*, lux. *Promoteur*> ↑ Privatpromoteur/Privatpromotor: *Mit seinem Ratgeber will ↑ Me Krieger nicht nur die Hauseigentümer ansprechen, sondern auch die Bauunternehmer, die **Promoteurs**, die Hausverwalter und die Immobilienagenturen.* (TB 08.12.2017); *Der **Promotor** hat sich zudem verpflichtet verschiedene Dienstleistungen wie Restaurant, Frisör und Wäscherei anzubieten.* (JO 06.03.2013) ♦ Baupromoteurin, ↑ Privatpromoteur, Promoteurenlobby, Promotorengesellschaft

Promotion, die; -, -en: auch allgemein für Förderung bzw. berufliche Beförderung (in D beschränkt auf Doktorate) <frz. *promotion*, lux. *Promotioun*>: *Für den Trifolion-Leiter hat das Kulturzentrum in den letzten zehn Jahren weitgehend zur **Promotion** der Stadt beigetragen.* (LW 11.01.2018); *Mit einem Appell an die europäischen Reiseveranstalter hat die EU-Kommissarin für die Digitale Agenda, Neelie Kroes, gestern die diesjährige Kampagne für die **Promotion** der europäischen Notfallnummer 112 gestartet.* (JO 11.02.2013) ♦ Immobilienpromotion, Promotionspolitik, Selbstpromotion, Wirtschafts- und Promotionsmission (↑ Wirtschaftsmission)

promovieren: auch allgemein für fördern, befördern, befördert werden (in D beschränkt auf Doktorate) <frz. *promouvoir*, lux. *promovéieren*>: *Besonders interessant war die Vorstellung der neuen Marketingstrategie der Winzer, deren Ziel es ist, die Weine von der Mosel zu **promovieren**.* (TB 08.02.2018); *Nach einem einzigen zusätzlichen Ausbildungsjahr sollen die Religionslehrer also zu Lehrern **promovieren**.* (LW 06.12.2014)

Proporz(-), der; -, nur Singular: [auch CH] bezogen auf das Wahlsystem in (größeren) Luxemburger Gemeinden (Wahl nach [Partei-]Listen), meist in Zusammensetzungen: *Gemeindewahlen in Hobscheid / In Habscht trifft ↑ Majorz auf **Proporz*** (LW, Überschrift, 08.08.2017); *↑ Majorz meets **Proporz*** (TB, Überschrift, 23.12.2014) ♦ ↑ Proporzgemeinde, ↑ Proporzsystem, Proporzwahl, ↑ Proporzwahlsystem

Proporzgemeinde, die; -, -n: Gemeinde, die dem ↑ Proporzsystem unterliegt, vgl. ↑ Majorzgemeinde: *In den jetzt 46 **Proporzgemeinden** wird nach Parteilisten gewählt.* (TB 23.10.2017); *Gezogen wurden am Samstag zuerst die Listennummern derjenigen Parteien, die in der Mehrheit der **Proporzgemeinden** antreten.* (JO 10.09.2017)

Proporzsystem, das; -s, nur Singular: Wahlsystem in (größeren) Luxemburger Gemeinden (Wahl nach [Partei-]Listen) ↑ Proporz, ↑ Proporzwahlsystem, vgl. ↑ Majorzssystem: *In Simmern wurden vier Mitglieder nach dem ↑ Majorzsystem gewählt und in Hobscheid elf nach dem **Proporzsystem**.* (LW 30./31.12.2017); *Nach der sechsjährigen Übergangsphase soll bei den nächsten Gemeindewahlen 2023 ein Gemeinderat mit elf Personen nach dem **Proporzsystem** gewählt werden, da die Einwohnerzahl dann über 3000 liegen wird.* (JO 01.09.2017)

Proporzwahlsystem, das; -s, nur Singular: Wahlsystem in (größeren) Luxemburger Gemeinden (Wahl nach [Partei-]Listen) ↑ Proporz, ↑ Proporzsystem, vgl. ↑ Majorzwahlsystem: *Sorgen bereiteten in erster Linie ein befürchteter Identitätsverlust, eine zu geringe finanzielle Unterstützung durch den Staat sowie ein sich abzeichnender Wechsel vom Majorz- ins **Proporzwahlsystem** ab 2029.* (LW 27.06.2021); *Auch wenn das **Proporzwahlsystem** für die ↑ CSL es nicht einfach gestalte, die*

Zahl der Delegierten zu erhöhen – die Spielräume für den Ausbau der Delegiertenzahl würden enger, so Roeltgen –, laute das Ziel des ↑ OGBL dennoch 38+. (TB 12.02.2019)

Protagonist Potagonistin, der; -en, -en bzw. die; -, -nen: allgemeiner als in D für Hauptfigur, Zentralakteur(in) <frz. *protagoniste,* lux. *Protagonist*>: *Sicherlich geht es den* ***Protagonisten*** *dieser Revolution nicht darum, den bestehenden Zustand zu bewahren.* (LW 16.02.2018); *„Bei den Jungen stehen Märchen im Vordergrund, bei denen sich männliche* ***Protagonisten*** *beweisen oder männliche Wesen wie Zwerge, Froschkönig oder der böse Wolf eine besondere Rolle spielen."* (JO 10.12.2015) ♦ Hauptprotagonist

Protokoll errichten: Anzeige erstatten (D), Protokoll erstellen, ↑ Protokollerrichtung: *In allen Fällen war die Polizei zur Stelle und* ***errichtete Protokoll.*** (LW 10.11.2017); *Gegen den Mann werden einige* ***Protokolle errichtet*** *werden, unter anderem wegen „↑ Rebellion mit Waffen", da er mit dem Fahrzeug auf den Beamten zusteuerte.* (JO 12.05.2016)

Protokollerrichtung, die; -, -en: Protokollerstellung, ↑ Protokoll errichten: *Die in Kenntnis gesetzte Staatsanwaltschaft ordnete die erkennungsdienstliche Behandlung der Männer und* ***Protokollerrichtung*** *gegen dieselben an.* (JO 16.06.2020); *Die Staatsanwaltschaft ordnete* ***Protokollerrichtung*** *an.* (TB 19.06.2016)

Proximität, die; -, -en: (Bürger-)Nähe (teilweise mit Anführung) <frz. *proximité,* lux. *Proximitéit*>: *„Ich bleibe bei meiner Meinung, dass die* ***Proximität*** *eines Zug-, Tram- und Busbahnhofs* (↑ Tram) *für die Messe ein absoluter Gewinn ist."* (LW 16.03.2012); *„Die Opposition mag uns Konzeptlosigkeit vorwerfen, unser Plan war aber gerade, die ‚****Proximität****' zwischen den verschiedenen ↑ ‚Maisons relais' und den Schulen zu gewährleisten."* (TB 13.09.2011) ♦ Proximitätsklinik, ↑ Proximitätskommissariat, Proximitätskrankenhaus, Proximitätstourismus

Proximitätskommissariat, das; -[e]s, -e: Kommissariat im Nähebereich, lokale Polizeistation <frz. *Commissariats de proximité*>: *14* ***Proximitätskommissariate*** *sollen fusionieren; hier muss aber noch mit den Bürgermeistern gesprochen werden „und nichts ist fix" so Schneider.* (TB 17.12.2015); *Die Polizisten des* ***Proximitätskommissariats*** *(PK) sind im ständigen Kontakt mit dem Bürger auf lokaler Ebene.* (TB 08.04.2009)

Prozedur, die; -, -en: charakteristische und allgemeine Bezeichnung für Verfahren, Handlungsablauf, Prozess, Prozedere (in D eher ungebräuchlich), hochproduktiv in Zusammensetzungen <frz. *procédure,* lux. *Prozedur*>: *In diesem Sinne hat der LFR gestern seine Forderung nach einem vereinfachten Zugang zum Arbeitsmarkt für Menschen in der* ***Prozedur*** *erneuert.* (TB 23.03.2018); *Es komme nämlich in solchen Fällen öfters vor, dass Opfer ihre ersten Worte im Laufe der* ***Prozedur*** *revidieren würden.* (LW 10./11.03.2018) ♦ ↑ Asylprozedur, Autorisierungsprozedur, ↑ Budgetprozedur (↑ Budget), Disziplinarprozedur, Einberufungsprozedur, ↑ Enteignungsprozedur, Epurationsprozedur (↑ Epuration), EU-Zulassungsprozedur, ↑ Genehmigungsprozedur, Gerichtsprozedur, Homologationsprozedur (↑ Homologation), Kaufprozedur, ↑ Kommodo-Inkommodo-Prozedur, ↑ Kontrollprozedur, Naturalisierungsprozedur (↑ Naturalisierung), ↑ Nominierungsprozedur, ↑ Orientierungsprozedur, Planungsprozedur, Prozedurfehler, Prozedurkosten, Prozedurrisiko, Regulierungsprozedur, Reklassierungsprozedur (↑ Reklassierung), Rekrutierungsprozedur, ↑ Scheidungsprozedur, ↑ Schlichtungsprozedur, Sicherheitsprozedur, Suchprozedur, Verteilungsprozedur, ↑ Verwaltungsprozedur, Verweisungsprozedur, Wiedereingliederungsprozedur

prozedural: üblicher als in D für ‚der ↑ Prozedur gemäß' <frz. *procédural*>: *Jede Strecke bietet dabei eine neue Herausforderung, weil sie immer **prozedural** generiert wird und man nie weiß, was einen erwartet.* (LW 11.06.2018); *Dabei glaubt Wolter „an den gesetzlichen **prozeduralen** Weg und stört sich daher auch an der Vorgehensweise der Gemeinde Sassenheim, die am Donnerstag gratis Getränke verteilt hatte und Studenten engagierte, um Unterschriften zu sammeln".* (JO 30.07.2014)

Puncher Puncherin [ˈpanʃɐ ...ʀin], der; -s, - bzw. die; -, -nen: ‚Angreifer(in)' bei Fahrradrennen: *„Die Rundfahrt ist nun noch ausgewogener: Sprinter, **Puncher**, Zeitfahrspezialisten – es ist für jeden etwas dabei."* (LW 17.04.2021); *Beste Chancen für die **Puncher*** (TB, Überschrift, 17.09.2014)

Puncheur Puncheurin [pœnˈʃœʀ ...in], der; -s, -e, bzw. die; -, -nen: französische Schreibung von ↑ Puncher (teilweise mit Anführung) <frz. *puncheur*>: *„Es sind viele Sprints und Etappen für **Puncheure** dabei", stellt Kevin Geniets, französischer Teamkapitän Thibaut Pinot (Groupama) fest.* (LW 13.07.2021); *Im Finale dann waren auch die Kräfte bei den Schleck-Brüdern nicht groß genug, um sich – trotz Doppelspitze – des wallonischen **„Puncheurs"** zu entledigen.* (TB 25.04.2011)

Pụnkteführerschein, der; -[e]s, -e: Fahrerlaubnis, die nach Abzug von 12 Strafpunkten (infolge von Verkehrsvergehen) ihre Gültigkeit verliert <frz. *permis à points luxembourgeois*>: *Eine Maßnahme, die ebenfalls dazu beitragen sollte, ist der **Punkteführerschein**, der am 1. November vor 15 Jahren eingeführt wurde.* (LW 31.10.2017); *Die Zahl der Schwerverletzten und Toten sei in den vergangenen Jahren kontinuierlich zurückgegangen, was zeige, dass die Einführung des **Punkteführerscheins** im Jahr 2002 Früchte trage, meinte Lorsché.* (JO 29.04.2015) ♦ Punktführerscheinsystem

Pụnktwert, der; -[e]s, -e: Berechnungsgröße bei Gehältern <frz. *point indiciaire*> ↑ Lohnpunkt, Gehaltspunkt: *Die Angleichung des **Punktwertes** an denjenigen ihrer Beamtenkollegen* (LW, Aufzählung, 27.04.2015); *Bei einem **Punktwert** von rund 18,06 entspräche das einem Unterschied von 2.077,39 Euro monatlich zwischen der neuen und der ↑ reklassierten Laufbahn.* (JO 11.11.14) ♦ Beamtenpunktwert, ↑ Punktwerterhöhung

Pụnktwerterhöhung, die; -, -en: Erhöhung des ↑ Punktwertes: *Mit regelmäßigen Indexanpassungen* (↑ Index), ***Punktwerterhöhungen**, Rentenanpassungen und anderen sozialen Wohltaten.* (LW 13./14.02.2021); *Zudem wird es **Punktwerterhöhungen** geben.* (TB 21.06.2017)

Pupilles [ˈpypils], nur Plural: Altersklasse im Sport <frz. *pupilles*>: *16 **Pupilles** bemerken den Fotografen um sie herum kaum.* (TB 28.10.2022); *Insgesamt 292 Mannschaften jagten – aufgeteilt in die fünf Alterskategorien ↑ Bambinis, **Pupilles**, ↑ Poussins, ↑ Minimes und ↑ Scolaires – dem runden Leder nach.* (LW 12.06.2017) ♦ Pupilles-Mannschaft

Qq

Quadripartite, die; -, -n: offizielle Vierparteienverhandlungen bei bestimmten allgemeingesellschaftlichen Themen: ***Quadripartite****: Versichertenvertreter höchst unzufrieden* (LW, Überschrift, 13.11.2019); *Für Sozialminister Romain Schneider* (↑ LSAP) *war es eine Routinesitzung, für seinen Parteikollegen Etienne Schneider eine Premiere, nahm Letzterer doch zum ersten Mal in seiner neuen Funktion als Gesundheitsminister an einer Sitzung der* ***Quadripartite*** *in Mondorf teil, die sich aus Vertretern von Regierung, Gewerkschaften, Arbeitgebern und Gesundheitsdienstleistern zusammensetzt.* (JO 22.05.2019) ♦ ↑ Gesundheitskassen-Quadripartite, ↑ Herbstquadripartite, Krankenkassen-Quadripartite, Quadripartiteverhandlung

Quai [kɛː], der; -s, -s: **1.** neben Bahnsteig (D) ↑ Busquai, ↑ Bussteg <frz. *quai*, lux. *Quai*>: *Ab dem 16. September halten die Busse in Richtung Stadt am* ***Quai*** *1 der place de l'Etoile.* (TB 06.09.2018); *In den kommenden Wochen soll nach und nach auf den* ***Quais*** *des hauptstädtischen Hauptbahnhofs drahtloses Internet verfügbar sein.* (JO 25.01.2017) ♦ AVL-Busquai, ↑ Busquai; **2.** (befestigte Uferstraße mit) Schiffsanlegestelle (D), Kai (D), <frz. *quai*, lux. *Quai*>: [auch CH] *Um den Ursprung der Verunreinigung ausfindig zu machen, wurden mehrere Kanaldeckel am* ***Quai*** *geöffnet.* (LW 31.05.2018); *Binnenschiff löst sich von* ***Quai*** (TB, Überschrift, 19.06.2017) ♦ Moselquai

Quartier, das; -s, -e: üblicher als in D neben (Stadt-)Viertel <frz. *quartier*, lux. *Quartier*>: [auch CH] *Was ändert sich im Garer* ***Quartier*** *für Busreisende?* (LW 02.11.2019); *In einem schmalen Art-déco-Eckhaus am äußersten Rand des* ***Quartiers****.* (JO 26.07.2015) ♦ Quatiersfest, Stadtquartier, Wohnquartier

Quetsch [kwɛtʃ]: die; -, -en/-e: neben Zwetschge (D), Pflaume (D) <lux. *Quetsch*>: *Wir arbeiten viel mit jahreszeitlichem Obst, da machen wir zum Beispiel unser Croissant Mirabelle oder* ***Quetsch****.* (JO 26.09.2017); *Hier werden u. a. Kirschen, Erdbeeren, Mirabellen,* ***Quetschen****, Äpfel, Birnen und Quitten angebaut.* (LW 22.09.2016) ♦ ‚Quetschen'-Eis, Quetschekraut

Quincaillerie [kɛ̃ːkai̯əˈʀiː], die; -, -n: Eisen- und Haushaltswarenhandlung <frz. *quincaillerie*, lux. *Quincaillerie*>: *In Cloche d'Or wurde in den vergangenen Tagen mit dem Abriss eines bekannten Gebäudes – der einstigen* ***Quincaillerie*** *Printz – begonnen.* (LW 15.02.2021); *Na gut, die lästigen* ***Quincailleries*** *und kleinen Läden mussten halt weichen.* (TB 06.09.2013)

R*r*

Radpiste, die; -, -n: Kurzform zu ↑ Fahrradpiste, auch ↑ Piste, neben Fahrradweg (D), Radweg (D) <frz. *piste cyclable*>: *Die* ***Radpiste*** *PC 24 beschäftigt sogar die ↑ Chamber* (LW, Bildunterschrift, 24./25.07.2021); ***Radpiste*** *im Untergeschoss* (JO, Überschrift, 17.07.2017)

Rapporteur Rapporteurin, der; -s, -e bzw. die; -, -nen: Funktion im Gesetzgebungsverfahren, ↑ Budgetberichterstatter, ↑ Berichterstatter: *Mit André Bauler wird nach Joëlle Elvinger, die ↑ Berichterstatterin für den Haushalt 2018 war, erneut ein liberaler Abgeordneter als* ***Rapporteur*** *mit dem Haushaltsentwurf betraut.* (LW 14.01.2019); *Na, durchzurechnen gibt es jedenfalls noch eine Menge, befindet das „Wort", das den* ***Rapporteur*** *schon bedauert: „Seit genau einer Woche geht der kleine grüne ↑ Berichterstatter aus Remich nicht mehr ohne Taschenrechner aus dem Haus."* (JO 25.10.2015) ♦ Budgetrapporteur (↑ Budget)

Rat, der; -[e]s, Räte: **1.** allgemeiner als in D für (unterschiedlichste) offizielle Gremien, meist in Zusammensetzungen <vgl. frz. *conseil*>: *Am Montag hieß der* ***Rat*** *der Stadt Luxemburg mit großer Mehrheit das Projekt einer Fußgänger- und Fahrradbrücke von Cents nach Weimershof gut.* (TB 15.12.2021) ♦ ↑ Kirchenrat, Nationaler ↑ Justizrat, Oberster ↑ Justizrat, ↑ Ratskammer, ↑ Regierungsrat, ↑ Schöffenrat, ↑ Staatsrat; **2. Rat Rätin,** der; -[e]s, Räte bzw. die; -, -nen: Mitglied eines ↑ Rates (vielfach bezogen auf Gemeinderat): ***Rätin*** *Christiane Pauly forderte die Gemeindeführung auf, zunächst festzulegen, wo man hinsteuern wolle.* (LW 27./28.01.2018); *Nachdem sich die* ***Räte*** *bereits bei den Budgetdebatten* (↑ Budget) *zu den Plänen des ↑ Schöffenrats ausgiebig ausgetauscht hatten, kam es erwartungsgemäß bei den gestrigen Debatten zu Schlagwörtern und Plattitüden, wobei sich die Mehrzahl der Räte wiederholt auf ihr eigenes Wahlprogramm berief.* (TB 25.01.2018) ♦ ↑ Oppositionsrat, Staatsrätin

Ratskammer, die; -, -n: Funktionseinheit (Gremium) im Luxemburger Gerichtswesen (Kollegialgericht) <frz. *Chambre de conseil*> ↑ Rat, ↑ Kammer: *Denn zunächst muss die Staatsanwaltschaft eine* ***Ratskammer*** *mit dem ↑ Dossier befassen.* (LW 18./19.01.2020); *Die Ratskammer des ↑ Berufungsgerichtes bestätigte am vergangenen Freitag die Entscheidung, die die* ***Ratskammer*** *des ↑ Bezirksgerichtes Luxemburg am 4. Juli getroffen hatte.* (JO 19.07.2016)

reaktiv: üblicher als in D für reaktionsbereit, anpassungsfähig <frz. *réactif*>: *Wir sind* ***reaktiv****, damit wir die größtmögliche Chance haben, um Infektionsketten zu unterbrechen.* (TB 24.11.2020); *Andere Fachminister, Schneider für die Landwirtschaft, Tanson für die Kulturschaffenden, Delles für den Mittelstand, zeigten sich angemessen* ***reaktiv****.* (TB 31.10./01.11.2020)

Reaktivität, die; -, -en: üblicher als in D für Reaktionsbereitschaft, Anpassungsfähigkeit <frz. *réactivité*>: *Manchmal führten auch grenzüberschreitende Fälle zu längeren Bearbeitungszeiten, so Bettel, ebenso wie eine kaum vorhandene* ***Reaktivität*** *der betroffenen Partei.* (TB 22.12.2020); *Hohe* ***Reaktivität*** *soll Infektionsketten brechen* (TB, Zwischenüberschrift, 24.11.2020)

Rebellion, die; -, -en: auch für Widerstand gegen die Staatsgewalt, gegen Vollstreckungsbeamte <frz. *rébellion*>: *Die Staatsanwaltschaft hat Anzeige wegen Brandstiftung, Widerstand gegen Vollstreckungsbeamte (****Rebellion****) und Körperverletzung erstattet.* (JO 24.04.2018); *Eine Wegweisung wegen häuslicher Gewalt wurde angeordnet und ein Protokoll wegen* ***Rebellion*** *erstellt.* (LW 05.04.2018)

Recherche [ʀəˈʃɛʀʃ(ə)], die; -, -n: allgemeiner als in D, auch auf den Bereich der wissenschaftlichen Forschung bezogen: <frz. *recherche*, lux. *Recherche*>: *„Für meine **Recherchen** habe ich mich aus diesem Grund in den Archiven in Duisburg und Essen umgesehen", erklärte der angehende Historiker dem Tageblatt.* (TB 24./25.03.2018); *Außerdem wollen wir eine App mit Infos zur Luxemburger Baukultur und Geschichte entwickeln, die als Grundlage für touristische Zwecke und auch für wissenschaftliche **Recherchen** dienen soll.* (LW 16.12.2017)

Reclassement [ʀe:klasˈmɛnt/ʀəklasˈmɑ̃], das; -[e]s, -s: Gesetz zur arbeitsrechtlichen Anpassung im Falle längerer Krankheiten bzw. bei Berufsunfähigkeit, ↑ Reklassierung (teilweise mit Anführung) <frz. *reclassement*>: *Beim **Reclassement** muss nachgebessert werden* (LW, Überschrift, 07./08.04.2018); *Nicht nur in diesem Zusammenhang wird der Akzent auf die Ausbildung gelegt, denn auch für Langzeitarbeitslose sind im Rahmen des **„Reclassement"** Fortbildungen vorgesehen, um die betroffenen Personen fit für einen sich stets verändernden Arbeitsmarkt zu machen.* (JO 20.02.2013)

Recouvrement [ʀe:kuvʀəˈmɛnt/ʀəkuvʀəˈmɑ̃], das; -/-s, nur Singular: gesetzliche Regelung zur Wiedererlangung der Luxemburger Staatsbürgerschaft (teilweise mit Anführung) <frz. *recouvrement*>: *Doch auch viele Menschen, die über das **Recouvrement** die hiesige Staatsangehörigkeit erlangt haben, wollen die Sprache lernen.* (LW 12.08.2020); *Das **„Recouvrement"**, das als Teil des neuen Nationaliätengesetzes in der letzten Legislaturperiode von Justizminister Luc Frieden* (↑ CSV) *eingeführt wurde, ermöglicht es den Nachfahren der Auswanderer aus Luxemburg, die luxemburgische Nationalität zu beantragen.* (TB 12.01.2018)

recyclieren/recyklieren: [auch CH] eher selten neben recyclen: *Die Verkehrsplaner, nicht zu verwechseln mit **rezyklierten** Bauingenieuren, sind sich einig, dass Umgehungsstraßen den Verkehr von stärker befahrenen Straßen anziehen.* (LW 18./19.01.2020); *Die Abfalldirektive, die eigentlich bereits zum 12. Dezember 2010 hätte umgesetzt sein müssen, legt eine präzise Hierarchie fest, nach der Abfall vermieden, **recycliert** und endgelagert bzw. thermisch verwertet werden muss.* (TB 21.01.2012)

Rede, die … geht von/vom: es wird von etwas gesprochen: ***Die Rede geht von** einer sogenannten ↑ Schulcharta, deren Schaffung das Ombudskomitee* (↑ Komitee) *für Kinderrechte in seinem diesjährigen Bericht für alle Schulen in Luxemburg anregt.* (TB 24.11.2008); *Vom „Filz zwischen Politik, Wirtschaft und den Elitebeamten" **geht die Rede**.* (JO 15.09.2015)

Referendum, konsultatives, das; -n -s, -n …den: nicht bindendes Referendum, ↑ konsultative Volksbefragung, ↑ konsultativ: *In einer „T"-Tribüne wirft Goebbels Frank Engel vor, argen wahltaktischen Schabernack mit der Verfassungsreform zu betreiben, hatte die ↑ CSV doch angekündigt, die Zustimmung zum über Jahrzehnte maßgeblich unter CSV-Führung* (↑ CSV) *ausgefeilten Reformtext zu verweigern und plötzlich **konsultative Referenden** über spezifische Verfassungsfragen gefordert.* (JO 25.07.2019); *Dieser Passus wurde in den Entwurf der neuen Verfassung übernommen, der im März im Vorfeld des **konsultativen Referendums** auf der Internetseite der ↑ Abgeordnetenkammer veröffentlicht wurde.* (LW 16.04.2015)

Referenz, die; -, -en: auch für (Kauf-) Empfehlung, Sortimentsartikel <frz. *référence*, lux. *Referenz*>: *Mittlerweile können Kund(inn)en auf ein Sortiment mit mehr als 2600 **Referenzen** zurückgreifen.* (LW 14./15.04.2018); *Der*

Getränkevertrieb verkauft rund 400 000 Hektoliter pro Jahr und hat 3200 ***Referenzen*** *in den Regalen.* (JO 07.03.2018) ♦ Referenzerneuerung

Refraktär Refraktärin, der; -s, -e bzw. die; -, -nen: Fahnenflüchtiger (D), Deserteur (D) <frz. *réfractaire*>: *Im Krieg gab es glücklicherweise in Deutschland eine Sophie Scholl, die ein anständiges Deutschland symbolisierte, und bei uns u. a. eine Lily Unden, die Juden und* ***Refraktären*** *half und deswegen auch festgenommen wurde.* (JO 01.07.2019); *Im ganzen Land gab es Verstecke für die* ***Refraktäre****, die von Widerständlern versorgt wurden.* (TB 31.08.2016) ♦ Refraktärsvereinigung

Regierungsrat, der; -[e]s, nur Singular: Wöchentlich unter Vorsitz des ↑ Staatministers (im ↑ Staatsministerium) tagendes Regierungsgremium, ↑ Rat: *Premierminister Xavier Bettel gab am gestrigen Freitag im Pressebriefing Auskunft über die Beschlüsse aus dem* ***Regierungsrat****.* (JO 28.10.2017); *Pallage ist heute im* ***Regierungsrat*** *auf Empfehlung des Verwaltungsrats der Universität als Rektor nominiert worden.* (LW 06.10.2017)

Regime [ʀeˈʒi(ː)m], das/der; -s, -s: allgemeiner als in D für Rechtsordnung bzw. Regelung, häufig in Zusammensetzungen <frz. *regime*, lux. *Regime*>: *Gegen diesen erneuten Angriff auf die Kaufkraft der Familien, verlangt der ↑ OGBL, dass der im Gesetzentwurf vorgeschlagene „gleiche Betrag für jedes Kind" so erhöht wird, dass die Gesamtkosten des* ***Regimes*** *Kindergeldes (bei konstanter Bevölkerung) die gleichen sind, wie vor der vorgesehenen Reform.* (JO 10.11. 2013); *Das* ***Regime*** *führte auch zu massiven Problemen in verschiedenen Wirtschaftssektoren.* (LW 03.02.2022) ♦ ↑ Einheitsregime, ↑ Steuerregime, TVA-Regime (↑ TVA), ↑ 3G-Regime

Regionaldirektion, die; -, -en: Führungsebene für jeweils mehrere Grundschulen: *Die derzeitigen* ***Regionaldirektionen*** *tun zweifelsohne ihr Bestes, die geografische Distanz zwischen ihrem Standort und den einzelnen Schulen erweist sich in der Praxis aber vielerorts als Problem.* (LW 10./11.07.2021); *In den Grundschulen wurden bislang (Stand: Montag, 1. März) nur die* ***Regionaldirektionen*** *in Diekirch und Wiltz damit beliefert.* (TB 06.03.2021)

Regionaldirektor Regionaldirektorin, der; -s, -en bzw. die; -, -nen: Leitungsfunktion im Grundschulbereich Grundschule, vgl. ↑ Regionaldirektion: *Nach einer unruhigen Nacht für den Lehrer meldet sich die* ***Regionaldirektorin*** *morgens um acht zuerst per Mail und wenig später folgt ein Anruf.* (TB 23.09.2020); *Theoretisch haben also auch Schuldirektoren aus dem ↑ Secondaire Zugang zur ↑ Karriere der* ***Regionaldirektoren****.* (LW 29.11.2016)

Reglement [ʀeːgləˈmɛnt/ʀegləˈmɑ̃], das; -[e]s, -e/-s: [auch CH] allgemeiner als in D (dort eher selten und bildungssprachlich) für (Ver-) Ordnung, Gesamtheit der Vorschriften, hochproduktiv in festen und unfesten Zusammensetzungen <frz. *règlement*, lux. *Reglement*>: *Momentan erlauben die* ***Reglemente*** *das nur in eingeschränkter Form.* (LW 10.12.2021); *Zum einen wären da die kommunalen* ***Reglements****, die eine Vermummung verbieten und auch mit einem ↑ nationalen Gesetz weiter ihre Gültigkeit haben werden.* (JO 23.11.2017) ♦ ↑ Abfallreglement, Ausführungsreglement, Basisreglement, ↑ Bautenreglement, CFL-Reglement (↑ CFL), ↑ Chamberreglement, Datenschutzreglement, Dringlichkeitsreglement, Friedhofsreglement, ↑ Gemeindereglement, Hallenreglement, Hundereglement,

Ordnungsreglement, Parlamentsreglement, ↑ Polizeireglement, reglementarisch, Reglementsentwurf, Subsidienreglement, ↑ Taxenreglement, ↑ Trinkwasserreglement, ↑ Verkehrsreglement

reglementarisch: das ↑ Reglement betreffend: [auch CH] *Damit können vorübergehend **reglementarische** Maßnahmen ohne Zustimmung der ↑ Abgeordnetenkammer getroffen werden.* (TB 18.03.2020); *Ein allgemeiner Bebauungsplan ist ein Ganzes, bestehend aus grafischen und schriftlichen Verordnungen, die **reglementarischen** Charakter haben.* (JO 21.06.2013)

reglementieren: regeln, meist ohne die in D oft abwertende Bedeutung im Sinne von ‚einengen': *Auch dieser Beruf müsse klar **reglementiert** werden.* (LW 30./31.10.2021); *Konsumgutscheine, die den Kunden des Handels zur Verfügung gestellt werden sollen, und klar **reglementierte** Arbeitszeiten sind weitere Forderungen des ↑ Syndikats, das ebenfalls einen ↑ sektoriellen Plan zur Aufrechterhaltung der Beschäftigung verlangt.* (TB 12.11.2020)

Reglementierung, die; -, -en: Regelung, meist ohne die in D oft abwertende Bedeutung im Sinne von ‚Gängelung': *Nach langen Diskussionen über die ↑ definitive Schulorganisation sowie die zukünftige **Reglementierung** zum Vermieten der Waldschule vertagte sich das Gremium, nachdem gerade einmal sechs Punkte abgearbeitet waren.* (TB 23.10.2021); *„Das geht von der Prävention über die Begleitung der Suchtkranken und natürlich auch bis hin zur **Reglementierung** des Gebrauchs von Cannabis", erklärt die Justizministerin.* (TB 17.09.2021)

regularisieren: amtlich regeln, legalisieren <frz. *régulariser*, lux. *regularisséieren*>: *Ob Pläne bestünden, die Lage der „Sans Papiers" zu **regularisieren**, wollten wir dann vom Außenministerium wissen.* (JO 18.06.2020); *Später habe die Frau das Verhältnis **regularisieren** wollen und ihm einen monatlichen Lohn in Höhe von 600 Euro als Alltags- und Haushaltshilfe gezahlt.* (LW 07.06.2018)

Regularisierung, die; -, -en: amtliche Regelung, Legalisierung: *Eine **Regularisierung** sei allerdings nur möglich, wenn dem Ministerium keine falschen Informationen über die Identität und den Familienstand der betroffenen Personen mitgeteilt würden.* (TB 18.11.2017); *Doch auch die Gemeinden hätten über ihre Initiative eine **Regularisierung** der Zone erreichen können.* (JO 06.03.2014) ♦ One-Shot-Regularisierung, Regularisierungsprogramm, Regularisierungsprozedur (↑ Prozedur), Regularisierungswelle

Rehazenter, das; -/-s, -: zentrales Luxemburger Rehabilitationszentrum, ↑ nationales Rehazenter, ↑ Zenter (teilweise mit Anführung) <frz. *Centre National de Rééducation Fonctionnelle et de Réadaptation*>: *Die Buslinie 215 Bascharage.Luxemburg-Kirchberg (Krankenhaus) wird bis zum **Rehazenter** verlängert.* (JO 11.09.2015); *Keine Altersgrenze im **„Rehazenter"*** (TB, Überschrift, 15.03.2011)

Reklamant Reklamantin, der; -en, -en bzw. die; -, -nen: eher selten für ‚Person, die sich beschwert': *Mehrere **Reklamanten** hatten auch bei ihm einen Interessenkonflikt moniert, da das Gelände hinter seinem Haus aus dem ↑ Bauperimeter herausgenommen wurde.* (TB 16.10.2013); *Die **Reklamanten** werden schriftlich durch einen Einschreibebrief in Kenntnis gesetzt.* (JO 31.06.2013) ♦ Reklamantenbrief, Reklamantengruppe, Reklamantenschreiben

Reklamation, die; -, -en: auch für Einspruch <frz. *réclamation*, lux. *Reklamatioun*>: *Die jeweiligen Partner der grünen ↑ Räte Edmée Besch-Glangé und Jemp Weydert hatten beide eine **Rekla-***

__mation__ zum neuen ↑ PAG eingereicht. (LW 15.09.2017); *Die Umweltverwaltung habe alle __Reklamationen__ analysiert und ausgewertet, wobei anschließend entsprechende Änderungen am Projekt gemacht worden seien, heißt es in einem Presseschreiben.* (JO 11.02.2014) ♦ ↑ Reklamationsschreiben

Reklamationsschreiben, das; -s, -: ↑ Reklamation: *Am 19. Juni 2019 sprach der damalige Bürgermeister Schummer u. a. von 143 schriftlich eingereichten __Reklamationsschreiben__, von Aktionen der Bürgerinitiativen und von einer offiziellen ↑ Opposition durch das ↑ „Mouvement écologique".* (TB 14.12.2021); *Erst in der Vorwoche hatten die Wiltzer ein offizielles __Reklamationsschreiben__ eingereicht.* (LW 01.05.2015)

reklassieren: umklassifizieren (D), neu klassifizieren (D) ↑ klassieren, oft auch (arbeitsrechtlich) auf ↑ Reclassement, ↑ Reklassierung bezogen <frz. *reclasser*, lux. *reklasséieren*>: *In der Praxis können die weniger schlimmen Überfälle während der ↑ Verweisungsprozedur seitens der ↑ Ratskammer wie bereits erwähnt durch das Anerkennen von mildernden Umständen wieder vom Verbrechen zum Vergehen __reklassiert__ werden.* (LW 19.01.2018); *„Verschiedene Probleme wurden nicht bedacht und die Bedingungen, wann jemandem eine Invalidenrente zusteht und wann __reklassiert__ werden soll, sind einfach nicht klar geregelt."* (JO 13.06.2017)

Reklassierung, die; -, -en: Umklassifizierung (D), oft für Gesetz zur arbeitsrechtlichen Anpassung im Falle längerer Krankheiten bzw. bei Berufsunfähigkeit, ↑ Reclassement: *Und all dies nur, weil Sie krank geworden sind und die Lücken in der sozialen Absicherung besonders bei der __Reklassierung__ groß sein können.* (TB 18.07.2017); *Betroffen sind Grundstücke innerhalb und außerhalb des ↑ Bauperimeters, „die künftig als bebaubar deklariert werden, durch eine __Reklassierung__ des allgemeinen Bebauungsplans", so Dan Kersch, also nicht für bereits ausgewiesenes Bauland.* (LW 24.03.2017) ♦ Reklassierungsangelegenheit, Reklassierungsgesetz, Reklassierungsprozedur (↑ Prozedur), Reklassierungsprozess

Rekonversion, die; -, -en: Umschulung, Umstrukturierung <frz. *reconversion*>: *Zudem war er dort als Direktor der __Rekonversion__ und als Projektleiter im Personalmanagement tätig.* (TB 07.10.2020); *Im Prinzip verpflichtet sich ein ↑ Volontär für drei Jahre Militärdienst und ein Jahr __Rekonversion__.* (LW 04.03.2020) ♦ Rekonversionsperiode

rekreativ: heilend, gesundheitsfördernd: *So forderten die „Jonk Demokraten" auch weiterhin die Legalisierung von Cannabis zu __rekreativen__ Zwecken.* (JO 16.04.2018); *Patienten müssen zu Arztterminen oder zur Therapie, aber wollen auch weiterhin an __rekreativen__ und sportlichen Freizeitaktivitäten teilnehmen.* (TB 13.11.2017)

Rekrut Rekrutin, der; -en, -en bzw. die; -, -nen: Anwärter(in), nicht nur auf das Militär bezogen: *Da die __Rekruten__ jedoch innerhalb der Schule viel Kontakt zueinander hätten, habe das Gesundheitsamt die Polizeiführung angewiesen, die Schule vorübergehend zu schließen.* (TB 06.07.2021); *Die erste Welle von 200 neuen __Rekruten__ wird im April ihre Ausbildung antreten.* (LW 11.01.2021) ♦ ↑ Polizeirekrut

rektifizieren: berichtigen <frz. *rectifier*, lux. *rektifizéieren*>: *Als wichtigster Punkt stand auf der Tagesordnung des Bettemburger Gemeinderates vom Freitag die Vorstellung des __rektifizierten__ Haushalts 2019 und der Vorlage für 2020.* (TB 30.11./01.12.2019); *Der Gemeinderat war nämlich gestern aufgefordert, einen __rektifizierten__ Kostenvoranschlag gutzuheißen, der 45 Prozent über demje-*

nigen lag, der im Juli 2013 verabschiedet worden war. (JO 16.06.2014)

Rekụrs, der; -es, -e: [auch AUT, CH] Widerspruch, Einspruch, Berufung, (Rechts-)Beschwerde: *Deshalb habe man sich dem verwaltungstechnischen **Rekurs** der Bürgerinitiative nicht angeschlossen, bestätigt Weissen.* (TB 25.01.2018); *So konnten die Bürger binnen einer Frist von fünf Tagen **Rekurs** beim Verwaltungsgericht einlegen, falls ihnen am Wahlsonntag eine Unregelmäßigkeit beim Ablauf aufgefallen wäre.* (LW 23.10.2017) ♦ Rekursantrag, Rekursklage, ↑ Rekursmöglichkeit, ↑ Rekursverfahren

Rekụrsmöglichkeit, die; -, -en: ↑ Rekurs: ***Rekursmöglichkeiten** erschwerten dem Journalisten die Arbeit.* (JO 10.05.2017); *Im Fall, wo ein Hotel, eine Herberge usw. nicht mit seiner Einstufung einverstanden ist, besteht eine **Rekursmöglichkeit**.* (TB 15.02.2017)

Rekụrsverfahren, das; -s, -: neben Berufungsverfahren (D) ↑ Rekurs: *Das Plädoyer der Staatsanwaltschaft im **Rekursverfahren*** (JO, Überschrift, 19.12.2016); *Vor dem Verwaltungsgericht ist derzeit immer noch ein **Rekursverfahren** des Eigentümers gegen die nachträgliche ↑ Klassierung anhängig.* (LW 08.08.2018)

Relance [ʀəˈlɑ̃s], die; -, -n: Ankurbelung, Wiederbelebung <frz. *relance*, lux. *Relance*>: *Während der Pressekonferenz deuteten die Minister an, dass dies nur die erste einer Vielzahl von Maßnahmen sei, die Klimaschutz und wirtschaftliche **Relance** verbinden.* (LW, Pfingsten 2020); *Die kleine konjunkturelle **Relance** im Laufe des vergangenen Jahres schlägt sich also positiv nieder.* (JO 30.01.2014) ♦ Covidrelance

relancieren [ʀəlɑ̃ˈsiːʀən]: ankurbeln <frz. *relancer*, lux. *relancéieren*>: *Nach längerer Pause wurde gestern die Impfkampagne **relanciert** – im Beisein des Staatschefs, der das Impfzentrum in Limpertsberg besuchte.* (LW 19.01.2021); *Ausgerechnet unter luxemburgischem EU-Vorsitz im ersten ↑ Semester 2005, wo unter Juncker-Impuls die Lissabon-Strategie für mehr Beschäftigung in Europa **relanciert** wird, lässt Großbritannien den europäischen Haushaltsdeal platzen.* (LW 18.10.2019)

Remedu̲r schạffen, die; -, -en: Abhilfe schaffen <lat. *remediare*>: *Was die Bekämpfung der Wohnungsnot und der hohen Immobilienpreise angeht, muss auch diese Regierung sich eingestehen, dass es ihr nicht gelungen ist, **Remedur zu schaffen**.* (LW 16.12.2017); *Bei der Frachtfluggesellschaft seien viele Fehler passiert, unterstrich der DP-Generalsekretär (↑ DP), die zuständigen Minister hätten davon gewusst, allerdings keine **Remedur geschaffen**.* (JO 19.12.2012)

Rendez-vous/Rendezvous [ʀɑ̃ːdeːˈvuː], das; -, -: allgemeiner als in D für Treffen, Verabredung, Termin <frz. *rendez-vous*, lux. *Rendez-vous*>: *Auf doctena.lu lassen sich Termine beim Augenarzt online buchen; manche Augenärzte listen dort auch ihre nächsten freien **Rendezvous** auf.* (TB 28.09.2019); *Das Event ist inzwischen zu einem wichtigen **Rendezvous** geworden, das alljährlich viele Menschen anzieht.* (JO 05.10.2014) ♦ Drittrundenrendezvous

rẹnnen: auch für schnell fahren, rasen, stoßen gegen (vgl. Rennwagen, Autorennen) <lux. *rennen*>: *Ich wohne an der CR325 bei Wiltz und da fahren (nicht nur, sondern **rennen**) die Autos und sogar die Lastwagen die ganze Nacht an meiner Haustür vorbei.* (LW 10.02.2021); *Damals war ein 31-jähriger Mann gegen 19.00 mit seinem Motorrad in ein Auto **gerannt** und kam beim Unfall ums Leben.* (JO 11.11.2014)

Rẹnnen, das; -s, -: auch für Lauf (D): *Das 1500-Meter-**Rennen** mit dem luxemburgischen Olympiasieger Josy Barthel sollte dabei das Highlight dieser Veranstaltung werden.* (TB 21.11.2019); *Die junge Dame gewann die **Rennen** in den*

Riesenslalom- und Slalom-Disziplinen. (JO 20.01.2013) ♦ Solidaritäts- und Wohltätigkeitsrennen, 1500-Meter-Rennen, 800-m-Rennen

Renovation, die; -, -en: [auch CH] neben Renovierung (D) <frz. *rénovation*, lux. *Renovatioun*>: *Vorerst ist nur der Bierlaster bis zu seiner* ***Renovation*** *in naher Zukunft in einer Scheune in Ettelbrück abgestellt.* (LW 24.08.2021); *Kapitalausgaben für* ***Renovationen*** *oder Sanierungen belaufen sich auf knapp 150 Millionen oder 9,6 Prozent.* (JO 02.02.2017) ♦ Badezimmerrenovation, Brückenrenovation, ↑ Renovationsarbeit, renovationsbedürftig

Renovationsarbeit, die; -, -en: neben Renovierungsarbeiten (D): *Durch die* ***Renovationsarbeiten*** *der fünfziger, sechziger, siebziger Jahre wurde der Bausubstanz relativ viel Schreckliches angetan.* (JO 15.03.2018); *Wegen dringend notwendiger* ***Renovationsarbeiten*** *wird der bekannte Glockenschlag von Big Ben und den anderen Glocken im „Elizabeth Tower" für mehrere Monate verstummen.* (LW 26.04.2016)

Rentrée [ʀɑ̃ːtˈʀeː], die; -, -n: Schulbeginn, Wiederbeginn nach der Sommerpause (teilweise mit Anführung) <frz. *rentrée*, lux. *Rentrée*>: *Bis zur* ***Rentrée*** *im September sollen nun dort ↑ Busstege gebaut werden.* (LW 10.06.2020); ***Rentrée*** *mit einem gewichtigen Gesetzesprojekt* (TB, Überschrift, 10.10.2017) ♦ Herbstrentrée, Rentréesmarathon, ↑ Schulrentrée, ↑ Sozialrentrée

Reservation, die; -, -en: [auch CH] neben Reservierung (D) <frz. *réservation*, lux. *Reservatioun*>: *Die* ***Reservation*** *von Tandemsprüngen wird online vereinfacht.* (LW 20.03.2018); *Die* ***Reservation*** *hierfür läuft noch bis Montag, den 22. August, bis Mitternacht.* (TB 17.08.2016) ♦ Busreservation, Reservationsinformationen

Resident Residentin, der; -en, -en bzw. die; -, -nen: eher selten neben Einwohner, Gebietsansässiger <frz. *résident*, lux. *Resident*>: *Hier oder im Ausland studieren luxemburgische* ***Residenten*** *oder aus Luxemburg Kommende zwar mehr Ingenieurswissenschaften, was zu begrüßen sei ...* (JO 29.03.2018); *Nach einem vor kurzem verabschiedeten Gesetz brauchen die ausländischen* ***Residenten****, wenn sie aus der Privatwirtschaft kommen, keine Steuern auf ihre Rente in Portugal zu bezahlen.* (TB 03.09. 2013)

Residenz, die; -, -en: **1.** Wohngebäude, Mietshaus, Mehrfamilienhaus: *Dort baut die SNHBM insgesamt drei Mehrfamilienhäuser, so genannte* ***Residenzen****, und 51 Einfamilienhäuser.* (JO 28.10.2016); *Vermutlich durch heiße Asche kam es in Bartringen gegen 11.20 Uhr in den Kellerräumen einer* ***Residenz*** *in einem großen Müllcontainer zu einem Sickerbrand.* (LW 28.02.2016) ♦ Residenzwohnen, Wohnresidenz; **2.** (Wohn-)Aufenthalt <frz. *résidence*, lux. *Residenz*>: *Vergangene Woche ging die dreimonatige* ***Residenz*** *des Luxemburger Musikers Andrea Mancini alias Cleveland in der „Cité internationale des arts" in Paris zu Ende.* (LW 02.12.2021); *Es verdankt sich der Initiative von Diplomat und Hobbymaler Hubert Wurth, der in Zusammenarbeit mit Joanna Steichen das Projekt einer vier- beziehungsweise sechsmonatigen* ***Residenz*** *erarbeitete, das Jungtalente der visuellen Kunst und Medien in die Vereinigten Staaten führt.* (JO 16.11.2018) ♦ ↑ Residenzdauer, ↑ Residenzklausel, Residenzwahlrecht, Residenzzeit

Residenzdauer, die; -, nur Singular: Dauer der ↑ Residenz: *So wird z. B. die obligatorische* ***Residenzdauer*** *von sieben auf fünf Jahre gesenkt.* (LW 09.02.2017); *Einverstanden ist sie damit, die* ***Residenzdauer****, ab der man die Nationalität beantragen kann, von sieben auf fünf Jahre zu senken.* (TB 31.10.2015)

Residenzklausel, die; -, -n: Rechtsvoraussetzung (etwa) zum Erwerb der Nationalität oder des Wahlrechtes: *Die Einführung der* ***Residenzklausel*** *brachte ihm sogar eine Klage beim Europäischen Gerichtshof (EuGH) ein.* (LW 03.10.2017); *Konkret geht es dabei um die Frage, ob die* ***Residenzklausel*** *für den Erwerb von Studienbeihilfen Kinder von ↑ Grenzgängern diskriminiert.* (JO 07.02.2013)

Resistenz, die; -, nur Singular: Widerstand bzw. Widerstandsbewegung gegen das Naziregime <frz. *résistance*, lux. *Resistenz*>: *Sie stellt Frauen in den Vordergrund, die durch ihre außergewöhnlichen Leistungen in verschiedenen Bereichen wie Kunst, Politik, Wissenschaft,* ***Resistenz*** *oder Sport hervorstechen.* (LW 04.03.2021); *↑ Nationaler Gedenktag an die* ***Resistenz*** (TB, Überschrift, 24.02.2013) ♦ ↑ Resistenzler, ↑ Resistenzmuseum, ↑ Resistenzorganisation, Resistenz- und Streikbewegung

Resistenzler Resistenzlerin, der; -s, - bzw. die; -, -nen: Widerstandkämpfer(in): *Die* ***Resistenzlerin*** *Lily Unden, die im Konzentrationslager Ravensbrück war, half sowohl Juden als auch ↑ Refraktären und anderen Verfolgten, aber sie gehörte damit zu den wenigen, die sich aktiv für das Schicksal der Luxemburger Juden interessierten.* (JO 26.06.2018); ***Resistenzler*** *und Kriegegefangener Jean-Pierre Polfer sorgte trotz seiner traumatischen Erlebnisse für ein Stück Menschlichkeit.* (LW 05./06.05.2018) ♦ Resistenzlerorgan

Resistenzmuseum, das; -s, nur Singular: Luxemburger Museum: *Jérôme Courtroy vom* ***Resistenzmuseum*** *erklärt, dass das Projekt perfekt zur geplanten Neuausrichtung des Museums passe.* (LW 27.10.2021); *Corona-Pandemie / Das* ***Resistenzmuseum*** *geht neue Wege* (TB, Überschrift, 05.11.2020)

Resistenzorganisation, die; -, -en: Organisation im Bereich ↑ Resistenz: *Die Union, der Zusammenschluss der* ***Resistenzorganisationen****, erhob in diesen Tagen nicht nur den Anspruch, für die innere Ordnung zu sorgen, sondern wollte sich auch am militärischen Kampf beteiligen.* (LW 10.09.2019); *Im Beisein vieler politischer Ehrengäste, zahlreicher Mitglieder und Vertreter Luxemburger* ***Resistenzorganisationen*** *aus dem letzten Krieg konnten sie bei dieser Gelegenheit ↑ Großherzog Henri und ↑ Großherzogin Maria Teresa begrüßen, die, begleitet von ↑ Großherzog Jean, ein Blumengebinde am Denkmal für ↑ Großherzogin Charlotte auf der place Clairefontaine niederlegten.* (TB 14.04.2015)

respektive: üblicher als in D neben beziehungsweise, genauer gesagt <frz. *respectivement*, lux. *respektiv*>: *Strom und Gas haben beim Verbraucherpreisindex eine Gewichtung von 2,10 Prozent* ***respektive*** *2,12 Prozent.* (LW 12.03.2022); *Lebenslänglich, 30* ***respektive*** *20 bis 25 Jahre ↑ Zuchthaus* (TB, Überschrift, 11.12.2008)

Restantenetat, der; -s, -s: offene Schuldnersumme (teilweise mit Anführung) <frz. *Etat des restants*>: *Bei rund 6500 Einwohnern hatte der* ***Restantenetat*** *zuletzt bei über 630 000 Euro gelegen.* (LW 19.5.2017); *Vorher war der* ***Restantenetat*** *über 319 916 Euro, wovon 18 744 Euro abgeschrieben werden, einstimmig angenommen worden.* (JO 16.07.2015)

Restart [ˈriːstaːt], der; -s, -s: Wiederbeginn der Spielzeit, besonders beim Fußball <engl. *restart*>: *Zum* ***Restart*** *der obersten Ligen in Luxemburg startet das Sportministerium sein Schnelltest-Pilotprojekt.* (LW 08.02.2021); *Vorfreude auf* ***Restart*** (TB, Überschrift, 05.02.2021)

Rettungshelikopter, der; -s, -: [auch AUT, CH] Rettungshubschrauber (D) ↑ Helikopter: *„Es gibt immer noch Ärzte* *hier im Land, die den* ***Rettungshelikopter*** *ablehnen."* (LW 10./11.03.2018); *Ein* ***Rettungshelikopter*** *brachte den lebensgefährlich verletzten Jungen ins Krankenhaus.* (JO 18.07.2016)

Rẹttungskorps, das; -, -: Rettungsdienst, ↑ Korps, ↑ CGDIS: *Berufsfeuerwehrmann, Kommandant im lokalen* ***Rettungskorps****, Basketballschiedsrichter und Familienvater – eigentlich hätte der 27-jährige Jérôme Seiler schon genug zu tun.* (LW 30.10.2016); *Und auch die Schaffung eines einzigen ↑ nationalen* ***Rettungskorps*** *gehe mit einer Kostenexplosion einher, weil man dann nicht nur für die Feuerwehr, sondern auch für den Rettungsdienst – mit Ausnahme des Notarztdienstes – mitzahlen müsste.* (JO 14.12.2015) ♦ Rettungskorpschef

Rẹttungszentrum, das; -s, -zentren: zentrale Rettungswache (D), Kurzform für ↑ Feuerwehr- und Rettungszentrum <frz. *Centre d'incendie et de secours*>: *Die Arbeiten am ↑ nationalen* ***Rettungszentrum*** *im Ban de Gasperich schreiten in schnellen Zügen voran.* (LW 21./22.04.2018); *Das* ***Rettungszentrum*** *im Osten* (JO, Überschrift, 05.01.2016) ♦ Feuerwehr- und Rettungszentrum

revalorisieren: wiederaufwerten <frz. *revaloriser*, lux. *revaloriséieren*>: *Um die Arbeit der Journalisten zu* ***revalorisieren****, brauche es einen Richtungswechsel.* (TB 14.12.2020); *Zurück blieben in dieser nach wie vor bevölkerungsreichsten Region Luxemburgs ein industrielles ↑ Patrimonium, das vielseitig* ***revalorisiert*** *wurde, aber auch riesige, menschengemachte Wunden in der Landschaft, die sich die Natur nach und nach zurückerobert.* (JO 22.08.2016) ♦ ↑ Revalorisierung

Revalorisierung, die; -, -en: Wiederaufwertung <vgl. frz. *revalorisation*, lux. *Revaloriséierung*>: *In punkto neue Flächen für Wohn- und Geschäftsräume setzt die ↑ DP Esch nicht zuletzt auf die* ***Revalorisierung*** *der Industriebrachen, über deren künftige Nutzung man sich mit ArcelorMittal einig werden müsse.* (JO 25.08.2017); *Das Gelände wird zu diesem Zweck der in den 90er Jahren eigens gegründeten Organisation zur* ***Revalorisierung*** *von Industrieflächen übergeben.* (TB 13.06.2013) ♦ Revalorisierungskonzept

Revis/REVIS [ˈʀeːviː/ˈʀeːvis], das; -, nur Singular = *Revenue d'inclusion sociale*, gesetzliches Mindesteinkommen in Luxemburg ↑ Inklusionseinkommen, vgl. ↑ RMG: *Die Erhöhung des Mindestlohns und des* ***Revis****, der zusätzliche Urlaubs- und Feiertag und die Diskussionen über die Arbeitszeit seien zentrale Themen, die die ↑ LSAP im Koalitionsprogramm habe verankern können.* (TB 13./14.07.2019); *Schlesser führt diesen Anstieg auch auf die Einführung des* ***Revis*** *zurück.* (LW 14.05.2019) ♦ Revis-Antragsteller, Revis-Auszahlung, REVIS-Bezieher, REVIS-Empfänger

Revision, die; -, -en: [auch CH] allgemeiner als in D, auch für Überholung, Inspektion (etwa bei Fahrrädern) <frz. *révision*, lux. *Revisioun*>: *Bei den heutigen Fahrrädern handelt es sich um Hi-Tech-Produkte, der Benutzer kann nicht mehr alles selber machen, und die* ***Revisionen*** *durch Fahrradhändler sind sogar Teil der Garantiebedingungen.* (LW 21./22.11.2020); *„Ich habe im Augenblick durchgehend 50 Fahrräder hier, die repariert oder einer* ***Revision*** *unterzogen werden müssen", sagt Hutmacher.* (TB 17.06.2020) ♦ Erstrevision

Revisionskammer, die; -, -n: höchste Instanz der ordentlichen Gerichtsbarkeit in Luxemburg: ↑ Kassationsgerichtshof, ↑ Kassationshof, ↑ Kassationsgerichtshof, Revisionsgericht, Revisionsgerichtshof <vgl. frz. *Cour de cassation*>: *Die* ***Revisionskammer*** *will dann urteilen, ob die Verurteilung von zwei früheren Angestellten einer Wirt-*

schaftsprüfungsgesellschaft rechtens war. (LW 11.01.2018); *Die **Revisionskammer** („Cour de cassation") beginnt dann mit Beratungen über Einsprüche gegen Urteile eines Berufungsgerichts vom März 2017 im sogenannten „LuxLeaks"-Prozess.* (TB 23.11.2017)

rezent [ʀeˈtsɛnt]: üblicher als in D für aktuell, gegenwärtig <frz. *récent*, lux. *rezent*>: *Die Besucher mussten entweder gegen Corona geimpft sein oder **rezent** von der Krankheit genesen sein, respektive einen negativen Test vorzeigen können.* (LW 12.07.2021); *Die systematische Erforschung der Weltmeere ist **rezent**.* (TB 27.10.2017)

rezyklieren: [auch CH] neben ↑ recyclieren und recyclen (D): *„Ein Teil des Mülls kann weder kompostiert noch **rezykliert** werden."* (JO 27.04.2019); *Wenn das Produkt benutzt wurde, soll es nicht einfach entsorgt, sondern wenigstens teilweise **rezykliert** werden.* (TB 30.01.2018) ♦ rezyklierbar, Rezyklierung, Rezyklierungsraten

RGTR [ɛʀʒeːteːˈɛʀ], der; -, nur Singular = *Régime général des transports routiers*, regionales Luxemburger Busnetz, meist in Zusammensetzungen: *Mobilität / ↑ Transportminister Bausch zur Reorganisation des **RGTR**: „Es ist ein Busnetz für alle"* (TB, Überschrift, 27.01.2020); *In Bezug auf den **RGTR** wird es eine neue Linie 207 zwischen Düdelingen und Kirchberg geben, wie Alex Kies ausführte.* (JO 01.12.2017) ♦ RGTR-Bus, RGTR-Busflotte, RGTR-Reorganisation, RGTR-Überlandbus

Rieslinggemeinde, die; -, -n: Beiname (vor allem) für Wormeldingen: *Ein anderer Bürger der **Rieslinggemeinde** bedauerte, dass abends nach 23 Uhr keine Busse mehr von Luxemburg-Stadt nach Wormeldingen fahren.* (LW 12.02.2020); *Die vier Weindörfer Wormeldingen, Ehnen, Ahn und Machtum der **Rieslinggemeinde** Wormeldange feierten am Wochenende gemeinsam.* (JO 17.09.2017)

Rieslingkönigin, die; -, -en: Luxemburger Weinkönigin: *Nach ihrer Krönung am Freitag stattete die neue **Rieslingkönigin** Fabienne mit ihren vier Prinzessinnen den einzelnen Dörfern einen Besuch ab – und stieß mit den Winzerfamilien und den Besuchern mit einem Glas an.* (LW 14.09.2019); *Die Krone der **Rieslingkönigin** übernahm Laura Schrill von ihrer Vorgängerin Jeanne-Marie Wagener.* (JO 17.09.2017)

riskieren: auch für drohen (das etwas geschieht): *Neben Energie **riskiert** das lebensnotwendige Wasser in Zukunft zum Problem zu werden.* (TB 21./22.09.2019); *Letztere **riskieren** zur Ausnahme zu werden.* (JO 30.07.2019)

RMG [ɛʀɛmˈʒeː], der; -, nur Singular = *Revenu minimum garanti*, gesetzliches Mindesteinkommen, vgl. ↑ Revis: *Der **RMG** hat ausgedient* (LW, Überschrift, 10.07.2018); *Aus dem garantierten Mindesteinkommen (**RMG**) soll in Zukunft ein „revenu d'inclusion sociale" – kurz ↑ Revis werden.* (JO 21.12.2016)

Rondpoint [ʀɔ̃ˈpwɛ̃], der; -s, -s: neben Kreisverkehr (D), Kreisel (D) <frz. *rondpoint*>: *In Kürze wird es auf der Strecke zwischen Angelsberg und Mersch sowie auf der Autobahn A4 kurz vor dem **Rondpoint** Raemerich blitzen.* (LW 07.03.2018); *Auf der A13 wenige Kilometer vor dem **Rond-Point** Hellingen ist am Samstagnachmittag ein 47-jähriger Motorradfahrer bei einem Verkehrsunfall ums Leben gekommen.* (JO 11.07.2016) ♦ Turborondpoint

Rummel, der; -s, -: neben ↑ Kirmes, Jahrmarkt (regional auch in D üblich): *Oftmals geben die Fans der Glücksspiele weit über 50 Euro an den verschiedensten Geräten auf dem **Rummel** aus.* (LW 06.09.2017); *Ein **Rummel** mit Tradition* (JO, Überschrift, 18.08.2017) ♦ rummelfrei, Rummelperimeter (↑ Perimeter), Rummelplatz, Rummelspaß

rural: üblicher als in D für ländlich <frz. rural>: *Das Viertel hat bis heute seinen* ***ruralen*** *Charakter behalten, dazu gehört auch dieser ehemalige Bauernhof mit Baujahr 1884.* (TB 03.05.2021); *„Rot gegen blau,* ***rural*** *gegen städtisch, liberal gegen konservativ.“* (LW 20.01.2021)

Rutschung, die; -, -en: üblicher als in D für Abrutsch, Erdrutsch: *Eine 30 Meter breite* ***Rutschung*** *wurde auf der westlichen Seite der Deponie festgestellt.* (TB 07.01.2018); *Zurückzuführen sei die* ***Rutschung*** *auf die starken Niederschläge der vergangenen Wochen.* (LW 07.01.2018) ♦ Böschungsrutschung, Deponierutschung, Hangrutschung

Ss

Salariat [sala'ʀi̯aːt], das; -s, nur Singular: Arbeitnehmerschaft <frz. *salariat*, lux. *Salariat*>: *Diese Krise hat nicht nur viele Mitbürger ärmer gemacht, sie hat auch die Verteilung des Nationaleinkommens zuungunsten des* ***Salariats*** *weiter verschoben.* (TB 02.02.2021); *Die Einigung mit dem ↑ Patronat enthalte zudem „Absichten, die für das* ***Salariat*** *in Luxemburg inakzeptabel sind".* (LW 03.02.2015) ♦ ↑ Salariatskammer, Salariatsmasse, salariatsnah

Salariatskammer, die; -, nur Singular: Arbeitnehmervertretung <frz. *Chambre des salariés*> ↑ Kammer: *Eine Darstellung, die später von Vertretern der* ***Salariatskammer*** *und der Gewerkschaften energisch zurückgewiesen wurde.* (TB 27.10.2017); *Wirtschaftsminister Etienne Schneider erteilte der Forderung der* ***Salariatskammer*** *und der Konsumentenschutzvereinigung eine Absage.* (LW 24.02.2016)

SAMU/Samu ['samyː/sa'myː], der; -/-s, -s = *Service d'Aide Médicale Urgente*, medizinischer Notfallhilfsdienst: *Zwei Rettungswagen, zwei* ***Samus****, die CIS aus Weiswampach, Ulflingen und Clerf waren vor Ort, außerdem die Polizei und der Mess- und Erkennungsdienst.* (LW 03.10.2021); ***SAMU*** *wird verstärkt* (JO, Überschrift, 15.03.2019) ♦ SAMU-Dienst, SAMU-Einsatzwagen, SAMU-Notarzt, SAMU-Stützpunkt

sanfte Mobilität ↑ Mobilität, sanfte

sanitär: [auch STIR] auch allgemein für gesundheitlich, gesundheitspolizeilich, das Gesundheitswesen betreffend <frz. *sanitaire*>: *Lediglich bei der Einreise per Flieger unterliegen Drittstaaten-Angehörige mit Wohnsitz in der Ukraine den geltenden* ***sanitären*** *Maßnahmen.* (TB 01.03.2022); ***Sanitäre*** *Überlegungen zur Jagdschonzeit* (LW, Überschrift, 18.03.2015) ♦ ↑ phytosanitär, ↑ sanitäre Krise, ↑ sanitäre Reserve, ↑ Sanitärinspektion, ↑ Sanitärreserve

sanitäre Krise ↑ Krise, sanitäre

sanitäre Reserve ↑ Reserve, sanitäre

Sanitärinspektion, die; -, nur Singular: Gesundheitsbehörde, Gesundheitsamt (D) <frz. *Direction de la santé*> ↑ Inspektion: *2005 war die* ***Sanitärinspektion*** *zum ersten Mal gekommen, weil sich im Haus Schimmel gebildet hatte.* (TB 20.11.2020); *Nachdem es 41 Kindern und 16 Erwachsenen in einer ↑ Ferienkolonie in Fünfbrunnen schlecht geworden war, trat die* ***Sanitärinspektion*** *auf den Plan.* (JO 14.08.2018)

Sanitärreserve, die; -, -n: Zusatzpersonal für medizinische Notfälle, auch ↑ Gesundheitsreserve, ↑ sanitäre Reserve <frz. *Réserve sanitaire*>: *Das Personal, das die Impfungen verabreichen wird, soll hauptsächlich aus Ärzten, Krankenpflegern und Freiwilligen aus der* ***Sanitärreserve*** *bestehen und einer speziellen Weiterbildung unterzogen werden.* (TB 05./06.12.2020); *Nicht zuletzt soll die* ***Sanitärreserve*** *verstärkt werden, indem sie für sämtliche Gesundheitsberufe geöffnet wird.* (TB 19.09.2020)

Santé [san'teː], die; -, nur Singular: Kurzform für *Direction de la santé*, nachgeordnete Behörde des Gesundheitsministeriums, ↑ Gesundheitsbehörde, ↑ Gesundheitsdirektion (teilweise mit Anführung): *Die* ***Santé*** *zählte zwischen dem 3. und dem 9. August „nur" noch 47,44 Neuinfektionen pro 100 000 Einwohnern.* (LW 12.08.2020); ***Santé*** *warnt vor Reisen nach Lateinamerika* (JO, Überschrift, 26.01.2016) ♦ Santédirektor

saturieren: eher selten, allgemeiner als in D für vervollständigen, ‚sättigen' <frz. *saturer*>: *„Das Besorgniserregende ist der Trend, den wir gesehen haben – es sieht nicht so aus, als würde sich das* ***saturieren****, sondern dass wir weiter reinlaufen."* (TB 23.10.2020); *Viele Festivals* ***saturierten*** *oft das Programm: Alleine in* *der Film-Woche vom 23. bis 29. Oktober starteten 33 neue Filme, da sich CinEast und das italienische Filmfestival von Villerupt überschnitten!* (JO 07.01.2014)

Sauerstadt, die; -, nur Singular: Beiname der Stadt Diekirch (an der Sauer): *Dies in Form zweier kleinerer Niederflurbusse, die mit jeweils 15 Sitzplätzen insgesamt 25 Haltestellen innerhalb der* ***Sauerstadt*** *anfahren.* (LW 28.08.2020); *Die* ***Sauerstadt*** *kann auf eine jahrhundertlange Tradition des Bierbrauens verweisen.* (TB 27.09.2017) ♦ Sauerstädtchen

Schalterbank, die; -, -en: Bank mit Privatkundengeschäft: *Nach der Unterredung erklärte Finanzminister Pierre Gramegna, er werde sich mit den sechs* ***Schalterbanken*** *zusammensetzen, über mögliche Lösungen reden und sich informieren, mit welchen Maßnahmen sie den so genannten „personnes vulnérables" entgegenkommen wollen.* (LW 25.10.2017); *Bei der kaufwilligen Genossenschaftsbank handelt es sich um die zweitgrößte* ***Schalterbank*** *Frankreichs mit rund 23 Millionen Kunden.* (LW 15.03.2012)

Schanklokal, das; -s, -e: ↑ Schankwirtschaft, eher selten auch Schankstube und Schenke: *In der Nacht auf Freitag ging ein Anruf in der Notrufzentrale ein, dass es in den frühen Morgenstunden gegen 01.10 zu einem Raubüberfall in einem* ***Schanklokal*** *in der Grand-Rue in Diekirch gekommen sei.* (JO 30.12.2016); *Am Schrank kleben alte Postkarten, an den Wänden antike Plakate, ein alter Spiegel und eingerahmte Erinnerungsfotos vergangener Tage runden den wohnlichen Charakter dieses* ***Schanklokals*** *ab.* (LW 21.04.2012)

Schankwirtschaft, die; -, -en: ↑ Schanklokal, eher selten auch Schankstube und Schenke: *Sie wurden sofort voneinander getrennt, woraufhin die Frau auf die nahe gelegene* ***Schankwirtschaft*** *zustürmte.* (TB 26.03.2018); *Auch mehrere* ***Schankwirtschaften*** *und Essensstände feiern in diesem Jahr ihre Premiere auf der ↑ Schueberfouer.* (LW 15.03.2012) ♦ Schankwirtschaftsgesetz, Schanktisch, Schankwirt

Scheidungsprozedur, die; -, -en: Scheidungsverfahren (D) ↑ Infokasten Prozedur: *Den Rechtsstreit um Unterhaltszahlungen außerhalb einer* ***Scheidungsprozedur*** *soll demnächst der sicher nicht unterbeschäftigte „Juge aux affaires familiales" (JAF) schlichten.* (TB 15.09.2018); *Damals ging es um eine „Humanisierung" der* ***Scheidungsprozedur,*** *die heute nicht mehr gegeben ist.* (LW 04.06.2018)

Schießstand, der; -[e]s, -stände: auch für (und neben) Schießbude (D): *16 Attraktionen richten sich explizit an Kinder, zudem gibt es 17* ***Schießstände,*** *31 ↑ Spielstände, acht Luna-Parks und 57 Verkaufsbuden.* (LW 23.08.2019); *Da staunten die Polizisten wohl nicht schlecht, als sie bemerkten, dass an einem* ***Schießstand*** *auf der ↑ Schobermesse mit echten Pumpguns geschossen wurde.* (JO 25.08.2016)

Schlichtungsamt, das; -[e]s, -ämter: Schlichtungskommission (D): *Sie haben das ↑ nationale* ***Schlichtungsamt*** *eingeschaltet, das sich jetzt mit dem Fall befassen soll.* (LW 29.01.2018); *Man bleibt weiter im Gespräch, und der ↑ Kollektivvertrag wird weiter angewendet, zumindest solange das* ***Schlichtungsamt*** *kein Scheitern der Verhandlungen feststellt.* (JO 10.10.2014)

Schlichtungsprozedur, die; -, -en: Schlichtungsverfahren im Rahmen tariflicher Auseinandersetzungen, ↑ Infokasten Prozedur: *Werde die Direktion nicht binnen 48 Stunden reagieren, gehe das ↑ Dossier in die* ***Schlichtungsprozedur.*** (TB 08.03.2018); *Bis alle Streitpunkte ausgeräumt sind, soll die kürzlich von den Gewerkschaften eingeleitete* ***Schlichtungsprozedur*** *allerdings weiterlaufen.* (LW 09.02.2018)

Schließungsstunde, die; -, -n: neben Sperrstunde (D): *Es stellte sich heraus, dass die Person am frühen Abend nicht in die Disko eingelassen wurde und kurz vor der* ***Schließungsstunde*** *mit einem Fleischerbeil zurückkehrte, um sich den Eintritt zu erzwingen.* (TB 14.10.2016); *Freitags und samstags ist die* ***Schlie-ßungs-Stunde*** *auf 02.00 Uhr festgesetzt.* (LW 15.03.2012)

Schließzeit, die; -, -en: neben Ladenschlusszeit (D): *Das Verwaltungsgericht hat nun sein erstes Urteil bestätigt, demzufolge bestimmte Rechtsvorschriften zur Regelung der* ***Schließzeiten*** *nicht verfassungskonform sind.* (JO 14.02.2018); ***Schließzeiten*** *an Heiligabend: Jetzt aber schnell* (LW 24.12.2014)

schlussendlich: deutlich üblicher als in D: *„Das* ***schlussendliche*** *Ziel muss sein, dass das Visuelle in das normale Denken übergeht."* (JO 28.10.2017); *Doch* ***schlussendlich*** *könnte das Projekt dem Projekt ↑ Nordstad einen neuen Impuls geben.* (LW 17.10.2017)

Schlusserfolg, der; -[e]s, -e: Endergebnis, Gesamtsieg im Sport: *Lammertink mit dem* ***Schlusserfolg*** (TB, Überschrift, 05.06.2016); *Mit seinem* ***Schlusserfolg*** *bei der Tour de France 1958 sowie den zwei Triumphen beim Giro d'Italia 1956 und 1959 avancierte Gaul ↑ definitiv zur Identifikationsfigur der nachkommenden Generationen.* (LW 29.12.2015)

Schlussgewinner Schlussgewinnerin, der; -s, - bzw. die; -, -nen: Gesamtsieger(in) (D): *Der F91-Angreifer markierte in der 70.'* (↑ Minute) *das 4:1 für seine Farben und damit gab es keinen Zweifel mehr am* ***Schlussgewinner.*** (LW 20.10.2018); ***Schlussgewinner*** *der Tour de Luxembourg ist dieses Jahr dann auch der Niederländer Lammertink, vor Philippe Gilbert.* (TB 05.06.2016)

Schnellradweg, der; -[e]s, -e: neben Radschnellweg (D): *Weiter soll die Radbrücke nach Belval, die 2022 eröffnen soll, durch neue Radwege mit Esch-Schifflingen und dem geplanten* ***Schnellradweg*** *nach Luxemburg verbunden werden.* (LW 29.02./01.03.2020); *Aus dem neuen Radwegenetzgesetz stechen vor allem die* ***Schnellradwege*** *hervor – Ein Überblick* (JO, Überschrift, 16.12.2019)

Schnelltram, die; -, -s: außerstädtische (Hochgeschwindigkeits-)Straßenbahn <lux. *séiere Tram*> ↑ Tram: *Langfristig soll die aktuelle ↑ Tram vom Flughafen Findel bis nach Cloche d'Or und dann weiter als* ***Schnelltram*** *über Leudelingen, Monkeler, Esch-Schifflingen, Esch-Lallingen, Belval bis nach Beles fahren.* (LW 22.10.2020); *Gleiches gilt für die* ***Schnelltram*** *nach Belval, die für das Jahr 2035 versprochen wurde.* (TB 12.12.2019) ♦ Schnelltrambahn, Schnelltramlinie, Schnelltramstrecke

Schobermesse, die; -, -n: traditioneller Luxemburger Jahrmarkt, ↑ Schueberfouer, ↑ Fouer: *Allein auf der* ***Schobermesse*** *waren meist zwei dieser Wanderkinos zu Gast.* (LW 24.10.2021); *Im März 2017 hatte die Gemeinde Luxemburg einen Wettbewerb für das Werbeplakat der* ***Schobermesse*** *ausgeschrieben.* (TB 26.05.2017) ♦ Schobermesseanekdote, Schobermessebesuch, Schobermessetombola, Schobermesssonntag

Schöffe Schöffin, der; -n, -n bzw. die; -, -nen: [auch BELG] Beigeordnete(r) des Gemeindevorstands, zentraler und hochfrequenter Begriff (kommunaler) Luxemburger Verwaltungssprache, produktiv in festen Zusammensetzungen (insbesondere zur Differenzierung nach unterschiedlichen Zuständigkeitsbereichen), in D für ehrenamtlich eingesetzte Laienrichter, daher Verwechslungsgefahr (‚falscher Freund') <lux. *Schäffen*, frz. *échevin*>: *Da außerdem niemand mit dem LSAP-Bruder* (↑ LSAP) *koalieren will, kann dieser weder Bürgermeister noch* ***Schöffe*** *werden.* (LW 30.10.2017);

Statt drei sind es in dieser Legislaturperiode vier ***Schöffen.*** (JO 19.10.2017)
♦ ↑ Bautenschöffin, Gemeindeschöffe, Finanzschöffe, Grundschulschöffin, Hauptstadtschöffe, Hygieneschöffin, Infrastrukturschöffe, Kulturschöffin, Personalschöffe, ↑ Schöffenamt, Schöffenkollege, ↑ Schöffenkollegium, ↑ Schöffenposten, ↑ Schöffenrat, ↑ Schöffenratserklärung, Schöffenwechsel, ↑ Schulschöffe, Schul-, Sozial- und Chancengleichheitsschöffin, Sportschöffin, Tourismusschöffe, Verkehrsschöffe

Schọ̈ffenamt, das; -[e]s, -ämter: ↑ Schöffe: *Die 226* ***Schöffenämter*** *sind zu 18 % von Frauen besetzt und von den 777 Gemeinderäten sind mit 216 Frauen nur ein gutes Viertel in weiblicher Hand.* (TB 08.04.2021); *„Ich bin durch mein* ***Schöffenamt*** *schon vertraut mit diesen Aufgaben", meint Reckel.* (LW 05.12.2018)

Schọ̈ffenkollegium, das; -s, -kollegien: [auch BELG] Leitungsgremium einer Gemeinde ↑ Schöffe: *Das* ***Schöffenkollegium*** *wird aus vier ↑ Schöffen und dem Bürgermeister bestehen.* (LW 06.11.2021); *An der Veranstaltung nehmen der Staatschef, Mitglieder der Regierung, Abgeordnete, Vertreter des* ***Schöffenkollegiums*** *der Stadt Luxemburg, des ↑ Staatsrats, der Justiz sowie der beim luxemburgischen Staatschef akkreditierte Dekan des diplomatischen Korps, der Stabschef der luxemburgischen Armee und der Generaldirektor der ↑ großherzoglichen Polizei teil.* (TB 23.06.2021)

Schọ̈ffenposten, der; -s, -: Beruf/Funktion als ↑ Schöffe, ↑ Posten: *Claude Clemes, der 2017 ↑ Drittgewählter hinter Nancy Kemp-Arendt bei der ↑ CSV war, bestätigte dem LW am Freitagabend, dass er den* ***Schöffenposten*** *übernehmen werde.* (LW 20.12.2019); *Der erste* ***Schöffenposten*** *soll die ganze Periode über von Michel Reiland* (↑ CSV) *bekleidet werden.* (TB 14.12.2017)

Schọ̈ffenrat, der; -[e]s, -räte: Gremium der ↑ Schöffen, ↑ Rat: *Evolution statt Revolution hat sich der neue* ***Schöffenrat*** *vorgenommen, der in diesen Tagen im Remicher Rathaus alle Hände voll zu tun hat.* (LW 31.10.2017); *Das Fass zum Überlaufen brachte nun die ↑ rezente Vorlage seitens des* ***Schöffenrates*** *in Sachen Arbeitszeitreglung.* (JO 04.03.2015)
♦ CSV-DP-Schöffenrat (↑ CSV, ↑ DP) ↑ Schöffenratserklärung, Schöffenratsvereinbarung

Schọ̈ffenratserklärung, die; -, -en: ↑ Schöffenrat, ↑ Schöffe: *Weitere Themen der* ***Schöffenratserklärung*** *betrafen die Bereiche Feuerwehr, Gesundheit, Sicherheit, Familienpolitik (Jugend und Senioren), ↑ Kultus, Kultur, Tourismus und Forstwesen.* (TB 26.03.2018); *Hauptstadt: Grüne sehen* ***Schöffenratserklärung*** *kritisch, vor allem den Paradigmenwechsel bei der Sicherheits- und Sozialpolitik* (JO, Überschrift, 05.12.2017)

Schreibatelier, das; -s, -s: Schreibwerkstatt (D) ↑ Infokasten Atelier: *Er möchte das* ***Schreibatelier*** *auf jeden Fall weiterführen.* (LW 05.02.2020); *Dazu gehören Begegnungen mit den Autoren,* ***Schreibateliers*** *und Erklärungen über die Entstehung von Büchern.* (TB 23.01.2019)

Schreiner Schreinerin, der; -s, - bzw. die; -, -nen: [auch CH], auch westmitteldeutsch, süddeutsch für Tischler(in): *Als nächstes sind dann die Meister für* ***Schreiner,*** *Dachdecker und Stahlbauer dran.* (LW 19.01.2021); *Er ist Sänger der luxemburgischen Punkband Hallimasch, Mitglied des Ulflinger Gemeinderats und von Beruf* ***Schreiner.*** (TB 12.10.2018)

Schueberfouer [ˈʃuəbɐfəʊɐ], die; -, -en: traditioneller Luxemburger Jahrmarkt,

↑ Fouer, ↑ Schobermesse (teilweise mit Anführung): *Der Geruch und die Stände erinnerten in erster Linie an eine ↑ Braderie oder die* ***Schueberfouer****: geröstete Erdnüsse, gebratene Hähnchen, Verkaufsflächen mit Hüten, Strümpfen, Gürteln und Küchenartikeln.* (LW 09.07.2021); *Auch auf der* ***Schueberfouer*** *oder im Urlaub kann das E-Kommissariat von Nutzen sein.* (TB 27./28.07.2019) ♦ Schueberfouer-Experte, Schueberfouer-Plakat

Schulbevölkerung, die; -, -en: Schulangehörige: *Im Falle einer flächendeckenden breiten Infektionswelle, werden ↑ nationale Maßnahmen ergriffen, die die ganze* ***Schulbevölkerung*** *betreffen.* (LW 05.03.2021); *Am Montag war die ganze* ***Schulbevölkerung*** *der Gemeinde von den mobilen Teams des LNS in den drei Schulen auf Covid-19 durchgetestet worden.* (TB 25.02.2021)

Schulcampus, der; -, -se/-: Schulgelände, auch ↑ Campus: *Als Bürgermeister wolle er die Kinderbetreuung ausbauen und eine Plattform für alle ↑ Akteure auf dem* ***Schulcampus*** *schaffen.* (LW 27.10.2017); *Sie wies darauf hin, dass die Stadt in Zukunft größere* ***Schulcampusse*** *kleineren Schulinfrastrukturen* (↑ Infrastruktur) *vorziehe.* (JO 08.12.2014)

Schülertransport, der; -[e]s, -e: Schülerbeförderung (D) ↑ Transport: ***Schülertransport****: Lösung für Verkehrsproblematik nicht in Sicht* (LW, Überschrift, 13.01.2020); *Auch der* ***Schülertransport*** *soll intelligenter organisiert werden.* (JO 05.11.2014) ♦ Linien- und Schülertransport

Schulfoyer, das; -s, -s: schulische Betreuungseinrichtung <frz. *Foyer scolaire*> ↑ Foyer: *Sorgenkind bleibt auch die Warteliste für die* ***Schulfoyers****.* (TB 01.10.2013); *In diesem Behelfsbau sind nun das* ***Schulfoyer*** *und der ↑ Zyklus eins der Grundschule untergebracht.* (JO 29.01.2013)

Schulinspektor Schulinspektorin, der; -s, -en bzw. die; -, -nen: Leitungsfunktion im Grundschulbereich: *In der Grundschule wird der bisherige* ***Schulinspektor*** *durch regionale Direktionen ersetzt, die je nach Region aus drei bis fünf Personen bestehen.* (JO 14.09.2017); *Seit zehn Jahren ist sie* ***Schulinspektorin****, zuerst während drei Jahren in Differdingen und Schifflingen, seit nunmehr sieben Jahren in Mersch.* (TB 26.01.2016) ♦ Schulinspektorenkollegium, Grundschulinspektorin, Grundschulinspektorat, Grundschulinspektoratsbezirke

Schulkomitee, das; -s, -s: Leitungsgremium an Luxemburger Grundschulen ↑ Komitee: *Ein normaler Schulunterricht sei bis auf Weiteres dort nicht mehr möglich, wie das* ***Schulkomitee*** *am Samstag in einem Schreiben an die Eltern der Schüler mitteilte.* (LW 16.10.2021); *Das „Walferdinger Mädchen" wird ins* ***Schulkomitee*** *gewählt, macht beim Jugendparlament mit, setzt sich bei der Jugend des Roten Kreuzes ein.* (TB 29.09.2021) ♦ Schulkomiteepräsident (↑ Präsident)

Schulkommission, die; -, -en: beratendes Gemeindegremium, ↑ Gemeindekommission, ↑ Infokasten Kommission: *„Als damaliger ↑ Präsident der* ***Schulkommission*** *kannte ich sie ja bereits."* (TB 18.02.2022); *Auf Nachfrage hin hat die Escher* ***Schulkommission*** *den Sachverhalt allerdings etwas anders dargestellt.* (LW 13.12.2016)

Schulminister Schulministerin, der; -s, - bzw die; -, -nen: neben Bildungsminister(in) (D) ↑ Infokasten Minister: *Das teilen* ***Schulminister*** *Claude Meisch* (DP) *und ↑ Kulturministerin Sam Tanson* (↑ déi Gréng) *dem ADR-Abgeordneten* (↑ ADR) *Fred Keup in ihrer Antwort auf eine parlamentarische Frage mit.* (LW 27.04.2021); *Zwei Tage vor der Kundgebung hat sich* ***Schulministerin*** *Mady Delvaux-Stehres bereit erklärt, über ihre Reformpläne weiter zu diskutieren.* (TB 20.03.2012)

Schulministerium, das; -s, -ministerien: *Die Demonstration wurde mit dem **Schulministerium** und der Polizei abgesprochen.* (LW 23.09.2021); *Wie viele Kinder in den Betreuungen abgelehnt werden müssen, hänge davon ab, wie viel Personal aus dem **Schulministerium** zur Verfügung gestellt werde.* (TB 19.05.2020)

Schulrentrée, die; -, -n: Beginn des Schuljahrs, ↑ Rentrée: *Das Problem wurde vor wenigen Wochen bei der **Schulrentrée** akut, als von einem Lehrermangel ↑ die Rede ging.* (LW 13.10.2017); *Die **Schul-Rentrée** in der Hauptstadt war ein Thema, das gestern Morgen beim erste City-Breakfast nach den Sommerferien erörtert wurde.* (JO 17.09.2014)

Schulrestaurant, das; -s, -s: Schulkantine (D): *Verschiedene Abmachungen mit dem Betreiber der ↑ Maison relais und des **Schulrestaurants**, dem Roten Kreuz, beschreiben die Vorgehensweise für die vor Ort zubereiteten Mahlzeiten.* (LW 02.10.2020); *Ein **Schulrestaurant** mit 400 Plätzen sowie eine Cafeteria mit 150 Plätzen sind ebenfalls in diesen Plänen vorgesehen.* (JO 21.11.2012)

Schulsaal, der; -[e]s, -säle: üblicher als in D neben Klassenraum, Klasse, ↑ Klassensaal: *Über eine Engländerin hier in Luxemburg haben wir in Kambodscha Spielplätze und einen **Schulsaal** finanziert.* (TB 22.12.2021); *In vielen **Schulsälen** sowie den Werkstätten im Erdgeschoss stand das Wasser knöchelhoch.* (LW 21./22.08.2021)

Schulschöffe Schulschöffin, der; -n, -n bzw. die; -, -nen: ↑ Infokasten Schöffe: *So ließ es sich der frühere **Schulschöffe**, Jean Tonnar* (↑ LSAP), *nicht nehmen nachzufragen, wie denn jetzt die Fledermäuse dort verkehren sollen.* (LW 31.01.2018); *Wie **Schulschöffin** Mart* (↑ DP) *unterstrich, liefen die Arbeiten für einen Schulneubau bereits.* (JO 26.09.2016)

Schulzyklus, der; -, -zyklen: Schulstufe, Jahrgangsstufe, ↑ Zyklus: *Jeder **Schulzyklus** bekommt sein eigenes Gebäude.* (TB 26.11.2021); *In der Hauptstadt sind 1679 Schüler im ↑ Zyklus eins (Spielschule und ↑ Précoce) eingeschrieben; 3184 besuchen die **Schulzyklen** zwei bis vier.* (JO 15.09.2014)

schützen (geschützt): oft als Kurzform für denkmalgeschützt: *Auf dem ↑ PAG der Hauptstadt sind alle **geschützten** Gebäude verzeichnet* (TB, Bildunterschrift, 15.12.2017); *6630 **geschützte** Bauwerke in Luxemburg-Stadt* (JO, Überschrift, 08.07.2015)

Schutzgeste, die; -, -n: Verhaltensmaßregel im Rahmen der Covid-19-Pandemie, ↑ Barrieregeste <vgl. frz. *gestes barrières*>: *„Dass wir heute keinen kompletten Lockdown brauchen, verdanken wir dem Umstand, dass die Leute die **Schutzgesten** beachtet haben."* (TB 23.11.2020); *Daran erinnert das Gesundheitsministerium am Dienstag zum Welttag der Handhygiene, der dann auch zum Anlass genommen wurde, erneut an die wichtigsten **Schutzgesten** zu erinnern.* (LW 05.05.2020)

Schwimmmeister Schwimmmeisterin, der; -s, - bzw. die; -, -nen: üblicher als in D für Bademeister(in): *Den Tag, als das Wasser kam, wird **Schwimmmeister** Serge Kremer wohl nie mehr vergessen.* (LW 04.08.2021); *Man sagt, dass die **Schwimmmeister**, umgangssprachlich auch Bademeister genannt, den schönsten Job der Welt haben.* (JO 06.07.2017)
♦ Luxemburger Schwimmmeisterverband

Scolaires [skɔˈlɛʀs], nur Plural: Altersklasse im Sport: *Feit, der in Junglinster seine ersten Schritte auf dem Parkett machte, wurde bereits bei den ↑ Minimes und den **Scolaires** in die ↑ nationale Auswahl berufen und durchlief dann alle Jugend-Nationalmannschaften.* (TB 31.12.2021); *Insgesamt 292 Mannschaften jagten – aufgeteilt in* *die fünf Alterskategorien Bambinis, ↑ Pupilles, ↑ Poussins, ↑ Minimes ↑ und* ***Scolaires*** *– dem runden Leder nach.* (LW 12.06.2017) ♦ Scolaires-Jungen, Scolaires-Mädchen, Scolaires-Trainer

Score [skɔːʀ]: üblicher als in D neben Rang, Wert, Ergebnis <engl. *score*>: *„Mit meinem persönlichen* ***Score*** *bisher bin ich zufrieden, aber insgesamt sieht es gerade nicht gut für uns aus."* (TB 08.10.2017); *Seinen zweitbesten* ***Score*** *erreicht das Land beim Zugang zur Staatsangehörigkeit, wo es den siebten Platz belegt.* (JO 29.06.2013)

Scout [skaʊt], der; -s, -en (meist Plural): auch Pfadfinder (D), vgl. ↑ Guiden und Scouten: *„Bei den* ***Scouten*** *erlebt man Aktivitäten, die man in keinem anderen Jugendverein findet."* (LW 23.09.2017); *In einem Szenenspiel, bei dem André Mergenthaler, Christophe Reitz, die Petinger* ***Scouten*** *und die Kinder der ↑ „Maison Relais" mitwirkten, wurden die Ereignisse von vor 70 Jahren nachgestellt.* (JO 09.09.2014) ♦ Nachwuchsscouten, Scoutenchalet (↑ Chalet), Scoutenchef, Scoutskirmes (↑ Kirmes)

Scouting, das; -s, nur Singular: bezogen auf ↑ Scouten: ***Scouting*** *in Luxembourg erhält den Bürgerpreis 2020 des Europäischen Parlaments* (LW, Unterüberschrift, 20./21.02.2021); *Bei Ihrer letzten ↑ Mission in den Niederlanden ging es vor allem um das* ***Scouting****.* (TB 15.12.2020)

Secondaire [ˈsəkɔ̃ːdɛːʀ], der; -, nur Singular: auch Sekundarschule (teilweise mit Anführung) <frz. *secondaire*, lux. *Secondaire*>: *Die Schule kann 300 Europaschüler im* ***Secondaire*** *und 300 im ↑ Fondamental aufnehmen.* (LW 08.12.2017); *Sparpaket im* ***Secondaire****: Laut ↑ Intersyndicale gab es nie einen Kompromiss* (JO, Überschrift, 05.06.2015) ♦ „Secondaire"-Angebot, „Secondaire"-Lehrbücher

Sektion, die; -, -en: allgemeiner als in D für Abteilung, Sparte, häufig in Zusammensetzungen <frz. *section*, lux. *Sektioun*>: *Die ↑ Präsidentin der Escher LSAP-Sektion* (↑ LSAP), *Taina Bofferding, wird, ihres Minister-Mandates wegen, eine weniger aktive Rolle in in der* ***Sektion*** *spielen.* (TB 02.03.2020); *Zwei Sofortlösungen für eine Situation, die sich langsam zuspitzte: Der Andrang auf die* ***Sektion*** *zur Erzieher-Ausbildung war zuletzt derart groß, dass die Kapazitäten des LTPES fast gesprengt wurden.* (JO 29.03.2017) ♦ ↑ Brandsektion, Elitesportsektion (↑ Elitesport), ↑ Jugendsektion, ↑ Lokalsektion

Sektor, der; -s, -en: üblicher als in D für Branche, Berufssparte, Tätigkeitsfeld <frz. *secteur*>: *↑ Spitäler empfehlen Impfpflicht im* ***Sektor*** (LW, Überschrift, 21.12.2021); *Deutlich an der Spitze der* ***Sektoren****, die neue Jobs geschaffen haben, steht 2020 die öffentliche Verwaltung, wie ↑ Statec am Freitag mitgeteilt hatte.* (TB 21.12.2020) ♦ Buchhaltungssektor, Transportsektor (↑ Transport), Sozialsektor, Spitalsektor (↑ Spital)

sektoral: üblicher als in D für ‚auf einen ↑ Sektor bezogen', ↑ sektoriell <vgl. frz. *sectoriel*, vgl. lux. *sektoriell*>: *Die Hauptprojekte der Regierung – Steuerreform, Wohnungsbau, Klimagesetz und* ***sektorale*** *Masterpläne – bringen ebenso viele Versprechungen wie die Sorge, dass die Hoffnungen enttäuscht werden können, schreibt die ↑ Kammer.* (TB 20.12.2019); *Deren Inhalt ist sehr unterschiedlich und reicht von genereller Unterstützung bis zu* ***sektoralen*** *Abkommen.* (JO 12.04.2019)

sektoriell: üblicher als in D für ‚den ↑ Sektor betreffend', ↑ sektorial <frz. *sectoriel*, lux. *sektoriell*>: *Wir haben am Montag der Kriseneinheit im Ministerium mitgeteilt, dass die FHL sich nun für eine* ***sektorielle*** *Impfpflicht ausspricht.* (LW 18.01.2022); ***Sektorielle*** *Leitpläne: Vorgaben zum Wohnungsbau stellen Gemeinde Lorentzweiler vor Probleme* (LW, Unterüberschrift, 15./16.09.2019)

sektorieller Leitplan ↑ Leitplan, sektorieller

" = typografisches Zeichen für **Sekunde** (in Sportmeldungen): *Der Differdinger benötigte für die 50 m Rücken 25"91 und stellte damit seinen eigenen Landesrekord ein, den er Ende Juni in Rom aufgestellt hatte.* (LW 12.07.2021); *Schleck (Trek-Segafredo) landete in einem kleinen Verfolgerfeld 9" nach dem Sieger, Gastauer (Ag2r-La Mondiale) erreichte die Ziellinie mit 5'49"* (↑ Minute) *Rückstand.* (LW 12.09.2016)

Sekurist Sekuristin, der; -en, -en bzw. die; -, -nen: Rettungshelfer(in), Notfallhelfer(in) (bei öffentlichen Veranstaltungen), auch Notretter(in) <lux. *Sekurist*>: *Die Escher **Sekuristen** fahren keine Primäreinsätze, sondern machen vor Ort einen Bereitschaftsdienst und verpflegen kleine Wunden vor Ort und Stelle.* (TB 19./20.03.2022); *48 neue **Sekuristen** erhalten ihr Zertifikat* (LW, Überschrift, 14.09.2017)

Selektion, die; -, -en: Auswahl, im Sport auch für Mannschaft <frz. *sélection*, lux. *Selektioun*>: *Radsport / Mit 19 Radsportlern ins Trentino: FSCL gibt **Selektion** für die Europameisterschaft bekannt* (TB, Überschrift, 06.09.2021); *Das „Lëtzebuerger Journal" war übrigens damals maßgeblich an der **Selektion** der Kandidatin, die unsere Farben in den USA vertreten sollte, beteiligt.* (JO 19.09.2013) ♦ ADEM-Präselektion (↑ ADEM), FLF-Selektion (↑ FLF), Selektionsgrund

selektionieren: allgemeiner als in D für auswählen <frz. *sélectionner*, lux. *selektionéieren*>: *Wäre Kinde vergangenes Jahr Luxemburger gewesen, hätte das ↑ COSL ihn wohl trotz internationaler Normerfüllung nicht für Rio **selektioniert**.* (LW 04.02.2017); *Es müsste den Schülern mehr praktische (Nach-)Hilfe angeboten werden und erst mit 16 **selektioniert** und nicht nach dem sechsten Schuljahr, nach der 7ème und nach der 9ème.* (JO 21.05.2013)

selektiv: trennscharf, unterschiedlich, abgestuft <frz. *sélectif*>: *LSAP-Kongress* (↑ LSAP, ↑ Kongress) */ Für eine **selektive** Corona-Steuer* (TB, Überschrift, 22.03.2021); *Kurzum: eine sozialgerechte, **selektive** und finanzierbare Steuerpolitik sieht anders aus.* (LW 16.02.2018)

Selektivität, soziale, die; -n -, nur Singular: soziale Verteilung, Unterscheidung, Abstufung <frz. *sélectivité*>: *Geradezu beispielhaft für die defizitäre Debattenkultur stehen hierzulande die Begriffe **„soziale Selektivität"** und „qualitatives Wachstum".* (LW 27.08.2020); *Eine richtige **soziale Selektivität** hingegen dürfe nicht diese Klasse belasten, sondern die wohlhabenderen Schichten stärker finanziell beteiligen.* (TB 05.09.2012)

Semester, das; -s, -: allgemeiner als in D (auch außerhalb des Hochschulbereichs) für Halbjahr <frz. *semestre*, lux. *Semester*>: *Die sogenannte Übersterblichkeit im Zusammenhang mit dem Covid-19-Virus im ersten **Semester** sei gering.* (LW 07./08.11.2020); *Höhere Staatseinnahmen im 1. **Semester** 2010* (TB, Überschrift, 16.07.2010)

Seniorie, die; -, -n: Altersheim (D), Seniorenheim (D), meist in Verbindung mit Eigennamen: ↑ *Amicale spendet Minibus für Bewohner der **Seniorie** St-Joseph* (LW, Überschrift, 19.01.2018); *Wenn man die Projekte wie zum Beispiel die **Seniorie** oder das Wohnungsbauprojekt der SNHBM ansieht, lässt dies eher auf einen explosionsartigen Zuwachs schließen.* (TB 07.09.2011)

Seniors nur Plural: Altersklasse im Sport (auch für ‚Senioren'): *In der Kategorie **Seniors** 1 werden die Spiele voraussichtlich wie geplant stattfinden.* (TB 02.12.2017); *Wir haben 19 regionale Club **Seniors**.* (JO 25.3.2015)

Serenität, die; -, nur Singular: Gelassenheit, Ruhe <frz. *sérénité*>: *Die Gelegenheit, eine Atmosphäre für eine sachliche Auseinandersetzung in aller **Serenität** für dieses für die Pandemiebekämpfung so wichtige und die Gesellschaft auf-*

rührende Thema zu schaffen, verpasste und verpatzte die Regierung gründlich. (LW 27.01.2022); *Jeder möge selbst urteilen, ob ein Volksentscheid über einen juristisch komplexen Text mit vielen Detailpunkten der geeignetste Weg ist, eine Verfassungsrevision in voller Sachkenntnis und in der nötigen* ***Serenität*** *zu entscheiden.* (TB 18.10.2021)

Servitude [sɛʀviˈtyt], die; -, -n: [auch CH] Baulasten, Auflagen (teilweise mit Anführung) <frz. *servitude*, lux. *Servitude*>: *Dass die* ***Servitude*** *letztendlich mehrheitlich bewilligt wurde (die ↑ Räte Vincent Geiben und Ambroise Reuland waren dagegen, während sich die ↑ Rätin Danièle Patz der Stimme enthielt) geriet am Ende dann fast zur Nebensache.* (LW 01./02.08.2020); *Der ↑ Staatsrat sieht Probleme insbesondere bei den Baulasten (...**Servitudes**...), die in die verfassungsmäßigen Rechte der Eigentümer eingreifen.* (JO 14.06.2017)

Session, die; -, -en: [auch AUT, CH, STIR] allgemeiner als in D, insbesondere für Prüfungsphase, Sitzungsperiode (des Parlaments) <frz. *session*>: *Es ist nach den ersten zwei* ***Sessionen*** *aber etwas früh für eine Bilanz und es wird ja auch ein Monitoring der Examen gemacht.* (LW 26.08.2019); *Mit gerade einmal 24 Minuten fand die kürzeste Sitzung der letzten* ***Session*** *am 10. Oktober 2017 statt, als ↑ Staatsminister Xavier Bettel die ↑ Kammersession 2017/2018 eröffnet hatte, ↑ derweil die längste Sitzung – sechs Stunden und 40 Minuten – am 16. November 2017 angesagt war, als die Umsetzung der Digitalisierungs-Innovationen nach dem „Rifkin"-Modell zur Debatte stand.* (JO 06.11.2018) ♦ ↑ Kammersession, ↑ Parlamentssession, Sessionspause

SEW, das/der; -s, nur Singular = *Syndikat Erzéiung a Wëssenschaft* (am ↑ OGBL), dt.: Gewerkschaft Erziehung und Wissenschaft: *Ein anderer Kritikpunkt des* ***SEW*** *ist der Personalmangel in den Schulen.* (LW 11.09.2020); *Lehrergewerkschaft* ***SEW*** *verlangt Nachbesserungen* (TB, Überschrift, 13.03.2018) ♦ SEW-Attacke, SEW-Präsident (↑ Präsident), SEW-Studie

Sicherheitsperimeter, der; -s, -: Sicherheitszone, ↑ Perimeter: *Dieser sei im Gesetz vom Juli 2018 vorgesehen, das sich mit* ***Sicherheitsperimetern*** *befasst.* (TB 20./21.02.2021); *Gegen 10.20 Uhr wurde die Räumung angeordnet, zudem wurde ein* ***Sicherheitsperimeter*** *eingerichtet.* (LW 31.07.2017) ♦ Weinbergsicherheitsperimeter

Signatur, die; -, -en: üblicher als in D für (und neben) Unterschrift <frz. *signature*>: *Rekord ist das allerdings nicht, konnte doch zum Beispiel die Petition 698 zur Einführung des Luxemburgischen als erste Amtssprache 2016 rund 14 500* ***Signaturen*** *↑ totalisieren.* (TB 16.10.2021); *Ein paar Monate später war das Quorum von 1,5 Millionen* ***Signaturen*** *übertroffen.* (LW 27.08.2021)

Solden nur Plural: (offizieller) Schlussverkauf (teilweise mit Anführung) <frz. *soldes*, lux. *Solden*>: *Der ↑ Mittelstandsminister sagte Ja zu den* ***Solden****, aber Nein zur Schnäppchenjagd am Sonntag.* (LW 16./17.01.2021); *Schlussverkauf vor den* ***Solden*** (TB, Überschrift, 29.12.2011) ♦ „Summersolden", „Wantersolden"

Sonndesfro [ˈzondəsfʀoː], die; -, -en: neben (demoskopische) Sonntagsfrage (D) (teilweise mit Anführung): *Laut* ***Sonndesfro*** *könnte die Reformpartei zurzeit mit sieben Sitzen rechnen.* (LW 12.12.2021); ***Sonndesfro****: ↑ LSAP und ↑ DP verlieren im Osten* (TB, Überschrift, 07.12.2010) ♦ „Sonndesfro"-Resultate, Sonndesfro-Umfrage

Sozialbudget, das; -s, -s: Sozialhaushalt (D) ↑ Infokasten Budget: *Das* ***Sozialbudget*** *der öffentlichen Hand in Luxemburg ist verhältnismäßig eines der höchsten im vergleichbaren Wirtschaftsraum der EU.* (JO 03.12.2017); *Die ↑ Kammer*

*bedauert, dass die Regierung zögert, den Rotstift am **Sozialbudget** anzusetzen.* (TB 17.11.2010)

soziale Kohäsion ↑ Kohäsion, soziale

sozialer Mindestlohn ↑ Mindestlohn, sozialer

soziale Selektivität ↑ Selektivität, soziale

Sozialrentrée, die; -, -n: jährliche Gewerkschaftsveranstaltung <lux. *Sozial Rentrée*, frz. *Rentrée sociale*>: *Dann sprach sich die ↑ CGFP bei ihrer **Sozialrentrée** aber auch noch einmal gegen die erwogene Teilprivatisierung von Zuständigkeiten der „Administration de la navigation aérienne" (ANA) auf Findel aus, ↑ derweil sie der Neuregelung des Elternurlaubs aber positiv gegenüber steht.* (JO 17.10.2016); *Die Suspendierung der automatischen Anpassung der Pensionen an die Lohnentwicklung führe zu einer „schrittweisen und keineswegs berechtigten Reduzierung der Renten" und folglich zu einer „flagranten Verschlechterung der bestehenden Errungenschaften", kritisierte CGFP-Generalsekretär* (↑ CGFP) *Romain Wolff nach der Sitzung, die zugleich die diesjährige **Sozialrentrée** der Gewerkschaft bildete.* (TB 18.10.2012)

Sozialrestaurant, das; -s, -s: Restaurant/Kantine für Sozialbedürftige: *75 000 Mahlzeiten hat die Stëmm vun der Strooss im Jahr 2017 in ihrem **Sozialrestaurant** in Hollerich verteilt.* (LW 11.06.2018); *Immer mehr Menschen in Luxemburg suchen das **Sozialrestaurant** der Vereinigung Stëmm vun der Strooss auf.* (TB 16.05.2018)

Spezialurlaub, der; -[e]s, -e: neben Sonderurlaub (D) <frz. *congé spécial*>: *Eltern können den **Spezialurlaub** für zwei Wochen beantragen.* (LW 05.02.2021); *Die Regierung hat die Reorganisation einer Reihe von **Spezialurlauben**, auch im Rahmen einer anderen, moderneren Familienpolitik, beschlossen.* (TB 06.07.2017)

Spielstand, der; -[e]s, -stände: Kirmesbude (zu Spielzwecken): *Zum Bereich der Fahrgeschäfte und **Spielstände** (Zone A) erhält man ohne ↑ Covid-Check-Zugang.* (TB 26.08.2021); *16 Attraktionen richten sich explizit an Kinder, zudem gibt es 17 ↑ Schießstände, 31 **Spielstände**, acht Luna-Parks und 57 Verkaufsbuden.* (LW 23.08.2019)

Spital, das; -s, Spitäler: [auch AUT, CH] Krankenhaus (D), Klinik (D): *So werden die schmerzlindernden Mittel lediglich von den Apotheken der **Spitäler** ausgestellt.* (LW 27.10.2017); *Bisher hatte der Klinikarzt eine relative therapeutische Freiheit in dem **Spital**, in dem er arbeitet.* (JO 23.02.2017) ♦ Spitalbetten, Spitalgesetz, ↑ Spitalplan, ↑ Spitalwesen

Spitalplan, der; -s, -pläne: Planung bzw. Organisation des Krankenhauswesens ↑ Spital: *Die ↑ CSV möchte die Gesundheitsversorgung dank eines ganzheitlichen Gesundheitsplans verbessern, in dem die einzelnen Bereiche – Präventivmedizin, Basisversorgung, **Spitalplan**, ambulante Medizin und geriatrische Versorgung – aufeinander abgestimmt sind.* (LW 16.07.2018); *Lydia Mutsch stellt Krankenhausgesetz mit integriertem **Spitalplan** und Carte Sanitaire vor* (JO, Überschrift, 13.09.2016)

Spitalwesen, das; -s, nur Singular: Krankenhauswesen (D) ↑ Spital: *Der ↑ Staatsrat hat die Dringlichkeit der Reform des **Spitalwesens** noch unterstrichen, als er im Mai 2015 in seinem Gutachten zur ↑ großherzoglichen Bestimmung über den dritten ↑ Spitalplan meinte, dieser müsse eigentlich in ein Gesetz eingeschrieben werden, um den verfassungsrechtlichen und europäischen Normen gerecht zu werden.* (JO 06.02.2018); *Trotz der offensichtlichen Aufwertung der Ärzteschaft im **Spitalwesen** haben die entsprechenden Entscheidungen immer wieder zu Unmut geführt.* (TB 12.12.2017)

Spitzenpeloton, das; -s, -s: vorderes Feld bei Rankings ↑ Peloton: *Mit Schneider, der es in den Umfragen stets ins* ***Spitzenpeloton*** *schaffte, verliert die ↑ LSAP im Norden ihr Zugpferd.* (LW 05.11.2021); *Verkehrschaos: Trier im* ***Spitzenpeloton*** (TB, Überschrift, 15.11.2010)

Sportinfrastruktur, die; -, -en: allgemeiner als in D ↑ Infrastruktur: *Er ist jung, er ist smart – und er ist seit dem vergangenen 1. Oktober Generaldirektor der größten* ***Sportinfrastruktur*** *Luxemburgs.* (LW 09.01.2019); *Die Verwirklichung dieser* ***Sportinfrastruktur*** *durch die Stadt Luxemburg geht auf die gemeinsame Initiative der drei Radsportvereine „Société Sportive La Pédale" Mühlenbach, „Sport a Fräizäit Zéisseng" und „Vélo-Sport" Dommeldingen zurück.* (JO 15.09.2017)

Springprozession, (Echternacher): die; -, -en: traditionelle Luxemburger Prozession am Pfingstdienstag: ***Echternacher Springprozession*** *erneut abgesagt* (LW, Überschrift, 20.04.2021); *Tausende Besucher, ↑ Musikanten und Pilger waren am Dienstag gekommen, um bei der* ***Springprozession*** *dabei zu sein.* (TB 12.06.2019)

Staatsbeamte Staatsbeamtin, der; -n, -n bzw. die; -, -nen: Beamte/Beamtin (D), vgl. ↑ Privatbeamte: *Bei den Staatsbeamten wird 3G obligatorisch, Lehrer sind auch* ***Staatsbeamte.*** (LW 09.12.2021); *Freie Wahl /* ***Staatsbeamte*** *brauchen in Zukunft kein Postbank-Konto mehr* (TB, Überschrift, 02.01.2020) ♦ Staatsbeamtengehälter, ↑ Staatsbeamtengewerkschaft, Staatsbeamtenkammer (↑ Kammer), Staatsbeamtenkarrieren

Staatsbeamtengewerkschaft, die; -, nur Singular: Gewerkschaft der ↑ Staatsbeamten, ↑ CGFP: *Nach umstrittenen Gesetzesentwürfen /* ***Staatsbeamtengewerkschaft*** *↑ CGFP protestiert gegen Privatisierung des öffentlichen Dienstes* (TB, Überschrift, 30.11.2020); *Die* ***Staatsbeamtengewerkschaft*** *beruft sich auf das ↑ Bipartite-Abkommen mit der Regierung vom November 2014, das die Anwendung der Reformen im öffentlichen Dienst im Gesundheits- und Pflegesektor* (↑ Sektor) *vorsehe.* (JO 03.05.2016)

Staatsbudget, das; -s, -s: Staatshaushalt, ↑ Infokasten Budget: *Der Weg zum* ***Staatsbudget*** (TB, Überschrift, 11.12.2017); *Eigentlich hätte der Finanzminister in diesen Tagen den Gesetzentwurf für das* ***Staatsbudget*** *für das kommende Jahr auf den Instanzenweg schicken müssen.* (JO 04.10.2013)

Staatslabor, das; -[e]s, nur Singular: Zentralbehörde, ↑ Staatslaboratorium, ↑ Nationallabor, ↑ Nationallaboratorium, ↑ nationales Gesundheitslaboratorium, auch LNS <frz. *Laboratoire national de santé*>: *In diesem Zusammenhang verwies Mutsch auf die „Opferambulanz", die im* ***Staatslabor*** *eingerichtet wurde.* (JO 21.06.2017); ***Staatslabor:*** *↑ Spitäler werden stärker einbezogen* (TB, Überschrift, 15.11.2010)

Staatslaboratorium, das; -s, nur Singular: Zentralbehörde im Gesundheitswesen, ↑ Staatslabor, ↑ Nationallabor, ↑ Nationallaboratorium, ↑ nationales Gesundheitslaboratorium, auch LNS <frz. *Laboratoire national de santé*>: ↑ *Laboratorium: Im Gesetz von 2003 zum Bau des* ***Staatslaboratoriums*** *war unter anderem vorgesehen, das Laboratoire de radio-physique der Strahlenschutzeinheit hier unterzubringen.* (LW 24.01.2018); *Die Staatsanwaltschaft und das* ***Staatslaboratorium*** *hatten am Montagabend zur offiziellen Vorstellung der gerichtsmedizinischen Abteilung nach Düdelingen eingeladen.* (JO 11.11.2014)

Staatsminister Staatsministerin, der; -s, - bzw. die; -, -nen: Luxemburger Premierminister(in) (in D Titel bestimmter parlamentarischer Staatssekretäre bzw. Minister ohne eigenen

Ressortbereich) ↑ Infokasten Minister: ***Staatsminister** und Parlamentspräsident geben der Veranstaltung durch ihre ↑ Interventionen zusätzliches Gewicht.* (TB 09.01.2018); ***Staatsminister** Bettel während seiner vorgestrigen Rede zum Auftakt der Europäischen Entwicklungstage in Brüssel* (JO, Bildunterschrift, 04.06.2015) ♦ ↑ Ehrenstaatsministerin, staatsministerlich, Vizestaatsminister, Wirtschaftsstaatsministerin

Staatsministerium, das; -s, nur Singular: Ministerium des ↑ Staatsministers (in D in einigen Bundesländern, Bayern, Baden-Württemberg, Sachsen, für entsprechende Landesinstitutionen gebräuchlich): *Der Vermittler aus dem **Staatsministerium*** (TB, Überschrift, 06.03.2019); *Er glaube nicht, dass das **Staatsministerium** ein eigenes Protokoll habe anfertigen lassen.* (LW 19.12.2017)

Staatsrat, der; -[e]s, nur Singular: [auch CH] **1.** (juristisches) Kontrollorgan zur Prüfung von Gesetzesvorlagen ↑ Hohe Körperschaft <frz. *Conseil d'Etat*>: ***Staatsrat** will Nachbesserungen beim Vermummungsverbot* (TB, Überschrift, 21.11.2017); *Was im Koalitionsabkommen stehe, das werde jetzt auch umgesetzt, nämlich einen moderneren und transparenteren **Staatsrat** zu bekommen, dessen Unabhängigkeit nicht in Frage gestellt werde.* (JO 31.05.2017) ♦ Parlaments- und Staatsratsvorsitzende, Staatsratsgutachten, ↑ Staatsratsposten (↑ Posten), Staatsratpräsident (↑ Präsident)
2. Staatsrat Staatsrätin, der; -[e]s, -räte bzw. die; -, -nen: Mitglied des ↑ Staatsrates: *Einzig ein Problem sehen die **Staatsräte**: Es betrifft die Regelung zu den Notfall-Betreuungsstrukturen* (↑ Struktur). (LW 18.02.2021); *Die Rechtsanwältin Martine Lamesch wurde gestern zur neuen **Staatsrätin** ernannt.* (TB 09./10.05.2018)

Staatsratsposten, der; -s, -: ↑ Staatsrat, ↑ Posten: *Parteilose Adem-Direktorin* (↑ Adem) *Isabelle Schlesser bekommt vakanten **Staatsratsposten*** (JO, Überschrift, 22.06.2016); *Mit der Aufstellung einer Liste von drei Kandidaten für einen offenen **Staatsratsposten** werden die Abgeordneten morgen schließlich einen Schlussstrich unter wochenlange Spekulationen setzen.* (TB 11.03.2014)

Staatsstraße, die; -, -n: [auch STIR] Straßenkategorie in Luxemburg, ↑ Nationalstraße: *Und der Unterschied liege nur darin, dass die erstgenannten Gemeindestraßen seien und Letztere eine **Staatsstraße**.* (LW 14.05.2021); *Das liege auch daran, so Mobilitätsschöffe* (↑ Schöffe) *Mike Lorang, dass aufgrund neuer gesetzlicher Bestimmungen nun auch **Staatsstraßen** in Tempo-30-Zonen umgewandelt werden können.* (TB 15.06.2021)

städtisches Mobiliar ↑ Mobiliar, städtisches/urbanes

Stadtmobiliar, das; -s, nur Singular: ‚Einrichtungsgegenstände' im öffentlichen Raum, ↑ städtisches/urbanes Mobiliar: *Mit der dritten Phase am Frantz-Kinnen-Platz wolle man einen geselligen, gastlichen Raum mit **Stadtmobiliar** schaffen.* (TB 04.10.2021); *Aus den Kippen wird dann **Stadtmobiliar** wie Parkbänke oder Stühle hergestellt.* (LW 08.09.2021)

Stadtmutter, die; -, -mütter: neben Bürgermeisterin (D) ↑ Député-maire, vgl. ↑ Gemeindemutter: *Zum Pech der konstruktiven **Stadtmütter** hatten ihre Vorgänger schon in klassischer „Nimby"-Reaktion eine „opposition formelle" ihrer Gemeinden gegen die Nutzung dieser Deponie durch ArcelorMittal und die Firma Coos SA ausgesprochen.* (LW 13./14.02.2021); *Dieser Geburtstag, den Deutschland gebührend feiern wird, hat auch die Ansprachen geprägt, mit denen sich die Stadt Luxemburg und das Land Deutschland, die **Stadtmutter** und der Landesvater, gegenseitig Respekt versicherten.* (TB 04.11.2014)

Stage [staːʒ], der/die; -, -n: [auch CH] neben Referendariat (D), Praktikum (D) (teilweise mit Anführung) <frz. *stage*, lux. *Stage*>: *Grundschule: **Stage** offener und kürzer* (TB, Überschrift, 23.01.2018); *Die Gewerkschaft kommt auch nochmals auf ihre Forderung zurück, dass die verschiedenen ↑ Akteure, die im **Stage** involviert sind, sich besser konzertieren müssten und wartet zudem mit Ungeduld auf die Details, zu den Konzepten des „lesson study" und der „professional learning community".* (JO 16.05.2017) ♦ Grundschullehrer-Stage, Stagegesetz, Stageregelung, Stagestellen, Stagezeit

Stagiaire [staʒˈi̯ɛːʀ], der; -s, -s: [auch BELG, CH] neben Referendar (D), Praktikant (D), Auszubildende (D) (teilweise mit Anführung) <frz. *stagiaire*, lux. *Stagiaire*>: *Denn **Stagiaires** in Staatslaufbahnen müssten während der drei ersten Jahre auf ihren vollen Lohn verzichten.* (LW 13.10.2017); *Streng ins Gericht ging der CGFP-Präsident* (↑ CGFP, ↑ Präsident) *dann aber mit der 80/80/90-Regelung, die **Stagiaires** in Staatslaufbahnen während der drei ersten Jahre den vollen Lohn vorenthält.* (TB 04.10.2017) ♦ Stagiaire-Artikel/Reportage, Stagiaire-Karte (↑ Karte)

Statec/STATEC, der; -, nur Singular: staatliche Luxemburger Statistikbehörde: *Das geht aus dem neuen „Conjoncture Flash" des **Statec** hervor.* (LW 29.01.2019); *2012 macht der **STATEC** deshalb den Höhepunkt in der Arbeitskrise aus, da zu diesem Zeitpunkt sowohl Arbeitslosenzahlen, Teilzeitarbeitslosigkeit sowie andere Indikatoren im Negativtrend waren.* (JO 30.01.2018) ♦ Statec-Bericht, Statec-Experten, Statec-Mitarbeiter, STATEC-Studie

stationieren: 1. allgemeiner als in D für ‚untergebracht bzw. angesiedelt werden/sein': <frz. *stationner*, lux. *stationéieren*>: *Der Verkauf soll durch private Händler erfolgen, die an 14 autorisierten Verkaufspunkten **stationiert** sind.* (TB 24.02.2020); *„McDonald's hat Großbritannien als Standort für seine neue Holdingstruktur* (↑ Struktur) *wegen der erheblichen Zahl der in London **stationierten** Mitarbeiter ausgewählt", hieß es in einer Mitteilung.* (JO 09.12.2016) **2.** eher selten neben parken (D) <frz. *stationner*, lux. *stationéieren*>: *Gestern Abend meldete ein Sicherheitsbeamter der Raststätte „Aire de Berchem" der Polizei, dass ein augenscheinlich alkoholisierter Fahrer mit seinem Auto auf dem Parkplatz zwei **stationierte** Wagen beschädigte und anschließend versuchte, zu flüchten.* (TB 13./14.07.2019); *„Histoire belge": Gratis **Stationieren** in Arlon?* (TB, Überschrift, 04.03.2010) ♦ Stationierung, Stationierungsplatz

statuarisch: [auch CH] üblicher als in D für die ↑ Statuten, die Geschäftsordnung, die Satzung betreffend: *Mit der **statuarischen** Erneuerung tat sich die Basis indes schwer.* (LW 23.04.2018); *In diesem Kontext gäbe es keine speziellen **statuarischen** Rechte für das Personal.* (TB 16.05.2013)

Statut, das; -s, -en (meist Plural): üblicher als in D für Satzung, oft in Zusammensetzungen <frz. *statuts*, lux. *Statuten*>: *Die **Statuten** werden Mitte Dezember unterschrieben.* (LW 20./21.01.2018); *Wenn der Minister künftig feststellt, dass eine Gesellschaft das neue Gesetz nicht einhält oder der Vorstand gegen die eigenen **Statuten** verstößt, kann er auch strafend einwirken.* (TB 11.09.2016) ♦ ↑ Einheitsstatut, ↑ Statutenänderung, ↑ Statutenkongress, ↑ Statutenreform

Statutenänderung, die; -, -en: Änderung der ↑ Statuten: *Dazu wurde eine **Statutenänderung** vorgenommen.* (TB 09.03.2020); *Seine Zukunft will der ↑ OGBL mit einer **Statutenänderung** auf einem ↑ Kongress am Samstag bekräftigen.* (LW 01.07.2016)

Statutenkongress, der; -es, -e: offizielle Versammlung zur Änderung der ↑ Statuten, ↑ Kongress: *Nur der außerordentliche **Statutenkongress** musste in die zweite Jahreshälfte vertagt werden.* (LW 21.03.2021); *Und deren Chefs sind nach dem letzten **Statutenkongress** noch ungemein begeistert.* (JO 13.12.2015) ♦ CSV-Statutenkongress (↑ CSV)

Statutenreform, die; -, -en: Weiterentwicklung der ↑ Statuten: *Sie fordert grundlegende Änderungen in der **Statutenreform** und droht mit einem Konflikt im öffentlichen Dienst.* (LW 15.01.2018); ↑ *OGBL beschließt **Statutenreform** – Weniger ↑ Lokalsektionen, effizientere Unterstützung* (JO, Überschrift, 01.07. 2016)

Steuerregime, das/der; -s, -s: üblicher als in D für Besteuerungsverfahren, Besteuerungsrecht ↑ Regime: *So gäbe es kein spezielles **Steuerregime** für Ausländer.* (TB 04.04.2017); *Die OECD definiert in ihrem Aktionsplan „Base Erosion and Profit Shifting" (BEPS) bestimmte **Steuerregimes** für geistiges Eigentum als potenziell schädliche Steuerpraktiken – darunter auch die Luxemburger Bestimmung.* (LW 05.01.2016) ♦ Mehrwertsteuerregime

stịmmen: [auch CH] durch Abstimmung beschließen, verabschieden, vgl. ↑ votieren <lux. *stëmmen*>: *Aus diesem Grund hat das luxemburgische Parlament im November 2019 eine ↑ Motion **gestimmt**.* (JO 11.12.2020); *Parlament **stimmt** neues Dienstrecht* (TB, Überschrift, 24.03.2015) ♦ mitstimmen

Strafanzeige erstẹllen: Strafanzeige stellen (D): *Strafanzeige wurde **erstellt**.* (JO 23.10.2017); *Daraufhin wurde die Waffe beschlagnahmt und eine Strafanzeige gegen den Mann **erstellt**.* (LW 12.10.2017)

Struktur, die; -, -en: deutlich allgemeiner als in D auch für Gebäude, Unterkunft, (öffentliche) Einrichtung, Institution u. dgl., hochproduktiv in festen und unfesten Zusammensetzungen: *Die meisten Heranwachsenden besuchen öffentliche **Strukturen*** (LW, Unterüberschrift, 11./12.09.2021); *„Lange Wartezeiten, baufällige **Strukturen** und Unterbringungsengpässe" wie die „Woxx" schreibt.* (JO 21.10.2016) ♦ Alterswohnstrukturen, APEMH-Strukturen, Auffangstruktur, Aufnahmestruktur, ↑ Betreuungsstruktur, Bildungs- und Betreuungsstrukturen, ↑ Containerstruktur, ↑ Empfangsstruktur, ↑ Erstaufnahmestruktur, ↑ Flüchtlingsstruktur, Hilfsstruktur, Holdingstruktur, ↑ Krankenhausstruktur, Nachhilfestruktur, ↑ Pflegestruktur, Randstrukturen, Südstruktur (↑ Süd-), Tagesstrukturen, Trägerstruktur, Vorgängerstrukturen, Übernachtungsstrukturen, Therapiestruktur, ↑ Wohnstrukturen, Zusatzstrukturen

Studẹnt Studẹntin, der; -en, -en bzw. die; -, -nen: auch für Schüler(in): *Für die Stolperstein-Aktion verdienen die **Studenten** und ihre ↑ Professoren des Lënster Lycée jedenfalls uneingeschränkte Anerkennung.* (LW 23./24.10.2021); *Rund 60 **Studenten** der Europaschule in Kirchberg hatten eine gemeinsame Woche Urlaub auf Mallorca verbracht, um dort das Ende des Schuljahres zu feiern.* (LW 01.07.2021)

Studẹntenbörse, die; -, -n: neben Studienbeihilfe, Stipendium, ↑ Studienbörse, ↑ Börse: *Hier sei eine ↑ Adaptierung des Kindergeldes und der **Studentenbörsen** äußerst wichtig.* (TB 03.04.2015); *„Guide du Futur Étudiant" vorgestellt – **Studentenbörse** bereitet ACEL weiterhin Sorgen* (JO, Überschrift, 29.10.2013)

Studienbörse, die; -, -n: [auch STIR] neben Studienbeihilfe, Stipendium ↑ Studentenbörse, ↑ Börse (in D Informationsveranstaltung für angehende Studierende): *Stichwort: neuer Elternurlaub, ↑ Indexierung der* ***Studienbörsen*** *oder auch noch die Erhöhung des Mindestlohns.* (LW 12.01.2017); *25 600* ***Studienbörsen*** *wurden bewilligt* (JO, Überschrift, 24.09.2015)

subsidiarisch: ersatzweise: *Sollte das Gericht an eine Strafe denken, sollte diese* ***subsidiarisch*** *durch eine freiwillige, gemeinnützige Arbeit ersetzt werden, sagte ↑ Maître Grasso.* (JO 19.06.2017); *Nicht zuletzt, weil ihr Klient Reue zeigte und sich seiner Verantwortung nicht entzog, forderte sie* ***subsidiarisch*** *eine pädagogische Strafe.* (TB 09.06.2017)

Subsid(ium) [sup'siːt, sup'siːdi̯ʊm], das; -s/-iums, -en/-ien (meist Plural): [auch BELG, CH] (aus öffentlichen Geldern geleisteter) Zuschuss, Beihilfe (D) <frz. *subside,* lux. *Subsid*>: *Schließlich wurde auch noch der Jugendfeuerwehr ein* ***Subsid*** *in Höhe von 3000 Euro bewilligt, dies für diverse Zwecke.* (LW 03.04.2018); *2018 werde das entsprechende* ***Subsidium*** *erhöht, dies rückwirkend auf das Jahr 2017.* (TB 11.01.2017) ♦ Hochschulsubsidien, Subsidienpolitik, Subsidienreglement, Reglementgabe (↑ Reglement), ↑ Vereinssubsidien

Substitut Substitutin, der; -s, -e bzw. die; -, -nen: stellvertretende(r) Staatsanwalt/-anwältin, Vertretung der Staatsanwaltschaft <frz. *substitut*>: *Für den Anklagevertreter,* ***Substitut*** *Herrmann, sei der Angeklagte, aber unvorsichtig gewesen und damit am meisten verantwortlich für den Unfall.* (JO 11.11.2014); *Die Faktenschilderung des Beschuldigten vor Gericht konnte die* ***Substitutin*** *nicht vom Gegenteil überzeugen.* (TB 09.06.2017) ♦ Dienstsubstitut

Süd-: ‚im Süden Luxemburgs', üblich als Bestimmungswort in (charakteristischen) Zusammensetzungen: ♦ ↑ Südabgeordnete, Südarbeiterkollektivvertrag, ↑ Südbezirk, Südbürgermeisterin, ↑ Südgemeinde, Südklinikum, ↑ Südmetropole, Südparlamentarier, ↑ Südregion, Südsektion, ↑ Südspidol, Südstruktur, Südsyndikat (↑ Syndikat), ↑ Südtram

Südabgeordnete, der/die; -n, -n: Abgeordnete aus dem Süden Luxemburgs: *Eine Rolle würde der Wechsel hier nur dahin gehend spielen, als dass bei ↑ Nationalwahlen die Kopstaler und Brideler nicht mehr 23* ***Südabgeordnete,*** *sondern 21 ↑ Zentrumsabgeordnete wählen würden.* (LW 17.10.2017); *Vom Minister möchte der* ***Südabgeordnete*** *und Sassenheimer Bürgermeister nun wissen, wie es hierzulande um die elektromobilen Transportmittel steht.* (JO 02.11.2016) ♦ CSV-Südabgeordneter (↑ CSV)

Südbezirk, der; -[e]s, -e: (Wahl-)Bezirk im Süden Luxemburgs (Capellen, Esch/Alzette): *Einige davon mit dem Spitzenkandidaten und ↑ Erstgewählten seiner Partei im* ***Südbezirk,*** *Félix Braz.* (LW 01.01.2020); *Bei den ↑ Nationalwahlen am 14. Oktober 2018 wurde der 56-Jährige im* ***Südbezirk*** *hinter Felix Braz zum ersten Mal direkt ins Parlament gewählt.* (TB 21./22.09.2019) ♦ LSAP-Südbezirk (↑ LSAP)

Südgemeinde, die; -, -n: Gemeinde im Süden Luxemburgs: *Dann soll Esch/Alzette mit anderen* ***Südgemeinden*** *Europäische Kulturhauptstadt sein.* (LW 23.10.2017); *Sudgaz beliefert knapp 36 000 Kunden in 15* ***Südgemeinden*** *mit Erdgas über ein Leitungsnetz von über 1000 Kilometern.* (JO 13.01.2013)

Südmetropole, die; -, -n: Beiname (vor allem) für Esch-sur-Alzette, ↑ Minettemetropole, ↑ Metropole: *„Die Sommerferien waren sehr speziell", erklärt Jean Wagner, Verwaltungsleiter des kommunalen Schwimmbads in der* ***Südmetropole.*** (TB 16.09.2020); *Da sich die* ***Südmetropole*** *im Jahr 2022 als Kulturhauptstadt*

Europas bezeichnen darf, würde dieses Zentrum optimal ins Konzept passen, so Tanson weiter. (LW 30.08.2018)

Südregion, die; -, nur Singular: südliche Region Luxemburgs: *Erzabbau und Stahlindustrie sorgten nicht nur in der* ***Südregion****, sondern im ganzen Land für volle öffentliche Kassen.* (LW 04.12.2017); *Mit der Erstellung des 29 Seiten starken Dokuments, meinte* ↑ *Präsident Dan Biancalana, ziele man anhand von mehr als 50 Fotos darauf ab, den Studierenden und Beschäftigten der Universität das vielfältige und abwechslungsreiche Angebot der* ***Südregion*** *nahezubringen.* (JO 08.09.2015)

Südspidol [ˈzyːtʃpidoːl], das; -s, nur Singular: Südspital <lux. *Südspidol*>: *Gewusst* (↑ wissen) *ist, dass es Meinungsverschiedenheit im Bezug auf die Ausrichtung des* ***Südspidols*** *gibt.* (LW 11.02.2020); *Das kommende* ***Südspidol*** *will stark auf Digitalisierung und Telemedizin setzen.* (TB 13.08.2019)

Südtram, die; -, nur Singular: (geplante) Tramstrecke im Süden Luxemburgs, ↑ Tram: *Schon allein hier strafen die Pläne einer* ***Südtram*** *diese Gedanken Lüge.* (TB 21.11.2020); *Eine* ***Südtram*** *oder ein Superbus wie in Metz, der von Minister François Bausch bevorzugt wird?* (LW 10.05.2020)

Summe, die; -, -n: üblicher als in D für Betrag, (Geld-)Menge: *Demnach gab es keine Zinsen für die eingenommenen* ***Summen****.* (TB 30.07.2019); *Auf E-Bay kursierten schon vor dem Verkaufsstart höhere* ***Summen*** *für den Sneaker.* (JO 17.01.2018) ♦ Besoldungssumme, ↑ Niederschlagssumme

superreduziert: stark ermäßigt; bezogen auf Luxemburger Mehrwertsteuersatz <frz. *taux super-réduit*>: *Auf die Hygieneartikel soll demnächst die* ***superreduzierte*** *Mehrwertsteuer von 3 Prozent angewendet werden.* (TB 05.03.2019); *Neu hingegen die Einführung eines* ***superreduzierten*** *Mehrwertsteuersatzes für Reparaturen an Alltagsgegenständen, um der „Circular Economy" mehr Schub zu verleihen.* (JO 17.09.2018)

Sympathisant Sympathisantin, der; -en, -en bzw. die; -, -nen: üblicher als in D für Anhänger(in), Fan (ohne negative Wertung): *Kürzlich hat die* ↑ *„Amicale" nun ihr 35. Jubiläum gefeiert, natürlich im Beisein von vielen Bewohnern und* ***Sympathisanten*** *des Hauses.* (TB 07.12.2017); *Neben zahlreichen Mitgliedern und* ***Sympathisanten*** *konnte Roby Biver, in seiner Eigenschaft als* ↑ *Präsident von „natur& ëmwelt" unter anderem Umweltministerin Carole Dieschbourg und Hauptstadtschöffin* (↑ Schöffe) *Viviane Loschetter begrüßen.* (JO 13.01.2015) ♦ Sportsympathisant

Syndikat, das/der; -[e]s, -e: **1.** (inter-)kommunaler Zweckverband, häufig in Zusammensetzungen <frz. *syndicat*, lux. *Syndikat*>: *Damit unseres nicht ebenfalls kontaminiert wird, sorgen die für die Wasserversorgung zuständigen* ***Syndikate****.* (JO 23.03.2018); *6,2 Millionen müssen an die verschiedenen* ***Syndikate*** *bezahlt werden.* (TB 11.12.2017) ♦ ↑ Abwassersyndikat, ↑ Gemeindesyndikat, ↑ Naturschutzsyndikat, ↑ Tourismussyndikat, ↑ Trinkwassersyndikat, ↑ Umweltsyndikat, ↑ Wassersyndikat **2.** eher selten neben Gewerkschaft (D): <frz. *syndicat*, lux. *Syndicat*>: *Die Regierung stärkt den* ***Syndikaten*** *den Rücken und hält sowohl am* ↑ *Index als auch an der Weiterführung der Dreiergespräche fest.* (TB 21.11.2019); *Die neue Geschäftsführung werde im Januar den Regionalverbänden, den Abteilungen und den* ***Syndikaten*** *des* ↑ *OGBL einen konkreten Diskussionsrahmen, eine Arbeitsmethode und einen präzisen Kalender vorschlagen, so Roeltgen.* (JO 07.12.2014) ♦ Arbeitnehmersyndikat, CGFP-Syndikat (↑ CGFP), OGBL-Syndikat (↑ OGBL), ↑ Lehrersyndikat

Szenarist Szenaristin [senaˈʀɪst … ɪn], der; -en, -en bzw. die; -, -nen: Drehbuchautor(in), Filmautor(in), Zeichner(in) <frz. *scénariste*>: *Superjhemp-Schreiber Lucien Czuga und der im Dezember 2016 verstorbene Zeichner Roger Leiner standen den* ***Szenaristen*** *mit Rat und Tat zur Seite.* (LW 26.10.2018); *„La Tête Haute" über einen vernachlässigten und straffälligen Jungen von der Französin Emmanuelle Bercot, die sonst auch noch Schauspielerin und* ***Szenaristin*** *ist, eine der neuen Hoffnungen des französischen Films.* (JO 15.05.2015) ♦ Comicszenaristin

Tt

Tableronde / Table Ronde / Table ronde [ta:blər'ɔ̃:t], die/der; -, -s bzw. - -, -s -s: neben ‚runder Tisch' (D), Rundtischgespräch, Diskussionsrunde <frz. *table ronde*>: *Damit die Teilbebauungspläne schneller umgesetzt werden, möchte der* ↑ *Schöffenrat eine* ***Table ronde*** *mit den verschiedenen* ↑ *Akteuren organisieren.* (LW 20./21.01.2018); *Dazu lud der Industriellenverband Fedil Luc Frieden* (↑ CSV), *Etienne Schneider* (↑ LSAP), *Claude Meisch* (↑ DP) *und Christiane Wickler* (↑ déi gréng) *am Dienstagabend zu einem* ***Table Ronde****.* (JO 06.10.2013)

Tâche [ta:ʃ], die; -, -n/-s: eher selten neben Aufgabe, Arbeitszeit (teilweise mit Anführung) <frz. *tâche*; lux. *Tâche*>: *Die Gewerkschaft fordert weiter eine Gleichstellung der* ↑ *Alters-Décharge sowie eine Anpassung der* ***Tâche****, also 23 Wochenstunden statt 24, „weil wir die gleiche Arbeit machen wie diplomierte Lehrer", so Bichler.* (LW 02.10.2017); *Die einzige* ***„Tâche"*** *der Schwimmlehrer bestehe heute darin, sicherzustellen, dass kein Kind ertrinkt.* (JO 03.06.2015) ♦ Lehrertâche

Tagesfoyer, das; -s, -s: Tagesaufenthaltsstätte für Bedürftige, ↑ Foyer, vgl. ↑ Nachtfoyer <frz. *Foyer de jour*>: *Die* ***Tagesfoyers*** *in Findel und Bonneweg öffnen wie geplant am 1. Dezember, sie sind von 12 Uhr bis 17 Uhr geöffnet.* (LW 19.11.2018); *Inter-Actions kümmert sich um die Koordination der Aktion, das Rote Kreuz um das* ***Tagesfoyer*** *in Bonneweg und die Caritas um das* ↑ *Nachtfoyer in Findel.* (LW 15.01.2019)

Taxe ['taksə], die; -, -n: neben Steuer (D), Abgabe (D), Gebühr (D) <frz. *taxe*, lux. *Tax*>: *Wer seine* ***Taxen*** *– nicht aus Zahlungsunfähigkeit, sondern aus reiner Mutwilligkeit – nicht begleicht, dem soll die Zeitschaltuhr künftig nach unerfüllter Zahlungsaufforderung automatisch die Wasserzufuhr begrenzen, dies auf zwei Stunden am Morgen und zwei Stunden am Abend.* (LW 19.05.2017); *Je nach Kommune sehen die* ***Taxen*** *anders aus* (JO, Überschrift, 22.06.2016) ♦ Abfalltaxe, Gemeindetaxe, ↑ Taxenerhöhung, ↑ Taxenreglement (↑ Reglement)

Taxenerhöhung, die; -, -en: Erhöhung der ↑ Taxe: *Er verwies auf die zahlreichen* ***Taxenerhöhungen****, die an der Kaufkraft der Verbraucher nagen, und erinnerte an die Forderung nach einer Vorschuss-Indextranche* (↑ Indextranche) *von 1,5 Prozent.* (TB 12.05.2016); *Der Gemeinderat gab auch seine Zustimmung zu einigen* ***Taxenerhöhungen****.* (LW 15.03.2012)

Taxenreglement, das; -[e]s, -e/-s: Steuerverordnung ↑ Taxe, ↑ Infokasten Reglement: *Nach der Genehmigung einer Reihe von Naturschutzprojekten des Sicona hieß der* ↑ *Rat das* ***Taxenreglement*** *des „Service de proximité" gut, laut welchem ältere oder gebrechliche Personen kleinere Gartenarbeiten verrichten lassen können zum Tarif von 19,50 Euro pro Stunde.* (TB 17.05.2020); ***Taxenreglement*** (LW, Zwischenüberschrift, 25./26.04.2020)

Taxichauffeur Taxichauffeurin, der; -s, -e bzw. die; -, -nen: [auch AUT, CH] neben Taxifahrer(in) (D) ↑ Chauffeur(in): *Nach zwölf Jahren hinter dem Steuer hat er seinen Job als* ***Taxichauffeur*** *vorerst aufgegeben.* (TB 05.01.2018); *Die zu ihren Lebzeiten als sensibel und impulsiv beschriebene gelernte Krankenschwester spielte in rund 40 Jahren in künstlerisch ambitionierten, aber auch in nur unterhaltsamen Filmen in den verschiedensten Berufen, als Richterin, Rechtsanwältin,* ***Taxichauffeurin*** *oder Polizistin.* (LW 15.03.2012)

Telearbeit/Téléarbeit, die; -, -en: üblicher als in D neben Homeoffice ↑ Télétravail: *Trotz Corona-Erkrankung ist Bettel seinen Pflichten jedoch wei-*

*ter nachgekommen und hat seine Arbeit mittels **Telearbeit** ausgeführt.* (TB 05.07.2021); *Kein Thema hat die Petitionskommission* (↑ Kommission) *in diesem Jahr mehr beschäftigt als die **Telearbeit**.* (LW 19.10.2020) ♦ Telearbeiter, Telearbeitbeschränkung, Telearbeitpilotprojekt, Vollzeittelearbeit

Telefonkabine, die; -, -n: [auch BELG, CH, STIR] üblicher als in D neben Telefonzelle: *Die Idee, eine ausgediente **Telefonkabine** in eine Multifunktionsbox umzubauen und mit Büchern und frischem Gemüse und Gartenkräutern zu füllen, sei ein Schritt in Richtung weniger Lebensmittelverschwendung.* (LW 20.03.2018); *Briefkästen und **Telefonkabine** gesprengt* (TB, Überschrift, 07.01.2016)

Telekonsultation, die; -, -en: medizinische Onlineberatung, ↑ Konsultation: *„Wir sind besorgt, weil die **Telekonsultation** ihre Grenzen hat, und machen einen ↑ Appell, dass die Leute sich an den Arzt wenden", betonte Steichen.* (LW 02./03.05.2020); *Coronavirus / „Hôpitaux Robert Schuman" bieten ab Freitag **Telekonsultationen** an* (TB, Überschrift, 19.03.2020)

Télétravail [ˈteːletʀavaɪ], der; -, nur Singular: neben Homeoffice, ↑ Telearbeit (teilweise mit Anführung) <frz. *télétravail*, lux. *Teletravail*>: *Auch die Förderung des **Télétravail** habe ihm am Herzen gelegen.* (LW 01./02.02.2020); *Im Zuge der Digitalisierung werde die Arbeit im **„Télétravail"** für viele Beschäftigte und Unternehmen zunehmend eine Alternative.* (JO 13.09.2018)

Terrain [ˈtɛʀɛ̃ː/tɛˈʀɛ̃ː], das; -s, -s: üblicher als in D für Gelände, Areal, Grundstück, ↑ auf das/dem Terrain <frz. *terrain*, lux. *Terrain*>: *Dann zieht es den 23-Jährigen über die Tour of Antalya zu mehreren Rennen in den Süden Frankreichs, wo er seine Klasse bei Wettkämpfen auf hügeligem **Terrain** beweisen will.* (LW 27.01.2022); *Sie konzentriert ihre Arbeit auf das **Terrain** Luxemburgs und ist autonom.* (JO 06.01.2010) ♦ Bauterrain, „Terrainarbeit", terrainhungrig, Schulterrain

Terrain, auf das/dem: vor Ort, zur Sache <lux. *um Terrain*>: *Zurück **aufs Terrain** – Thema Sicherheitsdienste.* (TB 16./17.01.2021); *Die Dienststelle stand allzu oft vor dem Dilemma entweder das Kommissariat zu besetzen oder physische Präsenz **auf dem Terrain** zu zeigen.* (LW 19.05.2020)

Tierasyl, das; -s, -e: neben Tierheim (D), auch als Kurzform, ↑ Asyl <lux. *Déierenasyl*>: *Erst dann wird deutlich, wie nahe das **Tierasyl** am Neubaugebiet liegt.* (LW 21.10.2017); *Die Nebenklägerin beantragte einen Schadenersatz von 5000 Euro für das **Tierasyl**.* (JO 29.09.2016)

Tiers Payant [ti̯ɛʀ pɛˈjɑ̃], der; -, nur Singular: [auch CH] Methode im ärztlichen Abrechnungssystem, direkte Abrechnung zwischen Arzt und Krankenkasse, vgl. ↑ Drittzahlerprinzip (teilweise mit Anführung) <frz. *tiers payant*>: *Dazu gehört der allgemeine **Tiers payant**, eine Verwaltungsvereinfachung, die Digitalisierung, aber auch der Ärztemangel und die Demografie des Pflegepersonals.* (LW 14.02.2020); ***„Tiers payant"**: Der Petitionsdebatte nicht vorgreifen* (JO, Zwischenüberschrift, 30.01.2018)

Total [toˈtaːl], das; -s, nur Singular: [auch CH] das Ganze, Gesamtmenge, Gesamtsumme <lux. *Total*>: *Damit steigt das **Total** auf 813 161 Impfdosen.* (LW 30./31.10.2021); *40 441 Wähler (also 15,8 Prozent des **Totals**) haben die Briefwahl beantragt, davon leben 5490 im Ausland.* (JO 13.10.2018)

Total, im: im Ganzen, insgesamt: ***Im Total** bewältigten die Mitglieder zwölf Konzerte und 17 sonstige ↑ Aktivitäten.* (LW 20.03.2018); *Der Phelps-Count: nun 21 Gold, 25 **im Total*** (TB, Überschrift, 10.08.2016)

totalisieren: zählen, sich belaufen auf, umfassen <frz. *totaliser*>: *Nr. 1950 gegen eine Impfpflicht **totalisierte** Dienstagmittag rund 11500 Unterschriften, während Nr. 1916 (Verbot der Verabreichung von mRNA-Impfstoffen „an unsere Kinder") 4700 ↑ Signaturen sammelte.* (TB 26.10.2021); *Als Spieler **totalisierte** er bis 1961 insgesamt 288 Partien und steht somit in der ewigen Rangliste des Rekordmeisters auf Position 5.* (TB 09.03.2018)

Tourismussyndikat, das; -[e]s, -e: Zweckverband Tourismus, ↑ Syndikat: *In der Gemeinde tritt sie mehreren Vereinen, darunter auch dem **Tourismussyndikat** Mertert und den „Fraen a Mammen", bei und übernimmt diverse Ämter.* (LW 05.12.2017); *Schließlich sorgt das **Tourismussyndikat** von Harlingen, Tarchamps und Watrange (Walter), kurz Sihatawa, für das leibliche Wohl der Gäste.* (TB 02.03.2017)

tracen [ˈtreɪsən]: Kontaktnachverfolgung im Rahmen der Covid-19-Pandemie <engl. *to trace*>: *„Die Strategie testen, **tracen** und isolieren hat an Effizienz verloren und die Situation in den ↑ Spitälern hat sich verschlechtert."* (LW 15.12.2020); *Sie gibt zu, dass das **Tracen** und die Ausbildung des Teams „nicht besonders strukturiert" verliefen.* (TB 21./22.11.2020)

Tracer/Tracerin [ˈtreɪsɐ], der; -s, - bzw. die; - , -nen: Person im Aufgabenbereich ↑ Contact-Tracing, vgl. ↑ Contact-Tracer <engl. *tracer*>: *Dort sei die Fehlerquote kleiner, zudem würde der persönliche Kontakt helfen, wenn die **Tracer** einem Menschen die Botschaft überbringen, dass er Kontakt zu einem Infizierten hatte.* (TB 14.12.2020); *Im Schnitt schaffe ein **Tracer** rund zehn Fälle am Tag, abhängig von der Komplexität des Falls.* (LW 22.10.2020) ♦ ↑ Contact-Tracer, Chef-Tracerin

Tracing [ˈtreɪsɪŋ], das; -s, -s: Kontaktnachverfolgung (D) im Rahmen der Covid-19-Pandemie <engl. *tracing*> ↑ Contact-Tracing: *Gestiegene Infektionszahlen sorgen für Probleme beim **Tracing*** (TB, Überschrift, 29.09.2020); *Vielmehr sollen durch ein systematisches **Tracing** Infektionsketten unterbrochen werden.* (LW 29.06.2020) ♦ ↑ Contact-Tracing, Tracing-Daten, Tracing-Team, Tracing-Zentrum

tracken: (eher technisch) für verfolgen <engl. *to trac*>: *Derzeit bedeute das, das Umfeld der bisher sieben Infizierten zu identifizieren und so die Virusverbreitung zu **tracken**.* (TB 12.03.2020); *Aus der Änderung der so gemessenen Entfernung sowie der Zeit eines **getrackten** Fahrzeugs wird schließlich der Geschwindigkeitsmesswert ermittelt, der sich diesem Fahrzeug so zweifelsfrei zuordnen lässt.* (JO 12.10.2019)

Traiteur Traiteurin [tʀɛˈtœːʀ ...in], der; -s, -e bzw. die; -, -nen: [auch CH] Feinkost(händler[in]), Partyservice (teilweise mit Anführung) <frz. *traiteur*, lux. *Traiteur*>: *In Nordfrankreich seien Steine in die Fenster einer Metzgerei oder eines Restaurants geflogen, berichtete die Vereinigung der Metzger, Fleischer und **Traiteure** (CFBCT) in Paris.* (LW 26.06.2018); ***Traiteur**, Partyservice und Co.* (JO, Überschrift, 13.04.2015)

Tram, die; -, -s: [auch AUT, CH] (regional auch in D üblich) neben Straßenbahn (D) <engl. *tram, tramway*> ↑ Trambahn: *Auto kollidiert mit **Tram*** (LW, Überschrift, 02.12.2017); *Nach einer langen Reise ab dem spanischen Saragossa ist die erste **Tram** am Mittwochabend kurz vor Mitternacht per Sondertransport in Luxemburg-Kirchberg eingetroffen.* (JO 09.02.2017) ♦ ↑ Südtram, ↑ Trambahn, Tramkonzept, Trampassagier (↑ Passagier)

Trambahn, die; -, -en: [auch CH] (regional auch in D üblich) ↑ Tram: *Fünf Projekte für eine **Trambahn*** (TB, Überschrift, 13.06.2017); *Roger Negri, sozialistischer Abgeordneter und*

↑ *Schöffe von Mamer, hatte sich nach Aussagen des Infrastrukturministers* (↑ Minister) *über einen weiteren Ausbau der **Trambahn** mit einer parlamentarischen Anfrage direkt an Bausch gewandt.* (JO 08.12.2016) ♦ Schnelltrambahn, Trambahnlinie

tranchieren: auch für entscheiden, befinden (über) <frz. *trancher*, lux. *tranchéieren*>: *In einem Streit zwischen der Gemeinde Ulflingen und dem Innenministerium **tranchierten** die Richter, dass die Kommunen die Unterhaltskosten der Kirchen und Kapellen, die sich in ihrem Besitz befinden, tragen dürfen, auch wenn die Gebäude zu religiösen Zwecken genutzt werden.* (LW 13.04.2021); *Wenn es keine Übereinkunft gibt, werde die Regierung **tranchieren**.* (TB 13.01.2015)

transferieren: allgemeiner als in D für überstellen, gebracht werden <frz. *transférer*, lux. *transferéieren*>: *Der* ↑ *Hygienedienst, der sich noch auf dem Areal befindet, wird dies wohl noch in den nächsten vier Jahren sein, da es noch keine Pläne gibt, wohin er **transferiert** werden soll.* (TB 27.02.2020); *So wurden 41 Personen nicht zurück nach Italien **transferiert**, nachdem man den „Werdegang dieser Personen" analysiert habe.* (JO 02.11.2018)

Transpọrt, der; -[e]s, -e: deutlich allgemeiner als in D, insbesondere für Personenbeförderung, Personenverkehr, häufig in Zusammensetzungen und der festen Verbindung ↑ ‚öffentlicher Transport' <frz. *transport*, lux. *Transport*>: *Die Kosten für den **Transport** werden mit 14,64 Prozent veranschlagt, dabei ist der Kauf von Neuwagen inbegriffen sowie Kraftstoffe, Autoreparaturen, Flugtickets und Ähnliches.* (LW 12.03.2022); *Umfrage vom 29. Februar 2020 – Kostenloser **Transport*** (TB, Überschrift, 28.02.2020) ♦ Abend- und Nachttransport, Behindertentransport, Gemeinschaftstransport, ↑ Gratistransport, Linien- und Schülertransport, Luxemburger Transport- und Tourismuswesen, ↑ öffentlicher Transport, Roundtrip-Transporte, Schultransport, ↑ Schülertransport, Transportkosten für Studenten, ↑ Transportminister, Transport- und Infrastrukturminister, ↑ Transportministerium

Transpọrtminister Transpọrtministerin, der; -s, - bzw. die; -, -nen: Verkehrsminister(in) (D) ↑ Mobilitätsminister, ↑ Infokasten Transport ↑ Infokasten Minister: *Das Projekt sei aber auch von ihm als **Transportminister** initiiert worden.* (LW 07.12.2017); ***Transportminister** Bausch bezieht Position* (TB, Überschrift, 31.5.2017)

Transpọrtministerium, das; -s, -ministerien: ↑ Mobilitätsministerium, ↑ Infokasten Transport: *Daher raten das **Transportministerium** und die „Sécurité routière" jedem Fußgänger, das vielfältige Angebot an rückstrahlenden Accessoires zu nutzen, um seine eigene Sicherheit zu verbessern.* (TB 27.12.2017); *Seit über zwanzig Monaten dürfen sich also andere Unternehmen als Prüfdienstleister in Luxemburg beim **Transportministerium** anmelden.* (LW 18.12.2017)

Transpọrt, ọffentlicher, der; -n -s, -en -e: öffentlicher (Nah-)Verkehr ↑ Infokasten Transport: *Deshalb muss der **öffentliche Transport** für die Bürger, die heute mit ihrem Fahrzeug zum Arbeitsplatz fahren, einen anderen Stellenwert bekommen, er muss noch attraktiver werden.* (LW 20./21.01.2018); *Ab dem 1. August können alle jungen Leute bis 20 Jahre gratis den **öffentlichen Transport** nutzen – ein gültiger Personalausweis reicht dann.* (JO 06.01.2017)

transversal: allgemeiner und üblicher als in D für ‚quer verlaufend‘ <frz. *transversal*>: *Weis nennt ein Beispiel für **transversalen** Unterricht unter Einbeziehung des Digitalen.* (TB 27.02.2020); *Die sogenannten **transversalen** Linien sollen alle Städte mit Ausnahme der Hauptstadt untereinander verbinden.* (JO 11.09.2019)

Transversale, die; -, -n: Querverbindung, Nebenlinie <frz. *transversale*>: *Der Abschnitt nördlich von Hosingen bis zum Anschluss an die **Transversale** nach Clerf soll auf die gleiche Art neugestaltet werden.* (LW 06./07.02.2021); *Das 73-Millionen-Euro-Projekt: Im Norden von Luxemburg nimmt die **Transversale** Gestalt an* (TB, Überschrift, 11.03.2019) ♦ Transversalebau

Traulicht, das; -[e]s, -er: aus Futterrüben geschnitzte Fratzenlaterne (Luxemburger Brauchtum) <lux. *Trauliicht* oder *Rauliicht*>: ***Traulichter**, selbstgemachte Laternen aus Rüben, in die gruselige Fratzen hineingeschnitzt werden, wurden beim herkömmlichen Brauch in den frühen Abendstunden über das Land getragen und neben den Stalltüren aufgestellt.* (JO 10.10.2019); *Rübe statt Kürbis – Beim **Traulicht** in Munshausen wird eine alte Tradition wiederbelebt* (TB, Überschrift, 01.11.2018) ♦ Traulichtbrennen, Traulichtbrauch, Traulichtumzug, Traulichtwoche

Traulichtwochen nur Plural: Zeit des Traulichtbrauchs ↑ Traulicht <lux. *Trauliichtwochen*>: ***Traulichtwochen** im Erlebniscenter Robbesscheier* (JO, Unterüberschrift, 10.10.2019); *Höhepunkte der **Traulichtwochen** sind neben den Back- und Bastelateliers* (↑ Atelier) *zweifelsfrei das Anfertigen der ↑ Traulichter und der abschließende Umzug zum großen Lagerfeuer.* (TB 01.11.2018)

Tribunal [tʀibuˈnaːl], der; -s, -e: (Bezirks-) Gericht <frz. *tribunal*, lux. *Tribunal*>: *Für die rund 60 Mitarbeiter des **Tribunals** und der Staatsanwaltschaft wird dies, neben der täglichen Arbeit, wieder ein echter Kraftakt.* (LW 29.01.2018); *Monolog beim **Tribunal*** (TB, Überschrift, 01.10.2013) ♦ Distrikttribunal, Distrikt- und Friedenstribunal, Tribunalpräsident (↑ Präsident)

Trimester, das; -s, -: üblicher als in D für Dritteljahr: *Bezahlt werden soll ab dem ersten **Trimester** 2018, dies in fünf Raten.* (TB 15.06.2017); *Gestern veröffentlichte der ↑ Statec die neuesten Zahlen für das zweite Trimester 2014: Waren die Preise für Wohnungen zwischen dem ersten Trimester 2013 und dem ersten **Trimester** 2014 um 3,3 Prozent gestiegen, so waren es nun 3,8 Prozent.* (JO 07.10.2014)

trimestriell: das ↑ Trimester betreffend: *Im **trimestriellen** Vergleich kam es jedoch zu einem Rückgang von 2,32 Prozent.* (LW 11.11.2015); *Auch die CSV-Motion* (↑ CSV, ↑ Motion) *betreffend die **trimestrielle** Entwicklung der Warteliste in den ↑ Schulfoyers fand Gnade in den Augen der Mehrheit.* (JO 30.06.2014)

Trinkwasserreglement, das; -[e]s, -e/-s: Trinkwasserverordnung, ↑ Infokasten Reglement: *Das geltende **Trinkwasserreglement** der Gemeinde stammt noch aus dem Jahr 1906 und soll demnach an die gegenwärtigen Gegebenheiten angepasst werden.* (LW 27.07.2020); *Tom Schaul von der Wasserverwaltung erklärte das **Trinkwasserreglement** und die 50 notwendigen Kriterien, die am Wasserhahn beim Konsumenten erfüllt sein müssen, damit man gutes Trinkwasser im Haus hat.* (JO 28.10.2015)

Trinkwassersyndikat, das; -[e]s, -e: Trinkwasserverband, ↑ Syndikat: *Es gibt noch 23 Kommunen in Luxemburg, die Selbstversorger sind, die anderen sind Mitglied in einem der gemeindeübergreifenden **Trinkwassersyndikate**.* (TB 10.01.2021); *Am Freitag hatte das **Trinkwassersyndikat** SIDERE vor einer möglichen Belastung des Leitungs-*

wassers im Osten des Landes gewarnt. (LW 15.12.2020)

Tripartite [ˈtʀipaʀtit], die; -, -n: institutionalisiertes Dreiergespräch zwischen Sozialpartnern (Regierung, Gewerkschaften, Arbeitgeber) <vgl. frz. *tripartite*>: *Um dem entgegenzuwirken, findet heute die erste Runde einer großen* ***Tripartite*** *statt.* (LW 03.07.2020); *Nach einem unzureichenden Koalitionsabkommen, all den Affären, den gescheiterten* ***Tripartiten****, der Demontage des Finanzministers und anderen Trauerspielen herrsche eine gedrückte Stimmung im Land, die die CSV/LSAP-Regierung* (↑ CSV, ↑ LSAP) *zu verantworten hätte.* (JO 10.12.2012) ♦ Krisentripartite, Stahltripartite, Tripartiteabkommen, Videotripartite

Trottoir [tʀɔtˈo̯aː], das; -s, -s: [auch AUT, CH] eher selten neben Bürgersteig (D) <frz. *trottoir*, lux. *Trottoir*>: *An Straßenkreuzungen, vornehmlich T-Kreuzungen, soll es künftig ein durchgezogenes* ***Trottoir*** *geben, das dem Autofahrer signalisiert: Aufpassen, hier kommen Fahrradfahrer und Fußgänger entlang.* (TB 29.03.2018); *Erst auf dem* ***Trottoir****, dann auf der Straße: Kinder auf dem Fahrrad: Aufgepasst im Verkehr!* (LW, Überschrift, 22.04.2017) ♦ DP-Trottoirpolitik (↑ DP)

Trụnkenbold, der; -[e]s, -e: üblicher als in D für Gewohnheitstrinker: *Aber auch über nächtliche Unruhen,* ***Trunkenbolde****, die vor der Haustür schlafen, Flaschen und Glasscherben wurde sich beschwert.* (LW 25.06.2019); *Der orientierungslose* ***Trunkenbold*** *wurde zu seiner eigenen Sicherheit in Gewahrsam genommen und verbrachte die Nacht in einer Ausnüchterungszelle.* (TB 24.05.2016)

TVA [teːveːˈaː], die; -, nur Singular = *taxe à la valeur ajoutée*, Mehrwertsteuer: *522 Millionen weniger* ***TVA*** (TB, Überschrift, 16.03.2020); *Die Kosten für dieses Projekt mit 23 Wohnungen, das vom Wohnungsbauministerium kofinanziert wird, belaufen sich auf 5,3 Millionen Euro (ohne* ***TVA*** *und Honorare).* (JO 26.03.2019) ♦ TVA-Anhebung, TVA-Einnahmen, TVA-Regelsatz, TVA-Regime (↑ Regime)

Uu

Übergangsbudget, das; -s, -s: Übergangshaushalt (D) ↑ Infokasten Budget: *Es gab zunächst ein **Übergangsbudget**, dann kam der Etatentwurf für 2014 und schließlich die neue Vorlage für 2015.* (LW 04.12.2014); *Es sei ein **Übergangsbudget**, das es erlauben soll, die zukünftige wirtschaftliche Entwicklung zu beobachten.* (JO 10.01.2013)

UHT-Milch, die; -, nur Singular: eher selten neben H-Milch (D): *Keine Frischmilch, nicht einmal mehr eine Packung **UHT-Milch**, die bis mindestens Weihnachten konsumierbar ist.* (JO 04.06.2015); *Ende April wird in Roost die erste **UHT-Milch** hergestellt und bis Oktober 2009 soll die gesamte Produktion der Milchgenossenschaft aus Merl und Ingeldorf auf den neuen Standort verlagert werden.* (TB 15.03.2012)
♦ UHT-Produkte, UHT-Vollmilch

umklassieren: umklassifizieren (D) ↑ klassieren: *In zwei Wochen soll das Grundstück in Bissen, auf dem später ein Google-Datenzentrum entstehen soll, **umklassiert** werden.* (TB 06.06.2019); *Dies aber unter der Bedingung, dass die Stadt es innerhalb von drei Jahren so **umklassiert**, dass eine Tankstelle und ein Schnellimbiss dort gebaut werden können.* (LW 08.10.2016)

Umklassierung, die; -, -en: Umklassifizierung (D) ↑ Klassierung: *Google-Datenzentrum in Bissen: Umweltministerium wird bei **Umklassierung** nicht eingreifen.* (TB 06.06.2019); *Bei der Umsetzung ihrer allgemeinen Bebauungspläne müssen die Gemeinden nun die Auflagen der verschiedenen Zonen berücksichtigen, allerdings soll es nicht zu **Umklassierungen** kommen.* (LW 12.06.2014)

Umsteigeplattform, (intermodal/ multimodal), die; -, -en: Umsteigemöglichkeit zwischen unterschiedlichen öffentlichen Verkehrsmitteln <frz. *Pôle d'échange (multimodal)*>: *Grund der Unterbrechung der Linie 10 sind die Fortsetzung der Vorbereitungsarbeiten zum Bau der künftigen **intermodalen Umsteigeplattform** in Höhe des Bahnhofs Ettelbrück.* (TB 22.10.2018); *Das Gleiche gilt für die **Umsteigeplattform** in Raemerich.* (LW 15./16.09.2018)

Umweltambulanz, die; -, -en: ambulanter Gesundheitsdienst mit Augenmerk auf (schädliche) Umwelteinflüsse <frz. *Service de médecine de l'environnement*>: *1994, drei Jahre nach Gründung, startet die erste **Umweltambulanz**, ein „Service de médecine de l'environnement" folgt im Gesundheitsministerium.* (TB 08.02.2022); *Die ↑ Mission der im Jahr 1994 vom Gesundheitsministerium gegründeten **Umweltambulanz** besteht darin, bei Personen, die unter gesundheitlichen Beschwerden leiden, die Wohnräume auf Schadstoffe zu untersuchen.* (LW 15.03.2012)

Umweltkommission, die; -, -en: Umweltausschuss, ↑ Infokasten Kommission: *Vor der **Umweltkommission** des Parlaments musste sie Rede und Antwort stehen.* (TB 22.01.2020); ***Umweltkommission**: Mehr Vorwürfe als Antworten* (LW, Überschrift, 08.10.2019)
♦ Gemeindeumweltkommission

Umweltimpaktstudie, die; -, -n: ↑ Impaktstudie im Bereich Umwelt: *Staatssekretär De Backer fordert zudem eine **Umweltimpaktstudie** und befürchtet schwerwiegende Probleme beim Bau der Inseln durch im Meer versenkte Munition aus dem Ersten Weltkrieg, wie man bei HLN Nieuws nachlesen kann.* (TB 13.05.2020); *Die **Umweltimpaktstudie** komme indes erst nach der ↑ Umklassierung, wie Carole Dieschbourg hinzufügte.* (JO 27.03.2019)

Umweltklinik, die; -, -en: Krankenstation für Umweltmedizin (clean unit): *Nun also doch keine **Umweltklinik** im Escher Centre Hospitalier Emile Mayrisch (CHEM)?* (LW 08.02.2022); *Drei Mal* *schafft es das Anliegen, eine* ***Umweltklinik*** *zu gründen, ins Regierungsprogramm.* (TB 27.07.2021)

Umweltpatient Umweltpatientin, der; -en, -en bzw. die; -, -nen: Patient(in) im Bereich Umweltmedizin: *Ihm schwebt zunächst eine ambulante Versorgung für* ***Umweltpatienten*** *vor, indem im CHEM eine Anlaufstelle für Umweltpatienten und Umweltmediziner geschaffen wird.* (LW 08.02.2022); *Hinzu kommt, dass die Mediziner nicht adäquat entlohnt werden, wenn sie* ***Umweltpatienten*** *behandeln.* (TB 27.07.2021)

Umweltsyndikat, das; -[e]s, -e: (inter-)kommunaler Zweckverband Umwelt, auch ↑ Naturschutzsyndikat, ↑ Syndikat: *Die Regierung fordert, dass sämtliche Kommunen sich bis 2021, wenn der Fünf-Jahres-Plan endet, einem* ***Umweltsyndikat*** *angeschlossen haben.* (TB 13.06.2017); *Hier sollen vor allem die in der Zwischenzeit flächendeckend agierenden* ***Umweltsyndikate*** *künftig eine größere Rolle spielen.* (LW 20.01.2017)

Umsteigeplatz, der; -es, -plätze: Platz zum Wechseln des Verkehrsmittels: *Außerdem werden zwei große* ***Umsteigeplätze*** *entstehen.* (TB 17.07.2017); *Der zentrale* ***Umsteigeplatz*** *für die Busse fällt damit weg.* (LW 07.05.2015)

Unionist Unionistin, der; -en, -en bzw. die; -, -nen: vor allem bezogen auf die bundesdeutschen Unionsparteien CDU/CSU: *Ihr „Herz" nennen viele an diesem Morgen das Parlament,* ***Unionisten****, Grüne und Liberale.* (LW 21./22.11.2020); *Außerdem betonten gestern mehrere* ***Unionisten****, Merkel wirke alles andere als amtsmüde.* (TB 12.03.2019)

Unisec [ˈynisɛk], die; -, nur Singular = *Unité de sécurité*, geschlossene Einrichtung für straffällige Minderjährige: *Die zuständige ↑ Chamberkommission hat sich am Montag mit dem Polizeieinsatz vom 8. Januar in der* ***Unisec*** *in Dreiborn befasst.* (LW 17.01.2022); *Halsketten-Diebstahl / **Unisec** komplett ausgelastet: Dieb wieder auf freien Fuß* (TB, Überschrift, 25.06.2021) ♦ Unisec-Abteilung

Untergrad, der; -[e]s, -e: eher selten für (niedrige) Klassenstufe: *Im „Neie Lycée" werden im* ***Untergrad*** *das ES („Enseignement secondaire") und das EST („Enseignement secondaire technique") angeboten.* (TB 05.05.2020); *Im* ***Untergrad*** *findet in verschiedenen Fächern sowohl im „Classique" als auch im „Général" eine „Epreuve commune" für alle Klassen eines Jahrgangs statt, wo sich etwaige Unterschiede zeigen und Mängel gemeinsam behoben werden können.* (JO 10.12.2018)

Unterhaltsarbeit, die; -, -en (meist Plural): Unterhaltungsarbeit (D), Instandsetzungsarbeit (D) an Gebäuden, Straßen u. dgl.: [auch BELG, CH] *Die Mitarbeiter des „Service de la canalisation" betreten den Aquatunnel nur selten – ein- bis zweimal im Jahr müssen* ***Unterhaltsarbeiten*** *am Kanal durchgeführt werden.* (LW 28.01.2017); *Es werden demnach keine* ***Unterhaltsarbeiten*** *mehr durchgeführt.* (TB 05.01.2017)

Unterschreiber Unterschreiberin, der; -s, - bzw. die; -, -nen: eher selten neben Unterzeichner(in) (D): *„Wir sind stolz darauf, dass diese Petition mit seinen* ***Unterschreibern*** *zum Teil auch dazu geführt hat", sagt sie.* (TB 04.02.2021); *Verständnis für das Anliegen der* ***Unterschreiber*** *gab es wohl.* (LW 14.06.2017) ♦ Mitunterschreiber

Untersuchungsgeheimnis, das; -ses, -se: Vertraulichkeitsschutz im Gerichtswesen (teilweise mit Anführung) <frz. *secret de l'instruction*> ↑ *Me Gaston Vogel sprach von einer gravierenden Mißachtung des* ***Untersuchungsgeheimnisses*** *und kündigte eine entsprechende Klage an.* (JO 25.06.2013); *Die gab keine weitere Auskunft und berief sich dabei auf das* ***„Untersuchungsgeheimnis"****.* (TB 28.09.2011)

urbanes Mobiliar ↑ Mobiliar, städtisches/urbanes

Urbanisierung, die; -, nur Singular: auch allgemein für Bebauung: *Die **Urbanisierung** des 657 ↑ Ar großen Areals war bereits vor mehr als 15 Jahren beschlossen worden.* (JO 12.06.2020); *„Hier wird ein ↑ Mastodont auf die Wiese gesetzt und die **Urbanisierung** findet darum herum statt", meinte René Kollwelter.* (LW 15.03.2012)

Urbanismus, der; -, nur Singular: Stadtplanung, Städtebau <frz. *urbanisme*>: *Der ↑ Schöffe war bisher für die Bereiche Umwelt, Verkehr sowie **Urbanismus** und Stadtentwicklung zuständig.* (LW 24.09.2019); *Ein großes 3D-Modell im Maßstab 1:2500 und ein interaktiver Medientisch ermöglichen es den Besuchern, sich mit den gegenwärtigen und zukünftigen Fragen des **Urbanismus** vertraut zu machen.* (JO 04.05.2017) ♦ Ökourbanismus, Urbanismusgroßprojekt, Urbanismuskommission (↑ Kommission), Urbanismusprojekt

Urbanist Urbanistin, der; -en, -en bzw. die; -, -nen: üblicher als in D neben Städteplaner(in): *„Es wird immer komplexer, aber im Gegensatz zu Diekirch und Ettelbrück verfügen wir nicht über einen Juristen oder **Urbanisten**, hier erhoffen wir uns Verbesserungen in Bezug auf die Professionalisierung der Gemeindedienste", so Gleis.* (LW 19./20.09.2020); *Jean-Marc Friederici, Project Manager und **Urbanist** der ↑ Nordstad, verrät uns, wieso die Fusion aus seiner Sicht Sinn ergibt.* (JO 06.02.2019) ♦ Stadturbanistin

urbanistisch: [auch STIR] allgemeiner als in D für städteplanerisch: ***Urbanistisch** stellt sich die Gemeinde auf noch mehr Bewohner ein.* (TB 04.02.2021); *Kürzlich hat der Gemeinderat Erpeldingen den Teilbebauungsplan (PAP) für ein **urbanistisches** Großprojekt auf dem ehemaligen Gelände der Molkerei Laduno genehmigt.* (JO 31.03.2015)

Vv

Vakanz, die; -, -en: eher selten für Ferien, Urlaub, auch für die prominente Luxemburger Urlaubsmesse (teilweise mit Anführung) <frz. *vacance*, lux. *Vakanz*>: ***Vakanz** 2020: Die Koffer rollen wieder* (LW, Überschrift, 11.06.2020); *„Unendliche" Ferien auf der **Vakanz*** (TB, Überschrift, 12.01.2018) ♦ Vakanzen-„dolce far niente", Vakanz-Katalog, „Vakanz"-Messe, „Vakanz"-Programm

Vakanz Doheem / Vakanz doheem [vaˈkants doːˈheːm], die; - -, nur Singular: erfolgreiche öffentliche Kampagne zur Zeit der Coronapandemie für ‚Ferien zuhause', ‚auf Balkonien' (D) (teilweise mit Anführung) <lux. *Vakanz doheem*>: *Nach Homeoffice und **„Vakanz doheem"** sehnen sich die Menschen womöglich stärker nach Palmen, Meeresblick und Sonnenbad als zuvor.* (TB 31.12.2021); *Und nach über einem Jahr **Vakanz Doheem** können viele es kaum erwarten, aus dem kleinen ↑ Großherzogtum hinaus in die weite Welt zu reisen.* (LW 27.08.2021)

Vakzin, das; -s, -e: üblicher als in D neben Impfstoff: *Der Impfstoff sorgte für Aufsehen, nachdem Deutschland und Frankreich, später auch Luxemburg, die Impfung mit dem **Vakzin** vorübergehend ausgesetzt hatten, weil Menschen nach der Impfung Blutgerinnsel entwickelt hatten.* (TB 14.04.2021); *EU-Gipfel / Die 27 wollen ihren Teil an **Vakzinen** und keinen Export-Krieg* (TB, Überschrift, 27.03.2021) ♦ AstraZeneca-Vakzin, Biontech/Pfizer-Vakzin, Covid-Vakzin, Johnson-Vakzin

vakzinieren: eher selten neben impfen (D) <frz. *vacciner*, lux. *vaccinéieren*>: *So sind mittlerweile 76,2 Prozent der Menschen über fünf Jahre, für die die Möglichkeit einer Impfung besteht, **vakziniert**.* (LW 28.01.2022); *Putin werde am Abend, nach seiner Arbeit, **vakziniert**.* (TB 24.03.2021)

validieren: beglaubigen, anerkennen, entwerten (Ticket) <frz. *valider*, lux. *validéieren*>: *Bei einer Übereinkunft muss diese auch von einem Gericht **validiert** werden.* (LW 10.08.2017); *Er **validierte** die ↑ Dossiers.* (JO 05.12.2012)

Validierung, die; -, -en: Beglaubigung, Anerkennung, Entwertung (Ticket) <frz. *validation*>: *Die **Validierung** des am Eingang zum ↑ Parking erhaltenen Parkscheins erfolgt an den auf dem Gelände errichteten automatischen Kassen.* (JO 20.02.2013); *Dabei seien die ↑ nationalen Schulen und Lehrer ebenfalls in der Lage, die **Validierung** der Sprachkenntnisse vorzunehmen.* (TB 11.01.2012) ♦ Kauf- und Validierungsdaten, Validierungssystem

valorisieren [valoʀiˈziːʀən]: aufwerten, anerkennen <frz. *valoriser*, lux. *valoriséieren*>, vgl. ↑ revalorisieren: *„Will die Regierung so die Journalisten stärken und den Beruf **valorisieren**?"* (LW 09.07.2021); *Bernard findet punktuelle Zusammenarbeiten mit ↑ Akteuren von außen durchaus **valorisierend**, da es wichtig sei, dass eine Schule eine direkte Beziehung zur Außenwelt hat.* (TB 04.02.2021)

Valorisierung, die; -, -en: Aufwertung, Anerkennung <vgl. frz. *valorisation*, lux. *Valoriséierung*>, vgl. ↑ Revalorisierung: *Dazu gehört etwa die **Valorisierung** des historischen ↑ Patrimoniums der Gemeinde, die Verbesserung des Radwegenetzes und der Beschilderung der Wanderwege sowie die Schaffung von Begegnungsstätten für die Jugend.* (JO 18.09.2017); *Seitens des Roten Kreuzes zeigte sich Generaldirektor Michel Simonis generell bereit, das Schloss für alle möglichen guten Ideen der **Valorisierung** bereitzustellen.* (LW 25.08.2017)

Vehikel, das; -s, -: üblicher als in D <frz. *véhicule*>: *Mit Fahrrädern gleichgestellt und als Micro-véhicule électrique* *bezeichnet, werden **Vehikel** mit elektrischem Antrieb und von geringer Größe.* (LW 27./28.02.2021); *Die **Vehikel** der Schweizer Firma Garaventa werden im Tunnel des ↑ Funiculaire „geparkt".* (TB 24.03.2017)

Velo [ˈvəloː/ˈveːloː], das; -s, -s: [auch CH] eher selten neben Fahrrad <frz. *vélo*, lux. *Vëlo*>: ↑ *Mobilitätsminister François Bausch, der viel auf das **Velo** als Alltagsmobilitätsmittel setzt, erinnerte sich in seiner Rede zum neuen Radwegenetz, wie er als Hauptstadtschöffe* (↑ Schöffe) *„Schlachten schlagen" musste, um jeden Meter ↑ Radpiste.* (JO 16.02.2019); *Der längere Bremsweg erklärt auch, warum die ↑ Tram an Übergängen („Furten") für Autos, Fußgänger und **Velos** immer Vorrang hat.* (TB 09./10.12.2017) ♦ Veloexpress, ↑ Velofahrer, „Velosophie", Veloswelt

Velofahrer Velofahrerin, der; -s, - bzw. die; -, -nen: eher selten neben Fahrradfahrer(in) oder Radler(in) ↑ Velo: *Fußgänger und **Velofahrer** haben hier gegenüber der ↑ Tram zu keiner Zeit Vorrecht.* (TB, Bildunterschrift, 09./10.12.2017); *Sie hätten aber wenig Verständnis dafür, dass die Neuplaner bei rund 835 000 Fahrradbewegungen in der Hauptstadt im Jahre 2013 die Belange der **Velofahrer** in einer derart wichtigen Straßenverbindung und damit auch das hochgepriesene Umsteigen auf ↑ sanfte Nahmobilität (MODU) außer Acht lassen.* (LW 24.02.2014)

Venue [veˈnyː], das; -, -s: Austragungsort (teilweise mit Anführung) <frz. *venue*>: *Wie ziemlich viele **Venues** im Rahmen seiner aktuellen Roswell-Tour ist auch das ↑ Atelier in Luxemburg am Sonntagabend ausverkauft – und schon bei der Vorgruppe fast komplett gefüllt.* (TB 06.03.2018); *Die Entwicklungen und die Neugier, was wir aus diesem **„Venue"** alles machen könnten, haben uns stets vorangetrieben.* (LW 24.09.2015) ♦ Live-Venue

Vereinsentente […ãːˈtãːt], die; -, -s: Vereinigung, Zusammenschluss mehrerer Ortsvereine, ↑ Entente: ***Vereinsentente** koordiniert Aktivitäten von acht Clubs* (LW, Überschrift, 03.04.2018); *Die Asylbewerber, die im Pavillon des Sanemer Schlosses untergebracht sind, hatten viel Spaß bei einem kulturellen und kulinarischen Abend, den die Gemeinde im Einklang mit der Integrationskommission* (↑ Kommission)*, der Sanemer **Vereinsentente**, den hiesigen Vereinen und der Bevölkerung am Samstag erstmals in der lokalen Allzweckhalle organisiert hatte.* (JO 24.01.2016)

Vereinssubsidien nur Plural: ↑ Subsid(ium) an Vereine: *Auch bei der Verteilung von **Vereinssubsidien** bemängelt die ↑ CSV, dass der Verteilungsschlüssel nicht angewendet werde.* (LW 28.09.2017); *Kooperation und eine verstärkte logistische Unterstützung spielen eine zentrale Rolle neben der finanziellen Unterstützung in Form der **Vereinssubsidien**.* (JO 24.08.2016)

Verkaufsakt, der; -[e]s, -e: neben Verkaufsvertrag (D), auch Verkaufsakte, ↑ Akt: *Der ↑ Schöffenrat der Gemeinde hat am Freitag nun den **Verkaufsakt** mit den Eigentümern der „Petite Marquise" unterschrieben.* (JO 24.03.2017); *Am Freitag wird der **Verkaufsakt** für das ehemalige Monopol-Gebäude am „Scholesch Eck" unterschrieben.* (TB 03.07.2015)

Verkaufsakte, die; -, -n: neben Verkaufsvertrag (D), auch Verkaufsakt: *Wie Bürgermeister Marco Schank erklärte, sei der Verkauf des Regionalladens zwar vom vorigen Gemeinderat mehrheitlich bewilligt worden, allerdings sei die entsprechende **Verkaufsakte** noch nicht vom Innenministerium abgesegnet worden.* (LW 24.11.2017); *Dennoch war der ↑ Schöffenrat damals mit knapper Mehrheit beauftragt worden, eine **Verkaufsakte** auszuarbeiten.* (LW 20.09.2017)

Verkehrsgarten, der; -s, -gärten: Gelände zur Verkehrserziehung für Kinder: *In direkter Nachbarschaft zum Seniorenheim in Oberanven entsteht ein* ***Verkehrsgarten****, wo die Polizei den Kindern das richtige Verhalten im Verkehr beibringen will.* (LW 01./02.02.2020); *Vorfahrt, rote Ampel und mehr: Zu Besuch im* ***Verkehrsgarten*** *der Polizei Luxemburg in Beggen* (JO, Überschrift, 27.01.2020)

Verkehrsreglement, das; -[e]s, -e/-s: Verkehrsordnung (D) ↑ Infokasten Reglement: *Zum Aufgabenbereich des ↑ Agenten gehören beispielsweise die Überprüfung der Einhaltung des* ***Verkehrsreglementes****, des ruhenden Verkehrs oder auch die Überprüfung der Einhaltung des ↑ Bautenreglementes.* (JO 24.11.2015); ***Verkehrsreglement*** *führte zu Diskussionen* (TB, Überschrift, 28.08.2008)

Verteidigungsbudget, das; -s, -s: Verteidigungshaushalt (D) ↑ Infokasten Budget: *Für den militärischen Einsatz (Logistik, Aufbau von ↑ Infrastrukturen und Ausbildung der afghanischen Sicherheitskräfte) mit 274 Soldaten wurden über 34 Millionen Euro aus dem* ***Verteidigungsbudget*** *ausgegeben.* (LW 06.10.2017); *Damals hatte Luxemburg sein* ***Verteidigungsbudget*** *gemäß der NATO-Vorgaben erhöht und wollte dieses Geld in ein Lazarett investieren.* (TB 23.07.2020)

Verwaltungsprozedur, die; -, -en: ↑ Verwaltungsverfahren, ↑ Infokasten Prozedur: ***Verwaltungsprozedur*** *nicht eingehalten* (LW, Zwischenüberschrift, 10.12.2019); *Bis 2023 sollten sämtliche* ***Verwaltungsprozeduren*** *für Bürger und Betriebe online zugänglich sein.* (JO 04.07.2019)

vestimentär: eher selten für ‚bekleidungsmäßig' <frz. *vestimentaire*>: *Politisch grün,* ***vestimentär*** *blau.* (JO 18.08.2020); *Die Schutzmaske, die in verschiedenen Regionen Asiens schon seit Jahren zur* ***vestimentären*** *Grundausstattung gehört, hat sich inzwischen auch in Europa notgedrungen zum Modetrend entwickelt.* (TB 30.04.2020)

Viadukt, das; -[e]s, -e: üblicher als in D neben Brücke: *Auf der Fläche neben dem* ***Viadukt*** *befindet sich heute lediglich eine Vel'oh-Parkstation, bis vor ein paar Jahren befanden sich noch öffentliche Toiletten an dieser Stelle.* (JO 16.06.2015); *Lärmschutzwall für* ***Viadukt*** (TB, Überschrift, 04.02.2011) ♦ Autobahnviadukt, Eisenbahnviadukt, Viaduktpasserelle (↑ Passerelle)

Vide-grenier [vidəgʀənˈjeː], der; -/-s, -s: eher selten neben Flohmarkt (D), Trödelmarkt (teilweise mit Anführung) <frz. *vide-grenier*>: *Wer dennoch nicht fündig wurde, hat bis Ende Oktober auf sechs weiteren* ***Vide-greniers*** *die Gelegenheit dazu.* (LW 03.04.2018); *Der erste* ***„Vide-grenier"*** *wird am Sonntag, den 2. April, organisiert.* (JO 01.03.2017)

Viertgewählte, der/die; -n, -n: Person, die in einer ↑ Majorzgemeinde bei Kommunalwahlen die viertmeisten Stimmen erhält: *Meisch (63) kam so als damals* ***Viertgewählter*** *in den ↑ Rat.* (TB 19.10.2017); *Kauffmann war 2011 bei den Kommunalwahlen mit 333 Stimmen als ↑ Erstgewählter und Krecké mit 282 Stimmen als* ***Viertgewählter*** *hervorgegangen.* (LW 19.10.2017)

Viez [fiːts], der; -, nur Singular: [auch mfrk.] eher selten für Apfelwein: *Wie die Tradition es vorsieht, konnten die zahlreichen Besucher Käse, Milchprodukte und regionale Produkte wie* ***Viez****, Wurst und Süßes aus dem „Naturpark Mëllerdall" entdecken.* (TB 05.11.2018); *Von drei größeren Hauptrouten, die beliebig kombiniert oder abschnittsweise gefahren werden können, gehen neun zusätzliche thematische Routen aus, von denen je drei schwerpunktmäßig über „Natur" (Wasser und Felsen), „Kultur" (Römer und Schlösser) und „Genuss"*

(Wein und ***Viez****) Aufschluss geben.* (JO 28.08.2015) ♦ Viezverein, Viezfeste

Vignette [vˈiɲɛt(ə)], die; -, -n: auch für Anwohner-/Dauerparkausweis, ↑ Parkvignette: *Insgesamt 4764 solcher* ***Vignetten*** *sind in Umlauf, die meisten auf Jahresbasis.* (JO 14.06.2019); *Seit dem 1. Mai 2018 dürfen Autofahrer, die nicht aus der Gemeinde Hesperingen kommen und deshalb keine örtliche* ***Vignette*** *besitzen, nicht mehr kostenlos in der Ortschaft Howald parken.* (LW 22.01.2019) ♦ Anwohnervignette, ↑ Parkvignette

visibel [viˈziːbəl]: üblicher als in D für sichtbar, vorzeigbar <frz. *visible*, lux. *visibel*>: *„Wir möchten, dass die Bürgerinnen und Bürger auch die Möglichkeit haben, Teil dieses großartigen und* ***visiblen*** *Projekts zu werden."* (TB 23./24.01.2021); *Das heißt auch, den OKaJu als ↑ nationale Beschwerdestelle für die individuellen Beanstandungen der Kinder, Jugendlichen und ihrer Eltern zugänglicher und* ***visibler*** *zu machen: Jeder kann und soll kommen, der die Kinderrechte verletzt wähnt oder hierzu beraten werden möchte.* (LW 16./17.01.2020)

Visibilität, die; -, -en: üblicher als in D neben Sichtbarkeit <frz. *visibilité*, lux. *Visibilitéit*>: *Außerdem hat man in Portugal eine ganz andere* ***Visibilität*** *als in der Ukraine.* (TB 18.01.2012); *Erklärtes Ziel sei es nun, „an kritischer Masse dazuzugewinnen, um so noch größere* ***Visibilität*** *zu erlangen".* (LW 22.12.2014)

visieren: in den Blick nehmen, abzielen auf, auch anvisieren <frz. *viser*, lux. *viséieren*>: ***Visiert*** *ist der Umstand, dass ein Vertreter des Außenministeriums in einem Gremium vertreten ist, das den Außenminister beraten soll.* (JO 11.12.2020); *Selbstverständlich wurde dabei betont, dass damit keine spezifischen Mitgliedstaaten* ***visiert*** *sind.* (TB 03.05.2018)

Visite, die; -, -n: allgemeiner als in D für Besuch: *Daneben werden Lesungen für Kinder und geführte* ***Visiten*** *durch die Tiergehege veranstaltet.* (TB 07.12.2017); *Übrigens eine* ***Visite****, die sich nicht nur für Touristen empfiehlt.* (JO 28.07.2014)

vital: existeniell, lebenswichtig: *Dafür sind erste Zwischenschritte* ***vital****.* (JO 16.11.2017); *„Die Vaterrolle ist* ***vital*** *für mich."* (JO, Zwischenüberschrift, 02.10.2017)

Volksbefragung, konsultative: die; -n -, -n -en: ↑ konsultaves Referendum, ↑ konsultativ: *Stattdessen fordern die Christsozialen eine* ***konsultative Volksbefragung*** *zu einigen konkreten Fragen.* (LW 02.07.2019); *Der ADR-Gruppen-Anführer* (↑ ADR) *in der ↑ „Chamber" etwa hält* ***konsultative Volksbefragungen*** *für unsinnig.* (JO 06.10.2014)

Volontär Volontärin [volɔ̃ːˈtɛːʀ …in], der; -s, -e bzw. die; -, -nen: allgemeiner als in D für Person in Ausbildung, auch Freiwillige(r) <frz. *volontaire*, lux. *Volontaire*>: *Hinzu kommen die Angestellten („Employés" und „Salariés"), die Soldaten im Freiwilligendienst und die* ***Volontäre*** *der Polizei.* (TB 23.10.2019); *Kevin Schiltz,* ***Volontär*** *der Umweltschutzorganisation* (JO, Überschrift, 29.07.2015) ♦ Armeevolontär, Kooperationsvolontärin

votieren: durch Abstimmung beschließen, verabschieden, ↑ stimmen <frz. *voter*, lux. *votéieren*>: *Erst am Montagvormittag wird der Ausschuss ↑ definitiv über den Gesetzesentwurf abstimmen, bevor er am Dienstag im Plenum* ***votiert*** *wird.* (TB 19./20.09.2020); *Sie schlug ihrerseits vor, bebaubares ↑ Terrain zu kaufen, dafür Sorge zu tragen, dass* ***votierte*** *Teilbebauungspläne zügig umgesetzt werden, und als Stadtverwaltung selber stärker als Bauherr tätig zu werden.* (JO 05.02.2018)

vulnerabel [vulneˈʀaːbəl], allgemeiner als in D für krankheitsanfällig, verletzbar <frz. *vulnérable*, lux. *vulnerabel*>: *„Sie sind* ***vulnerabler*** *in Situationen, wo beispielsweise Fachstunden zu vergeben* *sind."* (TB 10.11.2021); ***Vulnerable*** *Schüler können zu Hause unterrichtet werden oder aber unter besonders strengen ↑ sanitären Bedingungen in den Schulen.* (LW 05./06.09.2020)

Vulnerabilität, die; -, -en: allgemeiner als in D für Krankheitsanfälligkeit, Verletzbarkeit <frz. *vulnérabilité*>: *Hier werden diejenigen, die in einer sozio-ökonomischen* ***Vulnerabilität*** *leben vorgezogen: Arme, die in Gemeinschaftsunterkünften leben.* (LW 01.02.2021); *Weiter unterstreicht Cahen, dass der Betreuungs-Schlüssel einer ↑ Empfangsstruktur von der* ***Vulnerabilität*** *der zu betreuenden Personen abhängt.* (JO 20.08.2020)
♦ Vulnerabilitätskategorie

Ww

Wanderweg, permanenter: der; -en -[e]s, -en -e: öffentlich ausgewiesener Wanderweg: *Wanderverein „Muselfrënn Oberdonven asbl" hat die Saar-Hunsrück-Traumschleife Wein- und Naturpfad Palmberg Ahn als* ***permanenten Wanderweg*** *eingerichtet und dies mit Unterstützung der Gemeinde Wormeldingen, der ORT-Region Mosel und dem Dachverband der Wanderorganisation (FLMP).* (JO 23.05.2018); *Unterwegs auf* ***permanenten Wanderwegen*** (LW, Überschrift, 14.04.2018)

Wassersyndikat, das; -s, -e: (inter)kommunaler Zweckverband Wasser, ↑ Syndikat: *Das* ***Wassersyndikat*** *kümmert sich zurzeit um drei Wasserbrunnen.* (LW 13.04.2021); *Ein erster Schritt in Richtung organisierter Zusammenarbeiten im Dreiländereck begann bereits 1936 mit dem interkommunalen* ***Wassersyndikat.*** (TB 04.02.2021) ♦ ↑ Abwassersyndikat, ↑ Trinkwassersyndikat

Weisenrat, der; -[e]s, -räte: Parteigremium (teilweise mit Anführung) ↑ Rat: *Der 30-Jährige begründet seine Entscheidung damit, dass der* ***Weisenrat*** *der Partei ihn nicht für die Europawahl-Liste nominiert habe, da er nicht „die Mitte der Gesellschaft vertreten" würde.* (TB 29.03.2019); *Der Vorschlag der Grünen zur Einberufung eines* ***Weisenrats,*** *der im Streitfall schlichten könnte, fiel letztlich der Zeit zum Opfer.* (JO 19.07.2018) ♦ CSV-Weisenrat (↑ CSV)

Wirtschaftsmission, die; -, -en: politische Auslandsreise im Interesse der Wirtschaftsbeziehungen ↑ Mission: *Seit dem heutigen Montag ist eine* ***Wirtschaftsmission*** *aus Luxemburg mit 50 teilnehmenden Unternehmen in Marokko auf der Suche nach neuen Geschäftsmöglichkeiten.* (TB 23.09.2019); ***Wirtschaftsmissionen,*** *an denen Geheimagenten teilnahmen oder die vom Geheimdienst sogar initiiert worden sind, sorgen seit geraumer Zeit für Aufregung.* (JO 29.01.2013) ♦ Wirtschafts- und Promotionsmission (↑ Promotion)

wissen / ist gewusst: ‚ist bekannt' (D): *Wie viele verschiedene Sorten es in den heimischen Gärten und auf den Streuobstwiesen gibt,* ***ist*** *nicht* ***gewusst.*** (LW 24.10.2017); *Dass EU-Kommissionschef Juncker zuweilen eine richtige Plaudertasche sein kann,* ***ist gewusst,*** *so dass es auch nicht verwundert, dass dieser sich schon mal um Kopf und Kragen plaudern kann.* (JO 23.10.2017)

Wohnstruktur, die; -, -en: ↑ Infokasten Struktur: *Zwei Tage später findet sie Zuflucht in einer* ***Wohnstruktur*** *von Femmes en détresse.* (LW 28.01.2019); *„Daraus entstand die Idee, eine* ***Wohnstruktur*** *zu gründen", so Edmée Cathrein weiter.* (TB 11.07.2018)

Zz

Zelle, die; -, -n: allgemeiner als in D für Organisationseinheit, Gruppe <frz. *cellule*, lux. *Zelle*>: *Mitglieder der **Zelle** waren unter anderem Beamte mehrerer Behörden und Ministerien, Angehörige der Armee und medizinische Experten.* (LW 26.06.2020); *Die restlichen Mitglieder der „**Zelle** Luxemburg" seien in Schottland ↑ formiert worden.* (JO 13.03.2013) ♦ ↑ Krisenzelle, Logistikzelle, Unwetterkrisenzelle

zensurieren: [auch AUT, CH] eher selten neben ‚der Zensur unterwerfen', zensieren (D): [auch AUT, CH] *In einer Zeit, wo Zeitungen und Bücher sehr **zensuriert** waren, war das, was die Leute auf der Straße erzählten, die harte Wahrheit, sagt Alexejewitsch.* (TB 26.02.2016); *Die **zensurierte** Zeitung nennt es eine Strafexpedition gegen Arlon, weil aus einer Animierkneipe, dem Café Turc in Arlon, ein Schuss gefallen sei, in dem Augenblick, als eine deutsche Patrouille vorbeikam.* (LW 14.08.2014)

Zenter, das; -/-s, -: üblich neben Zentrum (D), produktiv in charakteristischen Zusammensetzungen <lux. *Zenter*>: *Aus Sicht der Gemeinde sei ein funktionierendes Einsatzzentrum von größter Bedeutung, weshalb er, trotz der zurzeit trüben Aussichten, weiter auf eine Lösung und eine neuerliche Stärkung der Vertrauensbasis zwischen dem lokalen **Zenter** und dem ↑ CGDIS hofft.* (LW 31.03.2018); *Als Porsche Classic Partner bietet das Porsche **Zenter** Lëtzebuerg den Kunden und ihren historischen Porsche-Fahrzeugen kompetente Ansprechpartner vor Ort, die Service und Beratung mit Know-how verbinden.* (TB 24.03.2017) ♦ ↑ Agrarzenter, ↑ Agrozenter, ↑ Oekozenter, ↑ Rehazenter, ↑ Zenterchefin

Zenterchef Zenterchefin, der; -s, -s bzw. die; -, -nen: Leiter(in) eines (Einsatz-)Zentrums ↑ Zenter: *Der **Zenterchef** der lokalen Rettungskräfte, Jell Schildgen, stellte den Ratsmitgliedern die Reform der Rettungskräfte vor.* (LW 07./08.04.2018); *Am Brandort waren ↑ Kantonalinspektor Jos Sinner und **Zenterchef** Carlo Birscheidt der BNS aus Lintgen.* (TB 12.11.2009)

Zentral-: produktives Erstglied bei charakteristischen Zusammensetzungen: ♦ Zentralatelier, Zentral-OP, Zentralpark, ↑ Zentralstaat, ↑ Zentralwerkstatt

Zentralatelier, das; -s, -s: auch ↑ Zentralwerkstatt, ↑ Infokasten Atelier, ↑ Zentral-: *Gemeinde Saeul bringt Pläne für neues **Zentralatelier** samt Rettungszentrum auf den Instanzenweg* (LW, Überschrift, 02.07.2020); *Im Laufe seiner Karriere hat er zehn verschiedene Büros bezogen: vom Lokomotiven-Atelier* (↑ Atelier) *über das Hochofen-Stahlwerk bis hin zum **Zentralatelier**.* (TB 08.02.2020) ♦ CFL-Zentralatelier (↑ CFL)

Zentrale, die; -, -n: allgemeiner als in D, insbesondere bei Zusammensetzungen: *Die **Zentrale** beorderte einen Krankenwagen aus Esch/Alzette sowie die Feuerwehren aus der Hauptstadt und Monnerich an den Unfallort.* (LW 09.03.2022); *„Voruntersuchung" / Kriminalpolizei durchsucht **Zentrale** des CSV-Freundeskreises* (↑ CSV) *in Luxemburg-Stadt* (LW, Überschrift, 19.03.2021) ♦ ↑ Atomzentrale, ↑ Bauernzentrale, Giftnotrufzentrale, Militärzentrale

Zentralsekretär Zentralsekretärin, der; -s, -e bzw. die; -, -nen: Gewerkschaftsposition <frz. *secrétaire central*> ↑ Zentral-: *„Der ist aber aus unserer Sicht nicht gut genug", sagte David Angel, **Zentralsekretär** für das ↑ Syndikat Handel beim ↑ OGBL.* (LW 20.01.2020); *„Der Ansatz ist interessant, aber ist es in der Praxis auch machbar?", fragte Carole Steinbach, beigeordnete **Zentralsekretärin** des ↑ Syndikats.* (JO 28.01.2015) ♦ Ex-Zentralsekretär, OGBL-Zentralsekretärin (↑ OGBL)

Zentralstaat, der; -[e]s, nur Singular: zentralstaatliche Finanzebene (im Gegensatz zur Gemeindefinanzebene), vgl. ↑ Gesamtstaat, ↑ Zentral-: *Dass beim **Zentralstaat** 2018 unter dem Strich ein Plus von immerhin 263 Millionen Euro herauskam, könne man natürlich nur begrüßen, so Carlo Thelen.* (LW 21.11.2019); *Ende Juni habe sich das Defizit des **Zentralstaats** auf 88 Millionen Euro belaufen, was einer Verbesserung von 69 Millionen Euro im Vergleich zum selben Zeitraum im Vorjahr entspreche.* (JO 23.07.2018)

Zentralwerkstatt, die; -, -stätten: ↑ Zentralatelier, ↑ Zentral-: *Jahr um Jahr wird am 2. September in der Differdinger Schmelz mit Blumenniederlegungen und stillem Gedenken am Portal und in der **Zentralwerkstatt** an den Generalstreik erinnert.* (JO 02.09.2016); *In der Halle der früheren **Zentralwerkstatt** des Differdinger Stahlwerkes regt sich neues Leben.* (LW 21.06.2015) ♦ CFL-Zentralwerkstatt (↑ CFL), Eisenbahnzentralwerkstatt

Zentrist Zentristin, der; -en, -en bzw. die; -, -nen: Parteigänger(in), Parteiangehörige(r) der politischen Mitte: *Anstelle des lang ersehnten ↑ Leaders auf EU-Ebene hätten die **Zentristen** dann einen mächtigen Konkurrenten.* (LW 12.09.2017); *Weiten hatte während des Wahlkampfes die **Zentristen**, deren Vorsitzender er ist, und die bürgerliche Bewegung UMP zusammengeführt.* (TB 02.04.2015)

zentristisch: auf die politische Mitte bezogen: *Zur letzten Europawahl trat die Europäische Volkspartei, der Zusammenschluss aller christdemokratischen und **zentristischen** Parteien der EU, mit einem gewissen Jean-Claude Juncker als Spitzenkandidat an.* (JO 05.03.2019); *Ein Lösungsansatz wäre die Parlamentarisierung der Kommission – die ihre **zentristische** Ausrichtung legitimieren würde.* (LW 01.04.2017)

Zentrumsabgeordnete, der/die; -n, -n: Abgeordnete(r) aus Luxemburg Zentrum: *Eine Rolle würde der Wechsel hier nur dahin gehend spielen, als dass bei ↑ Nationalwahlen die Kopstaler und Brideler nicht mehr 23 ↑ Südabgeordnete, sondern 21 **Zentrumsabgeordnete** wählen würden.* (LW 17.10.2017); *Bettel ist derzeit Bürgermeister Luxemburgs und **Zentrumsabgeordneter**.* (TB 20.11.2012)

Zirkularwirtschaft, die; -, nur Singular: neben Kreislaufwirtschaft (D): <frz. *économie circulaire*>: *Ein Nachbarschaftsladen, der auch Projekte der **Zirkularwirtschaft** beinhaltet, ist vorgesehen.* (LW 05./06.09.2020); *Luxemburg sei das erste Land in Europa, das so ein Programm zugunsten der **Zirkularwirtschaft** aufgestellt hat.* (JO 23.07.2020)

Zirkulation, die; -, -en: allgemeiner als in D für Verkehrsgeschehen, Umlauf, (Kreis-)Bewegung <frz. *circulation*>: *Aufgrund eines technischen Fehlers ist derzeit die **Zirkulation** der Linien 60 und 90 in beide Richtungen beeinträchtigt.* (LW 21.07.2020); *Um gegenzusteuern bedürfe es vor allem einer Abkehr von der Theorie, alles der ungehinderten **Zirkulation** von Dienstleistungen, Produkten und Kapital zuliebe deregulieren zu wollen.* (JO 05.04.2014)

zirkulieren: [auch CH] umherbewegen, umherfahren, kreisen <frz. *circuler*, lux. *zirkuléieren*>: *Im ↑ Secondaire sind mittlerweile 60 Prozent der Schüler geimpft, sodass das Virus dort weniger heftig **zirkuliert**.* (LW 27.10.2021); *Dies hat zur Folge, dass weniger Busse in der Hauptstadt **zirkulieren** werden, was gleichbedeutend sei mit einer Entlastung des Verkehrs, so Bausch weiter.* (TB 05.06.2018)

zivil: allgemeiner als in D für bürgerlich, nicht kirchlich, nicht militärisch <frz. *civil*, lux. *zivil*>: *Zum Beispiel, dass **zivile** Hochzeiten nicht unbedingt mehr im Rathaus stattfinden müssten.*

(TB 27.04.2020); *Anise Koltz wurde anlässlich der* ***zivilen*** *Feier zum Nationalfeiertag von der Luxemburger Regierung geehrt, sie hisste unsere Literatur auf das internationale Parkett, und zwar auf höchstem Niveau.* (JO 26.06.2018)

Zivilhospiz, das; -es, -e: Pflegeeinrichtung (gemäß traditioneller Rechtsform): *Da das Jousefshaus die Rechtsform des* ***Zivilhospizes*** *hat, muss die Gemeinde Remich für das Defizit aufkommen.* (LW 15.11.2019); *Zuletzt haben auch die* ***Zivilhospize*** *in Hamm und im Pfaffenthal die Bezahlung nach FHL-Vertrag zugesagt.* (TB 14.12.2017)

Zivilschützer Zivilschützerin, der; -s, - bzw. die; -, -nen: Angehörige(r) des Luxemburger Zivilschutzes, (freiwillige) Einsatzkraft: *Die* ***Zivilschützer****, die ihren Rücktritt eingereicht haben, verrichteten vorher allesamt im Sanemer ↑ Rettungszentrum ihren Dienst.* (TB 26.01.2018); *Im strömenden Gewitterregen eilten die Rettungskräfte der Gemeinde Clerf und die* ***Zivilschützer*** *aus Hosingen am Mittwochmorgen gegen 8.20 Uhr einer Autofahrerin zu Hilfe, die an der Kreuzung an der Rossmühle zwischen Heinerscheid und Binsfeld mit einem Lastwagen kollidiert war.* (LW 24.07.2013)

Zivilstand, der; -[e]s, nur Singular: [auch BELG, CH] Familienstand (D): *Unter MyGuichet.lu wurden 546 837 Informationen z. B. über den* ***Zivilstand****, Immobilien oder den Punktestand beim Führerschein abgerufen.* (TB 26.01.2018); *„Beim ↑ PACS verändert sich der* ***Zivilstand*** *des Paars nicht", sagt Notarin Christine Doerner.* (LW 25.09.2017) ♦ Zivilstandsakte, Zivilstandsamt, Zivilstandbüro, ↑ Zivilstandsregister

Zivilstandsregister, das; -s, -: [auch CH] Register des ↑ Zivilstandes, Familienstandsregister (D): *Längst ist Luxroots eine gemeinnützige Vereinigung, aufgearbeitet und digitalisiert sind bislang mehr als zwei Millionen Pfarr- und* ***Zivilstandsregister****.* (LW 04.10.2019); *Syvicol nennt dabei die Vorbereitung der Wahlen, die Ausstellung von Ausweispapieren, das Verwalten des* ***Zivilstandsregisters****.* (TB 25.10.2014)

Zoll- und Akzisenverwaltung, die; -, -en: Verwaltungsbehörde ↑ Akzisen: *Ersten Schätzung der* ***Zoll- und Akzisenverwaltung*** *zufolge dürfte die Steuererhöhung für den Staat einen Einnahmerückgang von rund 35,5 Millionen Euro bedeuten.* (LW 24.10.2019); *Die Beamten der „Brigade de recherches et d'investigations" der Luxemburger* ***Zoll- und Akzisenverwaltung*** *stellten am Donnerstag einen mutmaßlichen Drogendealer.* (TB 28.10.2016)

Zuchthaus, das; -es, -häuser: üblicher als in D neben Gefängnis: *Dieser ist unter anderem wegen fahrlässiger Tötung in 32 Fällen, fahrlässigen Schiffbruchs und Falschaussagen zu 16 Jahren* ***Zuchthaus*** *verurteilt worden und sitzt seine Strafe im Römer Rebibbia-Gefängnis ab.* (LW 12.01.2022); *↑ Generaladvokatin will Bestätigung von 16 Jahren* ***Zuchthaus*** (TB, Überschrift, 13.10.2010)

Zuchtpolizeigericht, das; -[e]s, -e: neben ↑ Polizeigericht, Aufgabengebiet (bzw. Funktionseinheit) des ↑ Friedensgerichtes <frz. *tribunaux de police*>: *Am 10. Oktober 2011 beginnt das erste Verfahren vor dem* ***Zuchtpolizeigericht*** *Luxemburg.* (LW 05.11.2017); *Die Fahrerin des Pkws wurde nur leicht verletzt und musste sich am Donnerstag vor dem* ***Zuchtpolizeigericht*** *in Diekirch verantworten.* (TB 25.10.2013) ♦ Zuchtpolizeigerichtshof

Zugführer Zugführerin, der; -s, - bzw. die; -, -nen: üblicher als in D neben Lokführer(in): *Warum der* ***Zugführer*** *nicht auf das Rotlicht, das nach Ermittlungsbericht mehrere Hundert Meter sichtbar ist, reagierte, ist die große Frage.* (JO 14.02.2018); *Am Hauptbahnhof Luxemburg wurde eine Gedenkminute* *für den verstorbenen **Zugführer** abgehalten.* (TB 15.02.2017)

Zugpassagier Zugpassagierin, der; -[e]s, -e bzw. die; -, -nen: Zugreisende(r) ↑ Passagier(in): *Die **Zugpassagiere** am Mittwochmorgen waren ganz vorbildlich unterwegs.* (TB 12.07.2020); *Schweiz: **Zugpassagier** vergisst mehrere Kilogramm Gold in Zug* (LW, Überschrift, 15.06.2020) ♦ Zugpassagiertransport (↑ Transport)

zurückbehalten: aufrechterhalten, berücksichtigen <lux. *zeréckbehalen*>: *Die Richter des ↑ Appellationsgerichts begründeten ihr Urteil damit, dass die in erster Instanz **zurückbehaltene** Freiheitsberaubung als zwingendes Element der Vergewaltigung nicht separat zu ahnden sei.* (LW 15.02.2017); *Korruption nicht **zurückbehalten*** (TB, Überschrift, 21.01.2017)

Zwangshospitalisierung, die; -, -en: Zwangseinweisung ins Krankenhaus, ↑ Hospitalisierung <frz. *hospitalisation forcée*>: *An der viel kritisierten **Zwangshospitalisierung** für Corona-Infizierte, die sich den Quarantänemaßnahmen widersetzen, wird indes festgehalten, auch wenn das Ganze nun noch strenger ↑ reglementiert werden soll.* (JO 18.06.2020); *Covid-19-Gesetz / Staatsanwaltschaft übt scharfe Kritik an **Zwangshospitalisierung*** (TB, Überschrift, 11.06.2020)

Zweitdivisionär, der; -s, -e: Mannschaft der zweiten ↑ Division: *F91-Präsident Schumacher* (↑ Präsident): *„Wir haben die Infrastruktur eines **Zweitdivisionärs**"* (TB, Überschrift, 13.10.2018); *Auch Etzella aus der ↑ Ehrenpromotion wurde seiner Favoritenrolle gerecht und besiegte **Zweitdivisionär** Steinfort mit 4:1.* (LW 16.09.2017)

Zweitgewählte, der/die; -n, -n: Person, die in einer ↑ Majorzgemeinde bei Kommunalwahlen die zweitmeisten Stimmen erhält: *Mit Monique Smit-Thijs, der **Zweitgewählten** der Kommunalwahlen von 2017, bekommt Bartringen nun zum ersten Mal eine Frau als Bürgermeisterin.* (TB 13.01.2022); *Am 10. Oktober 2011 hat sie sich erstmals den Wählern in ihrer neuen Heimat gestellt und ist prompt als **Zweitgewählte** hinter dem langjährigen Bürgermeister Pierre Wies hervorgegangen.* (LW 10.11.2017)

Zyklus, der; -, Zyklen: Schulstufe <frz. *cycle*>: *Das Projekt richtet sich an die Kinder der **Zyklen** 1 bis 4.* (LW 13./15.03.2020); *Groß war die Aufregung bei den Grundschülern des **Zyklus** eins (↑ „Précoce" und Spielschule) in Belair, als ihre neue Schule auf Nummer 19 der Rue Charles IV am Mittwochvormittag von Hauptstadtbürgermeisterin Lydie Polfer mit dem Durchtrennen des traditionellen Trikolorebändchens offiziell ihrer Bestimmung übergeben wurde.* (JO 27.09.2017) ♦ Dritt-Zyklus-Klassen, ↑ Grundschulzyklus, ↑ Schulzyklus, zyklusübergreifend